Fremdsprachendidaktik und Übersetzungswissenschaft

sprache *im* kontext

Herausgegeben von Ruth Wodak und Martin Stegu

Band 1

PETER LANG
Frankfurt am Main · Berlin · Bern · New York · Paris · Wien

Martin Stegu
Rudolf de Cillia
(Hrsg.)

Fremdsprachendidaktik *und* Übersetzungswissenschaft

Beiträge zum
1. verb*al-workshop, Dezember 1994*

Unter Mitarbeit von Heinz Kiko

PETER LANG
Europäischer Verlag der Wissenschaften

Die Deutsche Bibliothek - CIP-Einheitsaufnahme

Fremdsprachendidaktik und Übersetzungswissenschaft :
Beiträge zum VERBAL-Workshop 1994 / Martin Stegu; Rudolf de Cillia (Hrsg.). - Frankfurt am Main ; Berlin ; Bern ; New York ; Paris ; Wien : Lang, 1997
(Sprache im Kontext ; Bd. 1)
ISBN 3-631-30148-0

NE: Stegu Martin [Hrsg.]; GT

Gedruckt mit Unterstützung des
Bundesministeriums für Wissenschaft,
Verkehr und Kunst in Wien

Umschlaggestaltung: Andréas Gloger

ISSN 0948-1354
ISBN 3-631-30148-0

Printed in Germany 1 2 3 4 6 7

VORWORT

Im Dezember 1994 wurde in Wien eine österreichische Sektion der Association Internationale de Linguistique Appliquée (AILA) unter dem Namen VERBAL - Verband für Angewandte Linguistik (wieder-) begründet. Damit sollte erstens ein vernetztes Dialog- und Diskussionsforum für "angewandte LinguistInnen" innerhalb und außerhalb Österreichs geschaffen und zweitens auch ein Anstoß für eine Intensivierung angewandtlinguistischer Forschungsaktivitäten gegeben werden.

In diesem Zusammenhang entstand sehr rasch der Wunsch nach einer eigenen Buchreihe, die sowohl Zeugnis für die - bereits feststellbare - zunehmende Tagungs- bzw. Workshoptätigkeit im Umkreis von VERBAL abgeben als auch interessanten monographischen Arbeiten Platz bieten sollte. Diese Reihe konnte nun im Peter Lang-Verlag unter dem Namen "Sprache und Kontext" eingerichtet werden und wird mit dem vorliegenden Band eröffnet.

"Sprache und Kontext" soll primär Arbeiten aus den verschiedensten Bereichen einer sehr breit aufgefaßten und selbstverständlich interdisziplinär konzipierten angewandten Sprachwissenschaft enthalten. Geplant sind Tagungsbände, Monographien und Arbeitsmaterialien, deren Zielpublikum all jene Leserinnen und Leser darstellen, die sich mit Sprach- und Kommunikationsphänomenen nicht nur aus rein theoretischen Erwägungen befassen, sondern vor allem an der sozialen Relevanz und praktischen Umsetzbarkeit diesbezüglicher Erkenntnisse interessiert sind.

Der hier vorliegende Band veröffentlicht Beiträge zum ersten VERBAL-Workshop, der im Rahmen der Österreichischen Linguistiktagung 1994 in Wien abgehalten wurde. Das Zentralthema ist eines der Kerngebiete der Angewandten Linguistik - die Fremdsprachendidaktik. Nach einem einleitenden Beitrag zur Situation von Fremdsprachenunterricht und Fremdsprachenforschung in Österreich folgen zunächst eher theoretisch ausgerichtete Artikel zu Spracherwerb und Fremdsprachenunterricht.

Ein weiterer und zentraler Abschnitt befaßt sich mit der Beziehung zwischen Übersetzungswissenschaft und Angewandter Linguistik und in diesem Zusammenhang mit der Rolle von Übersetzungen im Fremdsprachenunterricht. Die weiteren Beiträge befassen sich mit verschiedenen Teilaspekten des Fremdsprachenunterrichts, wobei eine Untergruppe besonders dem universitären Fachsprachenunterricht gewidmet ist.

Die Problematik von Tagungsbänden - die Disparatheit der behandelten Themen, die oft nicht so leicht unter einen gemeinsamen Nenner zu bringen sind - tritt gewiß auch hier in Erscheinung, doch soll mit diesem ersten Zeugnis eines VERBAL-Fremdsprachendidaktik-Workshops die Buntheit und Pluralität der vertretenen Ansätze und Interessen von in Österreich tätigen Wissenschaftlerinnen und Wissenschaftlern im Bereich bzw. Umfeld der Fremdsprachendidaktik dokumentiert werden. Dazu kommt noch, daß an dieser Publikation nicht nur Universitätsangehörige beteiligt sind, sondern auch Absolventinnen und Absolventen philologischer Fächer zur Mitarbeit aufgefordert wurden, die durch entsprechend orientierte Diplomarbeiten aufgefallen waren.

Wir hoffen, daß dieser Band und die neue Reihe im gesamten deutschsprachigen Raum - und vielleicht darüber hinaus - interessierte Leserinnen und Leser finden wird und auch der internationalen Angewandten Linguistik einige Denk- und Diskussionsanstöße bieten kann.

Schließlich sei an dieser Stelle dem österreichischen Bundesministerium für Wissenschaft, Verkehr und Kunst sowie der Wirtschaftsuniversität Wien gedankt, ohne deren Unterstützung diese Reihe nicht hätte gestartet werden können. Für Hilfestellung beim Korrekturlesen danken wir Dr. Hartmut Stöckl und Andreas Rauch (beide TU Chemnitz-Zwickau). Ein ganz besonderer Dank gilt Heinz Kiko vom Institut für Romanische Sprachen der WU Wien, der sich aufgrund seiner EDV-Kenntnisse als unentbehrliche Hilfe bei der Manuskripterstellung erwies und uns jederzeit mit großem Engagement und viel Geduld Beistand geleistet hat.

Ruth Wodak Martin Stegu Rudolf de Cillia

INHALTSVERZEICHNIS

RUDOLF DE CILLIA

EINLEITUNG: ZUR SITUATION VON FREMDSPRACHENUNTERRICHT UND FREMDSPRACHENFORSCHUNG IN ÖSTERREICH

Der folgende Beitrag, der am Beginn des hier dokumentierten Workshops stand, gibt eine kurze Bestandsaufnahme der Situation von Fremdsprachenunterricht und Fremdsprachenforschung in Österreich.

1. Fremdsprachenunterricht

1.1. Fremdsprachenkenntnisse der österreichischen Bevölkerung

Auskunft über die Situation des Fremdsprachenunterrichts geben zuerst einmal die *Fremdsprachenkenntnisse*. Dazu gibt es bisher zwar keine Erhebungen, die mit differenziertem methodischem Instrumentarium durchgeführt worden wären, aber es existieren zwei Mikrozensuserhebungen aus den Jahren 1974 und 1990 (Österreichisches Statistisches Zentralamt 1992) und eine IMAS-Umfrage (vgl. Khol/Ofner/Stirnemann 1991: 982), die Auskunft darüber geben (Selbsteinschätzung). Danach liegen die ÖsterreicherInnen im internationalen Vergleich relativ gut.

Hauptergebnis ist, daß 62% der ÖsterreicherInnen mindestens eine Fremdsprache gelernt haben (1974: 44%), wobei 41% angaben, *eine* Fremdsprache gelernt zu haben, 13% zwei, 3% drei und 0,6% vier oder mehr Fremdsprachen. Die Altersgruppe der 15- bis 24jährigen erzielte überdurchschnittlich hohe Werte (88%, im Vergleich dazu etwa 48% bei den 45- bis 49jährigen), was den Wandel im österreichischen Schulwesen (Einführung einer verpflichtenden Fremdsprache in allen Schultypen in den 70er Jahren) dokumentiert. UniversitätsabsolventInnen (98%) und MaturantInnen (97)% stehen naturgemäß an der Spitze, PflichtschulabsolventInnen (46%) am Ende der Skala. Die bäuerliche Bevölkerung mit ca. 1/3 ist diejenige soziale Schicht, die über die geringsten Fremdsprachenkenntnisse verfügt. Auf die Frage, um welche Sprachen es sich handelt, antworteten 58% mit Englisch (1974: 36%), 12 % mit Französisch (9%), 5% mit Italienisch (3%), 5% mit Deutsch (3%) und 2% mit Russisch (1%). Der starke Anstieg v.a. bei den Englischkenntnissen zwischen 1974 und 1990 ist wiederum durch die bildungspolitischen Anstrengungen zu erklären, die gleichzeitig einer sprachlichen Diversifizierung entgegenarbeiteten.

Vergleiche mit anderen Ländern sind wegen der beschränkten Vergleichbarkeit der Daten zwar problematisch, können aber doch Tendenzen angeben. Bei Finkenstaedt/Schröder (1992: 19) etwa findet sich eine Tabelle, die Aussagen über die Personen, die *keine* Fremdsprachen sprechen, in westeuropäischen Ländern trifft. Die österreichische Prozentzahl (38% ohne Fremdsprachenkenntnisse nach Zeidler 1991) wird nur von den Niederländern unterboten (28%), alle anderen Länder liegen mit ihren Werten für Personen ohne Fremdsprachenkenntnisse höher, z.B. Dänen (40%), Deutsche (60%), Franzosen (67%), Engländer (74%) oder Iren (80%). Andere Vergleichswerte liefert die erwähnte IMAS-Umfrage aus dem Jahr 1990. Danach sprechen keine Fremdsprache: in Österreich 46%, in der DDR 51% und in der CSFR 32%.

1.2. Fremdsprachenunterricht an den Schulen

Die zweifellos wichtigste Institution der Vermittlung fremdsprachlicher Qualifikationen stellt die Schule dar. Bei der Mikrozensuserhebung von 1990 gaben 77% der Personen, die über Fremdsprachenkenntnisse verfügen, an, diese ausschließlich an einer Schule / Universität in Österreich gelernt zu haben. Weitere 4% gaben eine Kombination von "Schule / Universität und Land, in dem diese Sprache als Umgangssprache benützt wird", an, ca. 3% haben die Sprache ausschließlich im Land der Zielsprache gelernt. Mit je 2% fallen die Antworten "Schule + Volkshochschule" bzw. "Land + eigene Familie" noch ins Gewicht (Österreichisches Statistisches Zentralamt 1992: 24). In der erwähnten Untersuchung zu den Fremdsprachenkenntnissen in Osteuropa liegt der Wert von außerhalb der Schule angeeigneten Fremdsprachenkenntnissen zwischen 1 und maximal 25 %.

Eine *globale Einschätzung* des schulischen Fremdsprachenunterrichts ergibt v.a. zwei Charakteristika: einen relativ späten *Beginn des Fremdsprachenunterrichts*, v.a. bei der zweiten und dritten Fremdsprache, und eine geringe

Diversifizierung, v.a. im Bereich der ersten Fremdsprache. Was den ersten Aspekt betrifft, kann zwar festgestellt werden, daß in Österreich schon vor einigen Jahren ein relativ früher Beginn spielerischen Unterrichts angesetzt wurde. Die momentan übliche Form (sehr extensiver Unterricht ab der dritten Klasse Volksschule) ist allerdings mittlerweile durch die didaktische Diskussion und die Entwicklung in anderen Ländern wieder überholt. Generell tendiert man nach fremdsprachlichem Frühbeginn, und Länder wie Slowenien etwa bieten bereits ab dem Kindergarten in großem Ausmaß Fremdsprachen an, ein Angebot, das in Österreich faktisch nicht existiert (private Institutionen einmal ausgenommen). Und der Beginn der zweiten und einer eventuellen dritten Fremdsprache ist eben sehr spät angesetzt, was z.B. zur Folge hat, daß PflichtschülerInnen nur *eine* Fremdsprache lernen, und zwar Englisch. V.a. aber ist dieser späte Beginn unter spracherwerblichen Gesichtspunkten problematisch. Was die *Sprachenfolge* betrifft, so ist festzustellen, daß in der ganz überwiegenden Mehrzahl als erste Fremdsprache nur Englisch angeboten wird, als zweite Fremdsprache Französisch. Bei dieser zweiten Fremdsprache hat sich in der letzten Zeit, seit der Lehrplanreform 1985, eine gewisse Diversifikation ergeben.

1.3. Befunde aus der Schulstatistik

Ein Blick in die Schulstatistik, die erfaßt, welche Sprachen von wievielen SchülerInnen gelernt werden, bestätigt diesen Befund und gibt Aufschluß über diese einseitige Sprachenfolge. Mit BCLE/BMUK 1994 liegt eine Publikation vor, die diese Statistiken, die für die letzten Jahre nicht allgemein zugänglich sind (die letzte Statistik wurde für das Jahr 1987/88 vom BMUK veröffentlicht), anschaulich zusammenfaßt (vgl. auch de Cillia 1994a). Danach lernten im Schuljahr 1991/92 in der Volksschule 48,8% der Kinder (3.+4. Jahr) Englisch, 0,1 % Französisch und 0,1% andere Sprachen. In der Hauptschule ergeben sich Zahlen von 99,9% für Englisch, 0,7% für Italienisch, 0,6% für Französisch und 0,25% für andere Sprachen.

Auf der *Sekundarstufe* lernten 94% der SchülerInnen Englisch, 14,3% Französisch, 10,4% Latein und 4,6% Italienisch. Die Zahlen für die anderen Sprachen sind marginal: Spanisch: 0,9%, Russisch: 0,6%, (Alt-)Griechisch (!) 0,3% und andere 0,3%. Betrachtet man die *AHS* (Gymnasien) getrennt, so ergeben sich 98,1% für Englisch, an zweiter Stelle liegt das für die Gymnasien offensichtlich typenbildende Latein (36,4%), gefolgt von Französisch (23,6%), Italienisch (6,1%), Spanisch (2%), Russisch (1,3%),

Griechisch (1%). In den berufsbildenden höheren Schulen zeigen sich ähnliche Verteilungen mit der Ausnahme, daß Italienisch mit 14,2% dort relativ stark vertreten ist und auch die Zahlen für Französisch mit 39,3% wesentlich höher ausfallen, was vermutlich auf die Handelsakademien zurückzuführen ist.

1.4. Fremdsprachenunterricht in der Erwachsenenbildung

Ein paar Bemerkungen noch zum Fremdsprachenunterricht in der Erwachsenenbildung bzw. in privaten Sprachschulen. Wenn man von den 77% Personen, die ihre Fremdsprachenkenntnisse ausschließlich in der Schule/Universität erworben haben, ausgeht (s.o.), so kann man annehmen, daß ca. ein Fünftel der Fremdsprachenkenntnisse anderswo erworben werden, wobei nach den Angaben des Mikrozensus wiederum das Sprachenlernen im jeweiligen Land die wichtigste Rolle spielen dürfte. Die Antworten, die die Erwachsenenbildung betreffen, ergeben sehr geringe Prozentsätze: "Schule + Volkshochschule": 2%, "nur Volkshochschule": 1%, "Schule und Sprachlehrinstitut": 0,8%.

Die Volkshochschulen haben zweifellos das größte, v.a. breiteste Angebot. Sie bieten in ganz Österreich ein breites, differenziertes und dezentrales Sprachkursangebot an, das Sprachenlernen in sogenannten seltenen Sprachen bis in kleine Gemeinden hinein ermöglicht. Nach Schmölz 1994, der die Daten vom Wintersemester 1992/93 zugrundeliegen, wurden in 235 (von insgesamt 280) Volkshochschulen 5688 Sprachkurse angeboten, die von 70538 TeilnehmerInnen besucht wurden (durchschnittlich 12,4 TeilnehmerInnen pro Kurs). Sieht man sich die Verteilung der Sprachen an, so stellt erwartungsgemäß Englisch mit 2132 durchgeführten Kursen (37,48%) den größten Anteil, gefolgt von Italienisch (17,42%), Deutsch als Fremdsprache (15,52%), Französisch (11,6%), Spanisch (6,08%), Tschechisch (2,18%), Ungarisch (2,04%). Dabei erstaunt der relativ geringe Anteil an Englischkursen, gemessen etwa am schulischen Fremdsprachenunterricht oder an den privaten Sprachschulen.

In den *privaten Sprachschulen*, die gewinnorientiert arbeiten müssen, zeigt sich ein ähnliches Bild wie in der Schule. Es dominiert eindeutig Englisch, wie z.B. eine Sichtung der Sprachkurse der österreichischen WIFIS (Wirtschaftsförderungsinstitute) zeigt, allerdings dürfte v.a. regional Italienisch eine sehr wichtige Rolle in den Fremdsprachenkursen spielen, was wohl zeigt, daß die Schulen diese Lernerbedürfnisse nicht genügend abdecken. Die absolute Zahl von ca. 17000 KursteilnehmerInnen im Jahr 93/94 zeigt allerdings die Relation im Vergleich zum schulischen Unterricht deutlich auf.

1.5. Innovation im schulischen Fremdsprachenunterricht

In methodisch-didaktischer Hinsicht hat sich das *kommunikativ-pragmatische Paradigma* im schulischen Unterricht insofern durchgesetzt, als es in der letzten Lehrplanreform praktisch festgeschrieben wurde. Inwieweit es sich jedoch in der Praxis durchgesetzt hat, ist schwer einzuschätzen. StudentInnen, die empirische Arbeiten zum Fremdsprachenunterricht durchgeführt haben und die der Verfasser mitbetreut hat, haben jedenfalls immer wieder beobachtet, daß Grammatikunterricht im traditionellen Sinn in der Praxis des Fremdsprachenunterrichts noch eine sehr wichtige Rolle einnimmt. Innovation gibt es v.a. im Rahmen von Schulversuchen:

Ein Schwerpunkt der Reform sind unterschiedliche *Formen des Frühbeginns*. Eine Vorverlegung und/oder eine Intensivierung des Fremdsprachenunterrichts auf der Grundschule wird diskutiert und z.T. auch realisiert (vgl. BMUK 1993b). So wird in Wien als Schulversuch "Englisch auf der Grundstufe I" (bekannt als "Lollipop-Projekt") durchgeführt, wobei für diese Schulversuche eine Limitierung bei 5% der Klassen eines Bundeslandes existiert, eine Ausweitung auf 20% soll im Rahmen einer SCHOG-Novelle erfolgen. Ein weiteres wichtiges Projekt im Grundschulbereich stellt der Schulversuch "Vienna Bilingual Schooling", in dessen Rahmen seit September 1992 in einem Kindergarten und an einer Volksschule im 10. Wiener Bezirk jeweils eine bilinguale deutsch-englische Gruppe geführt wird. Das Gesamtkonzept sieht eine Fortsetzung der Schulform bis einschließlich der Oberstufe weiterführender Schulen vor. Eine Klasse wird jeweils zur Hälfte von österreichischen und ausländischen Kindern besucht, wobei unter ausländischen Kindern solche zu verstehen sind, die entweder Englisch als Muttersprache oder als familiäre Verkehrssprache sprechen. Bei dem Schulversuch werden im übrigen je zwei Schulstufen zu einer altersheterogenen Gruppe zusammengefaßt und von drei LehrerInnen unterrichtet, ähnlich der neuen Grundschule (vgl. Kuchl/Simpson 1994).

Der Einsatz von *bilingualem Unterricht* bzw. *bilingualen Arbeitsphasen* stellt überhaupt eine wesentliche Innovationsform im österreichischen Fremdsprachenunterricht dar. Neben der eben erwähnten VBS gibt es eine zweite, in österreichischen Hauptschulen und Gymnasien immer häufiger praktizierte Form zweisprachigen Unterrichts, die "Verwendung einer lebenden Fremdsprache als Unterrichtssprache nach §16/Abs.3 SCHUG", was in der Praxis vor allem die Verwendung von *"Englisch als Arbeitssprache"* bedeutet (vgl. dazu Heindler/Abuja 1992). Die bilingualen Modelle stellen auch die radikalste innovative Form im Bereich der Gymnasien dar. Seit dem Schuljahr 1991/92 existiert die GIBS, die *Graz International Bilingual School*, eine öffentliche AHS nach österreichischem Lehrplan mit Unterrichtssprache Englisch. Hier wurde zu Beginn des ersten Jahres eine Intensivphase in der Fremdsprache, in der die SchülerInnen das wichtigste Survival English lernen sollten, angesetzt, und nach dieser Intensivphase wurde der Schwerpunkt auf fächerübergreifenden Sachunterricht gelegt. Dabei soll der Übergang zur vorwiegenden Verwendung des Englischen als Unterrichtssprache langsam und fließend erfolgen. In Mathematik wird z.B. großteils auf Deutsch unterrichtet (vgl. Fleischmann/Pölzleitner 1992). Ein ähnliches Modell gibt es in einer Hauptschule in Admont und wird seit 1992/93 in einem Gymnasium in Linz-Auhof erprobt (LISA). Auch hier wird auf Basis des österreichischen AHS-Lehrplans bilingual deutsch-englisch unterrichtet.

2. Fremdsprachenforschung in Österreich

Die folgenden Ausführungen sind ein erster Versuch einer empirischen Bestandsaufnahme, wo und in welchem Rahmen in Österreich Erforschung von Fremdsprachenunterricht, von Fremdsprachenlernen oder Zweitsprachenlernen stattfindet. Sie können naturgemäß nur unvollständig sein. Eine terminologische Diskussion darüber, ob nun Sprachlehrforschung, Zweitspracherwerbsforschung, Fremdsprachenforschung, Fremdsprachendidaktik oder welche Disziplin immer der wissenschaftliche Rahmen für die Erforschung von Fremd/Zweitsprachenlernen ist/sein sollte, soll hier nicht geführt werden. Es wäre der österreichischen Situation ohnehin völlig unangemessen. Der Terminus Fremdsprachenforschung wurde gewählt, weil er der neutralste ist und in diesem Zusammenhang am ehesten zuzutreffen scheint.

Stellt man sich die Frage nach dem *institutionellen Ort,* an dem Fremdsprachenforschung in Österreich stattfindet, so muß man zuerst einmal feststellen, daß an den österreichischen Universitäten kein einziger Lehrstuhl für Sprachlehrforschung existiert. Am ehesten wurde und wird Fremdsprachenforschung wohl im Rahmen der traditionellen Philologien betrieben, die jedoch ihrerseits meist literaturwissenschaftlich und sprachhistorisch ausgerichtet sind. Lediglich im Rahmen der LehramtskandidatInnenausbildung sind sprachdidaktische Lehrveranstaltungen vorgesehen und werden Fragen der Sprachlehrforschung behandelt. Der folgende Versuch, Fremdsprachenforschung in Österreich institutionell zu "orten", erhebt keinerlei Anspruch auf Vollständigkeit.

2.1. Universitätsinstitute

Seit 1992 gibt es einen Lehrstuhl für *angewandte Sprachwissenschaft* in Wien, dessen Forschungsschwerpunkt auf Diskursanalyse, Soziolinguistik, Sprachverhalten in Institutionen liegt und in dessen Rahmen Sprachlehrforschung eine untergeordnete Rolle spielt. Aber immerhin gab es an diesem Institut bzw. mitbetreut von Lehrenden dieses Instituts in den letzten Jahren eine Dissertation zum empirischen Methodenvergleich im Französischunterricht vom Verfasser dieses Artikels, eine Dissertation zum Japanischunterricht und zum erfahrungsorientierten Slowenischunterricht (vgl. de Cillia 1987; Maderdonner 1992; Jenko 1990) sowie eine Anzahl von Diplomarbeiten in den verschiedenen Philologien. Bei StudentInnen aller Lehramtsstudien, die die Vorlesungen für Fremdsprachendidaktik und -methodik und Sprachlehrforschung an diesem Institut besuchen, ist ein großes Interesse dafür festzustellen, empirische Arbeiten zum Fremdsprachenunterricht im Rahmen von Diplomarbeiten oder Dissertationen durchzuführen und eine große Nachfrage an Betreuung derartiger Arbeiten, was wohl ein Hinweis darauf ist, daß Forschungsarbeit in diesem Bereich im Rahmen der regulären Studiengänge wenig Berücksichtigung findet. Am *Institut für Sprachwissenschaft der Universität Graz* wurden in den letzten Jahren einige Forschungsprojekte unter der Leitung von Karl Sornig durchgeführt, die der Fremdsprachenforschung zuzuordnen sind.

Ein Universitätsinstitut, an dem zweifellos die Fremdsprachenforschung einen Schwerpunkt darstellt, ist das *Institut für Anglistik der Universität Graz,* wie ein Blick auf die Jahresbibliographien des AREAS (Annual

Report on English and American Studies[1]) zeigt (s.u.). Zu erwähnen sind etwa die Habilitationsschrift von A. Peltzer-Karpf (1990), die auch die Durchführung einer Begleitstudie zum "Vienna Bilingual Schooling" (Peltzer-Karpf/Neumann/ Zangl 1994) leitete bzw. die Arbeiten von Kettemann zur notionalen Grammatik, zur Computerlinguistik, seine Herausgebertätigkeit bei den "*Arbeiten aus Anglistik und Amerikanistik*" bzw. der "*Buchreihe zu den AAA*" oder die Publikation "*Current Issues in European Second Language Acquisition Research*" (Kettemann/Wieden 1993). Zu nennen sind weiters die von diesem Institut ausgehenden Initiativen zur Gründung bilingualer Schulen (GIBS, Admont) und die Arbeiten von Gerngroß/Puchta (z.B. 1992).

Dem AREAS ist zu entnehmen, daß auch an den anderen Anglistikinstituten in Österreich von einzelnen WissenschafterInnen Fremdsprachenforschung betrieben wird, so z.B. Wallmannsberger (Innsbruck), Delanoy, James, Havranek, Sigott (Klagenfurt), Wieden (Salzburg, vgl. Kettemann/Wieden 1993), de Beaugrande, Seidelhofer (Wien). Gleichzeitig zeigt ein Blick in diese Dokumentation der Anglistik/Amerikanistik an den Hochschulen Deutschlands und Österreichs, von der bisher 6 Bände vorliegen, daß Fremdsprachenforschung zumindest in Österreich nur eine untergeordnete Rolle spielt.

Eine ähnliche Dokumentation liegt m.W. für die anderen Philologien leider nicht vor. Für das *Institut für Romanistik der Universität Wien* kann festgestellt werden, daß in den letzten Jahren unter der Betreuung von Rosita Rindler-Schjerve eine Reihe von Diplomarbeiten in Form von empirischen Studien zum Französisch- und Italienischunterricht entstanden (z.B.: Langöcker 1994; Rehberger 1994; Wildmann 1993). Am *Institut für Slawistik der Universität Wien* führte Gero Fischer (1992 und 1994) empirische Forschungen zum Fremdsprachenunterricht durch, und zwar die Begleitstudien zu zwei Schulversuchen im Bereich der Immigrantenpädagogik (Projekt Volksschule Kindermanngasse, Projekt Schulen des bfi in Wien).

Seit kurzem existiert ein Lehrstuhl für *Deutsch als Fremdsprache* in Wien, der mit Hans-Jürgen Krumm, einem prominenten Exponenten der bundes-

---

1 Der *Annual Report on English and American Studies* "bietet eine umfassende Dokumentation zu den Instituten, Studiengängen, Semesterprogrammen und Forschungsaktivitäten der Anglistik/Amerikanistik an den Hochschulen Deutschlands und Österreichs." (Klappentext). Bisher sind 6 Bände erschienen.

deutschen Sprachlehrforschung, besetzt wurde, was sicherlich einen wesentlichen Impuls für die Entwicklung der Fremdsprachenforschung in Österreich darstellen wird. Die Einrichtung eines DaF-Lehrstuhls in Graz steht unmittelbar bevor. Am *Institut für Übersetzer- und Dolmetscheraus-bildung der Universität Wien* schließlich gibt es ebenfalls mit Mary Snell-Hornby einen Schwerpunkt in Übersetzungsdidaktik, und die Sprachinstitute der *Wirtschaftsuniversität* sind in diesem Zusammenhang ebenfalls zu erwähnen (mit diversen Arbeiten zur Fachsprachendidaktik). Schließlich ist die bereits oben erwähnte Abteilung III des *Zentrums für Schulversuche* in Graz zu nennen, die sich mit empirischer Tatsachenforschung in diesem Bereich befaßt, und es ist zu erwarten, daß das *Europäische Fremdspra-chenzentrum* des Europarats in Graz ebenfalls Impulse in diese Richtung setzen wird.

2.2. Forschungsdokumentationen

Weitere Auskunft über die Situation der Fremdsprachenforschung in Österreich kann die Sichtung von Forschungsdokumenationen geben. Die *"Dokumentation Neusprachlicher Unterricht"*, die vom Informationszen-trum für Fremdsprachenforschung der Philipps-Universität Marburg bis 1989/90 herausgegeben wurde, verzeichnet in ihrer Forschungsdokumenta-tion in den letzten drei Jahrgängen als einzige österreichische Projekte vier Forschungsvorhaben am Institut für Sprachwissenschaft der Universität Graz unter der Leitung von Karl Sornig: Das Informationszentrum für Fremdsprachenforschung in Marburg/Lahn, das im Auftrag des Europarats das Europäische Forschungsregister "Sprachlehrforschung und Sprachunter-richt" für den deutschsprachigen Raum führt, teilte auf schriftliche Anfrage mit, daß per 11. Oktober 1994 nach wie vor nur die vier oben erwähnten Forschungsprojekte aus Österreich registriert waren.

Im *AREAS 5* (1993/94) werden unter der Rubrik "Research Life" Dissertati-onsvorhaben, abgeschlossene Promotionen und Habilitationen verzeichnet: Wie zu erwarten, befaßt sich der Großteil der angeführten Arbeiten mit literaturwissenschaftlichen Themenstellungen, lediglich vier der 34 verzeichneten Projekte sind im Bereich der Fremdsprachenforschung anzusiedeln, was angesichts der Tatsache, daß die erfaßten Institute in erster Linie EnglischlehrerInnen ausbilden, zumindest verwunderlich ist. Über die im AREAS erfaßten Publikationen aus dem Bereich der österreichischen Anglistik/Amerikanistik wurde bereits oben berichtet.

In der *Bibliographie Moderner Fremdsprachenunterricht*, die pro Jahrgang 1200 Titel zum Forschungsbereich Fremdsprachenunterricht, v.a. aus dem deutschsprachigen Raum, aber auch englische und französische Publikationen erfaßt, finden sich kaum Beiträge aus Österreich. Im Jahrgang 1992 etwa 12 Titel unter dem Schlagwort Österreich, wobei noch dazu die Auswahl relativ zufällig scheint. Hauptsächlich handelt es sich um Beiträge in der Zeitschrift "Erziehung und Unterricht", lediglich der Tagungsband "Fremdsprachendidaktik und Innovation in der Lehrerbildung" mit den Beiträgen einer Fremdsprachendidaktikertagung, die 1990 in Klagenfurt stattgefunden hat, stellt eine gewichtigere Publikation dar. Ähnlich das Bild im Jahr 1993: Von den bis zum Heft 3/1993 erfaßten 900 Publikationen betreffen ganze sechs Österreich. In der "Liste der 25 regelmäßig und vollständig ausgewerteten Periodika" findet sich keine österreichische Zeitschrift, in der Liste der ca. 40 "regelmäßig selektiv ausgewerteten Periodika" lediglich eine österreichische Publikation, die "Special language. Fachsprache" (Wien: Braumüller). Ansonsten werden die fachunspezifischen Zeitschriften "Erziehung und Unterricht" bzw. "Sehen - Hören - Bilden" regelmäßig auf fremdsprachliche Literatur hin ausgewertet. Auch in der Liste der Verlage findet sich kein österreichischer. Ohne die Bedeutung der betreffenden Bibliographie überzubewerten, wirft dieser Befund doch ein bezeichnendes Licht auf den derzeitigen Stand der Fremdsprachenforschung in Österreich.

2.3. Berufsverbände und Publikationsorgane

Hinderlich für die wissenschaftliche Beschäftigung mit Fremdsprachenunterricht war in den letzten Jahren sicherlich auch das Fehlen einer eigenen österreichischen Sektion der AILA, deren Verbände in anderen Ländern u.a. die Sprachunterrichtsforschung fördern. Bei der österreichischen Linguistiktagung 1994 wurde nun die österreichische Sektion, VERBAL, gegründet, und das war auch der Anlaß für die Veranstaltung des Workshops zum Thema "Fremdsprachendidaktik und Sprachlehrforschung: Bestandsaufnahme und Perspektiven", der in der vorliegenden Publikation dokumentiert wird. Die zahlreichen Beiträge (ca. 25 Vorträge) weisen auf das rege Interesse an diesem Forschungsgebiet bei den österreichischen LinguistInnen hin, und auf die Notwendigkeit, ein stärkeres Netzwerk innerhalb der Interessierten aufzubauen, als es bisher bestand.

Für das zunehmende Interesse an der Thematik spricht aber nicht nur die "Wiederbelebung" der österreichischen AILA-Sektion, sondern auch die Tatsache, daß neben dem schon lange existierenden Neuphilologenverband in den letzten Jahren andere *Berufsverbände* entstanden sind, die rege Vereinstätigkeit, z.B. in Form der Veranstaltung von wissenschaftlichen und Weiterbildungstagungen für ihre Mitglieder und der Herausgabe von Zeitschriften entfalten.

Der traditionsreiche *"Verband der österreichischen Neuphilologen"* mit ca. 200 Mitgliedern hat sich zur Aufgabe gestellt, "die moderne Philologie, vor allem die an den allgemeinbildenden und berufsbildenden höheren Schulen gelehrten Fremdsprachen sowie die damit verbundene Literatur- und Kulturkunde zu pflegen und zu fördern" (Selbstdarstellung in einem Flugblatt). Diese Formulierungen legen eine philologisch kulturkundliche Ausrichtung nahe. Ihre Zeitschrift "Moderne Sprachen" (Mitherausgeber Bernhard Kettemann), die 1994 im 38. Jahrgang erscheint, ist eines der wenigen Diskussionsforen in Österreich, die spezifisch dem Fremdsprachenunterricht gewidmet sind. Seit den sechziger Jahren gibt es den *"Verband der Russischlehrer Österreichs"* (VRÖ), der ca. 200 Mitglieder zählt und die "Mitteilungen für die Lehrer slawischer Sprachen" herausgibt.

Seit 1984 existiert der *"Österreichische Lehrerverband Deutsch als Fremdsprache"* (ÖDaF, ca. 450 Mitglieder), Mitglied des Internationalen Deutschlehrerverbands, der 1989 die IX. Internationale Deutschlehrertagung in Wien ausrichtete und dessen jährliche Jahrestagung aktuellen wissenschaftlichen Themen des Fremdsprachenunterrichts, nicht nur des DaF-Unterrichts, gewidmet ist (in den letzten Jahren waren es z.B. die Themen "Immersion und bilingualer Fremdsprachenunterricht", "Alternative Methoden des Fremdsprachenunterrichts"). Die ÖDaF-Mitteilungen, die Zeitschrift des Vereins, stellen ebenfalls eine wichtige regelmäßige Publikation für die Belange des Fremdsprachenunterrichts dar.

Seit 1992 gibt es den EnglischlehrerInnenverband TEA (*Teachers of English in Austria*), der nach zwei Jahren bereits ca. 900 Mitglieder zählt. Seine Aktivitäten umfassen die Organisation von Sommerkursen für LehrerInnen, von Workshops, Seminaren und Symposien, die Erstellung eines nationalen Netzwerks von regionalen KoordinatorInnen, die Herausgabe einer eigenen Zeitschrift (ELT-News), die dreimal im Jahr erscheint und die neben Vereinsnachrichten und Buchbesprechungen auch wissenschaftliche Artikel enthält. Mit der Organisation eines IATEFL-Symposiums (International

Association of Teaching English as a Foreign Language) im September 1993 in Wien und der N.E.L.L.E. (Networking English Language Learning in Europe)-Konferenz in Innsbruck im September 1994 hat der Verband bereits zwei beachtenswerte internationale Veranstaltungen durchgeführt. Seit 1993 schließlich haben die FranzösischlehrerInnen einen eigenen Berufsverband, die *"Österreichische Vereinigung der Französischlehrer/Association des Professeurs de Français en Autriche"*, die die Zeitschrift 'apfascope' herausgibt und im Herbst 1994 ihren ersten Kongreß zum Thema " Cinéma - Théâtre - Enseignement" veranstaltet hat.

Als Foren wissenschaftlicher Diskussion von Fremdsprachenunterricht sind schließlich noch zwei pädagogische Zeitschriften zu erwähnen, die sich in Themenheften mit diesem Gebiet befassen. Die Zeitschrift "Erziehung und Unterricht" widmete die Nummer 3-4/90 dem Thema "Fremdsprachen lernen - einander näher kommen" und die Nummer 4/91 dem Thema "Von der Ausländerpädagogik zum interkulturellen Lernen" und bereitet ein Themenheft zum frühen Fremdsprachenlernen vor. Die Zeitschrift "schulheft" widmete die Nummer 38/1985 dem "Fremdsprachenunterricht" und die Nummer 68/1993 hat den Titel "Fremd Sprachen Politik in Österreich, Mitteleuropa, Osteuropa".

Angesichts der Entwicklungen in der letzten Zeit (Gründung von Fachverbänden, Tagungen wie dem Zukunftsforum, der Tagung "Sprachenpolitik in Mittel- und Osteuropa"), angesichts der zunehmenden Bedeutung von Fremdsprachenunterricht und Fremdsprachenkenntnissen und der zunehmenden Präsenz des Themas in der Öffentlichkeit liegt eine engere Koordination all dieser Einzelaktivitäten, eventuell in einem Dachverband, ähnlich dem "Fachverband moderne Fremdsprachen" in Deutschland, eigentlich nahe und wäre zumindest wünschenswert.

2.4. Perspektiven

Der Workshop "Fremdsprachendidaktik und Sprachlehrforschung: Bestandsaufnahme und Perspektiven" bei der 22. österreichischen Linguistiktagung war ein erster Erfahrungsaustausch zwischen denjenigen WissenschaftlerInnen, die sich in irgendeiner Form in Österreich mit Fremdsprachenforschung beschäftigen.

Für eine weitere Entwicklung dieses Forschungsbereichs wäre es wichtig, Forschungsdesiderata zu formulieren und Studierende für diesen Wissenschaftsbereich verstärkt zu interessieren, v.a. im Bereich der Lehramtsstudien, wobei ihnen dann allerdings auch die notwendige Betreuung zuteil werden müßte. An Themen für mögliche Forschungen mangelt es nicht, z.B. wäre eine umfassende Erhebung zur Sprachenpolitik und Fremdsprachenpolitik in Österreich notwendig, Studien zu den tatsächlichen Fremdsprachenkenntnissen der österreichischen Bevölkerung oder etwa von Schulabgängern, empirische Begleitforschung zu den laufenden Schulversuchen, etwa im Bereich der bilingualen Schulen, des Fremdsprachenfrühbeginns - dabei wären v.a. Longitudinalstudien sehr wichtig -, empirische Arbeiten zum Spracherwerb bei autochthonen Minderheiten und ImmigrantInnen oder Studien zum Einsatz unterschiedlicher Lehrmittel, Lehrverfahren, zu Schülerkarrieren (erfolgreiche LernerInnen, SchulversagerInnen) usw.

Ein erstes wichtiges Projekt wäre eine simple Dokumentation der in Österreich laufenden Forschungsvorhaben im Bereich Fremdsprachenforschung, Sprachlehrforschung und Zweitspracherwerbsforschung, die regelmäßig ergänzt und den Interessierten zur Verfügung gestellt werden sollte. Das wäre auch ein erster Schritt zu einem nationalen Netzwerk, das durch die Einrichtung einer entsprechenden Sektion innerhalb der VERBAL unterstützt werden könnte. Und natürlich wäre es dringend notwendig, dem Gegenstandsbereich dementsprechende Wichtigkeit im universitären Lehrbetrieb einzuräumen, ihn bei der Vergabe von Lehraufträgen und Berufungen stärker als bisher zu berücksichtigen und z.B. die Einrichtung einer Lehrkanzel für Fremdsprachenforschung/Sprachlehrforschung anzustreben, die einen Studiengang "Sprachlehrforschung" möglich machen würde.

Bibliographie:

Abuja, Gunther / Heindler, Dagmar (Hrsg.) (1993): Englisch als Arbeitssprache. Fachbezogenes Lernen von Fremdsprachen. Graz: BMUK

Bausch, Karl-Richard / Christ, Herbert / Hüllen, Werner / Krumm, Hans-Jürgen (Hrsg.) (1989): Handbuch Fremdsprachenunterricht. Tübingen: Francke

Bausch, Karl-Richard / Königs, Frank G. (1983): 'Lernt' oder 'erwirbt' man Fremdsprachen im Unterricht? Zum Verhältnis von Sprachlehrforschung und Zweitsprachenerwerbsforschung. In: Die Neueren Sprachen 82 (1983), 308-336

Bausch, Karl-Richard / Krumm, Hans-Jürgen (1989): Sprachlehrforschung. In: Bausch/Christ/Hüllen/Krumm (Hrsg.) (1989), 7-12

BCLE/BMUK (1994): Der Fremdsprachenunterricht an österreichischen Schulen unter besonderer Berücksichtigung des Französischen. Wien: BMUK

BMUK (1992): Schulversuche gemäß § 7 Schulorganisationsgesetz bzw. § 78 Schulunterrichtsgesetz an den APS 1991/92. Wien: BMUK

BMUK (1993a): Österreichische Schulstatistik. Schuljahr 1991/92 (unveröffentlicht)

BMUK (1993b): Maßnahmenpaket zum Fremdsprachenunterricht in Österreich. Wien: BMUK

BMUK (o.J.): Informationen zum geplanten europäischen Fremdsprachenzentrum in Österreich. Wien: BMUK

BMUK (1994a): Österreichische Schulstatistik 1993/94. Wien: BMUK

BMUK (1994b): Zukunftsforum V. Sprachen lernen - Menschen verstehen: Eine Herausforderung. Wien: BMUK

Buttaroni, Susanna / Knapp, Alfred (1988): Fremdsprachenwachstum. Anleitungen und sprachpsychologischer Hintergrund für Unterrichtende. Wien: Verband Wiener Volksbildung

Christ, Herbert (1991): Fremdsprachenunterricht für das Jahr 2000. Tübingen: Narr

Christ, Herbert / Hüllen, Werner (1989): Fremdsprachendidaktik. In: Bausch/Christ/Hüllen/Krumm (Hrsg.) (1989), 1-7

de Cillia, Rudolf (1987): Audiovisuelle und kommunikative Fremdsprachenmethode. Eine soziolinguistische Studie zum Französischunterricht. Wien: Universität (Phil. Diss.)

de Cillia, Rudolf / Anzengruber, Grete (Hrsg.) (1993): Fremd Sprachen Politik in Österreich, Mittel- und Osteuropa. Schulheft 68/1993: Jugend & Volk

de Cillia, Rudolf (1995a): Österreichs Schulsprachenpolitik - eine "Sprachenpolitik für das Jahr 2000?" In: Wodak/de Cillia (Hrsg.) (1995), 37-51

de Cillia, Rudolf (1995b): Höhere Schulen - ausländerfrei? SchülerInnen mit nichtdeutscher Muttersprache an höheren Schulen. In: Wodak/de Cillia (Hrsg.) (1995), 253-263

Dokumentation neusprachlicher Unterricht (1976ff), hrsg.v. IFS. München: Hueber

Felix, Sascha W. / Hahn, Angela (1985): Fremdsprachenunterricht und Spracherwerbsforschung. Eine Antwort an K.-R. Bausch und F. Königs. In: Die Neueren Sprachen 84 (1985), 191-206

FESSEL + GFK Institut für Marktforschung (1991): Deutschkenntnisse im Ländervergleich. Wien: Ms.

Finkenstaedt, Thomas / Schröder, Konrad (1992): Sprachen im Europa von morgen. Berlin etc.: Langenscheidt

Fischer, Gero (1992): Alphabetisierung in der Muttersprache. Modell Kindermangasse. Erfahrungsbericht 1989-1992. Wien, Ms.

Fischer, Gero (1993): Zum gegenwärtigen Stand der österreichischen Schulsprachenpolitik angesichts gesamteuropäischer Veränderungen. In: de Cillia/Anzengruber (Hrsg.) (1993), 8-20

Fischer, Gero (1994): Endbericht zur wissenschaftlichen Betreuung des Schulversuchs zur Förderung und Entwicklung der Fachsprache bei SchülerInnen mit nichtdeutscher Muttersprache der ersten Klassen der Handelsakademie und Handelsschule des BFI Wien-Margaretenstraße. Wien: Ms.

Fleischmann, Elisabeth / Pölzleitner, Elisabeth (1992): Graz International Bilingual School. Erfolgsbericht über das erste Unterrichtsjahr. Graz: Ms.

Gerngroß, Günter / Puchta, Herbert (1992): Creative Grammar Practice. London.

Heindler, Dagmar / Abuja, Gunther (1992): Möglichkeiten der Realisierung von "Englisch als Arbeitssprache". Schulische Rahmenbedingungen. Graz: Ms.

Jenko, Elizabeta (1990): Argumente für einen erfahrungsorientierten Fremdsprachenunterricht am Beispiel des Slowenischen. Analysen, Lern- und Unterrichtserfahrungen. Wien: Universität (Phil. Diss.)

Karpf, Annemarie (1990): Selbstorganisationsprozesse in der sprachlichen Ontogenese: Erst- und Fremdsprache(n). Tübingen.

Kettemann, Bernd / Wieden, Wilfried (1993): Current Issues in European Second Language Acquisition Research. Tübingen: Narr

Khol, Andreas / Ofner, Guenther / Stirnemann, Alfred (Hrsg.) (1991): Österreichisches Jahrbuch für Politik 1990 (= Band 15). Wien: Verlag für Geschichte und Politik

Koschat, Franz / Wagner, Gottfried / Goodenough-Hofmann, Monika (Hrsg.) (1994): Bilinguale Schulen - Lernen in zwei Sprachen. Wien: BMUK

Kuchl, Irmtraud / Simpson, Stuart (1994): Vienna Bilingual Schooling. In: Koschat/Wagner/Goodenough-Hofmann (Hrsg. (1994), 223-229

Langöcker, Nina (1994): Fehleranalyse im Französischunterricht vor dem Hintergrund der Spracherwerbstheorien. Wien: Universität (Diplomarbeit)

Maderdonner, Otto W. (1992): Integrativer Japanischunterricht an Höheren Schulen Österreichs. Wien: Universität (Phil. Diss.)

Österreichisches Statistisches Zentralamt (1992): Fremdsprachenkenntnisse. Ergebnisse des Mikrozensus März 1990. Wien: Österreichisches Statistisches Zentralamt

Peltzer-Karpf, Annemarie / Neumann, Astrid / Zangl, Renate (1994): Vienna Bilingual Schooling. Psycho- und pragmalinguistische Begleitstudie. Wien: Ms.

Rehberger, Christine (1994): Der Begriff der "kommunikativen Kompetenz" in der Linguistik und die Probleme seiner Verwirklichung als Lehr- bzw. Lernziel im Französischunterricht. Wien: Universität (Diplomarbeit)

Schmölz, Irene (Hrsg.) (1992): Lust auf Sprache. Reflexionen zu Theorie und Praxis des Fremdsprachenunterrichts. Wien: Promedia

Schmölz, Irene (1994): Sprachunterricht an Volkshochschulen. Dokumentation über das Wintersemester 92/93. Wien: Verband Österreichischer Volkshochschulen

Timm, Johannes-Peter / Vollmer, Helmut J. (1993): Fremdsprachenforschung: Zur Konzeption und Perspektive eines Wissenschaftsbereichs. In: Zeitschrift für Fremdsprachenforschung 4 (1993) 1, 1-47

Wildmann, Doris (1993): Die Funktion von Hörtexten im gesteuerten Fremdspracherwerb von Erwachsenen. Wien: Universität (Diplomarbeit)

Wodak, Ruth / de Cillia, Rudolf (Hrsg.) (1995): Sprachenpolitik in Mittel und Osteuropa. Wien: Passagen

Wode, Henning (1978): L1-Erwerb, L2-Erwerb und Fremdsprachenunterricht. In: Die Neueren Sprachen 77 (1978), 452-467

Zeidler, Silvia (1991): Fremdsprachenkenntnisse. Ergebnisse des Mikrozensus März 1990. In: Statistische Nachrichten 3/1991, 231-239

Univ.Doz. Mag. Dr. Rudolf de Cillia
Institut für Sprachwissenschaft
Universität Wien
Berggasse 11
A-1090 Wien

THEORIE DES FREMDSPRACHENLERNENS UND SPRACHERWERBS

SUSANNA BUTTARONI

GRAMMATIK UND LINGUISTIK IM SPRACHUNTERRICHT

1. Problemstellung: Das Paradox der Trennung

Die Fremdsprachendidaktik hat mit der theoretischen und angewandten Sprachwissenschaft diverse Interessensgebiete gemein. Die Analyse abstrakter Sprachstrukturen sowie pragmalinguistischer und soziolinguistischer Aspekte, die kontrastive Sprachanalyse und die Erwerbsforschung fallen in linguistische Bereiche, die in mehr oder weniger direkter Weise den Unterricht der Zweit- und Fremdsprache betreffen.

Diese inhaltlichen Gemeinsamkeiten wirken sich aber kaum auf den tatsächlichen Kommunikationsfluß zwischen Forschungs- und Unterrichtstätigkeit aus. Nur sporadisch betreten Linguisten zum Zweck einzelner Datensammlungen die Klassenräume, während sich die Kontakte von Fremdsprachenlehrenden mit der Linguistik in der Regel auf gewisse Phasen des Studiums beschränken (vgl. Krashen 1987: 4f.).

In diesem Artikel werden nun Daten geliefert und Überlegungen aus didaktischer Perspektive angestellt, die eine engere Zusammenarbeit zwischen Linguisten und Didaktikern rechtfertigen. Dadurch soll der gewöhnlich geltende Gegensatz zwischen theoretischen und praxisorientierten Interessen im jeweiligen Bereich überwunden werden.

Insbesondere soll gezeigt werden, wie die erhöhte Aufmerksamkeit gegenüber linguistischen Daten in eine an natürliche Erwerbsmechanismen angepaßte Unterrichtsgestaltung münden und damit zu einer höheren Effizienz des gesteuerten Lernprozesses beitragen könnte.

2. Komplexe Daten

Als Ausgangspunkt dient ein konkretes Beispiel aus dem Italienischen. Sobald ein Wort wie "niente" (= "nichts"), "nessuno" (= "niemand") oder "mai" (= "nie") im Italienischunterricht vorkommt, werden Lehrende und Lernende mit einer Regel konfrontiert, deren Bezeichnung auch Nicht-Italianisten vertraut ist: die "doppelte Verneinung". Dazu folgende Beispiele:

1) a Nessuno è arrivato.
(niemand-ist-angekommen)
"Niemand ist angekommen."
b Non è arrivato nessuno.
(nicht-ist-angekommen-niemand)
"Niemand ist angekommen."
c *E' arrivato nessuno.
(ist-angekommen-niemand)

Außer der Form wie in 1)a, die der deutschen Konstruktion entspricht, ist im Italienischen auch die Variante 1)b möglich, während die Variante in 1)c ungrammatikalisch ist.

Wie aus den Glossen ersichtlich, besteht zwischen 1)a und 1)b kein Bedeutungsunterschied in bezug auf den Wahrheitswert des Ereignisses. Einen semantischen Unterschied gibt es aber wohl bezüglich des Satzfokus, der in 1)a auf das Ereignis "Ankunft irgendeiner Person" und in 1)b auf die Tatsache, daß die Erwartung einer Ankunft durch niemand erfüllt wurde, gesetzt wird.

Ein ähnliches Muster ist in eingebetteten Sätzen zu finden. So ist der eingebettete Satz in 2)a-b wie in 1)b zu interpretieren:

2) a Dico che non è arrivato nessuno.
(ich sage-daß-nicht-ist-angekommen-niemand)
"Ich behaupte, daß niemand angekommen ist."
b Penso che non sia/è arrivato nessuno.
(ich glaube-daß-nicht-sei/ist-angekommen-niemand)
"Ich glaube, daß niemand angekommen ist."

Wir wollen nun überprüfen, was passiert, wenn auch der Hauptsatz verneint wird:

3) a Non dico che non sia/è arrivato nessuno.
(nicht-ich sage-daß-nicht-sei/ist-angekommen-niemand)
b Non penso che non sia/è arrivato nessuno.
(nicht-ich glaube-daß-nicht-sei/ist-angekommen-niemand)

Haben die Lernenden die doppelte Negation im Nebensatz nach der italienischen Regel als negativen Wert "errechnet", könnte die Interpretation des Gesamtsatzes auf dem kognitiven Weg wie etwa in einer algebraischen Gleichung erfolgen. Minus mal Minus ergibt ein Plus, was dem allgemeinen Muster des Deutschen entspricht: "Ich behaupte/denke nicht, daß niemand angekommen ist". Ist der "Gesamtwert" des eingebetteten Satzes negativ, schafft die zusätzliche Negation im Hauptsatz eine positive Behauptung: "Ich behaupte/glaube doch, daß zumindest eine Person angekommen ist", mit Fokus auf "dico" bzw. "penso".
Der einzige Unterschied zur deutschen Version besteht hier darin, daß die Konjunktivform "sia" im Standarditalienisch erforderlich ist, obwohl die Indikativform in solchen Kontexten in der Umgangssprache immer häufiger auftritt[1]. Die Verwendung des Konjunktivs wird normalerweise im Unterricht durch die semantische Natur eines Verbes wie "pensare" erklärt, das unsichere, nur wahrscheinliche oder vermutete Ereignisse oder Sachverhalte einführt.

Die Alternanz in 1)a und 1)b läßt erwarten, daß sich die Austauschbarkeit der Formen auch im Kontext "Non dico/penso che ..." bewahrt und dementsprechend die Konstruktion mit dem präverbalen Negativpronomen die gleiche Bedeutung wie in 3) hat.

4) a Non dico che nessuno sia/è arrivato a Roma.
(nicht-ich sage-daß-niemand-sei/ist-angekommen-in-Rom)
b Non penso [che nessuno sia/*?è arrivato] a Roma.
(nicht-ich glaube-daß-niemand-sei/ist-angekommen-in-Rom)

---

[1] Wie in der römischen und südlichen Varietät: vgl. De Mauro, T. [2]1979.

Dies gilt wohl für den Beispielsatz mit dem Verb "dire" (= "behaupten") in 4)a. Die Konjunktivform ist durch die irreale Natur der verneinten Behauptung "non dico" zu erklären.
Beim Beispielsatz mit dem Verb "pensare" (= "glauben") in 4)b sind wir mit einer zusätzlichen Differenzierung konfrontiert. Der Parallelismus zur Interpretation in 3)b wird in der Substandardversion mit "è" (mit "*?" bezeichnet) beibehalten[2], bei der Standardversion mit "sia" aber nur dann, wenn der Satz mit sinkender Intonation über "penso" und mit einer kurzen Pause danach vorgelesen wird. Wird der Satz mit steigender Intonation über "penso" vorgelesen, erhält man die Interpretation: "Es trifft nicht zu, daß ich daran denke, daß jemand in Rom angekommen ist: ich denke in Wirklichkeit an etwas anderes". Diese Interpretation ist für 3)b nicht möglich.

Um das ganze Spektrum der logisch denkbaren Möglichkeiten zu betrachten, wollen wir nun überprüfen, was passiert, wenn einem verneinten Hauptsatz ein Nebensatz mit einer einzigen postverbalen Negation folgt.
Nach 1)c, dem Muster für die Regel der "Doppelten Negation", sowie nach 3) und 4) erwarten wir ein ungrammatikalisches Resultat, was vom Beispielsatz in 5)a auch bestätigt wird:

5) a *Non dico che è arrivato nessuno.

Da sich die Verben "dire" und "pensare" bisher weitgehend ähnlich verhalten haben, sollte die "pensare"-Version von 5)a auch ungrammatikalisch sein. Das ist aber nicht der Fall:

5) b ?Non penso che è arrivato nessuno.
"Ich glaube nicht, daß jemand angekommen ist."

Für den ganzen Satz haben wir eine negative Interpretation. "Nessuno" scheint sich hier nicht wie ein Negativpronomen, sondern eher wie "any" im Englischen zu verhalten[3]: die Äußerung erhält die negative Wirkung durch die Negation im Hauptsatz. Der Satz kann interpretiert werden und wirkt

---

2 Die Indikativform ist hier weniger akzeptabel als in 4)a. Möglicherweise addiert sich der Effekt der Semantik von "pensare" mit dem Effekt der Negation.

3 Solche Elemente werden in der Linguistik als "polarity items" bezeichnet. Eine zusätzliche Differenzierung in dieser Hinsicht wird von linguistischen Analysen geliefert. Vgl. Zanuttini 1992, woraus auch einige Beispiele stammen.

daher nicht ungrammatikalisch (wie 5)a). Er wirkt aber auch nicht völlig grammatikalisch (daher das Zeichen "?"). Warum? Der Grund muß in der Indikativform gesucht werden, die hier einen Substandardeffekt hervorruft. Den Beweis haben wir in den entsprechenden Sätzen mit der "sia"-Form in 6):

6) a Non dico che sia arrivato nessuno.
   b Non penso che sia arrivato nessuno.

Die Interpretation ist hier wie in 5)b: "Ich behaupte/glaube nicht, daß jemand angekommen ist". Daraus müssen wir auch schließen, daß die Konjunktivform im Nebensatz obligatorisch ist, wenn im Hauptsatz ein faktitives Verb wie "dire" negiert wird.
Die semantischen Wirkungen von Verbklassen im Hauptsatz sind in 7) ersichtlich, wo das Verb "dubitare" (= "zweifeln", "bezweifeln") semantisch negativ ist. Keine explizite Negation im Hauptsatz ist erforderlich, um eine dem 6)b-Satz ähnliche Konstruktion zu ermöglichen:

7) Dubito che sia arrivato nessuno.
   "Ich bezweifle, daß jemand angekommen ist."

In bezug auf die Verneinung sind die Beispiele in 6) und 7) nicht anders als 8):

8) Non voglio vedere nessuno.
   (nicht-ich will-sehen-niemand)
   "Ich will niemanden sehen."

Die Lage ist also kompliziert genug. Bisher haben wir gesehen, daß in einem einzigen Bereich verschiedene sprachliche Ebenen interagieren:

- das Lexikon:
  - der Unterschied zwischen den Verben im Hauptsatz: 2)a vs. 2)b;
  - die "doppelte" lexikalische Natur von "nessuno": 1)-4) vs. 5);
- die Semantik:
  - der Unterschied zwischen den Verben im Hauptsatz: 4)a vs. 4)b und 5)a vs. 5)b;
  - die Ähnlichkeit zwischen 6) und 7);

- die Syntax: - der Effekt im Satzkontext in 1)a vs. 1)c;
  - die Beziehungen zwischen Hauptsatz und Nebensatz in 1)c vs. 5)b-8);
- die Morphologie: - der Unterschied bei den Verbformen in 4)a vs. 4)b und 5)a vs. 5)b;
- die Phonologie: - der Unterschied in der Intonation bei den zwei Interpretationen von 4)b;
  - der Unterschied in der Intonation von 2) vs. 3)-4).

Ohne weitere Beispiele im Detail zu diskutieren, wollen wir das Bild der Verneinung im Italienischen durch die Angabe grammatikalischer und häufig verwendeter Strukturen ansatzweise integrieren:

9) Nessuno ha detto qualcosa.
(niemand-hat gesagt-etwas)
"Niemand hat etwas gesagt."

10) a Scriverò un libro di didattica e nessun libro di linguistica.
(ich werde schreiben-ein-Buch-über-Didaktik-und-kein-Buch-über-Linguistik)
"Ich werde ein Buch über Didaktik und kein Buch über Linguistik schreiben."
b *C'è somiglianza fra Gianni e nessun altro membro della sua famiglia.
(es gibt-Ähnlichkeit-zwischen-G.-und-keinem-sonstigen-Miglied-seiner-Familie)

11) a Non ho mai detto niente contro di lui.
(nicht-ich habe-nie-gesagt-nichts-gegen-ihn)
"Ich habe nie etwas gegen ihn gesagt."
b *Ho mai detto niente contro di lui.

12) Non ho una lira.
(nicht-ich habe-eine-Lira)
"Ich habe keinen Groschen."

13) a Non parlare!
(nicht-sprechen$_{INFINITIV}$)
"Sprich nicht!"
b *Non parla!
(nicht-sprich)

Das Beispiel in 9) zeigt, daß die doppelte Verneinung im Italienischen nicht immer obligatorisch ist. Diese Konstruktion ist in 9) grammatikalisch, wenn erwartet wird, daß etwas hätte gesagt werden müssen.
Die Beispiele in 10) zeigen, daß eine Koordination zwischen zwei Prädikaten die Anwesenheit einer einzigen Negation zuläßt, was bei Koordination zwischen zwei Nominalphrasen ein ungrammatisches Resultat ergibt.
Die Sätze in 11) liefern Beispiele für obligatorische "dreifache Verneinung".
Die Konstruktion in 12) trägt - wie im Deutschen - die Bedeutung "Ich habe nicht einmal eine Lira".
Die Sätze in 13) zeigen eine Korrelation zwischen Verneinung und Tempusmerkmalen, die in der (echten) Imperativform fehlen[4] (Zanuttini 1992).

Diese Darstellung der Verneinung im Italienischen ist weit davon entfernt, ausführlich zu sein[5]. Trotzdem wird die Präsentation bereits dieser Datenmenge auf nicht mit der Sprache vertraute LeserInnen eine ermüdende Wirkung haben.

3. Mit komplexem Input korrelierende methodologische Aspekte

Das Problem der Komplexität der Sprache ist kein ausschließliches Charakteristikum der Verneinung im Italienischen. Viele zusätzliche linguistische Felder (denken wir an die Frage des Aspektes oder der Verwendung von bestimmten und unbestimmten Artikeln) bereiten ähnliche Schwierigkeiten, wenn es darum geht, eine exhaustive und überschaubare Erklärung dafür zu liefern.

---

[4] Im Italienischen gibt es echte Imperativformen nur für die zweite Person Singular und Plural. Für die dritte Person Singular und Plural wird die Form des Konjunktiv Präsens verwendet.

[5] Eine genauere Beschreibung dieses Bereichs ist z.B. Manzotti/Rigamonti 1991 zu entnehmen. Daten und theoretische Abhandlungen aus generativer Sicht sind u.a. in Rizzi 1982, Longobardi 1988a,b, Haegeman/Zanuttini 1991, Zanuttini 1992.

Es wäre daher unmöglich, den Lehrplan so zu gestalten, daß die Behandlung jedes grammatischen Aspektes in ausführlicher Form stattfindet. Für die Fremdsprachenunterrichtenden stellt sich somit als erste Frage:

> Wieviele der gegebenen grammatischen Aspekte sollen den Lernenden beigebracht werden?

Die meisten Lehrbücher lösen dieses Problem sozusagen von oben: nur die Regel, die hier unter den Beispielen in 1) exemplifiziert ist, wird beigebracht. Das Risiko einer solchen Entscheidung ist jedoch groß. Behauptet man, die Norm für das Italienische sei "Negiere zweimal, wenn sich ein Negativpronomen nach dem Verb befindet", werden die korrekten Äußerungen in 5)b-13) automatisch ausgeschlossen, wodurch ein falsches Bild der italienischen Grammatik entsteht. Die zweite Frage lautet daher:

> Wenn Regeln Unterstützungsfunktion für Lernende haben sollten, ist es angebracht, begrenzt gültige Regeln anzugeben?[6] Wenn ja, welchen Gebrauch können sie dann überhaupt von solchen Regeln machen?

Als Antwort auf die erste Frage raten die meisten Didaktiker aus berufsethischen Gründen davon ab, "falsche" Regeln anzugeben. Die Variante "falsche Regeln + Warnung" findet hingegen einen größeren Konsens, der an das Kriterium der Häufigkeit appelliert: es wird auf das Phänomen Bezug genommen, das in 90% (oder 80% oder 95% ...) der Fälle der Regel entspricht. Im Fall der Verneinung wird also meistens die Regel der "doppelten Negation" angeführt.
Auch dieses Kriterium erweist sich allerdings als problematisch, wobei das Hauptproblem - wie die oben angeführten Beispiele über die Verneinung im Italienischen zeigen - bei der Definition des Phänomens selbst und nicht bei der statistischen Erhebung liegt. Was bestimmt, was einen "Fall" - d.h. den syntaktischen und semantischen Kontext - ausmacht? Und dann: Was sollte bei der Verwendung eines negativen Imperativs gemessen werden: die Häufigkeit des Imperativs oder die Häufigkeit der Negation? Die erste Schwierigkeit ist, eine verläßliche Datenbasis für die verschiedenen Strukturen zu erhalten, und zwar eine adäquate Beschreibung, eine theoretische Erklärung und schließlich Häufigkeitsdaten der analysierten

---

6 Von der Darstellung der sprachlichen Kompetenz als Fähigkeit, Regeln der Fremdsprache zu beschreiben, haben sich in den letzten Jahrzehnten die meisten Unterrichtenden distanziert. Die Unterstützungsfunktion ist die einzige aktuelle Argumentation vieler Didaktiker für das Bewußtmachen von Regeln.

Strukturen. Während das Vorkommen eines lexikalischen Elements leicht meßbar ist(Frequenzlexika existieren bereits für verschiedene Sprachen), sind ähnliche Katalogisierungen z.B. für syntaktische oder phonologische Strukturen noch nicht vorhanden. Solange die Natur eines Phänomens nicht präzisiert wird, wirkt das Kriterium der Häufigkeit also irreführend oder schlicht falsch.

Die Häufigkeit stellt auch ein gewöhnliches Auswahlkriterium für die Präsentation sprachlicher Aspekte dar: man möchte Strukturen, die in der Sprache häufiger auftreten, *zuerst* beibringen. In Ermangelung linguistischer Analysen könnte dies durch eine adäquate Sammlung repräsentativer Texte geschehen. Hier entsteht jedoch die Schwierigkeit für die Unterrichtenden, entsprechende repräsentative Quellen für solche Strukturen zu identifizieren. Als dritte Frage ergibt sich somit:

> Wo sind Texte zu finden, die häufig auftretende Strukturen der Sprache enthalten?

Eine sehr praktikable Lösung besteht darin, dieses strukturelle Repertoire in authentischen Texten zu suchen. Die systematische, quantitativ adäquate Auseinandersetzung mit authentischem Input ergibt auf natürliche Weise eine Begegnung mit den Strukturen der Fremdsprache: reichhaltigen und differenzierten Inhalten entsprechen zahlreiche und differenzierte Strukturen[7]. Dieses "maximalistische" Materialangebot[8] kommt dem Kriterium der Häufigkeit entgegen und meidet gleichzeitig das Risiko der künstlichen Herstellung bzw. Manipulation der Lehrtexte zum Zweck einer "optimalen" Distribution der Strukturen sprachliche Inhalte und Formen (vgl. Buttaroni 1995).

Wir wollen nun annehmen, daß die Frage der Auswahl der grammatischen Inhalte mit einer Entscheidung für authentische Texte gelöst wurde. Als Frage 4 steht nun zur Debatte:

---

7 Der quantitative und qualitative Reichtum des Inputs bleiben auch dann erhalten, wenn sich das Textangebot auf authentische Materialien beschränkt, die das Interesse bzw. die Neugierde der Lernenden wecken sollen.

8 Zu den "minimalistischen" methodischen Maßnahmen, die die Textauswahl begleiten, s. Buttaroni (im Erscheinen).

Welcher ist der effizienteste Weg, an komplexe Sprachaspekte wie die oben erwähnten heranzugehen? Hat die Linguistik vielleicht auch dazu etwas zu sagen?

Die zumeist praktizierte Vorgangsweise ist das bewußte Lernen von Regeln anhand von Beispielen.
Da die Sprache viele komplexe Phänomene wie die oben angeführten aufweist, bestünden die ersten Schritte vor der Präsentation des Problems in:
a) einer detaillierten Beschreibung der Daten und
b) einer sorgfältigen Analyse der verschiedensten Korrelationen zwischen sprachlichen Ebenen.
Damit wäre die Entscheidung der Unterrichtenden darüber, was er/sie tatsächlich für lehrenswert hält, bewußt und "aus erster Hand" getroffen.

Dann könnte die Präsentation erfolgen: Wie? Etwa durch das Aufzählen von Beispielen, wie dies an den "*nessuno*"-Sätzen praktiziert wurde?

Wenn der/die Leser/in, der/die keine Italienisch-Kenntnisse besitzt, imstande ist, an dieser Stelle des Artikels noch die Fälle aufzulisten, in denen eine einfache, eine doppelte und eine dreifache Negation im Italienischen auftritt, so stellt er/sie kein repräsentatives Beispiel für Durchschnittslernende dar. Nicht nur die Unterrichtserfahrung, sondern auch psycholinguistische Untersuchungen (darunter Krashen 1987, Felix/Hahn 1985, Sharwood Smith 1988) haben gezeigt, daß der Weg des bewußten Lernens für das Sprachlernen nicht geeignet ist. Das sogenannte "Problemlösungssystem", das wir bei allgemein kognitiven Fragen anwenden, findet keine unmittelbare Erklärung für Verschiebungen syntaktischer Konstituenten (z.B. die Subjekt-Verb-"Inversion" im Deutschen), hierarchische Relationen zwischen Satzelementen, Korrelationen zwischen sprachlichen Ebenen usw. In der Lösung solcher Fragen erweist sich dieses System als zu träge.

Als hauptverantwortlich für Schwierigkeiten im Erwerb der Fremdsprache wird oft die Muttersprache gehalten (vgl. die "kontrastive Lernhypothese", die auf dem Interferenzprinzip basiert).
Bevor kontrastive Analysen überhaupt für Erwerbsprozesse herangezogen werden, muß die kontrastive Natur sprachlicher Aspekte genau untersucht werden.
Ein Beispiel für Fälle, die zu falschen kontrastiven Analysen führen können, basiert wieder auf den "*nessuno*"-Sätzen. Von Französischsprachigen wie von Spanischsprachigen erwarten wir im Italienischunterricht in bezug auf

die "doppelte Negation" keine Schwierigkeiten. Sowohl im Spanischen als auch im Französischen wird zweimal negiert:

14) a No he visto a nadie. (Spanisch)
(nicht-ich habe-gesehen-niemanden)
b Je n'ai vu personne. (Französisch)
(ich-nicht-habe-gesehen-niemanden)
"Ich habe niemanden gesehen."

Daß es keine Eins-zu-Eins-Korrespondenz zwischen den französischen "*ne*" und "*personne*" und den italienischen "*non*" und "*nessuno*" gibt, zeigen die folgenden Kontraste (15)a wiederholt das Beispiel in 4)b):

15) a Non penso che nessuno sia arrivato a Roma.
"Ich glaube nicht, daß jemand in Rom angekommen ist."
b *Je ne crois que personne soit arrivé à Rome.
16) a Ho preteso che nessuno (*non) sia arrestato.
(ich habe-verlangt-daß-niemand-(*nicht-)sei-festgehalten)
b J'ai exigé que personne *(ne) soit arrêté.
(ich-habe-verlangt-daß-niemand-*(nicht-)sei-festgehalten)

In 16) stellt sich klar heraus, daß die Distribution von "*ne*" im Französischen nicht der Distribution von "*non*" im Italienischen entspricht.
Eine einzige Definition für die Verneinungsregel in beiden Sprachen ("doppelte Negation") ist damit falsch und irreführend. Es wäre genauso falsch, eine kontrastive Analyse oder sogar eine Fehleranalyse auf dieser Basis herzustellen.

Abgesehen von der Frage der Notwendigkeit einer linguistisch fundierten kontrastiven Analyse rechtfertigen empirische Daten prinzipielle Zweifel gegenüber der These, daß die Schwierigkeiten der Lernenden ausschließlich anhand möglicher Interferenzen zu beurteilen sind. Die häufige Verwechslung der Quantoren durch Fremdsprachenlernende exemplifiziert dies (Richards 1974, unveröff. Daten d.V.). Deutschsprachige, die den Unterschied zwischen den Adverbien "schon" und "noch" oder zwischen den Modifikatoren "sehr" und "zu" aus der Muttersprache kennen, verwechseln die entsprechenden Ausdrücke im Italienischen. Bei ItalienerInnen, die Deutsch lernen, finden sich die gleichen Fehler. Man kann auch nicht annehmen, daß erwachsene Lernende mit kognitiven Aspekten der Quantität

Probleme haben, wie es bei Kindern mit 3-4 Jahren der Fall ist. Woher stammen dann die Lernprobleme?

Eine Studie über drei Gruppen mit Spanisch als L1 und Englisch als L2 wurde von Pica (1985) durchgeführt. Die Studie betrifft unter anderem den Erwerb der Anwendung von "*-ing*"-Formen im Englischen. In einem solchen komplexen Bereich war die Gruppe, die nur durch explizite Regelerklärungen unterrichtet wurde, schlechter als die anderen zwei, in denen "natürlichere" Erwerbsformen zugelassen wurden. In diesem Bereich erweisen sich Kinder als die "besseren" Lernenden: in der Flexionsmorphologie des Verbs werden die "*-ing*"-Formen im Spracherwerb zuerst angewandt (Kuczaj 1978).

Bei der Lösung sprachstruktureller Fragen sind Kinder mit 6-7 Jahren überhaupt schon sehr weit. Sie verwenden allerdings keine bewußten Ressourcen, wenn es darum geht, z.B. die Frage der aspektuellen Unterscheidung zwischen *Past Tense* und *Present Perfect* zu lösen. Sie fragen nicht etwa nach Definitionen von Intervallen zwischen Prozessen, sie brauchen keine visuell gestaltete Klassifizierung der möglichen semantischen Verbklassen.

Wäre es deshalb nicht besser, im Fremdsprachenunterricht etwas mehr an das "sprachliche Gefühl", an die interne Grammatik, die wir Menschen alle besitzen, zu appellieren? Zum Beispiel dadurch, daß die Menge der präsentierten Materialien erhöht wird und der Spracherwerbsmechanismus frei gelassen wird, die sprachlichen Inhalte nach seinen internen Organisationsmustern - die wir kaum kennen - zu gestalten und zu ordnen?

Nehmen wir nun an, die Frage des effizienteren Wegs zur Speicherung eines neuen Grammatiksystems wäre mit einer Entscheidung für Lernstrategien, die dem natürlichen Spracherwerb näher stehen, zu lösen. Die sich daraus ergebende Frage 5 stellt sich in folgendem Kontext:

> Die Unterrichtsgestaltung in den meisten Institutionen (von der Volksschule bis zur Erwachsenenbildung) erfolgt nach einem Plan, der von Prüfungsphasen gekennzeichnet ist. Dies bedeutet, daß gewisse Sprachinhalte (Lexikon und Strukturen) innerhalb einer gewissen Zeitspanne erworben werden sollen. Als Nachweis für den Erwerb gelten Sprachproduktionstests, auf die die Lernenden vorbereitet werden müssen. Daher nimmt der Output von Anfang an gegenüber dem Input eine

überragende Rolle ein. Entspricht dieses Verhältnis von Output und Input psycholinguistisch fundierten Erkenntnissen?

Die eindeutige Antwort darauf lautet: *nein*. Wohl können Prüfungstechniken durch Übung verfeinert werden - wie auch der Lernprozeß durch stärkeren Einsatz des Gedächtnisses beschleunigt werden kann; der Erwerb aber, d.h. die spontane Aktivierung der Sprachstrukturen, erfolgt nach einem eigenen Rhythmus.

Nehmen wir an, daß während der Lernphase vor der Prüfung das Input/Output-Verhältnis ausgeglichen ist, so würde sich für Unterrichtende während und nach der Prüfungsphase noch folgendes Problem stellen:

> "Ich bemerke eine Vielzahl an Fehlern. Wie kann ich nun herausfinden, in welchen spezifischen Bereichen meine Lernenden Schwierigkeiten haben bzw. in welchem Bereich ich mehr Input anbieten sollte?"

Damit kommen wir zu dem Punkt zurück, von dem wir mit den "*nessuno*" Beispielen ausgegangen sind. Die linguistische Analyse hilft, verschiedene Sprachebenen zu unterscheiden und besser begründete Erklärungen für Fehler zu finden. Ein Beispiel dazu, das diesmal die deutsche Sprache betrifft: Deutschlernende haben oft Schwierigkeiten, das Verb in Nebensätzen an die letzte Position zu stellen: oft konstruieren sie den Nebensatz wie einen Hauptsatz. Dafür gibt es einen plausiblen Grund, der mit der Strukturierung des Inputs zusammenhängt. Nebensätze erscheinen in der Norm im ersten Drittel oder in der ersten Hälfte von Lehrbüchern. Dies bedeutet, daß die Grundstruktur, die für das Deutsche präsentiert wird, in einer ersten, langen Phase des Lernprozesses falsch definiert bleibt: der/die Lernende wird für eine relativ lange Zeit glauben, daß Deutsch eine Sprache wie Englisch ist, mit dem fixen Muster für den Deklarativsatz: Subjekt - Verb - Objekt.
Nach einer Zeit wird von den Lernenden verlangt, daß sie ihre mentale Repräsentation für die Grundstruktur des Deutschen umkehren und die Anwesenheit des Verbs an der zweiten syntaktischen Stelle (nicht als zweites Wort!) neu interpretieren. Die Möglichkeiten, daß ein finites Verb entweder an der letzten oder an der zweiten Stelle erscheint, sind nämlich nach fundierten linguistischen Theorien (seit Koster 1975) korreliert.
Als viel ökonomischer erweist sich daher der didaktische Weg, der Nebensätze und Hauptsätze im Unterricht gleichzeitig präsentiert, so daß

sich das entstehende linguistische System der Zweit- bzw. Fremdsprache anhand repräsentativer Daten stabilisieren kann.

4. Austauschmöglichkeiten zwischen Linguistik und Didaktik

Die angeführten linguistischen Daten und die damit verbundenen didaktischen Überlegungen weisen auf die Möglichkeiten der theoretischen und angewandten Linguistik hin, zu einem attraktiveren, effizienteren und erfolgreichen Spracherwerb beizutragen (vgl. Flynn/O'Neil 1988).
Diese Beiträge wurden lange Zeit vernachlässigt, weil ihre Präsentation einzig in abstrakter Form denkbar schien.
Allerdings sind diese abstrakten und komplexen Erkenntnisse für die Lernenden einer Fremdsprache kaum nützlich, ja oft sogar unzugänglich.
Die Unterrichtenden können jedoch durch ihr höheres linguistisches Bewußtsein die Lernenden sehr wirkungsvoll unterstützen, wenn es darum geht, zweckmäßige Lernstrategien anzuwenden bzw. die Rolle kaum beeinflußbarer Erwerbsfaktoren wahrzunehmen.
Ein unmittelbares Produkt der linguistischen Arbeit der Unterrichtenden besteht z.B. darin, die Aufmerksamkeit der erwachsenen Lernenden auf Phänomene zu lenken, die in der Zielsprache verbreitet sind und dennoch von den meisten Lehrbüchern ignoriert werden.

Im Gegenzug würden didaktische Daten über Erwerbsetappen und die Interaktion zwischen sprachlichen Phänomenen die Linguistik in experimentellen Phasen unterstützen - vor allem die Forschungsgebiete der Universalgrammatik, Parametertheorie und Spracherwerbstheorie.

Eine Bedarfsanalyse wäre der erste notwendige Schritt, um unter den vielen Variablen, die den Zweit- und Fremdsprachenunterricht kennzeichnen, Problemfelder und einzelne Fragen zu identifizieren und in weiterer Folge genau zu artikulieren.

Linguistik und Didaktik würden einander durch eine intensivere Zusammenarbeit stärker ergänzen und bereichern. Insbesondere der Fremdsprachendidaktik ist zu wünschen, daß neben dem Befragen von Testpersonen in Schulen und Universitätshörsälen auch das Befragen von LinguistInnen zu neueren relevanten sprachwissenschaftlichen Theorien nicht ganz vergessen wird.

Bibliographie

Buttaroni, Susanna (1995): Sprache beibringen, Sprache fernhalten. In: ÖDaF-Mitteilungen 11 (1995) 2, 34-40

Buttaroni, Susanna (im Erscheinen): Fremdsprachenwachstum. Sprachpsychologischer Hintergrund und didaktische Anleitungen. Ismaning: Hueber

De Mauro, Tullio (²1979): Storia linguistica dell'Italia unita. Bari: Laterza

Felix, Sascha W. / Hahn, Angela (1985): Natural Processes in Classroom Second-Language Learning. In: Applied Linguistics 6 (1985) 3, 223-238

Flynn, Suzanne / O'Neil, Wayne (Hrsg.) (1988): Linguistic Theory in Second Language Acquisition. Dordrecht: Kluwer

Haegeman, Liliane / Zanuttini, Raffaella (1991): Negative Heads and the NEG Criterion. In: The Linguistic Review (1991) 8, 333-363

Haegeman, Liliane / Zanuttini, Raffaella (1991): Negative Heads and Negative Control. In: GLOW Newsletter (1991) 26, 24-25

Koster, Jan (1975): Dutch as an SOV-Language. In: Linguistic Analysis 3 (1975) 2, 111-136

Krashen, Stephen D. (1987): Principles and Practice in Second Language Acquisition. Englewood Cliffs, NJ: Prentice-Hall International

Kuczaj, Stan A. II (1978): Why do children fail to overgeneralize the progressive inflection? In: Journal of Child Language (1978) 5, 167-171

Longobardi, Giuseppe (1988a): Symmetry Principles in the Theory of Syntax. Padova: Unipress

Longobardi, Giuseppe (1988b): I quantificatori. In: Renzi (Hrsg.) 1988, 645-696

Manzotti, Emilio / Rigamonti, Alessandra (1991): La negazione. In: Renzi/Salvi (Hrsg.) 1991, 245-317

Pica, Teresa (1985): The selective impact of classroom instruction on second-language acquisition. In: Applied Linguistics 6 (1985) 3, 214-222

Renzi, Lorenzo (Hrsg.) (1988): Grande grammatica italiana di consultazione. Volume I. Bologna: il Mulino

Renzi, Lorenzo / Salvi, Giampaolo (Hrsg.) (1991): Grande grammatica italiana di consultazione. Volume II. Bologna: il Mulino

Richards, J. C. (Hrsg.) (1974): Error Analysis. London: Longman

Rizzi, Luigi (1982): Issues in Italian Syntax. Dordrecht: Foris

Sharwood Smith, Michael (1988): On the Role of Linguistic Theory in Explanations of Second Language Developmental Grammars. In: Flynn/O'Neil (Hrsg.) (1988), 173-198

Zanuttini, Raffaella (1992): Constraints on LF-Movement: TP as a barrier for negative quantifiers. The 15th GLOW Colloquium, Lissabon, 13.-15. April 1992

Mag. Susanna Buttaroni
Gentzgasse 117/3/37
1180 Wien

PHILIP HERDINA
ULRIKE JESSNER

DYNAMISIERUNG DES FREMDSPRACHERWERBS DURCH MEHRSPRACHIGKEIT - THEORETISCHE IMPLIKATIONEN

1. Einleitung

In den letzten Jahren wurde dem Phänomen der Zweisprachigkeit in der linguistischen Forschung immer mehr Interesse entgegengebracht. Dabei wurde deutlich, daß Bilingualismus nicht nur weit mehr verbreitet ist als ursprüglich angenommen und infolgedessen ein größeres Ausmaß an soziolinguistischer Bedeutung hat, sondern daß man auch erwarten kann, daß die Bilingualismusforschung größeren Einfluß auf eine allgemeine linguistische Theoriebildung nimmt. So beginnt Sharwood Smith (1994: 3) sein kürzlich erschienes Buch zum Zweitspracherwerb mit den Worten: "To know only one language is abnormal."

Einer der Bereiche, für den die Multilingualismusforschung von wesentlicher Bedeutung ist, ist die Spracherwerbsforschung. Die traditionelle Spracherwerbsforschung wird jedoch von Vorstellungen determiniert, die sich aus der primär monolingual geprägten Psycholinguistik ergeben. So wurde auch ursprünglich angenommen, daß die bilinguale Variante des Multilingualismus als 'doppelter Monolingualismus' interpretierbar ist. Diese Betrachtungsweise ermöglicht zwar die Anwendung von Erkenntnissen aus der psycholinguistischen Forschung zum Primärspracherwerb, verstellt aber in diesem Bereich die Sicht auf eine strukturelle Isomorphie von Multilingualismus und Zweitspracherwerb sowie eine mögliche gegenseitige Befruchtung der beiden Forschungsbereiche.

Im folgenden werden verschiedene Erklärungsmodelle in der Spracherwerbsforschung zum Thema des Lernersystems diskutiert, vor allem die Anwendung der Hypothesen der Chomskyschen Universalgrammatik auf den Zweitspracherwerb, die approximativen Systeme nach Nemser (1971) sowie die Multikompetenztheorie nach Cook (1991, 1993, 1993a). Zuletzt werden wir auf die Vorteile eines systemtheoretischen Ansatzes in Form eines dynamischen Modells des Multilingualismus hinweisen. Es ist zu betonen, daß in diesem Kontext Bilingualismus als Variante von Multilingualismus, den wir dem dominanten Konzept des Monolingualismus gegenüberstellen, definiert wird.

2. Transferparadoxon

Historisch betrachtet wurde die Bilingualismusforschung durch eine große Anzahl von Präkonzeptionen aus der monolingualen Spracherwerbsforschung sowie Widersprüchlichkeiten, die von ideologischer Voreingenommenheit herrühren, beeinträchtigt (vgl. Geschichte der Forschung im Bereich Bilingualismus und Intelligenz in Hakuta 1986, Baker 1993). Eine große Anzahl von Wissenschaftern, von Jespersen über Weisgerber und Saer, waren der Meinung, daß Bilingualismus eine nachteilige Wirkung auf die kognitive und sprachliche Entwicklung des Kindes haben müßte. Diese Annahme beruhte nicht nur auf nationalistischen Vorurteilen, sondern auch auf traditionellen Einsichten in das Interferenzphänomen und die Auswirkungen des Mangels an sprachlicher Erfahrung (vgl. das vielfach verwendete *lack of exposure*-Argument).

Den Wendepunkt in der Forschung stellt die Studie von Elizabeth Peal und Wallace Lambert (1962) dar, in der erstmals Vorteile von bilingualen Kindern gegenüber monolingualen empirisch belegt werden konnten. Seit der Peal/Lambert Studie kam es zu zahlreichen Untersuchungen, die darauf hindeuten, daß Bilinguale besser ausgeprägte allgemeine kognitive Fähigkeiten aufweisen, und in einigen Fällen sogar eine Überlegenheit in Erst- und Zweitsprache gemessen am monolingualen Standard. Man könnte bei diesem Phänomen vom 'Transferparadoxon' sprechen, da es sich hier nicht um den häufig vorkommenden negativen Transfer (Interferenz) handelt, sondern um einen positiven Transfer, der nicht nur auf sprachliche Kompetenz beschränkt bleibt, sondern sich auf allgemeine kognitive Fähigkeiten bezieht. Die widersprüchlichen Ergebnisse können nicht ausschließlich auf methodisch unzureichende Forschung zurückgeführt werden oder auf die Tatsache, daß die zu diskutierenden Parameter nicht übereinstimmten (vgl. methodische Kritik an der Bilingualismusforschung in Reynolds 1991).

Zur Klärung der Widersprüchlichkeiten in der Bilingualismusforschung gibt es verschiedene Ansätze. Lambert unterscheidet zwischen additivem und subtraktivem Bilingualismus (1977), und Cummins leistet mit der Entwicklung einer Schwellenhypothese (*Threshold Hypothesis* 1976) und der Präsentation des kognitiven Modells einer den beiden Sprachen im Bilingualen zugrunde liegenden Sprachfähigkeit (*Common Underlying Proficiency* 1984, 1991) einen bedeutenden Beitrag zur Klärung grundlegender Fragen des Bilingualismus, der vor allem im schulischen Bereich zur Anwendung kommt. In diesem Modell schlägt Cummins vor, daß es eine Schwelle, eine Art kritisches Niveau, gibt, nach deren Erreichen die traditionell festgestellten Rückschläge durch den Bilingualismus sich tatsächlich in Vorteile verwandeln.

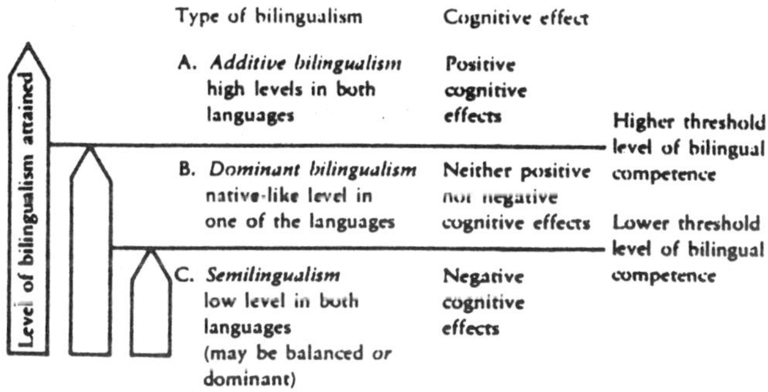

Abb. 1 (aus Romaine 1989: 238)

Abgesehen von der Entwicklung diverser Erklärungsversuche aus den speziellen multilingualen Forschungsbereichen gibt es linguistische Kernbereiche, die auch nicht ohne Einfluß auf die Mehrsprachigkeitsforschung blieben.

Die Bedeutung der Theorienbildung für den Spracherwerb unter dem Einfluß Chomskys darf hier natürlich nicht unerwähnt bleiben. Vor allem Chomskys Hypothese einer Universalgrammatik (UG) und die damit verbundenen Definitionen von Kompetenz und Performanz sind für die gegenwärtige Zweitspracherwerbsforschung unerläßlich geworden.

3. Universalgrammatik und Spracherwerb

Die Signifikanz der Universalgrammatik (UG) für die Spracherwerbsforschung wurde zugegebenermaßen lange Zeit unterschätzt. Dies wurde zum Teil durch die Bemerkungen Chomskys gefördert, der öfters den Eindruck erzeugte, eine prinzipielle Irrelevanz der UG für die Spracherwerbsforschung und somit den Zweitspracherwerb zu postulieren (Chomsky 1972: 179, 182).

3.1. Die psycholinguistische Wende

Neben der offensichtlichen Funktion, in der theoretischen Linguistik (und später in der angewandten Linguistik) ein Paradigma geschaffen zu haben, das für den gesamten Wissensbereich einen orientierenden und die Theoriebildung fördernden Effekt hatte, stellt der durch die UG bewirkte Paradigmenwandel eine grundlegende Neuorientierung der Linguistik auf den Sprecher dar. Wie immer man auch über die Einzelhypothesen der Chomskyschen Linguistik denken möge, die Konzeption einer Sprecherlinguistik statt der bis dato üblichen Systemlinguistik (des Strukturalismus)[1] ermöglicht einen neuen theoretischen Rahmen, in dem die Probleme des Spracherwerbs in ganz neuer und theoretisch konsistenter Weise aufgearbeitet werden können.

> Wiewohl schon deskriptive Adäquatheit auf weite Strecken keineswegs einfach zu erreichen ist, ist es für die produktive Entwicklung der Sprache unumgänglich, daß sie noch weitaus höher gesteckte Ziele verfolgt. Um die Formulierung solcher profunder Fragen zu erleichtern, ist es von Nutzen, das Problem der Konstruktion eines Modells der Spracherlernung (acquisition model for language), d.h. einer Theorie der Spracherlernung oder des Erwerbs der Grammatik zu betrachten. (Chomsky 1969: 40)

Auch die Einbeziehung einer spracherwerbsorientierten Größe in die Grammatikbewertung liefert sicher eine positive Voraussetzung für UG-orientierte Spracherwerbsforschung, da auch frühe Syntaxtheorien - wenigstens prinzipiell - dazu aufgefordert waren, erwerbsorientierte Erklärungsmodelle zu entwickeln. Das UG-Modell wird mittlerweile auch in der Spracherwerbsforschung als das theoretisch ausgereifteste Paradigma

---

[1] Aufgrund ihres extrem reduktionistischen und antipsychologischen Ansatzes können wir die behavioristische Sprachforschung hier ignorieren.

häufig verwendet (Felix 1987, Flynn 1987, Flynn/O'Neil 1988, White 1989).

3.2. Kompetenztheorie

Die aus der Entwicklung des UG-Konzeptes resultierende psycholinguistische Wende führte dazu, daß der früher zentrale Begriff der Sprachstruktur durch den Begriff der Kompetenz ersetzt wurde:

> Die Grammatik einer Sprache versteht sich als Beschreibung der immanenten Sprachkompetenz des idealen Sprecher-Hörers. Weiter, wenn die Grammatik durchweg explizit ist, wenn sie - mit anderen Worten - nicht auf die Intelligenz des Lesers baut, sondern wenn sie gerade eine explizite Analyse dessen liefert, was dieser von sich aus zum Verstehen der Grammatik beiträgt, dann können wir sie [...] eine generative Grammatik nennen. (Chomsky 1969: 15)

Wesentlich für den von Chomsky geprägten Kompetenzbegriff sind zwei Faktoren: Erstens, daß der Begriff der Kompetenz eine der Sprachleistung, sprich Performanz, zugrunde liegende Größe ist, und zweitens, daß diese Größe nicht den Schwankungen der Performanz unterliegt, sondern als stabile Größe anzunehmen ist. Das bedeutet, daß die Kompetenz eine Größe ist, die als im Sprecher konstant angenommen wird.

Diese in der UG hypostasierte 'Kompetenzniveaukonstanz' kann auch so interpretiert werden, daß das Beherrschen einer Sprache einen finiten und somit invariablen Zustand darstellt. Der Erwerbsprozeß selbst wird durch die erfahrungsinduzierte Selektion von sprachspezifischen Parametern, die durch Prinzipien innerhalb der UG festgelegt werden, definiert. Das *Principles and Parameters*-Modell dient natürlich vorerst zur Erklärung des Erstspracherwerbs, wird aber dann als zumindest traditionellerweise einzig verfügbares Erklärungsmodell von der UG auf das Zweitspracherwerbsproblem angewandt (vgl. White 1989).

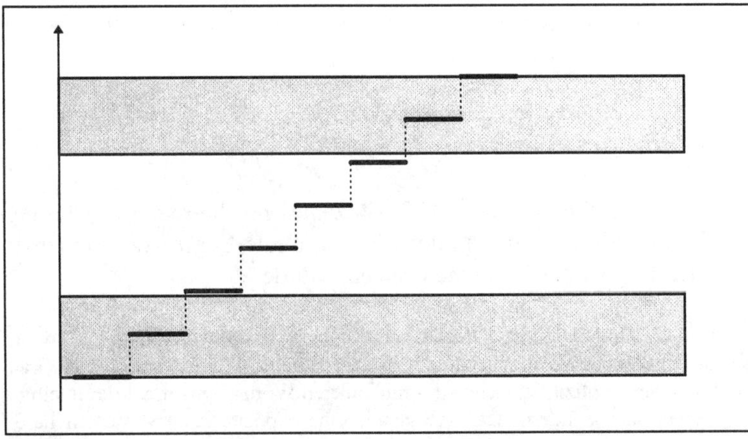

Abb. 2

Schematische Darstellung der Entwicklung der Sprachkompetenz im/in der Sprecher/in einer Sprache. Der Sprecher/die Sprecherin erreicht nach dem Durchschreiten einer logischen Folge in der Entwicklung der Sprachkompetenz (Stufenmodell) ein spezifisches invariables Kompetenzniveau, das als "Beherrschen einer Sprache" bezeichnet wird.

3.3. Erklärung des Zweitspracherwerbs innerhalb der UG

3.3.1. Dissoziative Hypothese

Die naheliegendste Erklärung des Zweitspracherwerbs liegt in der Annahme, daß UG auch im Zweitspracherwerb verfügbar ist. Diese 'Verfügbarkeitshypothese' trifft jedoch auf wesentliche Probleme: Erstens steht die Annahme der Verfügbarkeit von UG im Zweitspracherwerb im Widerspruch zu der vielfach festgestellten mangelhaften Beherrschung von Zweitsprachen, und es ist somit nicht zu erklären, warum das Kompetenzniveau in L2 nicht mit dem Kompetenzniveau in L1 vergleichbar ist. Zweitens ist ein Interferenzargument (negatives Transferphänomen) in einem dissoziativen Konzept des Spracherwerbs (vgl. 'doppelter Monolingualismus')[2] nicht zulässig und kann daher die Divergenz nicht erklären. Empirische Untersuchungen zum Bilingualismus weisen jedoch im Sprachverarbeitungsprozeß solche Interferenzerscheinungen nach. Drittens steht die dissoziative Hypothese auch in klarem Widerspruch zur Theorie der kritischen Phase (Lenneberg). Als Alternative zur dissoziativen Hypthese und den erwähnten Schwierigkeiten bietet sich daher die assoziative Hypothese an.

3.3.2. Assoziative Hypothese

Die assoziative Hypothese gibt die Idee der prinzipiellen Getrenntheit der beiden Sprachsysteme auf und postuliert eine Asymmetrie zwischen L1 und L2. Die kritische Phase bleibt erhalten; prinzipiell werden die Parameter von L1 auf L2 übertragen und dann entsprechend angepaßt. Es kann daher davon ausgegangen werden, daß UG nicht in L2 wirksam bzw. verfügbar ist. Dies hat den Vorteil, daß der unvollständige Spracherwerb in L2 (*partial attainment*) - da nicht voll verfügbar - kein Erklärungsproblem für UG darstellt. Der damit verbundene Nachteil liegt allerdings darin, daß das UG-Modell nur bedingt bzw. kaum zur Erklärung des Zweitspracherwerbs verwendet werden kann, da das UG-Modell auf eine wie immer geartete Fossilisationstheorie (Selinker 1972) nur bedingt anwendbar ist.

Das Problem nicht-UG-konformer Regelbildung im Zweitspracherwerb bleibt somit bestehen. Solange UG keine systematische Interferenztheorie entwickelt (vgl. Herdina/ Jeßner 1994), bleibt das Problem feststellbarer Parameterabweichung im Mehrspracherwerb bestehen, sodaß UG-TheoretikerInnen gezwungen sind, regellose Übergänge in der Sprachentwicklung (vgl. *parameter setting*) anzunehmen, um die empirisch feststellbaren Phänomene zu erklären. Temporär regellose Sprachsysteme, auch als Entwicklungsphasen interpretiert, werden als wilde bzw. ungeregelte Grammatiken (*wild grammars*) bezeichnet (vgl. Clahsen/Muysken 1986, Duplessis u.a. 1987 zitiert nach Sharwood Smith 1994: 157).

Die Anerkennung der Existenz von ungeregelten Grammatiken stellt jedoch ein Eingeständnis des Erklärungsdefizits der UG dar. Das Erklärungsdefizit bezieht sich primär auf die Tatsache, daß auch UG gezwungen war bzw. ist, anzuerkennen, daß es zwischen L1 und L2 Übergangsstadien gibt, die weder

---

[2] Weitere Ausführungen in Herdina/Jeßner 1994.

der UG-Interpretation von L1 noch der von L2 und deren Entwicklungsstufen zuzuordnen sind und somit einen für die UG höchst problematischen gesonderten Bereich darstellen.

3.3.3. Folgerungen

Zusammenfassend können wir also feststellen:
Wenn man die beiden Sprachsysteme L1 und L2 dissoziativ betrachtet, dann steht die Verfügbarkeit von UG im Zweitspracherwerb im Widerspruch zu der vielfach festgestellten mangelhaften Beherrschung von Zweitsprachen (d.h. es ist dann nicht zu erklären, warum das Kompetenzniveau in L2 nicht vergleichbar sein sollte mit dem Kompetenzniveau in L1). Ein Interferenzargument ist im dissoziativen Konzept des Spracherwerbs auch nicht zulässig und kann daher die Divergenz nicht erklären. Die assoziative Hypothese gibt die Idee der prinzipiellen Getrenntheit der beiden Sprachsysteme auf und postuliert eine Asymmetrie zwischen dem L1- und dem L2-System. Die Parameter werden von L1 auf L2 übertragen und dann entsprechend angepaßt. Es kann daher davon ausgegangen werden, daß UG nicht in der L2 wirksam bzw. verfügbar ist. Dies hat den Vorteil, daß der unvollständige Spracherwerb in L2 kein Erklärungsproblem mehr für UG darstellt. Der Nachteil besteht darin, daß das UG-Modell nur bedingt zur Erklärung des Zweitspracherwerbs verwendet werden kann. Welche UG-Hypothese wir auch wählen, es bleibt das Problem nicht-UG-konformer Regelbildung im Zweitspracherwerb bestehen.

4. Interimsprache

In Anbetracht der genannten Probleme ist es nicht verwunderlich, daß innerhalb und außerhalb der UG neue Erklärungsansätze zum Zweit- und Mehrspracherwerb entwickelt wurden. Vielfach werden diese Konzepte unter dem Sammelbegriff *Interlanguage* bzw. im deutschsprachigen Raum unter "Interimsprache" diskutiert.[3] Nachfolgend werden wir einige Konzepte bzw. Modelle erläutern, die als Problemlösungsversuche interpretiert und unter dem Begriff "Interimsprache" subsumiert werden können, von denen jedoch festgestellt werden muß, daß nicht nur in der Begriffsinterpretation, sondern auch im theoretischen Stellenwert große Differenzen bestehen (vgl.

---

[3] Vogel (1990) verwendet den Begriff "Lernersprache".

Singh 1993). Wir wollen in diesem Kontext nur kurz auf folgende Erklärungsmodelle eingehen: die approximativen Systeme nach Nemser (1971), das Konzept der *Interlanguage* nach Selinker (1972) und die Multikompetenztheorie nach Cook (1991, 1993, 1993a).

5. Approximative Systeme

Die heutige *Interlanguage*-Diskussion steht nach wie vor unter dem Einfluß von Nemser und Selinker, wobei Nemsers Ideen zwar immer wieder gerne im Zusammenhang mit der geschichtlichen Aufarbeitung des Bereiches erwähnt werden, Selinker allerdings durch die Einführung des Begriffs *Interlanguage* (1972), der noch heute verwendet wird, in der Entwicklung deutlichere Spuren hinterließ (Selinker 1992). In dieser Diskussion wenden wir uns jedoch ganz bewußt den Annäherungssystemen von Nemser (1971) zu.

Nemser (1971) entwickelte die inzwischen klassische Hypothese der approximativen Systeme, die besagt, daß zumindest einige Fremdsprachenlernende das Zielsprachsystem nie wirklich erlernen, sondern daß der Lernprozeß an irgendeinem Punkt in der Sprachentwicklung abreißt und sich der Lernende mit dem erreichten Niveau zufrieden gibt. Die Aussage Nemsers, daß Lernersysteme per definitionem 'übergänglich' sind (vgl. Nemser 1971: 117), sollte daher nicht im Gegensatz, sondern vielmehr im Zusammenhang mit dem linguistischen Phänomen der Fossilisation, dem Ausbleiben von weiteren Lernfortschritten, gesehen werden.

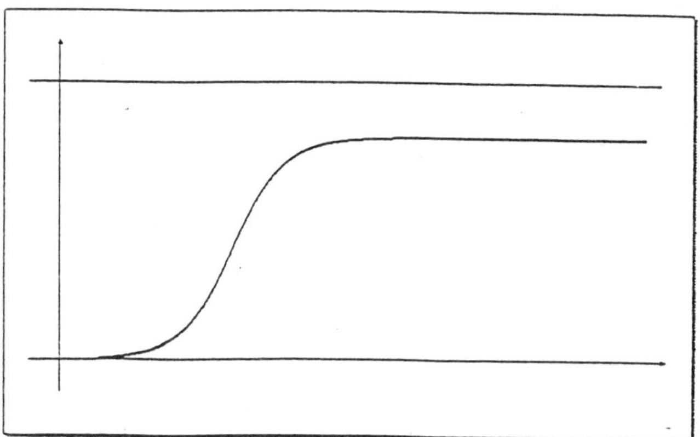

Abb. 3

Schematische Darstellung des Spracherwerbs nach der Theorie approximativer Systeme (Nemser 1971). Wesentlich ist die Abflachung der Lernkurve vor dem Erreichen einer absoluten, stabilen Sprachkompetenz (*native-like competence*). Nach diesem Modell findet das Erlangen dieser Sprachkompetenz aufgrund der Fossilisation prinzipiell nicht statt.

6. Interimsprache und Universalgrammatik

Bei der Interimsprachendiskussion im engeren Sinne können wir zwischen zwei Konzepten unterscheiden, dem von Selinker (1972, 1984, 1992) entwickelten Modell der Interlanguage - einem nicht spezifisch an der UG orientierten Konzept -, und dem Versuch der UG, den Begriff der *Interlanguage* zur Entwicklung eines neuen Problemlösungsansatzes zu nutzen. Wir werden in diesem Kontext nur auf die Anwendung im Zusammenhang mit der UG näher eingehen.

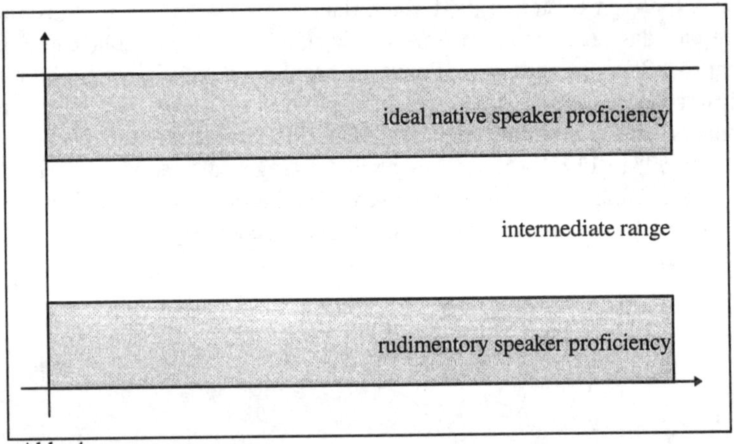

Abb. 4

Die schematische Darstellung versucht das Sprachverständnis wiederzugeben, das seit der Einführung des Begriffs der Interlanguage im Spracherwerb vertreten werden kann. Im wesentlichen geht es darum, daß sich zwischen dem Bereich der *rudimentary speaker proficiency* (rudimentäre Sprachbeherrschung) und der ursprünglich angenommenen *ideal native speaker proficiency* (idealtypische Sprachbeherrschung) ein selbständiger Bereich der *interlanguage* (Interimsprache) ergibt, der hier mit *intermediate range* (Zwischenbereich) bezeichnet wird.

Wie bereits erwähnt, wird das Problem der Interimsprache unter dem Aspekt der beschränkten Verfügbarkeit der UG im L2 Erwerb diskutiert (vgl. *Partial Access Theory* in White 1989). Weiter wird mit dem *partial attainment*-Argument die Existenz von Interimsprache anerkannt, was eine theoretische Konzession darstellt, da Interimsprachen als mögliche Subsets der natürlichen Sprachen gesehen werden. Die Frage des Übergangs von möglichen Grammatiken (*possible grammars*) zu wilden Grammatiken ist damit jedoch nicht gelöst.

> As for the Principles and Parameters of UG that have so far been investigated, much of the research suggests that L2 learners are restricted by UG. They do not produce forms that constitute violations of the principles of UG, nor interpret utterances in ways inconsistent with principles of UG. In other words, the IL of the L2 learner is a 'possible grammar', where a possible grammar is one that falls within the range permitted by UG, even though it often is not equivalent to the actual grammar internalized by native speakers. (White 1989: 175)

Die Idee möglicher, im strengen Sinn nicht natürlichsprachiger Grammatiken stellt eine Modifikation bzw. Erweiterung des ursprünglichen Konzepts dar. Es ist jedoch zu bezweifeln, ob diese Modifikation ausreicht, um die UG zum Erklärungsmodell im Zweitspracherwerb zu machen.

Zweifel an der Angemessenheit bzw. Adäquatheit des UG-Ansatzes werden auch von Cook geäußert. Bei Cook (1991, 1993) werden sowohl spracherwerbs- und kompetenzbezogene Argumente vorgebracht, die die Unzulänglichkeit des UG-Modells nachweisen. In einer seiner ersten kritischen Arbeiten zum Thema (1991) hinterfrägt Cook sowohl das Dogma der UG, das in Chomskys Ausführungen zum idealen Sprecher erstmals angesprochen wurde, nämlich den finiten Zustand der Sprachkompetenz (*finite state concept*), als auch das Uniformitätskriterium (*uniformity requirement*). Das bedeutet, daß, da es ein Sprachsystem gibt, das von allen Sprechern einer Sprache internalisiert wird, dieses Sprachsystem einen endlichen Zustand darstellen muß, und daher Devianzen wie *partial attainment* prinzipiell dem Performanzbereich zuzuordnen sind (vgl. Chomsky 1965: 24ff).

Als Problemlösung schlägt Cook die Einführung des Begriffs der Multikompetenz vor und erweitert in einem zweiten Schritt den Begriff der Multikompetenz um das Konzept des Holismus. Holistische Multikompetenz stellt letztlich eine vollständige Emanzipation von der UG-Konzeption des Spracherwerbs dar, da eine holistische Betrachtung notwendigerweise die beiden Systeme eines bilingualen Sprechers nicht als Addition zweier Einzelsysteme (mit entsprechenden Interaktionen) zu interpretieren versucht, sondern als eigenständiges System per se. Die wesentlichsten Argumente für die Angemessenheit dieser Betrachtungsweise, die Cook (1993a) hier unter Bezug auf die Arbeit Grosjeans (1982, 1985) vorbringt, lauten:

1. Bilinguale bzw. Multilinguale haben eine andere Kenntnis der Primärsprache
2. Bilinguale bzw. Multilinguale haben eine andere Kenntnis der Zweitsprache
3. Bilinguale bzw. Multilinguale verfügen über ein anderes Sprachbewußtsein
4. die (sprachbezogenen) kognitiven Prozesse multilingualer Sprecher unterscheiden sich von denen der monolingualen Sprecher (cf. Cook 1993a: 3/4).

Unterstützend liefert Cook Argumente, die die Annahme eines eigenständigen und andersartigen Sprachsystems bei Mehrsprachensprechern plausibel machen. So geht er davon aus, daß a) die Sprachsysteme multilingualer Sprecher auf das gleiche mentale Lexikon zurückgreifen, was auf die Komplexität der Codeswitchingprozesse schließen läßt (vgl. Herdina/Jeßner in Vorb. a) und die Annahme zweier völlig getrennter Systeme eher unplausibel macht, daß b) die '*switch*-theoretische' Interpretation der Mehrsprachverarbeitung (d.h. ein System wird abgeschaltet, während das andere aktiviert wird) durch Untersuchungen widerlegt wird, die auf die Kopräsenz beider Sprachsysteme hinweisen, und schließlich, daß c) beide Sprachsysteme in derselben Hirnhälfte verarbeitet werden und daher die L1- und L2-Sprachverarbeitung auch neurologisch nicht zu trennen sind (vgl. Cook 1993a: 4/5).

Diese Befunde machen es nicht nur nach Cook notwendig, einen neuen Ansatz zur Erklärung der Mehrsprachigkeit und ihrer Phänomene zu entwickeln, einen Ansatz, der eine holistische Betrachtungsweise des Mehrsprachensystems mit der Theorie mehrfacher Kompetenzen verquickt.[4]

---

4 Weitere Ausführungen zu diesem Modell in Herdina/Jeßner (in Vorbereitung).

7. Dynamisierung des (Fremd)Spracherwerbs

Die von der UG dominierte Diskussion des Spracherwerbs hat, wie schon oben erwähnt, das Problem der Variabilität zu wenig berücksichtigt. Es wurde bisher eher als Störgröße gesehen und nicht als konstitutiver Teil einer Sprachkompetenzbetrachtung. Empirische Untersuchungen weisen jedoch darauf hin, daß Variabilität (nicht nur im Performanzbereich) die Norm ist, auch wenn wir eine für die Theoriebildung notwendige Idealisierung der Kompetenz berücksichtigen. Es wurde bereits festgestellt, daß Variabilität mehrfach interpretiert werden kann: erstens als (idiosynkratische) Normabweichung des Einzelsprechers und zweitens als systematische Normabweichung von Sprechergruppen gegenüber einer spezifischen Sprachnorm.

Diese Arten der sozio- bzw. psycholinguistischen Variabilität sind für das UG-Modell leichter zu integrieren als das Problem der Variation in Abhängigkeit von der Zeit. Empirische Untersuchungen belegen jedoch, daß Sprachkompetenz nicht nur zwischen Sprechern derselben Sprache variieren kann, sondern auch innerhalb eines Sprechers als Funktion in der Zeit variiert (vgl. Vogel 1990: 51f.). Müssen wir aufgrund der ersten Befunde annehmen, daß Kompetenz in einem System L1 keine Konstante, sondern eher eine Variable darstellt, so weisen die zweiten Ergebnisse darauf hin, daß innerhalb eines Sprechersystems auch eine Erweiterung und ein Verfall der sprachlichen Kompetenz festzustellen sein kann (Hyltenstam/Viberg 1993). Während diese Prozesse beim monolingualen Sprecher eher von geringer Signifikanz sind, ist ein derartiges Phänomen beim Mehrsprachensprecher sehr ausgeprägt.

Auch Nemsers Definition eines Lernersystems als Annäherungssystem entspricht unserer Konzeption des Multilingualismus, in dessen Mittelpunkt das Individuum steht. Auf individueller Ebene ergeben sich zumindest zwei wichtige Folgerungen, die aus Nemsers approximativen Systemen abgeleitet werden: Erstens können linguistische Systeme als Übergangsstadien interpretiert werden, auch wenn die - notwendigerweise - idealisierte Zielsprache niemals erreicht wird, und zweitens erscheint uns eine Implikation aus Nemsers Theorie ersichtlich zu sein, nämlich daß sowohl der *native* als auch der *non-native* (sic) *speaker* mit approximativen Systemen einer Zielsprache operieren. Wir folgern daraus, daß auch Bilinguale mit approximativen Systemen ihrer Zielsprachen arbeiten, was anders ausgedrückt heißt, daß ihre sprachliche Kompetenz in einer oder in beiden Sprachen wahrscheinlich eingeschränkt ist.

8. Schlußfolgerungen

Aus dem bisher Gesagten sollte folgendes ersichtlich sein: Die angewandte Linguistik ist aufgefordert, ein Modell zu entwickeln, das nicht nur dem weitverbreiteten Phänomen der Mehrsprachigkeit gerecht wird, sondern auch imstande ist, das Phänomen der partiellen Kompetenz (*partial attainment*, *interlanguage*, *approximative systems*) zu erklären. Dies kann nicht nur durch eine geringfügige Modifikation bestehender Konzepte (vgl. UG) ermöglicht werden, sondern durch eine holistische Betrachtung des Spracherwerbs und der Sprachkompetenz. Wir vertreten die Ansicht, daß dies am ehesten durch ein systemtheoretisches Modell des Multilingualismus erreicht werden kann (Herdina/Jeßner in Vorb. b).

Bibliographie

Baker, Colin (1993): Foundations of bilingual education and bilingualism. Clevedon: Multilingual Matters

Bialystok, Ellen (Hrsg.) (1991): Language processing in bilingual children. Cambridge etc.: Cambridge University Press

Chomsky, Noam (1965): Aspects of the theory of syntax. Cambridge: MIT Press

Chomsky, Noam (1969): Aspekte der Syntaxtheorie. Frankfurt: Suhrkamp

Chomsky, Noam (1972): Language and mind. New York: Harcourt Brace Jovanovich

Clahsen, Harald / Muysken, Pieter (1986): The availability of universal grammar to adult and child learners - the study of the acquisition of German word order. In: Second Language Research 2 (1986), 93-119

Cook, Vivian (1991): The poverty-of-the-stimulus argument and multicompetence. In: Second Language Research 7 (1991) 2, 103-117

Cook, Vivian (1993): Linguistics and second language acquisition. London etc.: Macmillan

Cook, Vivian (1993a): Wholistic multi-competence - jeu d'esprit or paradigm shift? In: Kettemann/Wieden (Hrsg.) 1993, 3-8

Cummins, Jim (1976): The influence of bilingualism on cognitive growth: a synthesis of research findings and explanatory hypotheses. In: Working Papers on Bilingualism 9 (1976), 1-43

Cummins, Jim (1984): Bilingualism and special education: issues in assessment and pedagogy. Clevedon: Multilingual Matters

Cummins, Jim (1991): Interdependence of first- and second language proficiency. In: Bialystok (Hrsg.) 1991, 70-89

Davies, Alan / Criper, Clive / Howatt, A. P. R. (Hrsg.) (1984): Interlanguage. Edinburgh: Edinburgh University Press

Felix, Sascha (1987): Cognition and language growth. Dordrecht: Foris

Flynn, Suzanne (1987): A parameter-setting model of L2 acquisition. Dordrecht: Reidel

Flynn, Suzanne / O'Neil, Wayne (Hrsg.) (1988): Linguistic theory and second language acquisition. Dordrecht: Kluwer

Grosjean, François (1982): Life with two languages. Cambridge: Harvard University Press

Grosjean, François (1985): The bilingual as a competent but specific speaker-hearer. In: Journal of Multilingual and Multicultural Development 6 (1985), 467-477

Hakuta, Kenji (1986): Mirror of language. The debate on bilingualism. New York: Basic Books

Heller, Monica (Hrsg.) (1988): Codeswitching: anthropological and sociolinguistic perspectives.
The Hague: Mouton de Gruyter

Herdina, Philip / Jeßner, Ulrike (1994): The paradox of transfer (Vortrag anläßlich der IRAAL-Konferenz "Language, education and society in a changing world" Juni 1994 in Dublin)

Herdina, Philip / Jeßner, Ulrike (in Vorbereitung a): A dynamic model of multilingualism

Herdina, Philip / Jeßner, Ulrike (in Vorbereitung b): Zwischensprachliche Interaktion in multilingualen SprecherInnen: Erklärungsmöglichkeiten durch einen systemtheoretischen Ansatz

Hornby, Peter (Hrsg.) (1977): Bilingualism. Psychological, social and educational implications. New York etc.: Academic Press

Hyltenstam, Kenneth / Viberg, Ake (Hrsg.) (1993): Progression and regression in language. Sociocultural, neuropsychological and linguistic perspectives. Cambridge: Cambridge University Press

Kettemann, Bernhard / Wieden, Wilfried (Hrsg.) (1993): Current issues in European second language acquisition research. Tübingen: Narr

Lambert, Wallace (1977): The effects of bilingualism on the individual: cognitive and sociocultural consequences. In: Hornby (Hrsg.) 1977, 15-28

Nemser, William (1971): Approximative systems of foreign language learners. In: IRAL 9 (1971), 115-123

Peal, Elizabeth / Lambert, Wallace (1962): The relation of bilingualism to intelligence. In: Psychological Monographs 76 (1962), 1-23

Romaine, Suzanne (1989): Bilingualism. Oxford: Basil Blackwell

Reynolds, Allan (Hrsg.) (1991): Bilingualism, multiculturalism, and second language learning. Hillsdale: Erlbaum

Selinker, Larry (1972): Interlanguage. In: International Review of Applied Linguistics 10 (1972), 209-231

Selinker, Larry (1984): The current state of interlanguage studies: an attempted critical summary. In: Davies et al. (Hrsg.) 1984, 332-343

Selinker, Larry (1992): Rediscovering interlanguage. London etc.: Longman

Sharwood Smith, Michael (1994): Second language learning. London etc.: Longman

Singh, Rajendra (1993): Reflections on interlanguage: some remarks on interlanguage and linguistic theory. In: Kettemann / Wieden (Hrsg.) 1993, 9-28

Vogel, Klaus (1990): Lernersprache: linguistische und psycholinguistische Grundfragen zu ihrer Erforschung. Tübingen: Narr

White, Lydia (1989): Universal grammar and second language acquisition. Amsterdam etc.: Benjamins

Univ.Ass. Dr. Philip Herdina
Univ.Ass. Dr. Ulrike Jeßner
Institut für Anglistik
Universität Innsbruck
Innrain 52
6020 Innsbruck

BERNHARD KETTEMANN

DER COMPUTER IM SPRACHUNTERRICHT

Würden Sie behaupten, daß das Telefon nicht zur Sprachübermittlung geeignet ist, nur weil es nicht versteht, daß es das tut, oder nur weil Sie vielleicht nicht verstehen, wie es das tut, oder weil wir nicht verstehen, was tutet? Wohl kaum.

Wechseln Sie aber vom Telefon zur anderen Kommunikationsmaschine, dem Computer, dann klingt das vielzitierte Vorurteil "Der Computer ist ein Rechner, also versteht er Sprache nicht", schon gar nicht mehr so abwegig. Dies ist aber trotzdem ein Mißverständnis, das erste und nicht das einzige. Es kommt immer darauf an, was man unter "versteht" versteht. Wenn Sie ein Wort in einem Textverarbeitungsprogramm eintippen oder in einem Spracherkennungsprogramm einsprechen, schreibt es doch der Computer auf den Bildschirm oder druckt es oder sucht es oder führt den entsprechenden Befehl aus. Was versteht er also nicht? Ihr Textverarbeitungsprogramm, CD-ROM-Wörterbuch oder Übersetzungsprogramm funktioniert doch!

"Nein", mögen Sie einwenden, "die Übersetzungsprogramme funktionieren nicht", und bringen dann Beispiele z. B. für Fehlübersetzungen aus Ihrer Schatzkiste mit der Aufschrift "Automatische Übersetzung". Wenn aus "out of sight, out of mind" etwa "blind und verrückt" oder "unsichtbarer Spinner" wird, ist was schief gelaufen. Aber nur einmal, denn danach hat man hoffentlich "aus den Augen, aus dem Sinn" dafür in das Lexikonprogramm als fixe Übersetzungsvorgabe eingegeben. Nun tritt dieser Fehler nicht mehr auf. Wie oft machen Sie Ihre Fehler?

Viele Wortzusammensetzungen, vor allem im Deutschen, sind recht schwer in den Griff zu bekommen, da sie mehrdeutig sind und oft nur über den Kontext eindeutig erschlossen werden können. Zum Beispiel "Anbauerweiterung": Handelt es sich hier um Landwirtschaft oder Bauwirtschaft? Hier schaffen kontextabhängige Übersetzungsprogramme die richtige Übersetzung bereits in über 95% der Fälle (*addition*/Bau- bzw. *cultivation expansion*/Landwirtschaft). Wie unser Hirn wird der Computer durch den Gebrauch gescheiter.

Es gilt aber noch ein zweites Mißverständnis auszuräumen, und damit komme ich zum Thema: Nicht der Computer betreibt Sprachunterricht, sondern die Lehrer tun dies mithilfe, unter anderem, des Computers. In Österreich übrigens schon seit fünf Jahren, laut Lehrplan zumindest. Die Aufgabe der Lehrer ist die Gestaltung eines möglichst effizienten Sprachunterrichts oder, provokant formuliert, eine möglichst geringe Behinderung des Spracherwerbs der Schüler. Dies insofern als wir derzeit noch viel zu wenig darüber wissen, wie Sprache erworben wird, und wir deshalb keine Lernmöglichkeit ausschließen dürfen. Der Computer ist eines unserer Werkzeuge zur Erleichterung oder zur Beschleunigung des Spracherwerbs unserer Schüler.

Und daß der Computer hier nützt, ist unbestritten. Das ist nicht mehr die Frage. Die Frage ist eher die nach der Ursache für diesen höheren Unterrichtsertrag. Da gibt es mehrere Gründe: Durch die Stimulation des Interesses, die Erhöhung der Aufnahmebereitschaft und Behaltensfähigkeit, die Motivation zur aktiven Mitarbeit wird der Aufnahmefilter in seiner Wirksamkeit herabgesetzt, wodurch mehr sprachliches Material durch den Lernenden aufgenommen wird, der *intake* also ebenso erhöht wird wie die Behaltensleistung. Durch eine variantenreiche und den Einsatz verschiedener Medien abwechslungsreich gestaltete Darbietungsform wird das vom Schüler aktiv übernommene Sprachmaterial mehrfach vernetzt und so vor Vergessen mittelfristig geschützt.

Woraus entwickelt sich die Motivation der Schüler, mit dem Computer arbeiten zu wollen? Die personenbezogene Dynamik der Interaktion mit dem Computer führt sicher zu einer instrumentellen Motivation. Diese wird gespeist aus Funktionslust und Spieltrieb, Konkurrenzverhalten und Selbstbestätigungsverlangen im Wunsch, das gestellte Problem schneller oder besser zu lösen als die Mitschüler oder das Gerät. Beim Lehrbuch fehlt die interaktive Dynamik, und beim Klassengespräch fehlt die Personenbezogenheit, die andauernde Zuwendung. Der Computer nimmt jede Schüleräußerung und damit die Kinder ernst, er filtert nicht, er ironisiert nicht, er macht nicht lächerlich, er gibt nicht preis. Dieser angstfreie Raum führt zu erhöhter sprachlicher Produktion und Manipulation des dargebotenen Sprachmaterials.

Noch ein drittes Mißverständnis ist auszuräumen: Es geht beim Computereinsatz im kommunikativen Sprachunterricht um die Verwendung eines zusätzliches Mediums. Dies ist etwas völlig anderes als programmierter Unterricht. Der programmierte Unterricht ist in den späten sechziger und frühen siebziger Jahren gescheitert. Der Grund dafür liegt in der dem programmierten Lernen zugrunde liegenden Annahme des ausschließlich addierenden, kumulativen Lernfortschritts. Dies ist aber nur *eine* Art des Wissenszuwachses. Das programmierte Lernen läßt qualitative Sprünge, gestaltpsychologische Lernphänomene, holistische Konzeptionsbildung, Inferenzen, Analogien, *fuzzy logics*, affektives und emotives Lernen außer acht.

Dem programmierten Lernen liegt eine eher arme Lernpsychologie, der Behaviorismus, zugrunde. Der computerunterstützte kommunikative Unterricht dagegen legt großen Wert auf variantenreiche Darbietung von Sprachmaterial, aus dem die Schüler selbst zur Regelbildung angeregt werden. Ihm liegt eine reiche Lernpsychologie, der kognitive Konstruktivismus, zugrunde.

Warum wird also der Computer in den Schulen Österreichs eingesetzt? Zum einen weil er ganz konkret nützt. Zum anderen weil der Computer in allen Bereichen unserer Gesellschaft zur Problemlösung und Effizienzsteigerung eingesetzt wird. Somit ist es nur folgerichtig, die Schüler auch damit vertraut zu machen. Und Vertrautmachen heißt nicht nur eine sinnvolle Nutzung ermöglichen, sondern auch zur Kritik befähigen, technische, wirtschaftliche, soziale und kulturelle Folgen und Möglichkeiten erahnen lassen.

Computer literacy wird von uns allen erwartet werden. Es geht also nicht nur um eine Erleichterung des Spracherwerbs, vielmehr noch um die Verhinderung einer neuen Klasse von Analphabeten.

Im Sprachunterricht sollte der Computer als Medium dort eingesetzt werden, wo die Lehrer überzeugt sind, daß durch die Arbeit am Computer eine Übung ertragreicher gestaltet werden kann als ohne. Diese Übung muß selbstverständlich in den Ablauf der Unterrichtseinheit integriert werden.

Hier gibt es in diesem Sinne der Integration in den kommunikativen Unterricht schon sehr viele befriedigende Übungsmaterialien an unseren Schulen, z.B. Hörverständnisübungen, bei denen ein vom Video- oder

Tonband gehörter Text mittels z. B. STORYBOARD zu rekonstruieren ist; oder Dialogrekonstruktionen aus dem Lehrbuch mit Angaben zur Sprachfunktion (z. B. *expressing surprise*, *satisfaction*) mittels ECLIPSE. Auch viele GAPMASTER- und MATCHMASTER-Übungen zum Textverständnis fallen in diese Kategorie. Das Textrekonstruktionsprogramm ECLIPSE ist in diesem Frühjahr in einer neuen, verbesserten Version 2.2a ausgeliefert worden. Hierzu gehört auch das Multimedia-Paket "America Today Highlights", bestehend aus einer Videokassette mit Ausschnitten aus verschiedenen Fernsehsendungen und entsprechenden Übungen auf Diskette und Begleitheft.

Neben den traditionellen WIDA-CALL-Autorenprogrammen (STORYBOARD, CHOICEMASTER, GAPMASTER, MATCHMASTER, PINPOINT, VOCAB, WORDSTORE usw.), die jetzt in einem update 2.0 mit neuer, ansprechenderer Benutzeroberfläche erschienen sind, bieten unsere Schulen unter anderem auch Simulationsprogramme an. Einige davon werden weiter unterstützt durch interaktives Video für Rollenspiele (z. B. ECODISK). Echte Gesprächsbereitschaft wird aber am motivierendsten wohl über e-mail oder on-line durch den Verbund von Schulen in Konferenzsystemen erzeugt, wie z. B. das EUROPEAN LANGUAGE NETWORK (ELNET) oder das APPLE GLOBAL NETWORK.

Die österreichischen Schulen sind oder werden übrigens an das INTERNET angeschlossen, was ganz neue Möglichkeiten für die Arbeit mit authentischem und aktuellem Sprachmaterial ergibt. Hier bietet sich z. B. das Erstellen von *home pages* an, mit denen sich Schulen oder Klassen im WORLD WIDE WEB vorstellen können. Auch das Einspielen von z. B. REUTER REPORTS als Textgrundlage kann als Stimulus für das Schülergespräch vor dem Bildschirm dienen, wenn die LehrerInnen die entsprechenden Redemittel bereitstellen und auch darauf achten, daß sie angewendet werden. Der Computer wird damit doppelt zur Kommunikationsmaschine: zum einen dadurch, daß die Schüler mit englischsprachigen Partnern in Kontakt treten können und zum anderen dadurch, daß vor dem Bildschirm Schülergespräche über die Texte stattfinden.

Im Unterricht kann beim gemeinsamen Aushandeln von Problemlösungen die Sprachverwendung so echt werden wie in der Realität. Und genau hierin liegt der große Übungsertrag von Dokumentations- oder Diskussionsprojekten oder Textverarbeitungsaufgaben: Gemeinsames Gestalten fördert die Kommunikation zwischen den "Schriftstellern" über die Texte und durch die

Texte. Diese Texte können anschließend mit der e-mail verschickt werden und, von Partnern im Ausland kommentiert oder korrigiert, wieder an ihrem Ausgangspunkt zur Verfügung stehen.

Bei fortgeschritteneren Schülern und bei Studenten können durch den Einsatz von Konkordanzprogrammen, wie LONGMAN MINI CONCORDANCER, WORDCRUNCHER, MICROCONCORD, Wortschatzübungen, Grammatikübungen oder Sprachbetrachtungen an authentischem Material durchgeführt werden, ganz im Sinne eines forschenden, selbsterkennenden Lernens. Ein Beispiel: Was ist im folgenden Material der Unterschied zwischen dem Gebrauch von *past tense* und *present perfect*?

Past Tense:

1 ela has not. <p> *In the 1940s*, when she trained as a nurse in Johannesburg, she
2 When Mrs Thatcher came to power *in 1979* she disbanded the Royal Commission
3 e was again impressive *yesterday* as she dispatched Conchita Martinez, another
4 *Yesterday*, in Tokyo, she indicated that she may be around for a little while longer
5 the final of the Olympics in Seoul. She joined the Boat Race squad *last January*

Present Perfect:

1 But his successor, Corazon Aquino, has ruled that out, citing concerns over nat
2 otest from the United States, which has warned against any attempt to stem the f
3 l Marcos's 20 years of corrupt rule has produced a psychologically damaged people
4 eral Aoun. Indeed, the French press has produced the dangerous illusion in Leban
5 er national security. <p> The issue has divided the country more than any since

Der Unterschied liegt darin, daß bei der *past tense* eine bestimmte Zeitangabe in der Vergangenheit vorhanden ist, z.B. "yesterday". Diese exakte Zeitangabe fehlt beim *present perfect*, sie bleibt unwichtig.

Solchermaßen aus ausgewählten Kontexten selbst induktiv erarbeitete grammatikalische Merkmale bleiben durch die zusätzliche psychologische Dimension des aktiven Entdeckens und dem dadurch begründeten Besitz des erworbenen Wissens besser im Gedächtnis haften als passiv "eingelesene" abstrakte Lehrbuchregeln. Das ist induktive Grammatik. Sie hilft der kognitiven Konstruktion.

Wenn man davon ausgeht, daß die Bedeutung eines Wortes maßgeblich aus seiner Verwendung in bestimmten Kontexten gespeist wird, dann ist

Konkordanzarbeit auch ein wertvoller Beitrag zur Wortschatzvermittlung. Sie wissen, was "stripper" heißt? Dann werfen Sie doch bitte einen Blick auf die folgende Konkordanz:

stripper:

1 rom the straw. <p> In the new grain stripper, a front header with a row of polyu
2 urers worldwide to take on both the stripper and the new concept combine.
3 s now clear evidence that the grain stripper can revolutionise harvesting. It ca
4 ey, oats and peas. <p> Although the stripper can be fitted to existing combine h
5 ing in the rotating header. <p> The stripper is manufactured by Shelbourne

Tut mir leid! Es handelt sich hier um eine Schälmaschine für den Mähdrescher. So läßt sich Mehrdeutigkeit (in diesem Fall Polysemie) konkretisieren.

Aber auch dem sonst eher im Verborgenen wirkenden Sprachwandel läßt sich mit Konkordanzen aus Korpora aus verschiedenen Zeitabschnitten auf die Spur kommen. Ich wähle hier *greenhouse* als ein Beispiel zur metaphorischen Bedeutungserweiterung aus. Interessant für die Schüler ist dabei nicht nur die Qalität der Veränderung sondern auch ihre Frequenz. Dies kann zu Gesprächen über die Mechanismen des Sprachwandels, der Sprachvariation usw. führen und erhöht die kognitive Durchdringung des Phänomens Sprache (*language awareness raising*).

greenhouse (1961):

1 cold frame. (An unheated greenhouse would have been better, if I had had
2 different matter, and unless the greenhouse can be kept well above freezing po
3 apricot. E08 149 Work in the Greenhouse E08 150 1At the moment the
4 E08 150 1At the moment the greenhouse is getting very congested with E0
5 ntis as a pest control in the cold greenhouse. Of the dozen Spanish E07 102 ma
6 when greenhouse plants go to rest E08 3 *<*4\

Hier handelt es sich noch ausschließlich um das konkrete Glashaus, in dem Pflanzen wachsen und Menschen arbeiten. Dreißig Jahre später ist das nicht mehr so. 1991 wird *greenhouse* beinahe ausschließlich in seiner neuen, metaphorischen Bedeutung verwendet. Dazu kommt noch, daß die Verwendunghäufigkeit des Wortes um das 17-fache gestiegen ist. In der folgenden Konkordanz werden nur ausgewählte Beispiele gebracht, die die

Vielfalt der Kombinationen illustrieren sollen. Die fortlaufende Numerierung zeigt Auslassungen an.

greenhouse (1991):

1 f the world community, and related greenhouse-unfriendly activities, they would
2 f all CFCs and related gases, less greenhouse-gas-intensive agriculture, stoppin
3 ce transfers to limit emissions of greenhouse and ozone-depleting gases, as well
4 ly modest 14-per-cent share of the greenhouse buildup could quickly double
6 ary as civilization moves into the greenhouse century. <p> But unless the drivin
7 tional convention to stabilize the greenhouse-gas composition of the atmosphere
8 ate, we would have stabilized at a greenhouse-gas concentration of 445 ppm carbo
10 elopment over the years). With the greenhouse dynamic, no effort should be spare
11 if there was no such thing as the greenhouse effect — or if CFCs were not
27 will be needed not only to reduce greenhouse emissions from the agricultural se
28 nterprise, complete elimination of greenhouse emissions from this sector clearly
48 ineboine Park where I visited its greenhouse full of fuchsias, then I rode acro
50 ered if humankind is to fashion an anti-greenhouse future. As Carlo LaPorta and
51 is some twenty times as potent a greenhouse gas as carbon dioxide, molecule fo
91 obally by 70 per cent to stabilize greenhouse-gas <pb n=470> concentrations in t
92 y to switch from wild specimens to greenhouse-grown plants. Botanists yester
98 vent that they wished to pursue a `greenhouse-friendly" route to development. <p
99 ums needed to fund these and other anti-greenhouse strategies, plus the expanded
100 > The main routes to surviving the greenhouse threat are energy efficiency, rene
102 l House: Redefining Economics in a Greenhouse World </hd> Susan George <qt>

Nur bei den Sätzen 48 und 92 handelt es sich noch um *greenhouses* aus dem Jahre 1961. Das Vorkommen der metaphorischen Verwendung betrug damals 0%, jetzt liegt sie bei über 98%.

Das Prinzip sollte jetzt hinreichend deutlich geworden sein. Aus der von den Lehrern zur Verfügung gestellten Information leiten die Schüler Schlußfolgerungen selbsttätig ab.

Lokal, also abgesehen vom INTERNET, ist die meiste Information derzeit in den Schulen auf CD-ROM verfügbar. Die Silberscheiben stellen elektronische Archive des Wissens (nicht des Schweigens) dar und sind aus dem Unterricht in allen Fächern, von Biologie über Geschichte bis Physik, und für fachübergreifende Projekte nicht mehr wegzudenken. Motivierend ist hier vor allem die Kombination von Graphik, Text, Animation, Video und Ton. Für den Englischunterricht sind über fünfzig CDs empfohlen worden. Täglich werden es mehr, wodurch die Auswahl immer schwieriger wird.

Primär werden hier englische Lexika, z.B. COBUILD, und multimediale Datenbanken wie MICROSOFT ENCARTA, aber auch Literatursammlungen z.B. Project Gutenberg und Geschichtsdatenbanken (TIMETABLE OF HISTORY) eingesetzt. Hierdurch können bestimmte Informationen auf englisch und in elektronischer Form für die weitere Bearbeitung in der Klasse verfügbar gemacht werden.

Zur Navigation in der Information werden zunehmend auch Hypertext-Anwendungen eingesetzt, z. B. TOOLBOOK oder BLACK MAGIC. Einen Hypertext kann man nicht nur linear, sondern auch parallel über Querverweise, Anmerkungen, dazugehörende Graphiken und Bilder und mögliche Assoziationsketten zu weiteren Texten hin lesen. So entsteht ein dynamischer Textraum, in dem man sich frei bewegen kann. Falls die Aufgabenstellung es verlangt oder die Schüler es wünschen, können sie an den entsprechend markierten Textstellen weitere Informationen einholen. So entstehen individuelle Lerngeschichten. Es gibt auch schon elektronische Literatur, die sich in der Form von Hypertext präsentiert, die Hyperfiction. Von hier ist der Weg zu virtuellen Theaterstücken auch nicht mehr weit. Hier tut sich ein spannendes, veränderbares Textuniversum für die Schüler, die "Hypertexans", im Sprachunterricht auf.

Sicherlich entsprechen einige der in Österreich derzeit an den Schulen benutzten Programme in mancher Hinsicht noch nicht dem gewünschten Standard. Dies spricht aber nicht gegen den computerunterstützten Sprachunterricht, sondern für zusätzliche und bessere Programme, insbesondere Entwicklungen in Richtung auf tutorielle Systeme, wie z. B. CALIS oder WIZDOM und Hypertext-Systeme. Hier sind auch schon vielversprechende Ansätze zu sehen, so etwa die Programme ADAM AND EVE oder WORDS 1/2, die mit ihrer graphischen Gestaltung, variantenreichen Hilfestellung für die Lehrer und weitgehenden Eingabeanalyse für die Schüler einen Schritt in die richtige Richtung gehen. Daneben gibt es aber, wie wir gesehen haben, noch viele andere Möglichkeiten des kommunikativ sinnvollen Computereinsatzes (CD-ROM, WORLD WIDE WEB, HYPERTEXT).

Der Erfolg des Computereinsatzes im Sprachunterricht hängt von den Lehrern und ihrer *brainware* ab. Der Erfolg hängt von ihrem Enthusiasmus, ihrem Idealismus, ihrer Persönlichkeit, aber auch von der Lehreraus- und Weiterbildung ab. Der Lehrer macht den Unterricht, auch den computerunterstützten.

Bibliographie

Hardisty, David / Windeatt, Scott (1989): CALL. Oxford: OUP

Johns, Tim (1986): Micro-Concord, a Language Learner's Research Tool. In: System 14(2), 151-162

Johns, Tim (1988): Whence and whither classroom concordancing? In: Bongaerts, Theo u.a., Computer Applications in Language Teaching. Foris: Dordrecht

Johns, Tim (1991a): Should you be persuaded - two samples of datadriven learning materials. In: Johns, Tim / King, Philip (Hrsg.): Classroom Concordancing, ELR-Journal 4, 1-13

Johns, Tim (1991b): From print out to handout: Grammar and Vocabulary teaching in the context of data-driven learning In: Johns, Tim / King, Philip (Hrsg.): Classroom Concordancing, ELR-Journal 4, 27-45

Kettemann, Bernhard / Gratze, Charlotte / Mittendorfer, Franz (1991): Computers in English Language Education and Research. In: ReCALL 5, 15-16

Kettemann, Bernhard / Newby, David (1993): If-sentences. English Language Teaching News 19 (1993), 65-67

Kettemann, Bernhard (1995a): Concordancing in Stylistics Teaching. In: Grosser, Wolfgang, Hogg, James und Hubmayer, Karl (Hrsg.): Style: Literary and Non-Literary. Contemporary Trends in Cultural Stylistics. New York: Edwin Mellen Press

Kettemann, Bernhard (1995b): Concordancing in ELT. In: Arbeiten aus Anglistik und Amerikanistik 20 (1995) 1, 31-43

Leech, Geoffrey N. / Candlin, Christopher (Hrsg.) (1986): Computers in English Language Teaching and Research. Harlow: Longman

Murison-Bowie, Simon (1993): MicroConcord Manual. An Introduction to the Practices and Principles of Concordancing in Language Teaching. Oxford: OUP

Sinclair, John (1991): Corpus, Concordance, Collocation. Oxford: OUP

Svartvik, Jan (Hrsg.) (1992): Directions in Corpus Linguistics. Proceedings of the Nobel Symposium 82. Stockholm, 4-8 August 1991. Berlin: Mouton de Gruyter

Tribble, Chris T. / Jones, Glyn (1990): Concordances in the Classroom. Harlow: Longman

Univ.Prof. Mag. Dr. Bernhard Kettemann
Institut für Anglistik
Universität Graz
Heinrichstraße 36
8010 Graz
e-mail: kettemann@bkfug.kfunigraz.ac.at

JOSEF WALLMANNSBERGER

ARIADNEFÄDEN IM DOCUVERSUM: TEXTE IN GLOBALEN NETZWERKEN

1. Einleitung

Sprachenlernen ein Problem, legitimer Gegenstand für Forschungsbemühungen gar?, darüber hätte sich der in jungen Jahren als Kaufmannseleve weitgereiste Philosoph Arthur Schopenhauer endlos mokieren können: Wer Englisch, Französisch oder Italienisch lernen möge, werde von Gouvernanten gut vorbereitet, dann als Kavalier auf Touren gebracht, oder würde auf Kaufmannsreisen die Idiome in schönster Vollkommenheit erwerben. Das Problem dürfte somit in der Tat an und für sich gelöst sein, für die große Mehrheit der Menschen ohne Gouvernanten und Reiseprivilegien aber eben nicht. Eine vordringliche Aufgabe innovativer Sprachlehrforschung besteht in der Entwicklung einer Theorie und Praxis des Reisens im Zeitalter seiner technischen Reproduzierbarkeit, einer linguistischen Viatik. Im folgenden soll in einer elektronischen Promenade eine Perspektive auf die Möglichkeiten globaler Netzverbünde für kommunikative Explorationen und Experimente eröffnet werden. Wenn Fragen des Spracherwerbs sensu stricto dabei nicht in den Vordergrund gestellt werden, so auch in der Überzeugung, daß Umwegrentabilitäten uns auch hier dem Ziel näher bringen können. Institutionelle Arbeitsteilungen, die "Sprach"- und "Welt"-Lernen verschiedenen Abteilungen zuweisen, produzieren Probleme, die dann im weiteren durch "kommunikative" Methodologien gemildert werden sollen. Diese Trennungen hat es nicht immer gegeben, die virtuellen Kulturreisen der Informationsgesellschaft können sie zumindest tendenziell für einen weiten Kreis von Interessentinnen aufheben.

Ein halbes Jahr in Bologna, dann mühsam durch den Schlamm der Alpenpfade nach Paris, um ein Jahr den Vorlesungen des "doctor subtilis" zu folgen: Die Mobilität der Wissenschaften hat es gegeben, bevor Studienpläne, die gelegentlich eher an Exerzierordnungen erinnern, ein Ausscheren aus dem örtlich gebundenen Wissensfabrikstrott beinahe verunmöglichten. Die technische Medialisierbarkeit der Kommunikation hat nun eine (Benja)-Mine gezündet, die möglicherweise wiederum einen Durchbruch zum Paradigma fahrender Skolasterei eröffnet: Eine elektronische Netzdiskussion mit einer Kollegin in Bologna, dann ein Besuch im virtuellen Archiv der Stanford University, und vor der Kaffeepause noch ein Abstecher in eine virtuelle Ausstellung in der Library of Congress (Abb. 1), so können Vormittage im Cyberspace aussehen.

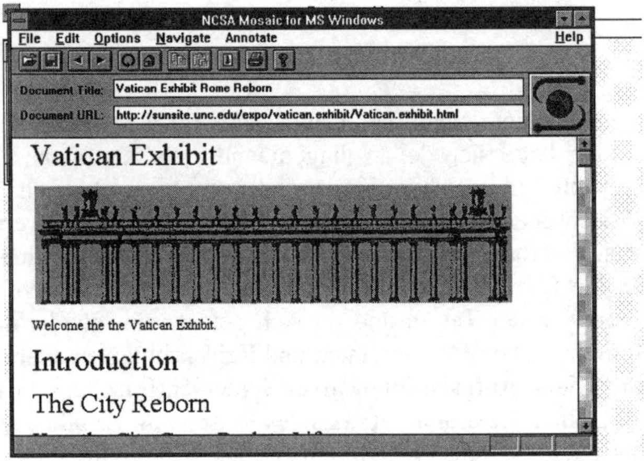

Abb. 1: Virtuelle Ausstellung in der LoC

Die eigentlichen Probleme der Schönen Neuen Welt der globalen Informationsökologien liegen jedoch mit Sicherheit noch vor uns. In diesem Beitrag werden Strategien vorgestellt, wie Horizonte einer neuen elektronischen Agora für Informationsumgebungen insbesonders in den textorientierten Wissenschaften (Dahlbäck 1988; Wahlster 1988) abgesteckt werden können.
Ein Besuch im virtuellen Holocaust-Museum gibt elektronischen Zeichen-Wissenschaftlerinnen an diesem Vormittag zumindest noch eine Gelegenheit, die Relevanz gesellschaftlicher Zeichenprozesse zu reflektieren.

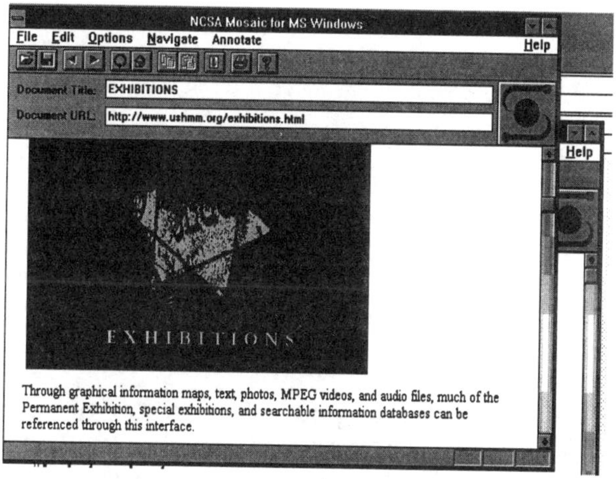

Abb. 2: Virtuelles Holocaust Museum

Es soll dabei deutlich werden, daß die Entwicklung von Strategien des Umgangs mit Kommunikationsräumen im Vordergrund stehen muß. Die technischen und finanziellen Voraussetzungen für eine Globalisierung von Explorationsumgebungen sind bereits heute in erheblichem Umfang gegeben, eine Rhetorik für die weltweite Agora (Wallmannsberger 1990h) ist, wenn überhaupt, erst in Ansätzen vorhanden. Die symbiotische Beziehung von produktiver und rezeptiver Kompetenz im Umgang mit elektronischen Informationssystemen wird im Rahmen einer Diskussion der Erfahrungen beim Design und der Implementierung des "EEL - Electronic Exploration Laboratory", einer Arbeitsumgebung für textorientierte WissenschaftlerInnen und StudentInnen an der Universität Innsbruck, entwickelt.

2. Text processing und information processing

2.1. Vom Text zum Hypertext

Der Text als zentrale Instanz der Wissensmatrix aller textorientierten Wissenschaften (Derrida 1967; Wallmannsberger 1990b) wird durch die Entwicklung von Hypertext- und Hypermediasystemen sowohl theoretisch als auch praktisch fundamental neu konzeptualisiert. Klassische Parameter von Textualität, wie etwa die lineare Ordnung oder die Zuordnung zu einer je spezifischen Textproduzentin, werden durch die neue Materialität der Zeichen (Gumbrecht/Pfeiffer 1988), wenn schon nicht aufgehoben, so doch dynamisiert und neu verortet.

Ein sowohl theoretisch wie empirisch gut fundierter Ansatz zur systematischen Rekonstruktion dieser Transformationen läßt sich im Kontext des Literalitäts-/Oralitätsmodells (Finnegan 1988) finden. In der Tat können wesentlich Aspekte der Hypertexte, wie etwa Interaktivität und kommunikative Polyphonie, vor der Folie literaler und oraler Wissensökologien rekonstruiert werden. Die elektronischen Texte sind in keinem Fall einfach neue "Oralitäten," sondern Potentiale eines kommunikativen Spektrums, das zwischen literalen und oralen Polen oszilliert. Für das in diesem Beitrag zu entwerfende Konzept einer globalen Agora dienen diese Überlegungen als kommunikationstheoretischer Bezugsrahmen.

2.2. Produktions- und Rezeptionsrhetorik

In der Literatur zu Hypertext stehen Probleme des Designs und der Rezeption derartiger Wissensbasen oft eigentümlich unvermittelt nebeneinander. Die schon recht umfassende Forschung zu Rezeptionsparametern, wie Verständlichkeit, "cognitive load" oder "getting lost in hyperspace", geht kaum auf die Frage ein, ob diese Faktoren durch Erfahrung im Design von Hypertexten beeinflußt werden. In konventionellen Schreibökologien gilt: Wer selbst komplexe Texte erstellt, entwickelt komplexe Strategien bei der Rezeption hochorganisierter Texttypen. Die Übertragung dieser Erkenntnis auf elektronisch medialisierte Informationsökologien gelingt ohne weiteres, da bereits bescheidene Erfahrung bei der Erstellung von Textbasen zu deutlich effizienteren Retrievalstrategien führt. Produktions- und Rezeptionsrhetorik der Hypertexte müssen nicht nur in einem theoretischen Rahmen aufeinander bezogen werden, sondern das "learning on the hypertext job" muß als Kulturtechnik elektronischer Textualität erfaßt und in entsprechende

Arbeitsumgebungen umgesetzt werden. Diese Perspektive wird bei den radikal offenen, globalen Hypertexten besonders brisant.

2.3. Experimente zur Integration in Arbeitsumgebungen

In einer Serie von explorativen Experimenten wurde an der Universität Innsbruck der Versuch unternommen, das Verhältnis von Produktion und Rezeption von Hypertexten in eine umfassende Perspektive zu bekommen. In diesem Beitrag wird von einem Experiment berichtet, das Hypertext als heuristischen Organisator für die Erstellung datenbankgestützter Informationssysteme zur computergestützten Kommunikation und Computerphilologie.

Die Aufgabe zweier studentischer Arbeitsgruppen (n=30) bestand in der Erstellung einer Bibliographie zu CMC und Computerphilologie, die alle über Netz zugänglichen CD-ROM-Datenbanken und ausgewählte Online-Dienste berücksichtigen sollte. Eine Gruppe ging dabei konventionell vor, d.h. die Recherchergebnisse wurden in eine flat-file Datenbank, hier AskSam für Windows, übernommen. Die andere Gruppe implementierte die Bibliographie als lokalen Hypertext unter Toolbook 1.53 von Asymetrix auf einem DOS-Rechner.

Die Details der Recherchestrategien sollen in diesem Beitrag nicht im Vordergrund stehen, doch ergibt sich generell: Beide Methoden liefern zunächst einen ähnlichen Umfang an Material, doch unterstützt die Hypertextualisierung die Entwicklung von strukturierten Wissensbeständen, die einen deutlichen Mehrwert über die bloße Kumulation einzelner Abfrageergebnisse bieten. Die Konstruktion einer mentalen Landkarte des zu bearbeitenden Wissensfeldes wird durch das Hypertextdesign deutlich erleichtert, was wiederum unmittelbar in die Nutzung der Primärdatenbanken eingeht. Die Typen der Information, die in einen derartigen Hypertext aufgenommen werden können, gehen über eine Bibliographie im klassischen Sinn freilich weit hinaus. Elektronische Post oder der Zugriff auf Gopher-Dienste führt von einer Datensammlung zu einem dynamischen Informationsszenario. Mit dieser Entgrenzungsstrategie sind jedoch kognitive Herausforderungen verbunden, denen sich ein globales Informationsmodell stellen muß.

3. Globalisierte Informationsökologien

3.1. Rezente Entwicklungen

Das Ausfransen des Hypertextes zu einer globalisierten Informationsökologie wird durch rezente Entwicklungen in besonderem Maß begünstigt. Die Integration global über Netzwerke verfügbarer Informationsbasen war bis vor kurzem mit beträchtlichem technischen und finanziellem Aufwand verbunden. Die Entstehung globaler Netzsysteme, wie etwa das Gopher-Universum oder auch W3 (World Wide Web), machen diese Integrationsleistungen heute praktikabel. Die Zuwachsraten dieser Systeme liegen zur Zeit bei etwa 600% in 8 Monaten (W3) und werden in absehbarer Zeit zu einer echten Globalisierung des Zugriffs zu vernetzten Informationsbasen führen. Der wesentliche Unterschied zwischen den schon seit geraumer Zeit bekannten computerunterstützten kooperativen Arbeitsumgebungen (CSCW-environments), die in lokalen Netzwerken für bestimmte Gruppen von InteraktantInnen eingerichtet werden, und der globalen Vernetzung auf der Basis des Internets besteht in der fundamentalen funktionellen und organisatorischen Offenheit der weltweiten Kommunikationsverbünde. Der - zumindest tendenziell - globale Informationshorizont als solcher ist auf der Ebene der technischen Realisierbarkeit keineswegs neu. Organisationen wie IBM oder Apple betreiben firmeninterne Computernetzverbünde, die ebenso wie interkontinentales Telephonieren zum recht unspektakulären Teil der täglichen Arbeit geworden sind. Wenn es nur um globales, computerunterstütztes Arbeiten gehen soll, können die Beispiele sogar ganz undramatisch ausfallen: Jede Buchung eines Ferienfluges geschieht in global vernetzten Reservierungssystemen mit so poetischen Namen wie etwa Amadeus. Das bloße Faktum global-vernetzten computergestützten Arbeitens als solches ist also weder völlig neu noch informationstheoretisch besonders bemerkenswert. Die kommunikativen Ökologien des Internets bringen nun aber in der Tat qualitativ neue Möglichkeiten mit sich. So ist etwa die Frage nach der Funktion des globalen Netzverbundes nicht so ohne weiters zu beantworten. Das Spektrum der Möglichkeiten reicht von elektronischer Post über die interaktive Arbeit an Computern auf anderen Kontinenten bis zur Distribution von Daten in unterschiedlichsten Formaten. Das Internet hat also keine Funktion, sondern kann nur als Medium verstanden werden, in dem Handlungskontexte realisiert werden können. Diese funktionale Pluralität findet ihr Komplement in dem weiten Spektrum von organisatorischen Strukturen, die sich im Internet etabliert haben. Eine postmoderne elektronische Guerilla-Kämpferin irgendwo in der Wüste Neu Mexicos findet ihren

Platz im Netz ebenso wie internationale Konzerne. Zunächst sollen hier einige der Ressourcen des Internets kurz angesprochen werden, um im weiteren die integrative Leistung von W3 und verwandten Phänomenen einschätzen zu können.

3.1.1. Fragmente der Netz-Kommunikation

Es soll hier nicht darum gehen, die kommunikativen Horizonte des Internet auch nur annähernd umfassend darstellen zu wollen. Die Diskussion von drei Aspekten - elektronische Post, FTP und Gopher - bereitet lediglich den Hintergrund für einen ersten tour d'horizon möglicher globaler Agoras.
Die elektronische Post ist wohl die älteste und allgemein akzeptierteste Funktion elektronischer Netzverbünde. Wer das Spezifikum des Mediums mit deutlich reduzierten Übertragungszeiten und einem eher konversationellen Schreibstil definieren möchte, bekommt sicher wesentliche Faktoren in den Blick, doch geht das transformative Potential der elektronischen Post mit Sicherheit weiter und trägt zu einer grundlegenden Umgestaltung kommunikativer Ökologien bei.
Das konkrete Beispiel des kommunikativen Netzwerks, das sich im Vorfeld einer internationalen Konferenz zur Mensch-Maschine-Interaktion entspinnt, soll deutlich machen, weshalb die etwas hochtrabende Terminologie der "transformativen Potentiale" bereits für eine wenig komplexe Anwendung elektronisch-medialisierter Kommunikation durchaus berechtig erscheint.
In computerorientierten Disziplinen ist es heute bereits üblich, die Idee der papierlosen Konferenz zumindest in Ansätzen in die Tat umzusetzen. Der "call for papers" erscheint - außer in den gedruckten Fachzeitschriften - in den potentiell relevanten Diskussionslisten oder auf entsprechenden Gopher-Servern. Die Abstracts und in weiterer Folge die eingereichten Papiere werden in elektronischer Form dem Programmkomitee übergeben, das ein effizientes netzgestütztes Rezensionsverfahren durchführen kann. Die AutorInnen der Beiträge werden über das Netz verständigt und produzieren dann nach Berücksichtigung der Vorschläge des Progammbeirats die endgültigen Vorlagen. In diesem konkreten Fall kommt es an diesem Punkt zum Medienbruch, da der Tagungsband in konventionell gedruckter Form vorliegen wird. Es ist jedoch ohne weiteres möglich, auch bei den Tagungsakten vollständig im elektronischen Bereich zu bleiben und den Band oder dann vielmehr das Textgeflecht über die Netzwerke zur Verfügung zu stellen. Die Crux betrifft dabei weniger die technischen Möglichkeiten papierloser Distribution als vielmehr die zur Zeit noch bestehende Validie-

rungsfunktion eines gedruckten Tagungsbeitrags. Am Internet kann grundsätzlich der Scharlatan und die Nobelpreisträgerin publizieren. Filtermechanismen, wie sie bei "klassischen" Zeitschriften und Kongressen mit Programmbeirat vorgesehen sind, setzen sich im vernetzten Docuversum erst allmählich durch. Daß solche Prozesse netzmedialisiert sogar besonders effizient und transparent durchgeführt werden können, zeigt sich eben bei der zur Diskussion stehenden Mensch-Maschine-Kommunikations-Konferenz. In einem zweistufigen Verfahren wurde zunächst die Aufnahme in die Konferenz und einen Tagungsband entschieden. Eine weitere Auswahl von Papieren wurde dann als "select papers" für einen Band in Betracht gezogen, der in einem international renommierten Wissenschaftsverlag erscheinen wird. Ein recht komplexer Rezensionsverlauf kann dann wie in Beispiel 1 enden:

Received: by fuhainf2.fernuni-hagen.de (5.57/SMI-4.1)
  id AA08324; Sat, 9 Jul 94 08:45:14 +0200
Subject: Your EWHCI'94 paper
To: Josef.Wallmannsberger@uibk.ac.at (Josef Wallmannsberger)

Dear Mr. Wallmannsberger,

I am glad to tell you that we decided to include your paper into the Springer volume.
Please be so kind as to follow the reviewer's suggestions
and bring the final copy to St. Petersburg.

Yours sincerely

Claus Unger

Paper Number 20g: The limits of perfect language,
Josef Wallmannsberger

I would let this through. The author has added translations of the French quotations and done some other changes. The other problem I complained of was the general complexity of the English which is a feature of the humanities in general rather than this writer in particular!

Beispiel 1: Konferenz im Netz

Die virtuelle Vor-Konferenz, die sich allerdings als integraler Bestandteil des eigentlichen Ereignisses versteht, basiert lediglich auf den Funktionen eines erweiterten elektronischen Postdienstes. Das Potential dieses Mediums für eine Umgestaltung wissenschaftlicher Diskursuniversen ist in jedem Fall

weitreichend und betrifft durchaus auch brisante gesamtgesellschaftliche Probleme wie die Transparenz und soziale Relevanz von Wissenschaft.
Internet-Ressourcen wie FTP (file transfer protocol) oder Gopher als Zugangsmechanismus ermöglichen eine weitergehende Nutzung des vernetzten Informationsraums. So können Archive elektronischer Literatur an einem Rechner eingerichtet und über FTP weltweit angeboten werden. Die "pre-print archives" der Hochenergiephysik haben sich auf dieser Basis als wissenschaftliche Zeitschriften neuen Typs bewährt, die durch die elektronische Medialisierung mit den kurzen "Halbwertszeiten" der angebotenen Informationen Schritt halten können. Eine wirklich umfassende informationswissenschaftliche Erfassung dieses und verwandter Phänomene steht zwar noch aus, doch kann mit Sicherheit davon ausgegangen werden, daß die "manufacture of knowledge" (Knorr-Cetina 1981) dadurch in ihrem Kern erfaßt wird.
Die exponentielle Explosion der Komplexität des Kommunikationsuniversums Internet bringt jedoch Probleme mit sich, die durch die bloße Sammlung an sich nützlicher und mächtiger Werkzeuge nicht gelöst werden können. Die globale Agora benötigt vor allem Strategien und Instrumente, die handlungsleitende Perspektiven entstehen lassen können.

3.2. Auf dem Weg zu kommunikativen Standards

Die eigentlich relevante Größe bei dieser Ausweitung allgemein verfügbarer Vernetzung liegt dabei weniger auf den tieferen Schichten des Kommunikationsmodells, obwohl auch die Ebene der physischen Datenübertragung eine stürmische Entwicklung durchmacht. Entscheidend für unsere Probleme ist die Entstehung und Akzeptanz von Standards für den Austausch unterschiedlicher Informationstypen in globalen Netzverbänden. Normierte Zeichensatztabellen sind ein Aspekt dieses Prozesses, der Durchbruch für eine elektronische Agora wird durch eine Textmarkierungssprache wie HTML (Hypertext Markup Language) geschafft, die völlig plattformunabhängig eine semantisch motivierte Strukturierung von Wissensbasen erlaubt. Das folgende Fragment einer in HTML vorliegenden Textspezifikation definiert das Dokument wie es in Abb. 2 dargestellt wird für alle Maschinen, für die ein HTML-fähiger Klient vorliegt. Die Spezifikation selbst bleibt immer in der standardisierten Form, die sich mit ASCII in seiner pursten Form begnügt:

```
<TITLE>World Wide Web Primer</TITLE>
<H1>Introduction</H1>
```

This document is an introduction to the World Wide Web. It is intended to be a gentle primer for users who have heard of the Web and wish to learn more. It explains the concepts underlying the Web, and explains how to try it out for yourself. <B>alt.answers</B>.

Beispiel 2: HTML-Code

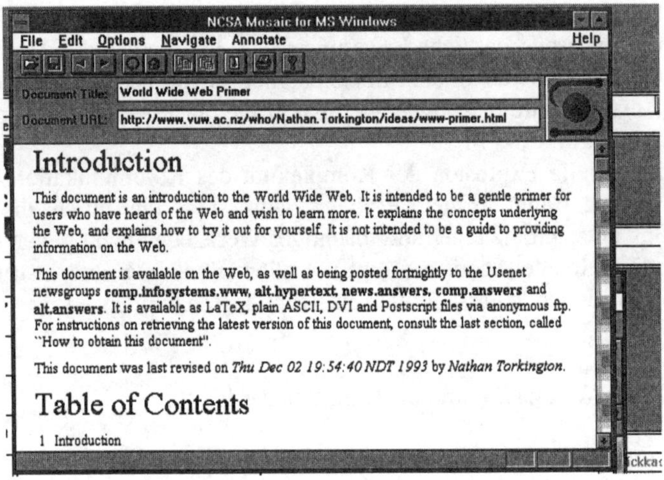

Abb.3: HTML unter Mosaic

3.3. WWW als Hypertext

Das World Wide Web kann als Metahypertext verstanden werden, der auf der Basis eines allgemeinen Strukturmodells eine Vernetzung von Modulen erlaubt, die ihrerseits intern wiederum als Hypertexte aufgebaut sind. Wenn man aus chronologischen Gründen das Computerlabor des CERNs in Genf als Ursprung des Web (Abb. 4) ansieht, so werden von diesem Ur-Knoten aus globale Netze rekonstruierbar.
Das lokale Web-System, das an der Universität Innsbruck im Rahmen des Campus-Infosystems (Abb. 5) entsteht, bildet einen weiteren Knoten im

globalen Hypertext. Wesentlich hier ist in jedem Fall, daß die Kommunikation zwischen Genf und Innsbruck als Integration von Hypertextelementen rekonstruiert werden kann. Technisch basiert der Prozeß freilich auf Funktionen wie FTP, Telnet oder den Forms-Ressourcen der Web-Server, doch ist das fundamentale Informationsmodell eben der radikal offene Hypertext.

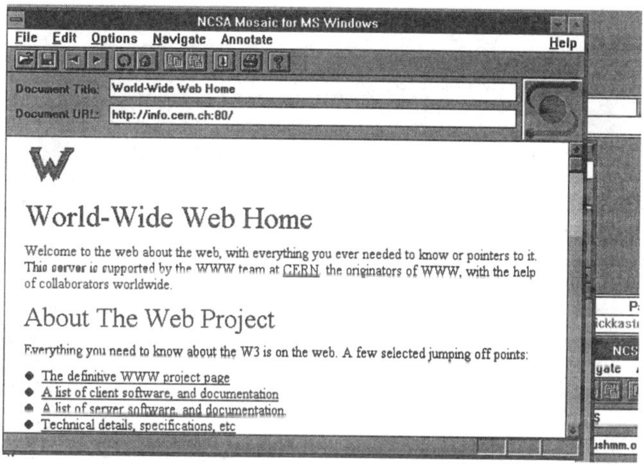

Abb. 4: CERN Home of the Web

Die oberflächliche Ähnlichkeit des Webs in Genf und Innsbruck ist zunächst jedoch trügerisch, da diese zunächst nur auf dem Web-Klienten - in unserem Fall Mosaic unter MS-Windows - beruht. Grundsätzlich muß beim World Wide Web zwischen drei Aspekten deutlich unterschieden werden: Server, Klient und Hypertext-Standard. Der Web-Server bietet Informationen an, die von Klienten auf unterschiedlichen Hardwareplattformen abgerufen werden können.

Wie ein Web-Dokument sich am Bildschirm präsentiert, hängt im wesentlichen vom Klienten ab. Eine Hervorhebung kann zum Beispiel als Vergrößerung, Unterstreichung oder Invertierung realisiert sein. Die eigentliche Gemeinsamkeit aller Komponenten des Webs besteht nur im Hypertext-Standard, der auf der Basis von HTML, der "hypertext markup"-Sprache definiert ist. Das Informationsmodell des Webs orientiert sich grundsätzlich nur an funktional-semantischen Einheiten, nicht jedoch an der physischen Implementierung der entsprechenden Funktionen.

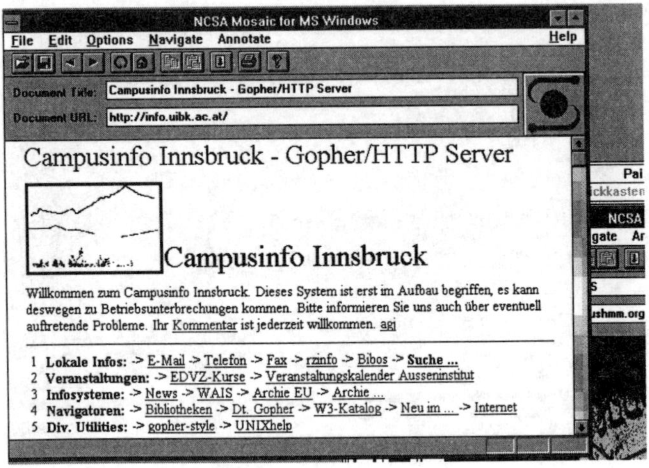

Abb. 5: Innsbruck Campus-Info

3.4. Navigation im Web

Die geräteunabhängige Definition des Informationsaustauschs im Web trägt zur Lösung eines weiten Spektrums von Problemen bei, die von relativen Trivialitäten wie etwa unterschiedlichen Zeichensätzen bis zur komplexen Integration von multimedialen Informationsamalgamen reichen. Das Phänomen des "getting lost in cyberspace", das bei der Kommunikation in globalen Netzverbünden unvermeidlich auftritt, betrifft demgegenüber einen fundamentaleren Aspekt elektronisch medialisierter Kommunikation. Das Web kann durch seine integrative Strategie dieses Problem - das im übrigen nur zum geringeren Teil technologisch im engeren Sinn des Begriff ist - zumindest dynamisieren und in Teilaspekten ganz wesentlich entschärfen. Eine Ressource wie die "Virtual Library," die im Netz angeboten wird, erschließt den globalen Hypertext auf einer strategischen Übersichtsebene.

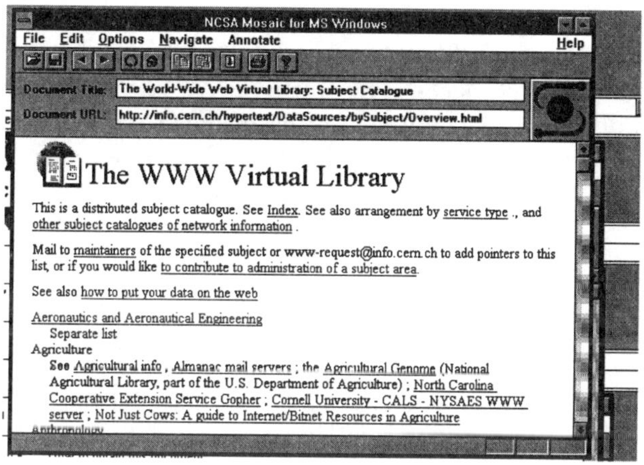

Abb. 6 Virtual Library

Komplementär dazu sind Instrumente implementiert, die spezifisches Suchen nach einzelnen Informationseinheiten erlauben. Es sind somit sowohl "top-down"- als auch "bottom-up"-Ansätze bei der Navigation im Docuversum möglich. Für die weitere Entwicklung entscheidend wird dabei sicher sein, daß das Strukturmodell des Web flexibel genug ist, um unterschiedliche Datentypen einzubauen, aber andererseits doch effiziente Suchprozesse ermöglicht.
Als vielversprechend hat sich diese Perspektive erwiesen, als in einem Projekt der Versuch unternommen wurde, die Erstellung von HTML-basierten Hypertextdokumenten im weiteren Kontext der Nutzung

globalisierter Informationsökologien zu perspektivieren. Der Colt war für den Wilden Westen der große "equalizer", das Web könnte friedlicher der große "integrator" der neuen "frontier" werden.

3. Schluß

Der globale Hypertext des Webs fokussiert und verschärft alle Potentiale und Gefahren eines "nichtlinearen" Informationsmodells. Wer die Übersicht in einem lokalen Hypertextsytem verliert, wird beim globalen Hyper^{n}Text mit einem Delirium von Verweisungen und textuellen Rhizomen konfrontiert. Doch bei aller Nichtlinearität wird doch die Hölderlinie - "Wo Gefahr ist, wächst das Rettende auch." - greifbar: Die Ver-Wirrungen der globalen Agora sind der Polyphonie einer klassischen Symphonie im Grunde doch ähnlicher als einem irrtümlich aus dem Regal gefallenen Karteikasten.

Bibliographie

Baudrillard, Jean (1972): Pour une critique de l'économie politique du signe. Paris: Gallimard

Baudrillard, Jean (1981): Simulacres et simulation. Paris: Galilée

Dahlbäck, Nils und Arne Jönsson (1988): The wizard of Oz in computer science. Simulations of natural language interfaces. Institutionen för datavetenskap. Universitet och tekniska högskolan. Linköping

Derrida, Jacques (1967): De la grammatologie. Paris: Gallimard

Finnegan, Ruth. Literacy and orality (1988): Studies in the technology of communication. Oxford: Blackwell

Gumbrecht, Hans-Ulrich und K. Ludwig Pfeiffer, ed. (1988): Materialität der Kommunikation. Frankfurt am Main: Suhrkamp

Knorr-Cetina, Karin (1981): The manufacture of knowledge. Oxford: Pergamon

Wahlster, Wolfgang (1988): Natural language systems. Some research trends. Sonderforschungsbereich 314: Künstliche Intelligenz - Wissensbasierte Systeme. Universität des Saarlandes. Bericht 43. Saarbrücken

Wallmannsberger, Josef (1990a): "Hypertext approaches to terminological information processing." Helmut Czap und Wolfgang Nedobity, ed. TKE'90: Terminology and Knowledge Engineering. Frankfurt am Main, 225-238

Wallmannsberger, Josef (1990b): "Pragmatische Perspektiven auf die soziale Konstruktion von Bedeutung." Rainer Kuhlen und Josef Herget, ed. Pragmatische Aspekte beim Entwurf und Betrieb von Informationssystemen. Konstanz: Universitätsverlag, 171-189

Wallmannsberger, Josef (1990c): "The 'Harmless Drudge's' New Medium." Helmut Schanze, ed. The New Medium. Siegen, 128-133

Wallmannsberger, Josef (1990d): "Towards an ecology of electronic knowledge processing." Volkmar Haase und Peter Zinterhof, ed. Future Trends in Information Technology '90. Wien-München, 240-256

Wallmannsberger, Josef (1990f): "Hypertextmodelle in der Informationswissenschaft: Die Welt als Text, die Bibliothek als Hypertext." Online Mitteilungen 36, 17-25

Wallmannsberger, Josef (1990g): "Towards open hypertext environments for the integrated information workplace." Raitt, David ed. Online '90. Oxford: Learned Information, 269-278

Wallmannsberger, Josef (1990h): "Wissenschaft der Sprachen, Sprachen der Wissenschaft: Überlegungen zu einer linguistisch motivierten Transdisziplin." Prabitz, Gerald und Wolfgang Schopper, ed. Uni 2000. Innsbruck: Haymon, 231-254

Wallmannsberger, Josef (1991a): "Über allen Texten herrscht Unruh: Hypertext als Werkzeug und Paradigma der Informationsphilologie." in Line, Mark/Wallmannsberger, Josef (Hrsg.): Computer und Sprache. Papiere des Symposions, Saarbrücken 1989. Innsbruck: Anglistische Reihe, 7-18

Wallmannsberger, Josef (1994): Virtuelle Textwelten. Heidelberg: Winter

Dr. Josef Wallmannsberger
Universität Innsbruck
Institut für Anglistik
A-6020 Innsbruck
e-mail: Josef.Wallmannsberger@uibk.ac.at

ÜBERSETZUNGSUNTERRICHT

KLAUS KAINDL

TRANSLATORISCHE KOMPETENZ MIT BESCHRÄNKTER HAFTUNG? ZUR KONZEPTION(SLOSIGKEIT) DES UNIVERSITÄREN ÜBERSETZUNGSUNTERRICHTS

1. Von Gartenteichen, Universitäten und komplexen Systemen

> Der Gartenteich stinkt! Also: Fische herausfangen, Wasser ablassen. Der Bodengrund stinkt auch! Also: Bodengrund ausheben und mit der Schubkarre wegfahren. Neuen Kies in den Bodengrund, Wasserpflanzen wieder einsetzen, Teich mit Wasser füllen, Fische wieder einsetzen. Bilanz: Ein harter Arbeitstag und zwei tote Fische. Der Teich stinkt nicht mehr. Zwei Monate später: Der Gartenteich stinkt!... (Dörner 1989: 107)

Dieses Beispiel ist eines von vielen, das Dietrich Dörner in seinem Buch *Die Logik des Mißlingens* verwendet, um zu zeigen, warum und unter welchen Umständen Maßnahmen nicht zum gewünschten Erfolg führen. Obwohl unser Hobbygärtner eine Reihe von scheinbar zielführenden Handlungen gesetzt hatte, stellte sich das erhoffte Ergebnis nicht ein. Der Grund dafür liegt laut Dörner in der Art und Weise, wie an die Problemlösung herangegangen wurde: Ein Gartenteich stellt ein komplexes System dar mit verschiedenen untereinander vernetzten Komponenten, wie etwa den Fischen des Teiches, seinen Wasserpflanzen, seinem Sauerstoffgehalt, seiner Bodenbeschaffenheit etc. Statt sich lediglich auf die Beseitigung des Mißstandes zu konzentrieren, hätte zunächst eine Untersuchung dieser vielfältigen Faktoren, die auf die Wasser- und Sauerstoffqualität eines Gewässers einwirken, erfolgen müssen. Mit anderen Worten: Die Analyse des komplizierten Wirkungszusammenhangs hätte den Ausgangspunkt für die erfolgreiche Lösung des Problems darstellen sollen. Statt dessen wurde zwar rasch gehandelt, ohne aber die Zusammenhänge des Systems zu berücksichtigen.

Auch die Universität könnte man in Analogie zu unserem Teich als komplexes System bezeichnen. In diesem System mit seinen verschiedenen Teilsystemen, d.h. Instituten, wird Übersetzen gelehrt und gelernt. Je nach Adressatenkreis und Fachrichtung kommen dabei unterschiedliche didaktische Konzepte und Methoden zum Einsatz. Vor allem im Fremdsprachenunterricht wurden dabei in den letzten Jahren Aufgabenfelder und Lernziele des Übersetzungsunterrichts teilweise neu definiert. Im folgenden soll es darum gehen, diese Zielsetzungen kritisch zu untersuchen und mit jenen der Übersetzer- und Dolmetscherinstitute zu vergleichen. Dazu möchte ich drei große Bereiche unterscheiden:

- Allgemeiner Fremdsprachenunterricht an den Philologien und in der Lehrerausbildung
- Fachlicher Fremdsprachenunterricht an nichtsprachlichen Fachbereichen
- Übersetzungsunterricht an Instituten für Übersetzen und Dolmetschen

2. Allgemeiner Fremdsprachenunterricht

Seit Wilhelm Viëtor in seiner Streitschrift "Der Sprachunterricht muß umkehren" (1882) gegen die weithin verbreitete Grammatik-Übersetzungsmethode Stellung bezogen hat, sind über 100 Jahre vergangen. Viëtors Optimismus, daß diese Art des Übersetzungsunterrichts bald verschwunden sein würde, war allerdings verfrüht, dauert doch der von ihm ausgelöste Streit über Sinn und Unsinn des Übersetzens bis heute an[1]. Angesichts des fast fundamentalistischen Eifers, mit dem Befürworter und Gegner die Debatte führen, muß man sich allerdings über den geringen Erkenntnisgewinn wundern, und die Frage "Was bringt das Übersetzen für die Erweiterung bzw. den Erwerb der vier Grundkompetenzen (Lesen, Schreiben, Hören, Sprechen)" ist auch heute noch keineswegs geklärt.

Diese Konzeptionslosigkeit in der theoretischen Diskussion und wohl auch das Beharrungsvermögen mancher Philologen tragen dazu bei, daß im praktischen Unterricht bis heute Elemente der alten Grammatik-

---

[1] Während in den Schulen zumindest vorübergehend eine einsprachige Fremdsprachenvermittlung praktiziert wurde (vgl. Krings 1989: 273f), hat man, wie Ettinger (1989: 202) feststellt, an den Universitäten nie auf den Einsatz von Übersetzungen verzichtet. Zu einer Auflistung der Pro- und Kontraargumente, die nicht nur für den schulischen Bereich, sondern auch für die Universität Gültigkeit haben, vgl. Krings (1989: 274-277).

Übersetzungsmethode zu finden sind und Sätze oder Texte immer noch als "'Transportmittel' für Strukturen" (Beier/Möhn 1988: 52) betrachtet werden[2].

Mit der in den 70er Jahren eingeleiteten pragmatischen Wende und der vor allem in den 80er Jahren einsetzenden Hinwendung zum Text auch im Unterricht entdeckte die Fremdsprachendidaktik einen Ausweg aus dieser zweifellos verfahrenen Situation. Während früher Übersetzungsübungen vor allem zur Überprüfung sprachlicher Kenntnisse eingesetzt wurden, postulieren Fremdsprachendidaktiker in den letzten Jahren verstärkt ein neues, eigenständiges Lernziel, nämlich "'[t]ranslatorische Kompetenz' als Teil des globalen fremdsprachlichen Lernzielprofils" (Weller 1994: 185). Mit Blick auf die eigentlichen Ausbildungsstätten für Übersetzer- und Dolmetscher wird dabei das Lernziel zumeist - wenn auch nicht immer - insofern eingeschränkt, als man von einer "begrenzten" Übersetzungs- und Dolmetschfähigkeit (Königs 1981: 213), dem "Minimum der Übersetzungskompetenz" zur Lösung der "einfachsten translatorischen Aufgaben" (Erdei 1979: 60) spricht, oder um es mit den Worten von Klein-Braley zu sagen, sollten "wir die spezielle Übersetzerausbildung doch eher den Dolmetscher- und Übersetzerinstituten überlassen", während jene, "die nur nebenbei und nicht hauptamtlich Übersetzungen anzufertigen haben" (1985: 133) von den Philologen ausgebildet werden können[3].

Die alte ungeklärte Frage nach der Zweckmäßigkeit von Übersetzungsübungen für den Erwerb fremdsprachlicher Kompetenz wird - da man zu keiner befriedigenden Antwort gelangt ist - einfach beiseite geschoben, und dafür wird ein neues, nicht im eigentlichen Aufgabenfeld des Fremdsprachenunterrichts liegendes Lernziel postuliert. Damit wird der Karren allerdings lediglich aus einem Graben gehoben, um ihn in den gegenüberliegenden gleich wieder hineinzuwerfen.

Denn worin sich die "rudimentäre Übersetzungskompetenz", wie sie Königs fordert (1989b: 7), von einer umfassenden Übersetzungskompetenz unterscheidet, wo die Grenzen einer solchen translatorischen Kompetenz mit

---

[2] Vgl. dazu neben Königs (1983:410) auch Reiß (1977).

[3] Begrenzte übersetzerische Kompetenz als Lernziel des Fremdsprachenunterrichts wird neben den bereits zitierten Artikeln weiters u.a. von Königs (1981, 1989b, 1992), Klein-Braley/Smith (1987) und Grellet (1991) gefordert. Ohne Einschränkung wird translatorische Kompetenz u.a. von House (1981 und 1989), Stefanink (1993) und Beier/Möhn (1988) genannt.

beschränkter Haftung liegen, wird nirgends thematisiert. Hier wird eine Auffassung vom Übersetzen deutlich, die von der Ansicht ausgeht, daß es eben leichte und schwierige Übersetzungsfälle gibt. Dabei scheinen jene Texte als leicht eingestuft zu werden, die in der Praxis von Laien, d.h. Fremdsprachensekretärinnen, Sachbearbeitern etc. übersetzt werden, während die im allgemeinen von professionellen Übersetzern bearbeiteten Texte eher als schwierig gelten. Diese Aufteilung sagt jedoch nichts über den Schwierigkeitsgrad von Übersetzungen aus, sondern weist lediglich auf die Tendenz in der Praxis hin, Übersetzungen, die nicht so wichtig erscheinen - und auch hier sind die Kriterien zumeist subjektiv und werden von Kostenfragen bestimmt (vgl. Stellbrink 1986: 3) - von Nicht-Fachleuten erstellen zu lassen, während Texte, deren Qualität bedeutsam erscheint, in der Regel an professionelle Übersetzer vergeben werden[4].

Eine Unterscheidung in Übersetzer mit größerer und geringerer Kompetenz im Bereich der Ausbildung ist meines Erachtens nicht sinnvoll. Daß sie dennoch gemacht wird, hängt wohl mit der in der Öffentlichkeit herrschenden Vorstellung von dieser Tätigkeit zusammen: Übersetzen gilt eben nicht als Beruf, für den man Expertenwissen braucht; jeder kann es, mehr oder weniger, und jeder hat es ja auch schon einmal getan. In anderen akademischen Berufen würde man eine Unterscheidung in Professionelle und Halbprofessionelle wohl nicht so ohne weiteres akzeptieren. So würde sich niemand gerne von einem Chirurgen operieren lassen, der eine Ausbildung für "leichte Operationsfälle" absolviert hat. Niemanden würde es in den Sinn kommen, Chirurgen mit "rudimentärer Operationskompetenz" und solche mit "professioneller Operationskompetenz" auszubilden. Ein Beruf, und das Übersetzen ist ein solcher, sollte nicht nach Kompetenzgrad klassifiziert werden. Wenn man unterscheiden will, so sollte man die *Bereiche*, in denen Übersetzer tätig sind, als Kriterium heranziehen, d.h. technische Übersetzer, medizinische Übersetzer, wirtschaftliche Übersetzer, literarische Übersetzer etc. oder ihr Arbeitsverhältnis, d.h. angestellte Übersetzer oder freiberufliche Übersetzer.

Derzeit werden jedenfalls Lehrkräfte, die aufgrund ihrer zumeist rein philologischen Ausbildung keine Erfahrung mit der Berufspraxis des Übersetzens haben, mit der Erreichung eines Lernziels betraut, das als begrenzte übersetzerische bzw. translatorische Kompetenz nicht näher

4 Zur Frage nach der Bewertung des Schwierigkeitsgrades einer Übersetzung vgl. Kaiser-Cooke (1993).

definiert wird. Die Absolventen wiederum verlassen mit einer Ausbildung in translatorischer Kompetenz "light" die Universität, in dem Glauben, auch eine Zusatzqualifikation als Übersetzer zu haben. Da Übersetzungsaufträge in der Praxis nicht in Hinblick auf die Schwierigkeitsstufe der Übersetzung vergeben werden (was der Auftraggeber als übersetzerischer Laie auch gar nicht beurteilen kann), erweist sich der Glaube unseres Fremdsprachenabsolventen früher oder später als Kompetenzillusion. Mit einem solchen Ausbildungs"konzept" wird, so fürchte ich, auf lange Sicht der Versuch der professionellen Übersetzer untergraben, vom Image des "Fremdsprachenkenners mit Wörterbuch" loszukommen, und wie Holz-Mänttäri dies bezeichnet, als "Textbauexperte" ein klares Berufsprofil zu entwickeln.

Als Begründung für die Ausweitung der Ausbildungsziele sind in der Fremdsprachendidaktik immer wieder drei Argumente zu finden, die allerdings einer näheren Betrachtung bedürfen.

Übersetzen wird - und das scheint eine weitverbreitete Ansicht zu sein - als "ein natürliches Anliegen des zweisprachigen Individuums" (Stefanink 1993: 82) erachtet. Untermauert wird diese These u.a. von Stefanink mit Beobachtungen an zweisprachig aufgewachsenen Kindern, die, wie er feststellt, diese übersetzerische Fertigkeit allerdings noch nicht vollständig beherrschen. "Fehlen ihm (sc. dem Kind) nämlich die Wörter, die es in der einen Sprache nicht kennt, so geht es zu dem diese Sprache sprechenden und erfragt das fehlende Wort, um dann den Satz korrekt in der Zielsprache zu formulieren." (1993: 82) Die Fähigkeit, ein Pflaster auf eine Schnittwunde zu kleben, stellt noch lange keinen Beweis für medizinische Fachkenntnisse dar. Wenn also die Vermittlungskompetenz zweisprachiger Menschen grundsätzlich in Zusammenhang mit übersetzerischer Kompetenz gebracht wird, so zeugt dies von jener laienhaften Auffassung, die davon ausgeht, daß Übersetzen im Austauschen von Wörtern besteht.

Einen anderen Grund, dem Übersetzungsunterricht neue Inhalte zu geben, sieht House in der Tatsache, daß Übersetzungen ohne kommunikative Funktion, die lediglich der Überprüfung von Grammatik- und Wortschatzkenntnissen dienen, von den Studierenden "oft als wenig einsichtig und kaum sinnvoll" (1981: 192) erachtet werden. Daher plädiert sie für die "Entwicklung einer *translatorischen Kompetenz*" (1981: 192)[5]. Hier finden

---

5 Ähnlich auch House (1989).

wir das Verhalten unseres Hobbygärtners wieder. Übersetzen im Fremdsprachenunterricht wird immer wieder als problematisch empfunden, da der tatsächliche Nutzen von Übersetzungsübungen für das Lernziel fremdsprachliche Kompetenz nicht eindeutig geklärt ist. Eine fundierte Beantwortung dieser Frage stellt zweifelsohne ein schwieriges Unterfangen dar, da es umfangreicher Untersuchungen bedürfte, die zahlreiche methodische Probleme aufwerfen würden. Der Mensch, wie Dörner festgestellt hat, neigt jedoch dazu, das Komplizierte, Unbekannte bei der Lösung von Problemen auszuklammern und nur jene Ausschnitte zu berücksichtigen, die ihm vertraut sind. Der wissenschaftlich forschende Mensch scheint hier keine Ausnahme zu sein. Statt also das bestehende Problem zunächst einmal zu klären, greift man auf eine Lösung zurück, die naheliegend scheint, ohne jedoch zu fragen, welche Auswirkungen dies auf das gesamte (universitäre) System haben könnte. Betrachtet man nämlich translatorische Kompetenz, wie dies z.T. in der Fremdsprachendidaktik gemacht wird, als eine der fremdsprachlichen Kompetenz "übergeordnete Fertigkeit" (Klein-Braley 1985: 134), so ist dieses Ausbildungsziel prinzipiell nicht im Aufgabenfeld des Fremdsprachenunterrichts begründet. Wenn allerdings übersetzerische Kompetenz nur als Nebenprodukt der Fremdsprachenausbildung, als eine Art Zusatzqualifikation betrachtet wird, so stellt sich die Frage nach der Existenzberechtigung universitärer Übersetzer- und Dolmetscherinstitute.

Als dritten Grund, warum man den Berufsübersetzer als "Modellfall" (Klein-Braley/Smith 1987: 25) im Fremdsprachenunterricht heranzieht, wird der ständig steigende Bedarf an Übersetzungen angegeben, wie er etwa aufgrund der Erfordernisse der internationalen Kommunikation im Übersetzungsdienst der EU-Kommission in Brüssel besteht (vgl. Weller 1994: 186). Es ist zweifelsohne nicht nur legitim, sondern auch notwendig, daß sich die universitäre Fremdsprachenausbildung mehr als bisher an den Erwartungen des Arbeitsmarktes orientiert. Die Argumentation der Fremdsprachendidaktik gründet jedoch meines Erachtens nicht so sehr auf einer profunden Analyse des tatsächlichen Translationsbedarfs, vielmehr legitimiert sie ihre Übersetzerausbildung mit einem aus der Sicht der professionellen Übersetzer bestehenden Mißstand: Wie eine Untersuchung von Peter A. Schmitt (1993) ergab, werden nur etwa 40% des Translationsbedarfs von professionellen Übersetzern abgedeckt. Dies heißt jedoch nicht, wie dies Weller suggeriert, daß ein größerer Bedarf an Übersetzern besteht. Lediglich die Nachfrage nach *billigen* Übersetzungen ist groß, die von nichtprofessionellen Übersetzern, wie etwa Sachbearbeitern, Fremdsprachensekretärinnen etc., zumeist nebenbei und nicht gegen Extrabezahlung erledigt werden. Dabei handelt es sich um Berufssparten, für die der Fremdsprachenabsolvent im allgemeinen nicht ausgebildet wird bzw. für die er überqualifiziert ist. Dem steht gleichzeitig der Trend gegenüber, höhere Qualitätsanforderungen an Übersetzungen zu stellen (vgl. Schmitt 1993: 3), ob dies allerdings von Absolventen mit "rudimentärer" Übersetzungskompetenz gewährleistet werden kann, ist mehr als fraglich. Vielmehr sehe ich hier die Gefahr, daß die seit einigen Jahren bestehenden intensiven Bestrebungen, Translation auch in der Öffentlichkeit als Expertenhandlung ins Bewußtsein zu bringen, durch eine verfehlte Ausbildungspolitik im Fremdsprachenunterricht ernsthaft Schaden erleiden.

3. Fachlicher Fremdsprachenunterricht

Die hier angeführten Argumente, mit denen das Lernziel translatorische Kompetenz begründet wird, sind - wenn auch mit z.T. unterschiedlicher Gewichtung - ebenfalls in der Literatur zum fachbezogenen Fremdsprachenunterricht zu finden. Ähnlich wie im allgemeinen Fremdsprachenunterricht ist man auch im fachbezogenen Fremdsprachenunterricht längst davon abgegangen, situations- und kontextlose Sprachfragmente zu verwenden. Fachtexte werden nunmehr als "Fachtexte-in-Funktion-und-Kultur" verwendet, wie dies etwa Schröder (1988: 113) formulierte. Grundsätzlich geht es auch hier um die Vermittlung der kommunikativen Grundkompetenzen, die jedoch aufgrund der Adressatenspezifik, der Fachbezogenheit sowie der angestrebten fachkommunikativen Fertigkeiten spezifiziert werden müssen[6], oder um es mit Beier/Möhn zu formulieren, werden die Zielqualifikationen "mit Bezug auf fachliches Handeln mit Texten" beschrieben (1988: 22).

Diese Kombination von Fachwissen auf der einen Seite und sprachlichen Kompetenzen auf der anderen Seite bedingt auch die Auffassung der fachbezogenen Fremdsprachendidaktiker darüber, was translatorische Kompetenz ist.

Beier/Möhn listen etwa in ihrem umfassenden Artikel "Fachsprachlicher Fremdsprachenunterricht" (1988) neben den vier Grundfertigkeiten auch weitere Zielqualifikationen auf, darunter "die Größen Übersetzen, Dolmet-

---

[6] Zum Verhältnis von fachsprachlichem und allgemeinsprachlichem Fremdsprachenunterricht vgl. Fluck (1992:107-114).

schen" (1988: 48). Eine nähere Beschäftigung mit diesen beiden Komponenten erfolgt in dem Abschnitt, der sich mit sogenannten Fertigkeitskombinationen beschäftigt. Diese Kombinationen werden vor allem dann wichtig, wenn "aufgrund bereits existierender Fachtexte neue Fachtexte entstehen" (1988: 53). Als Beispiele werden u.a. angeführt: Mahnungen schreiben, Annoncen beantworten, Lieferzettel ausfüllen, nach Diktiergerät schreiben etc. Zu diesen Tätigkeiten kommen laut den Autoren auch das Übersetzen und Dolmetschen hinzu, "deren Wesen ohnehin schon in der Produktion 'textinduzierter Sekundärtexte' besteht" (1988: 53). Diese grobe Simplifizierung, die im Übersetzen und Dolmetschen nicht viel mehr als die Kombination der Fertigkeiten Lesen + Schreiben bzw. Hören + Sprechen sieht, findet sich auch in jenem Teil, in dem es um die Qualifikationen des Lehrers im fachbezogenen Fremdsprachenunterricht geht. Die dabei geforderte fachtranslatorische und translationswissenschaftliche Kompetenz wird jeweils als Teilbereich der fremdsprachlichen und linguistischen Kompetenz betrachtet (vgl. 1988: 61).

Eine solche Reduktion von translatorischer und translationswissenschaftlicher Kompetenz auf linguistische Aspekte und Sachfachwissen findet auch in der Unterrichtspraxis ihren Niederschlag. Dies möchte ich kurz anhand eines für Wirtschaftsstudenten konzipierten Übersetzungslehrbuches darlegen. Ziel der Autoren Prachner/Schmatzer war es unter anderem, die Studierenden auf die "beinharte Übersetzerarbeit" (1993: 13) in der Wirtschaft vorzubereiten. Übersetzerische Kompetenz wird dabei wie folgt definiert: "Ausreichendes Sach- und Sprachwissen, um Texte inhaltlich und sprachlich zu verstehen und in der Fremdsprache adressatenadäquat (...) wiedergeben zu können." (1993: 12) Folglich soll gemäß der Autoren auch jeder übersetzen, "der es kann, d.h. jeder der von der behandelten Sache und der anderen Sprache soviel Ahnung hat, daß der Informationstransfer einwandfrei stattfindet." (1993: 12). Spätestens hier wird die Ahnung zur Gewißheit, daß mit einer solchen Auffassung keine Kenntnisse über übersetzerische Kompetenz vermittelt werden können, denn: Fundierte Sprachkenntnisse sind kein *Bestandteil* der übersetzerischen Kompetenz, sondern eine wesentliche *Voraussetzung* für diese. Auch ist für die Beurteilung der übersetzerischen Kompetenz nicht die Quantität an vorhandenem Sachwissen entscheidend, sondern die Fähigkeit, sich je nach Übersetzungsauftrag in bestimmte Fachgebiete gezielt einarbeiten zu können. Die eigentlichen Komponenten der übersetzerischen Kompetenz, wie etwa die Fähigkeit, verschiedene Auftragssituationen analytisch zu erfassen, die Fähigkeit, auftragsbezogene Unterlagen durch Recherchieren zu beschaffen und so das nötige Sachwissen sowie das erforderliche sprachliche und terminologische Material zu erschließen, die Fähigkeit, mit dem Auftraggeber bzw. anderen Experten zu kooperieren, und vor allem die Fähigkeit, die getroffenen übersetzerischen Entscheidungen argumentativ darzulegen, werden von den Autoren nicht einmal erwähnt[7].

4. Übersetzungsunterricht an Instituten für Übersetzen und Dolmetschen

Die Tatsache, daß sich an der Universität anscheinend jeder, der mit Fremdsprachen zu tun hat, auch für das Übersetzen und (in eingeschränkterem Maße) für das Dolmetschen zuständig fühlt, hat ihre Ursache zweifelsohne nicht zuletzt im Selbstverständnis der eigentlichen Ausbildungsstätten für Übersetzen und Dolmetschen.

Die Translationswissenschaft hat in den 80er Jahren einen beispiellosen Aufschwung genommen und sich erfolgreich aus der linguistischen Vormundschaft befreit. Dadurch wurde es möglich, "klassische literaturwissenschaftliche und textlinguistische Rahmen" (Holz-Mänttäri 1990: 60) zu verlassen und zahlreiche Bedingungen und Faktoren in die translationswissenschaftliche Forschung miteinzubeziehen, die in philologischen Fragestellungen bisher keinen Eingang gefunden hatten. Während sich also die Translationswissenschaft trotz mancher - auch heute noch existierender - Widerstände als eigenständige Disziplin etablieren konnte, haben es die Ausbildungsstätten verabsäumt, ein unverwechselbares Profil zu entwickeln und sich in Inhalten, Zielsetzungen und didaktischen Methoden von der Fremdsprachenausbildung abzugrenzen. Genau das wäre jedoch angesichts der rasanten Entwicklung der berufspraktischen Anforderungen dringend nötig.

Das Festhalten an der traditionellen Ausbildungspraxis äußert sich dabei in der immer wieder vorgebrachten Meinung, daß man beim Übersetzen nur durch Üben zum Meister wird. Ohne theoretisches Wissen um das Übersetzen führt ein solches Üben jedoch bestenfalls zum Einschleifen bestimmter Regeln, die zwar reflexartig angewendet, nicht jedoch argumentativ dargelegt werden können. Der Experte, so wie die Translationswissenschaft den Übersetzer sieht, zeichnet sich jedoch nicht durch seine

---

[7] Zu einer ausführlichen Kritik vgl. Kaindl (1995).

Reflexe, sondern seine Reflexion aus, die es ihm ermöglicht, Problemlösungsstrategien einzusetzen, d.h. fallspezifisch, situationsbezogen und verantwortlich zu handeln (vgl. Risku, im Druck).

Die Forderung nach translatorischer Kompetenz im Unterricht an den Übersetzer- und Dolmetscherinstituten klafft also in ihrem Anspruch in der Theorie und ihrer Umsetzung in der Praxis weit auseinander. Dies ist unter anderem auf eine gewisse Theoriescheu zurückzuführen, die vielen Lehrenden zu eigen zu sein scheint und die ich hier nur in Form einer - allerdings wahren - Anekdote schildern möchte.

Im Rahmen einer in erster Linie für Lehrende gedachten Lehrveranstaltung sollten am Wiener Institut für Übersetzer- und Dolmetscherausbildung theoretische Konzepte und ihre mögliche Integrierung in den praktischen Unterricht präsentiert und diskutiert werden. Nach einem Referat zu theoretischen Aspekten der Textproduktion als Vorbereitung auf das Übersetzen äußerte sich eine Lehrende mit begeisterten Worten in etwa wie folgt zu dem eben Gehörten: "Also, was Sie hier gebracht haben, finde ich hochinteressant, vor allem, weil ich in meiner Lehrveranstaltung praktisch genau dasselbe tue, ohne es zu wissen." Unsere Lehrende verfügt, wie Dietrich Dörner es nennen würde, über implizites Wissen (vgl. 1989: 65). Dieses könnte auch als Intuition bezeichnet werden, die einen Dinge tun läßt, ohne daß man erklären könnte, wie man es macht. Im Gegensatz dazu steht das explizite Wissen, das man auch als reines Theoriewissen bezeichnen könnte und das einen zwar befähigt, über Dinge zu reden, ohne daß man sie deswegen jedoch auch tun kann. Beide Arten von Wissen sind für den Übersetzungsunterricht nutzlos, vielmehr sollten Lehrende ein "Handlungswissen" (Dörner 1989: 65) besitzen, das sie eben befähigt, die Dinge, die sie tun, auch argumentativ zu begründen und ihren Studierenden zu vermitteln.

5. Der Übersetzungsunterricht muß umkehren!

Nach dieser - aufgrund der Platzbeschränkung nur sehr überblicksmäßigen - Darstellung des Übersetzungsunterrichts an der Universität, möchte ich auf das zu Beginn zitierte Beispiel zurückkommen. Der Hobbygärnter hat sich mit der Säuberung seines Teiches viel Mühe gegeben, ohne Erfolg allerdings. Dabei wäre die Lösung des Problems relativ einfach gewesen: Das Teichwasser stank, weil das Wasser aufgrund der kleinen Wasseroberfläche nicht genügend umgewälzt wurde. Eine kleine Pumpe, die für eine Wasserumwälzung sorgt, hätte das Problem gelöst.

In unserem Fall ist eine Veränderung der derzeitigen Situation sicherlich nicht so einfach. Denn hier haben wir es nicht mit Fischen und Wasserpflanzen, sondern mit Menschen zu tun, die, gerade was das Übersetzen betrifft, zumeist eine feststehende Meinung haben, die mit viel Vehemenz und wenig Argumenten verteidigt wird. Für eine gesamtuniversitäre Konzeption des Übersetzungsunterrichts in den genannten drei Bereichen wären eine Reihe von Maßnahmen unerläßlich, die allerdings ein generelles Umdenken nötig machen würden:

1) Die Fremdsprachendidaktik sollte sich auf ihre eigentlichen Ziele, die in der sprachpraktischen Ausbildung gründen, konzentrieren. Statt das Lernziel "translatorische Kompetenz" für die eigenen Aufgabengebiete zu reklamieren, sollte vielmehr eine vermittlungsmethodische Diskussion geführt werden, um so die alte Frage zu klären, welchen Beitrag Übersetzungsübungen für den Erwerb und die Erweiterung der sprachlichen Grundkompetenzen leisten können. Dazu sind, wie Krings feststellte, "systematische empirische Forschungen" (1989: 278) nötig. Das Instrumentarium, um die Frage zu klären, was beim Übersetzen in den Köpfen von Fremdsprachenlernern vorgeht, wurde allerdings erst in Ansätzen entwickelt, hier würde sich also für die Fremdsprachendidaktik ein weites Forschungsfeld auftun. Von den Ergebnissen sollten dann auch Art und Umfang der Übersetzungsübungen im Fremdsprachenunterricht abhängig gemacht werden. Dringend nötig wäre es in diesem Zusammenhang auch, den Übersetzungsbegriff für die Fremdsprachenausbildung klar zu definieren, um so Verwechslungen mit professionellem Übersetzen zu vermeiden.

2) Derzeit besteht in der universitären Übersetzer- und Dolmetscherausbildung eine klare Diskrepanz zwischen den Anforderungen im Beruf und den an den Ausbildungsstätten vermittelten Qualifikationen. Ansätze zu Reformen sind an den österreichischen Instituten gemacht worden; ob diese eine grundlegende Neuerung mit sich bringen, bleibt allerdings abzuwarten. Die Übersetzungsdidaktik müßte jedenfalls als ein ganzheitliches Konzept verstanden werden, in dem Übersetzen als theoriegeleitete, praktische Tätigkeit vermittelt wird. Lehrende, die nur implizit theoretisches Wissen an die Studierenden vermitteln, geben diesen keine wirklichen Entscheidungskriterien in die Hand, um ihre übersetzerischen Lösungen auch argumentativ begründen zu können; Lehrende, die lediglich theoretisches Wissen ohne

Bezug auf die praktische Tätigkeit vermitteln, befähigen zwar die Studierenden über das Übersetzen zu reden, nicht jedoch es auch tatsächlich zu tun.

3) Sowohl die allgemeine und die fachbezogene Fremdsprachenausbildung als auch die Translationswissenschaft verstehen sich als Interdisziplinen. Bei der jeweiligen Auflistung der Bezugswissenschaften scheinen sie allerdings auf der anderen Seite nicht auf. Dies mag aufgrund der unterschiedlichen Aufgabenstellungen auf den ersten Blick einsichtig erscheinen. Angesichts der aktuellen Entwicklungen scheint jedoch ein interdisziplinärer Dialog dringend notwendig, und sei es nur, um die jeweiligen Zielsetzungen, Problemstellungen und Aufgabenfelder besser zu verstehen und eine Vermischung der Qualifikationsprofile, die sich auf die übersetzerische Berufspraxis nur negativ auswirken kann, zu vermeiden.

Den in Analogie zu Viëtors Streitschrift aufgestellten Appell "Der Übersetzungsunterricht muß umkehren" möchte ich dabei mit der optimistischen Hoffnung verknüpfen, daß den Betroffenen die Klärung der vielen Fragen, die sich mit dem Problemkreis Übersetzen an der Universität stellen, rascher gelingt, als dies bei Viëtors Forderungen der Fall war.

Bibliographie

Addison, Anthony/Vogel, Klaus (Hrsg.) (1985): Fremdsprachenausbildung an der Universität. Bonn: AKS Verlag

Arntz, Reiner/Thome, Gisela (Hrsg.) (1990): Übersetzungswissenschaft: Ergebnisse und Perspektiven. Festschrift für Wolfram Wilss zum 65. Geburtstag. Tübingen: Narr

Bausch, Karl-Richard/Christ, Herbert/Hüllen, Werner/Krumm, Hans-Jürgen (Hrsg.) (1989): Handbuch Fremdsprachenunterricht. Tübingen: Francke

Bausch, Karl-Richard/Weller, Franz-Rudolf (Hrsg.) (1981): Übersetzen und Fremdsprachenunterricht. Frankfurt am Main: Diesterweg

Beier, Rudolf/Möhn, Dieter (1988): Fachsprachlicher Fremdsprachenunterricht. Voraussetzungen und Entscheidungen. In: Die Neueren Sprachen 1/2 (1988), 19-75

Dörner, Dietrich (1989): Die Logik des Mißlingens. Strategisches Denken in komplexen Situationen. Reinbek bei Hamburg: Rowohlt

Erdei, Gyula (1979): Nachtrag zu: Zum Problem des Übersetzens im Fremdsprachenunterricht In: Bausch/Weller (Hrsg.) 1981, 58-60

Ettinger, Stefan (1989): Soll man im Fremdsprachenunterricht übersetzen? In: Königs (Hrsg.) 1989, 199-213

Fluck, Hans-Rüdiger (1992): Didaktik der Fachsprachen. Aufgaben und Arbeitsfelder, Konzepte und Perspektiven im Sprachbereich Deutsch (= Forum für Fachsprachen-Forschung 16). Tübingen: Narr

Gnutzmann, Claus (Hrsg.) (1988): Fachbezogener Fremdsprachenunterricht (= Forum für Fachsprachen-Forschung 6). Tübingen: Narr

Gnutzmann, Claus/Königs Frank G./Pfeiffer, W. (Hrsg.) (1992): Fremdsprachenunterricht im internationalen Vergleich: Perspektive 2000. Frankfurt am Main/M.: Diesterweg

Grellet, Françoise (1991): Apprendre à traduire: typologie d'exercices de traduction. Nancy: Presses universitaires de Nancy

Holz-Mänttäri, Justa (1990): Das Transfer-Prinzip. In: Arntz/Thome (Hrsg.) 1990, 59-70

House, Juliane (1981): Ein Modell zur Durchführung und Bewertung von Übersetzungen in der sprachpraktischen Ausbildung an der Hochschule. In: Bausch/Weller (Hrsg.) 1981, 192-202

House, Juliane (1989): Pragmatische Aspekte des Übersetzens im Fremdsprachenunterricht. In: Königs (Hrsg.) 1989, 179-198

Kaindl, Klaus (1995): Rezension zu: Prachner, Doris + Schmatzer Hannes: Englische und deutsche Wirtschaftstexte im Vergleich. Übersetzung, Analyse, Bearbeitung. In: TextConText 10 (1995), 69-75

Kaiser-Cooke, Michèle (1993): Eine ganz einfache Übersetzung. In: Mitteilungsblatt des österreichischen Übersetzer- und Dolmetscherverbandes Universitas 1 (1993), 4-7

Klein-Braley, Christine (1985): Mondschein mit dem Sieb einfangen: über den Sinn und Zweck von Übersetzungsübungen für Philologen. In: Addison/Vogel (Hrsg.) 1985, 129-144

Klein-Braley, Christine/Smith, Veronika (1987): Von zweien, die auszogen, das Übersetzen an deutschen Hochschulen zu lehren: Konzeption und Gestaltung des *Arbeitsbuches Übersetzung:* 'In other words'. In: Königs (Hrsg.) 1987, 21-29

Königs, Frank G. (1981): Übersetzung und Fremdsprachenunterricht - vereinbar oder unvereinbar? In: Bausch/Weller (Hrsg.) 1981, 203-216

Königs, Frank G. (1983): Normenaspekte im Fremdsprachenunterricht. Tübingen: Narr

Königs, Frank G. (Hrsg.) (1987): Übersetzen lehren und lernen mit Büchern. Möglichkeiten und Grenzen der Erstellung und des Einsatzes von Übersetzungslehrbüchern. Heidelberg: Groos

Königs, Frank G. (Hrsg.) (1989a): Übersetzungswissenschaft und Fremdsprachenunterricht. Neue Beiträge zu einem alten Thema. München: Gotteswinter

Königs, Frank G. (1989b): Übersetzen und Fremdsprachendidaktik. Einführende Gedanken zu einem alten Thema und zu einem neuen Sammelband. In: Königs (Hrsg.) 1989a, 7-14

Königs, Frank G. (1992): Ein Schritt zurück ins nächste Jahrtausend? oder: Warum Fremdsprachenerwerb und Übersetzen nicht voneinander loskommen können. In: Gnutzmann/Königs/Pfeiffer (Hrsg.) 1992, 215-228

Krings, Hans P. (1989): Übersetzen und Dolmetschen. In: Bausch/Christ/Hüllen/Krumm (Hrsg.) 1989, 273-280

Prachner, Doris/Schmatzer Hannes (1993): Englische und deutsche Wirtschaftstexte im Vergleich. Übersetzung, Analyse, Bearbeitung. Wien: Service Fachverlag.

Reiß, Katharina (1977): Übersetzen und Übersetzung im Hochschulbereich. In: Die Neueren Sprachen 5/6 (1977), 535-548

Risku, Hanna (1995): Übersetzen als komplexes Problemlösen: kognitive Anforderungen. In: TextConText, im Druck

Schmitt, Peter A. (1993): Der Translationsbedarf in Deutschland. In: Mitteilungsblatt für Übersetzer und Dolmetscher 5 (1993), 3-10

Schröder, Hartmut (1988): Fachtext, interkulturelle Kommunikation und Aufgaben einer spezialisierten Didaktik/Methodik des fachbezogenen Fremdsprachenunterrichts. In: Gnutzmann (Hrsg.) 1988, 107-124

Stefanink, Bernd (1988): Über Stellenwert und Inhalt von Übersetzungskursen im universitären Fremdsprachenunterricht. In: Fremdsprachen lehren und lernen 17 (1988), 194-210

Stefanink, Bernd (1993): Übersetzen als fünfte Fertigkeit. In: Zielsprache Französisch 2 (1993), 82-89

Stellbrink, Hans-Jürgen (1985): Die Tätigkeit des Übersetzers und Dolmetschers in der Industrie: Meistens nicht wie im Lehrbuch. Heidelberg: [Ms.]

Stellbrink, Hans-Jürgen (1986): Effizienz, Produktivität, Leistung und Status in einem Fremdsprachendienst der Industrie. In: Mitteilungsblatt für Übersetzer- und Dolmetscher 1 (1986), 1-5

Viëtor, Wilhelm (1882): Der Sprachunterricht muß umkehren! In: Die Neueren Sprachen 2 (1982), 120-148

Weller, Franz-Rudolf (1994): Aus den Nischen des Turms zu Babel: Neuerscheinungen zur Übersetzungswissenschaft und Übersetzungsdidaktik - mit einem Ausblick auf das Übersetzungsdilemma des Altsprachlichen Unterrichts. In: Die Neueren Sprachen 2 (1994), 185-211

Univ.Ass. Dr. Klaus Kaindl
Institut für Übersetzer- und
Dolmetscherausbildung
Universität Wien
Gymnasiumstr. 50
A-1190 Wien

GERHARD PISEK

ÜBERSETZUNG IM UNIVERSITÄREN FREMDSPRACHENUNTERRICHT: PROBLEME UND MÖGLICHKEITEN

1. Einleitung

Laut Studienplan für die Studienrichtung Anglistik und Amerikanistik an der Universität Innsbruck sind im Pflichtfach *Sprachbeherrschung* von den Diplom- bzw. LehramtsstudentInnen zwei zweistündige Übersetzungsübungen zu absolvieren:

> *Translation I* und *Translation II*
> Die beiden Übersetzungskurse sind nach Niveau gestaffelt. *Translation I* dient der Ausbildung der allgemein fremdsprachlichen Kompetenz und der Einführung in die Probleme des Übersetzens Deutsch-Englisch durch Übersetzen allgemeinsprachlicher Texte.
> Im Mittelpunkt stehen dabei die Festigung grammatischer Grundkenntnisse (z.B.: Zeiten, Wortstellung, Artikel, Präpositionen, Adjektiv-Adverb) und die Erweiterung des Wortschatzes, wobei besonders der Umgang mit ein- und zweisprachigen Wörterbüchern geübt werden soll.
> Ausgehend von den in Translation I und in den anderen Sprachbeherrschungskursen erworbenen Kenntnissen und Fertigkeiten werden in *Translation II* allgemeinsprachliche Texte höherer Komplexität übersetzt. Hauptaugenmerk liegt dabei auf der Differenzierung grammatischer Grundkenntnisse und der Beachtung textlinguistischer und stilistischer Phänomene wie Kohärenz und Kohäsion, Kollokationen, Deixis, Referenz, Fokus und Kontext.
> (Mitteilungsblatt der Universität Innsbruck, Studienjahr 1992/93, 23. September 1993, 69. Stück)[1]

---

[1] Die allgemeine Formulierung der Lernziele im Bereich der Sprachbeherrschung lautet folgendermaßen: "Hauptlernziel der sprachpraktischen Ausbildung im Anglistik- und Amerikanistikstudium ist die Vermittlung einer rezeptiven und produktiven Beherrschung des Englischen. Die Sprachbeherrschungskurse haben außerdem die Aufgabe, die notwendigen Voraussetzungen für das Studium selbst zu schaffen, da auch literatur- und

Im folgenden sollen, unter Einbeziehung von praktischen Erfahrungen im langjährigen Unterricht von Translation I, die Probleme und Möglichkeiten von Übersetzungskursen im Fremdsprachenunterricht diskutiert werden.

2. Übersetzung als *gatekeeper*

Aus der Sicht vieler Studierender ist die Sinnhaftigkeit der Übersetzungskurse schon dadurch eingeschränkt, daß nur wenige von ihnen in der Lage sind, Translation I und II auf Anhieb zu bestehen: Durchfallsquoten von 50% sind eher die Regel als die Ausnahme, und selbst mehrmaliges Wiederholen der beiden Lehrveranstaltungen ist keine Seltenheit. Es sind sogar schon Fälle bekanntgeworden, in denen StudentInnen alle anderen Kurse positiv abgeschlossen, alle Kolloquien absolviert und die Diplomarbeit abgegeben hatten (die vielleicht sogar mit Sehr gut benotet wurde), aber trotzdem nicht in der Lage waren, ihr Englischstudium zu beenden, weil ihnen das Translation-II-Zeugnis noch fehlte. Diese Diskrepanz zwischen durchaus positiven Studienerfolgen in anderen Teilfächern (Literaturwissenschaft, Sprachwissenschaft, Landeskunde) und dem Mißerfolg in den Übersetzungsübungen bzw. auch eine gewisse Diskrepanz innerhalb der Sprachbeherrschung selbst (Composition I und II, Grammar PS etc. auf der einen, Translation I und II auf der anderen Seite) zeugt von der besonderen Rolle, die der Übersetzung im universitären Fremdsprachenunterricht zugewiesen wird. Abgesehen davon, ob diese tatsächlich dazu in der Lage ist, die im Studienplan festgelegten bzw. die ihr in diversen Aufsätzen und Büchern zugeschriebenen Aufgaben zu erfüllen, erfüllt sie mit Sicherheit eine spezielle Funktion im Rahmen des Englischstudiums, nämlich die des *gatekeepers*, der darüber entscheidet, ob die Studierenden durchgelassen oder zurück in die entsprechende Lehrveranstaltung verwiesen werden.

Unter diesen Umständen ist es kaum verwunderlich, daß die StudentInnen in den Übersetzungskursen hauptsächlich darauf fixiert sind, positive

sprachwissenschaftliche Lehrveranstaltungen in der Regel in englischer Sprache abgehalten werden. Für die Studierenden, die das Lehramt anstreben, besteht das berufsorientierte Lernziel darin, sie darauf vorzubereiten, das Fach Englisch an österreichischen AHS und BHS bis zur Matura zu unterrichten. Zur Erreichung der Lernziele wird den Studierenden mindestens ein längerfristiger Aufenthalt im englischsprachigen Ausland dringend empfohlen." (Mitteilungsblatt).

Zeugnisse zu erlangen; dies vor allem auch deshalb, da ihnen nicht klar ist, warum sie überhaupt zu übersetzen haben, d.h. etwas tun müssen, das mit ihrem späteren Beruf als Lehrer[2] in keinem direkten Zusammenhang steht. "A student who has to spend an hour, maybe two hours, struggling over a text may want to ask: 'Why am I doing this? Could not the time be better spent?' If the teacher cannot explain why the activity is being done - and this holds for all kinds of language activity - the student is likely to feel frustrated." (Duff 1989: 8)

3. Warum übersetzen?

Welche Rechtfertigung für Übersetzungsübungen im Rahmen des universitären Fremdsprachenunterrichts kann man den Studierenden geben, um die von Duff angesprochene Frustration zu vermeiden? Der oben zitierte Studienplan geht davon aus, daß das Übersetzen der Ausbildung der allgemein fremdsprachlichen Kompetenz zu dienen hat. Dies bedeutet einen entscheidenden Unterschied bzw. Fortschritt gegenüber dem alten Studienplan, der als Lernziel noch ausdrücklich "Übersetzungskompetenz" (Studienführer 1989) nannte. Die Unterscheidung zwischen allgemein fremdsprachlicher und übersetzerischer Kompetenz entspricht der Einsicht, daß letztere nur im Rahmen des Übersetzerstudiums angestrebt werden könne. Königs (1979) unterscheidet in diesem Zusammenhang zwischen Übersetzung als Übungsform (zur Verbesserung der sprachlichen Kompetenz) und Übersetzung als Selbstzweck (zur Erreichung translatorischer Kompetenz, wenn Ausgangs- und Zielsprache schon gleichermaßen beherrscht werden), während House (1981: 193) dieselbe Unterscheidung trifft, allerdings die Begriffe "pädagogische" und "kommunikative" Übersetzung verwendet.

Übereinstimmung scheint auch darüber zu herrschen, daß pädagogische Übersetzungen am sinnvollsten sind, wenn von der Muttersprache in die zu erlernende Fremdsprache übersetzt wird. Sepp (1981) sieht den Vorteil der Hinübersetzung darin, daß sie der Einübung von Grammatik und Wortschatz dient, während bei der Herübersetzung die Überprüfung von Sinnverständnis im Vordergrund steht. Für Königs (1979) ist die Hinübersetzung deshalb

---

2 Für "DiplomanglistInnen" gibt es kein näher definiertes Berufsbild; es kann aber durchaus der Fall eintreten, daß AbsolventInnen des Studienzweiges "Diplom" in ihrem späteren Beruf einmal in die Lage kommen, übersetzen zu müssen (etwa als JournalistInnen oder VerlagslektorInnen).

so gut zur Überprüfung fremdsprachlicher Kompetenz geeignet, da sich der Übersetzende dabei nicht in dem Maße auf seine muttersprachliche Intuition verlassen kann, wie dies bei der Herübersetzung oft möglich ist.

4. Vor- und Nachteile der Hinübersetzung im Fremdsprachenunterricht

Übersetzungsübungen im Fremdsprachenunterricht erleben seit ungefähr 10-15 Jahren eine Art Comeback (Sepp 1981), nachdem sie etwa von den Verfechtern der *direct method* oder des *communicative approach* vehement abgelehnt worden waren. Im selben Zeitraum wurden diese Übungen auch vermehrt Gegenstand theoretischer Überlegungen, deren vorrangiges Ziel es ist, die Sinnhaftigkeit der Übersetzung vor dem Hintergrund des *communicative approach* zu rechtfertigen.
Aus einer Reihe von Büchern und Aufsätzen zu diesem Thema lassen sich folgende Argumente pro und kontra Übersetzung[3] zusammenfassen:

<u>pro</u>:

- Übersetzungen dienen der Schulung sprachlicher Genauigkeit, Klarheit und Flexibilität (Duff 1989: 7);
- Übersetzungen eignen sich hervorragend als Ausgangspunkt für Diskussionen verschiedenster sprachlicher Phänomene (Duff 1989: 14; Edge 1986: 122);
- der Übersetzungsunterricht ist ein ideales Forum für "advanced language teaching, language description and some basic aspects of contrastive linguistics" (Snell-Hornby 1985: 21; Edge 1986: 122);
- im Übersetzungsunterricht kommt es zur expliziten Anwendung einer Strategie, die von vielen Lernenden sowieso eingesetzt wird, da sie ihnen nützlicher erscheint als diverse kommunikative Übungen (Atkinson 1987: 242);
- Übersetzen fördert die Festigung schon vorhandenen Wissens bezüglich struktureller, konzeptueller oder soziolinguistischer Unterschiede zwischen Mutter- und Zielsprache (Atkinson 1987: 244);
- Übersetzungen eignen sich zur Überprüfung der fremdsprachlichen Kompetenz des Übersetzenden (Königs 1979: 99);

---

[3] Der Begriff "Übersetzung" ist dabei sehr weit gefaßt, vom gelegentlichen Gebrauch der Muttersprache im Fremdsprachenunterricht bis zu eigenen universitären Lehrveranstaltungen, in denen längere Texte von der L1 in die L2 übertragen werden.

- das Übersetzen kann als "supreme test of knowledge of two languages" verwendet werden (Cunningham 1929 zit. nach Atkinson 1987: 245);
- Studierende lernen "to think not in terms of 'How does one say X in English?', but rather 'How can I express X in English?'" (Atkinson 1989: 245);
- fortgeschrittene Lernende brauchen nicht nur praktische, sondern auch theoretische Ansätze im Sprachunterricht (Thomas 1984: 191);
- Übersetzen erhöht das Bewußtseins bezüglich der eigenen Sprache (King 1973: 58);
- Übersetzen dient der Erweiterung des Wortschatzes in der Fremdsprache (Heltai 1989: 288);
- durch das Übersetzen wird das Bewußtseins für gewisse grammatikalische und lexikalische Eigenheiten der Fremdsprache geschärft (Heltai 1989: 290);
- jede Übersetzung kann als "problem-solving exercise" gesehen werden (Titford 1983: 52);
- zukünftige Lehrer lernen, *über* die Fremdsprache zu sprechen (nicht nur *in* der Fremdsprache) (Titford 1983: 52);
- Übersetzungen habe eine Brückenfunktion zwischen L1 und L2: "relating of how or why 'X' is said in the L1 to how or why it is said in L2" (Titford 1983: 52);
- die Förderung stilistischer und lexikalischer Fähigkeiten im Rahmen schriftlicher Übersetzungsarbeit kommt auch der gesprochenen Sprache zugute (Thomas 1984: 191);
- Übersetzen ist eine natürliche, nützliche und grundsätzlich kommunikative Tätigkeit (Stibbard: 1994: 9).

<u>kontra</u>:

- Übersetzungen finden ohne kommunikative Einbettung statt; StudentInnen übersetzen Texte, die sie nicht verstehen, für Adressaten, die sie nicht kennen (Hönig/Kußmaul 1984: 28; Stibbard 1994: 14);
- die vielen syntaktischen, lexikalischen und stilistischen Fehler frustrieren die StudentInnen, die dann oft glauben, das Übersetzen sei nur "a matter of luck and guess-work" und systematisch nicht zu lernen (Perkins 1985: 51);
- Übersetzungsübungen an der Universität sind häufig gekennzeichnet durch "Konzeptionslosigkeit und Sensibilisierungsmangel seitens der Kursveranstalter und durch Unkenntnis der Kriterien, die beim Übersetzen zu beachten sind, seitens der Studenten" (House 1981: 192);

- die Leiter der Lehrveranstaltungen haben große Schwierigkeiten bei der Definition exakter Lernziele, für die man allerdings eine exakte Definition von Übersetzen bzw. des Übersetzungsprozesses bräuchte . . . (Zalán 1984: 197);
- die Lernenden trachten beim Übersetzen nach "Äquivalenz", die jedoch nur vage definiert ist; gleichzeitig behindern formale Einschränkungen ihre Arbeit (was etwa bei professionellen Übersetzern nicht der Fall ist) (Stibbard 1994: 12);
- die Lernenden haben Angst davor, sich auf die Übertragung des Sinns statt auf die Wiedergabe grammatikalischer Ähnlichkeiten zu konzentrieren (King 1973: 56);
- beim Übersetzen werden viele Interferenzfehler gemacht (Heltai 1989: 288);
- statt zu lernen, die Sprache zu sprechen, lernt man über die Sprache (Heltai 1989: 288);
- Übersetzen ist eine Sonderfertigkeit, die nicht Anliegen des allgemeinen Fremdsprachenunterrichts sein kann, sondern eine Sonderausbildung verlangt (Sepp 1981: 81)[4].

Die meisten dieser Aussagen gehen übrigens davon aus, daß die Lernenden in der Fremdsprache schon mehr oder weniger fortgeschritten sind, wenn sie mit Übersetzungsübungen - egal welcher Art - konfrontiert werden. Heltai spricht von "advanced" und/oder "adult students" (1989: 289); Titfords Zielgruppe sind diejenigen Lernenden, die schon acht oder zehn Jahre des Unterrichts in der betreffenden Sprache hinter sich haben (1983: 52); King betont, daß ein Beherrschen der Grundstrukturen des Englischen eine Voraussetzung für sinnvolles Übersetzen ist (1953: 55); laut König "sollte in der Anfangsphase des schulischen Fremdsprachenunterrichts" das Übersetzen vermieden werden (1979: 101)[5].

Aus Platzgründen ist es hier nicht möglich, die beiden Listen der Vor- und Nachteile des Übersetzens genauer zu erörtern. Es soll aber kurz versucht

---

4 Sepp selbst vertritt diese Meinung nicht; sie referiert nur ein häufig gegen die Übersetzung vorgebrachtes Argument. Auch King (1973: 53) sieht das Übersetzen als eigene Fertigkeit, zieht daraus allerdings die Schlußfolgerung, daß es gerade deshalb Bestandteil des Sprachunterrichts sein müsse. Allerdings erwartet er sich dadurch keine Verbesserung der anderen Fertigkeiten.

5 Stibbard (1994: 13) hingegen spricht sich dagegen aus, Übersetzungen - allerdings nur von einzelnen Wörtern oder Phrasen und keinesfalls von längeren Texten - auf Fortgeschrittene oder Erwachsene zu beschränken.

werden, anhand des Begriffs "kommunikativ" zu zeigen, wie sich die Argumentation *für* das Übersetzen in den letzten zehn Jahren gewandelt hat.

Wie oben erwähnt, lehnen etwa Hönig und Kußmaul (1984) die pädagogische Übersetzung ab, da diese in einem kommunikativen Vakuum stattfinde. Titford (1983) weist darauf hin, daß Anhänger des *communicative approach* die Sinnhaftigkeit der Übersetzung nicht sähen und bietet dann eine Rechtfertigung für die Verwendung von solchen Übungen, die sogar kommunikativen Maßstäben gerecht wird: "Thus, even if translation is not an overtly 'communicative' activity itself, it is useful because it prepares for or consolidates such activities by relating L2 to L1. It builds *on* what learners already know about the operation of their first language in order to build *up* their knowledge of how to use the L2 communicatively." (1983: 57) Thomas (1984) argumentiert ähnlich - obwohl das Übersetzen wenig mit der Ausbildung kommunikativer Kompetenz zu tun haben scheint, gibt es gute Gründe für seine Verwendung im Sprachunterricht -, während Tudor (1984: 273) schon soweit geht, das Übersetzen als "eminently communicative activity" zu bezeichnen[6], woraus sich automatisch ergibt, daß man es ruhigen Gewissens im Unterricht einsetzen kann. Für Edge (1986: 121) gibt es keinen Grund, die Fähigkeit zu übersetzen nicht als eine Art kommunikativer Kompetenz zu sehen, und auch Stibbard (1994: 9) beschreibt *translation* als "essentially communicative activity".

Diese Entwicklung der Meinungen zur Übersetzung im Sprachunterricht vor dem Hintergrund des *communicative approach* zeigt, daß es heute durchaus *methodologically correct* ist, Lernende übersetzen zu lassen, ohne als Lehrer jedesmal ein schlechtes Gewissen haben zu müssen, wenn man dies tut.[7]

5. Der universitäre Übersetzungsunterricht: Lernziele

Die oben angeführten Vor- und Nachteile des pädagogischen Übersetzens beziehen sich ganz allgemein auf verschiedenste Formen von Übersetzungsübungen im Rahmen des Fremdsprachenunterrichts, von der Übersetzung

6 "Translation, as the process of conveying messages across linguistic and cultural barriers, is an eminently communicative activity, one whose use could well be considered in a wider range of teaching situations than may currently be the case." (Tudor 1984: 273)

7 Möglich wird dies im Prinzip durch den simplen Trick, *translation* zur *communicative activity* zu erklären, was einem erspart, sich immer dafür rechtfertigen zu müssen (siehe Titford oder Thomas).

einzelner Wörter bis zur Übertragung längerer zusammenhängender Texte. Im folgenden steht der universitäre Sprachunterricht im Mittelpunkt der Überlegungen, konkret die Lehrveranstaltungen, in denen ausschließlich übersetzt wird.

Welche Aufgabe erfüllen Kurse wie Translation I und II? Laut Studienplan dienen sie der Förderung der allgemein fremdsprachlichen Kompetenz, d.h. die Studierenden sollen in ihnen lernen, sich schriftlich und mündlich in der Fremdsprache generell "besser" auszudrücken bzw. sie besser zu verstehen.[8] Neben der reinen Sprachbeherrschung sieht Sepp (1981: 88) noch zwei weitere Ziele, nämlich den Erwerb von Kenntnissen *über* die Fremdsprache und von Kenntnissen in den Bereichen Landeskunde, Politik, Wirtschaft und Kultur. Vor diesen allgemeinen Lernzielen steht allerdings ein spezifisches, nämlich die Fähigkeit, einen bestimmten in einer Ausgangssprache verfaßten Text in einen gleichwertigen Text in der Zielsprache überzuführen (House 1981: 193). Begriffe wie "gleichwertig," "äquivalent" oder "adäquat"[9] sind seit langem Thema übersetzungstheoretischer Diskussionen; in Zusammenhang mit Übersetzungsübungen, die dem Spracherwerb dienen, wird man jedoch davon ausgehen, daß "gleichwertig" nicht mehr als "möglichst fehlerfrei" bedeuten kann. Königs unterscheidet in diesem Zusammenhang zwischen *linguistischer Äquivalenz*, die auf der Funktion der jeweiligen Übersetzung beruht, und *didaktischer Äquivalenz*, die das Stadium des Spracherwerbs berücksichtigt, d.h. auch bescheidenere lexikalisch-semantische, stilistische und pragmatische Lösungen akzeptiert. "Je niedriger der Kompetenzgrad des Übersetzenden dabei ist, desto mehr besteht die Übersetzungskritik in einer reinen Fehlermarkierung vornehmlich syntaktischer und lexikalischer Art, deren Analyse Aufschluß über den bisherigen Fremdsprachenunterricht geben soll." (Königs 1979: 71) In bezug auf Translation I und II im Rahmen des Englischstudiums heißt das, daß eine geglückte bzw. gute Übersetzung eine solche ist, die nur wenige (oder gar keine) Fehler aufweist. Die Verwendung jedes anderen Maßstabs zur Beurteilung von Übersetzungen wäre unrealistisch und unfair gegenüber den Studierenden.

---

8 Zalán (1984: 198) verweist darauf, den Modebegriff "Kompetenz" mit Vorsicht zu verwenden, da oft nicht klar ist, was damit eigentlich gemeint ist ("kommunikative Kompetenz," "translatorische Kompetenz," "Teilkompetenz" etc. seien oft nur Schlagwörter, mit denen um sich geworfen wird "als wären sie Wunderwaffen, mit denen die Schlacht zu gewinnen sei.").

9 Wilss spricht in diesem Zusammenhang von der Fähigkeit, "gemeinsprachliche und fachsprachliche Texte adäquat zu reproduzieren." (1977: 219)

StudentInnen stellen immer wieder die Frage: "Wie bzw. wie genau soll ich übersetzen?" (oder "Wie frei darf ich übersetzen?") Die oben angeführte Liste der Nachteile von Übersetzungen als Teil des Fremdsprachenunterrichts beinhaltet einige Punkte, die mit einer nicht vorhandenen allgemein gültigen und brauchbaren Antwort auf diese Frage zu tun haben: die oft feststellbare Konzeptionslosigkeit der Kursveranstalter; keine genau formulierten Kriterien, die beim Übersetzen zu beachten sind; ein nur vage definierter Äquivalenzbegriff; Konzentration auf grammatikalische Strukturen statt auf Wiedergabe des Sinns, was zu Einschränkungen führt, die beim "wirklichen" Übersetzen in der Regel nicht existieren. Stibbard (1994) kritisiert zu Recht, daß den Lernenden immer noch Richtlinien für das Übersetzen vorgegeben werden, wie sie schon 1791 von Tytler[10] festgelegt wurden, und er weist darauf hin, daß es sich dabei um eine Formulierung von Übersetzungsproblemen handle, die fälschlicherweise als Lösungen präsentiert würden. "They do nothing to help the student decide how to achieve the admirable goals they espouse." (1994: 11) Als Alternative bietet er "a theory of translation as a language teaching activity" (1994: 12) an, wobei er sich vor allem auf Hönig und Kußmaul beruft[11], die jedoch ausdrücklich betonen, daß der Übersetzungsunterricht in erster Linie dem Lehren des Übersetzens und weniger der Vermittlung fremdsprachlicher Kompetenz (1984: 133) zu dienen habe. Es stellt sich dann jedoch die Frage, wie sinnvoll es ist, Kriterien, die bei "kommunikativen" Übersetzungen eine entscheidende Rolle spielen, auf "pädagogische" zu übertragen, die ja ein ganz anderes Ziel - nämlich die Verbesserung der fremdsprachlichen Kompetenz des Übersetzers - verfolgen. Anders formuliert: Macht ein Student weniger Rechtschreib-, Vokabel- oder Grammatikfehler, wenn er seine Übersetzung an der Funktion des Textes oder dem Zielpublikum orientiert? Es soll hier nicht der Eindruck entstehen, diese Faktoren wären beim Übersetzen nicht wichtig; sie jedoch als Richtlinien für geglücktes, d.h. möglichst fehlerfreies, pädagogisches Übersetzen anzubieten, scheint, wenn

---

10 "I. That the translation should give a complete transcript of the ideas of the original work.
II. That the style and manner of writing should be of the same character with that of the original.
III. That the translation should have all the ease of the original composition."
(zit. in Stibbard 1994: 11)

11 Eine Übersetzung ist immer abhängig von ihrer Funktion, wobei man zwischen "Funktionskonstanz" und "Funktionsveränderung" unterscheidet.

man sich die Praxis vor Augen hält, ähnlich problematisch wie der Versuch, Tytlers Anweisungen zu befolgen.

6. Der universitäre Übersetzungsunterricht: Praxis

Obwohl es bei manchen AutorInnen als unzulässig gilt, Texte ohne kommunikative Einbettung übersetzen zu lassen ("Man kann nicht übersetzen, ohne zu wissen, für wen man übersetzt!"), geschieht dies natürlich andauernd im Rahmen pädagogischer Übersetzungen, wo üblicherweise allgemeinsprachliche Texte von der Länge einer halben bis ganzen DIN-A4-Seite übersetzt werden (meist Zeitungsartikel über aktuelle politische, wirtschaftliche oder kulturelle Ereignisse). Die StudentInnen müssen sich also oft mit Themen auseinandersetzen, mit denen sie nicht oder nur wenig vertraut sind und haben diese dann einem undefinierbaren Zielpublikum in einer Sprache, die sie erst teilweise beherrschen, näherzubringen. Sinnvolles "kommunikatives" Übersetzen wäre unter solchen Umständen nicht denkbar, während "pädagogisches" durchaus möglich und sinnvoll ist, da man kaum annehmen kann, daß "if learners perform well on a translation exercise, the content of which adequately probes their structural and communicative competence in the target language, this does not demonstrate an ability to *use* the language in a 'real' situation." (Atkinson 1987: 245)

Die StudentInnen[12] übersetzen also kurze Texte aus dem Deutschen ins Englische (alleine, paarweise, in Kleingruppen, im Unterricht, zu Hause), wobei sie ein- und zweisprachige Wörterbücher verwenden dürfen; bei den Tests, die zur Mitte und am Ende des Semesters geschrieben werden, sind allerdings nur einsprachige erlaubt.[13] Die Ergebnisse ihrer Bemühungen widersprechen in vielen Fällen der etwa von King (1973: 55) geäußerten Annahme, daß diese sogenannten "fortgeschrittenen" StudentInnen die Grundstrukturen der englischen Sprache schon gemeistert hätten; deshalb ist

---

[12] Sie erfüllen alle - zumindest theoretisch - die Forderung, daß sie *advanced* sind, da sie im Normalfall acht Jahre Schulenglisch hinter sich haben, und zusätzlich mindestens ein Jahr des Sprachstudiums an der Universität.

[13] Die Sinnhaftigkeit dieser Regelung kann hier aus Platzgründen nicht diskutiert werden. Sie sei jedoch zumindest in Frage gestellt.

es "wishful thinking to assume that a translation course can be effective without some recourse to remedial grammar." (Perkins 1985: 70)[14]

Die vielen Fehler grundsätzlicher Natur frustrieren StudentInnen und LehrerInnen gleichermaßen und verstärken bei den Studierenden die Meinung, gelungenes Übersetzen beruhe hauptsächlich auf einer Kombination von Glück und dem zufälligen Erraten richtiger Lösungen (Perkins 1985: 51). Die meisten Fehler fallen in die Kategorien Grammatik, Lexis und Stil; oft finden sich auch simple Rechtschreibfehler, falsch vom Ausgangstext abgeschriebene Eigennamen und Irrtümer, die auf nicht oder falsch verstandenen deutschen Wörtern beruhen ("ungeschlacht" - **unslaughtered*) bzw. auf nicht ausreichend genauem Erfassen des Ausgangstextes, was nicht selten einfach darauf zurückzuführen ist, daß selbiger nicht mit der nötigen Sorgfalt und Konzentration gelesen wird.

Es kann auch immer wieder beobachtet werden, daß einzelnen Wörtern von den StudentInnen zuviel Gewicht beigemessen wird, was laut Snell-Hornby (1985: 23) mit der übertriebenen "fixation on equivalence" zu tun hat. Mit jedem nicht gewußten Vokabel steigt die Verunsicherung und sinkt die Aufmerksamkeit gegenüber syntaktischen Strukturen oder anderen grammatikalischen Problemen (bei der Übersetzung Deutsch - Englisch sind es meist die *tenses*), und es werden Fehler begangen, die eher dem Kompetenzgrad von *beginners* als *advanced learners* entsprechen. Perkins (1985: 54) plädiert deshalb dafür, "mastery of basic L2 syntax and structure patterns" in den Mittelpunkt des Übersetzungsunterrichts zu stellen, da diese die Voraussetzung für Festigung und Erweiterung des Wortschatzes seien.[15]

Grundsätzlich können die beiden *Translation*-Kurse also als Fortsetzung von Grammatik-Aufbaukursen - mit dem zusätzlichen Aspekt des Wortschatztrainings - bezeichnet werden, wobei der Hauptunterschied darin besteht, daß immer ein muttersprachlicher Text Ausgangspunkt der Erläuterungen ist.

---

14 ". . . and vocabulary work," müßte man hinzufügen.

15 Deshalb scheint es mir auch sinnvoll, die Verwendung zweisprachiger Wörterbücher zu erlauben. Mehr oder weniger zielloses Blättern in den einsprachigen Wörterbüchern oder Versuche, die relevante Information von KollegInnen zu erfahren, könnten so unterbunden werden.

7. Schlußfolgerungen

Trotz der tristen Ergebnisse der Übersetzungs-Kurse soll ihre grundsätzliche Sinnhaftigkeit für den universitären Sprachunterricht nicht in Frage gestellt werden. Dies vor allem deshalb, da Übersetzungen als Ausgangspunkt für Diskussionen jeglicher Art dienen können, seien diese nun grammatikalischer, lexikalischer, stilistischer oder sozio-kultureller[16] Natur. "The questions the translator usually solves are questions worth discussing with others." (Duff 1989: 14) Die Analyse der Fehler kann auch in einer Art und Weise aufbereitet werden, durch die die Diskussion unter den StudentInnen bzw. zwischen StudentInnen und Lehrenden angeregt wird. Dabei lernen vor allem zukünftige Lehrer, *über* die Fremdsprache zu sprechen, über sie Auskunft zu geben, ihre grammatikalischen Eigenheiten zu erklären, Unterschiede zur Muttersprache herauszuarbeiten, etc. Ganz nebenbei erhöht sich dabei auch das Bewußtsein bezüglich der eigenen Sprache, und die StudentInnen lernen zu verstehen, daß die Qualität ihrer Übersetzungen nicht nur vom Stand des Lernfortschritts in der Fremdsprache abhängig ist.

Abschließend sei nochmals zu der Frage zurückgekehrt, die schon in Kapitel 2 kurz erörtert wurde: Warum sind die Leistungen der StudentInnen in Translation I und II oft so unbefriedigend, und zwar "sowohl für StudentInnen als auch für Dozenten, denn ein kleiner Erfolg hie und da vermag nicht das stets präsente Gefühl der Unsicherheit zu verdrängen, daß man sich auf einem Sumpfgebiet bewegt, das, gibt man sich nicht freiwillig geschlagen, sein Opfer mit Gewalt nimmt." (Zalán 1984: 196) Die Antwort darauf scheint schon 1929 gegeben worden zu sein, und zwar von R. Cunningham, für den das Übersetzen "the supreme test of knowledge of two languages" (zitiert von Atkinson 1987: 245) ist. Und genau dies wird vielen StudentInnen zum Verhängnis. Übersetzungen Deutsch-Englisch eignen sich hervorragend dazu, sprachliche Schwächen aufzudecken, von der mangelhaften Beherrschung der Grammatik bis zu Defiziten im Bereich der Lexik und Stilistik. Während es in anderen Sprachbeherrschungskursen mit etwas Geschick durchaus möglich ist, etwaige Schwachpunkte zu kaschieren, stößt man beim Übersetzen schnell an gewisse Grenzen, die zu überwinden so schwierig ist, da die nötigen Kenntnisse fehlen. Dies bedeutet vor allem aber auch, daß die Übersetzungskurse für Versäumnisse anderer Lehrveranstaltungen verantwortlich gemacht werden bzw. Defizite zu bekämpfen haben,

---

[16] Den StudentInnen ist oft viel zu wenig klar, daß Übersetzen nicht nur ein rein sprachlicher Vorgang, sondern "transkultureller Transfer" (Vermeer 1986: 34) ist, für den man auch ein entsprechendes "Kultur-wissen" braucht.

die laut Studienplan schon längst beseitigt sein sollten. Statt grammatische Probleme auf einem *advanced level* behandeln zu können, bewegt man sich in der Regel in Gefilden, die nur als *basic* bezeichnet werden können.

Als letzter Punkt sei auch noch erwähnt, daß mangelndes landeskundliches bzw. Kultur- oder Weltwissen vielen Studentinnen das Übersetzen zusätzlich erschwert. Dabei handelt es sich vor allem um eine Art von Wissen, das in Lehrveranstaltungen nur begrenzt erworben werden kann; viel wichtiger sind in diesem Zusammenhang eine "breitgestreute individuelle Leseerfahrung" (Stolze 1986: 137) und ein grundsätzliches Interesse für aktuelle politische, kulturelle und soziale Ereignisse und Entwicklungen.[17]

Bibliographie

Atkinson, David (1987): The mother tongue in the classroom: a neglected resource? In: ELT Journal 41 (1987) 4, 241-247

Bausch, Karl-Richard / Weller, Franz-Rudolf (Hrsg.) (1981): Übersetzen und Fremdsprachenunterricht. Frankfurt am Main: Diesterweg

Dollerup, Cay / Loddegaard, Anne (Hrsg.) (1992): Teaching translation and interpreting. Amsterdam: Benjamins

Duff, Alan (1989): Translation. Oxford: Oxford University Press

Edge, Julian (1986): 'Acquisition disappears in adultery': interaction in the translation class. In: ELT Journal 40 (1986) 2, 121-124

Heltai, Pál (1989): Teaching vocabulary by oral translation. In: ELT Journal 43 (1989) 4, 288-293

Hönig, Hans G. / Kußmaul, Paul (^{2}1984): Strategie der Übersetzung. Tübingen: Narr

---

17 Viaggios Forderung an den zukünftigen professionellen Übersetzer, daß er lernen müsse, zu verstehen, seine Enzyklopädie sei wichtiger als sein Wörterbuch, gilt, in vielleicht etwas abgeschwächter Form, auch für die Sprachstudenten. "The institution cannot hope to 'teach' all the knowledge of the world, but they can . . . demand that their students keep abreast of what is going on in the planet and encourage them to never stop widening their lore." (1992: 310)

House, Juliane (1981): Ein Modell zur Durchführung und Bewertung von Übersetzungen in der sprachpraktischen Ausbildung an der Hochschule. In: Bausch/Weller (Hrsg.) 1981, 192-202

King, P.B. (1973): Translation in the English language course. In: ELT Journal 28 (1973) 1, 52-59

Königs, Frank G. (1979): Übersetzung in Theorie und Praxis: Ansatzpunkte für die Konzeption einer Didaktik des Übersetzens. Bochum: Seminar für Sprachlehrforschung der Ruhr-Universität

Perkins, Chris (1985): Sensitizing advanced learners to problems of L1-L2 translation. In: Titford/Hieke (Hrsg.) 1985, 51-72

Sepp, Brita (1981): Überlegungen zur Funktionsbestimmung der Übersetzung im Fremdsprachenunterricht. In: Bausch/Weller (Hrsg.) 1981, 81-93

Snell-Hornby, Mary (1985): Translation as a means of integrating language teaching and linguistics. In: Titford/Hieke (Hrsg.) 1985, 21-28

Snell-Hornby, Mary (Hrsg.) (1986): Übersetzungswissenschaft. Eine Neuorientierung (UTB 1415). Tübingen: Francke

Stibbard, Richard (1994): The use of translation in foreign language teaching. In: Perspectives - Studies in Translatology 1 (1994), 9-18

Stolze, Radegundis (1986): Zur Bedeutung von Hermeneutik und Textlinguistik beim Übersetzen. In: Snell-Hornby (Hrsg.) 1986, 133-159

Thomas, Helen (1984): Developing the stylistic and lexical awareness of advanced students. In: ELT Journal 38 (1984) 3, 187- 191

Titford, Christopher (1983): Translation for advanced learners. In: ELT Journal 37 (1983) 1, 52-57

Titford, Christopher / Hieke, A. E. (Hrsg.) (1985): Translation in foreign language teaching and testing. Tübingen: Narr

Tudor, Ian (1987): Using translation in ESP. In: ELT Journal 41 (1987) 4, 268-273

Vermeer, Hans (1986): Übersetzen als kultureller Transfer. In: Snell-Hornby (Hrsg.) 1986, 30-53

Viaggio, Sergio (1992): Translators and interpreters: professionals or shoemakers? In: Dollerup/Loddegaard (Hrsg.) 1992, 307-315

Wilss, Wolfram (1977): Übersetzungswissenschaft. Probleme und Methoden. Stuttgart: Klett

Wilss, Wolfram / Thome, Gisela (Hrsg.) (1984): Die Theorie des Übersetzens und ihr Aufschlußwert für die Übersetzungs- und Dolmetschdidaktik. Tübingen: Narr

Zálan, Péter (1984): Didaktik der Übersetzerausbildung auf Konfliktkurs oder sind Katastrophen auf der einen Seite und Resignieren auf der anderen vermeidbar? In: Wilss/Thome (Hrsg.) 1984, 196-203

Univ.Ass. Dr. Gerhard Pisek
Institut für Anglistik
Universität Innsbruck
Innrain 52
6020 Innsbruck

MARY SNELL-HORNBY

"PATIENCE ON A MONUMENT...": DREISSIG JAHRE ÜBERSETZUNGSUNTERRICHT AN DER UNIVERSITÄT

1. Die 60er Jahre: "vorwissenschaftlicher" Übersetzungsunterricht

> Eine viel zu große Gruppe von Studenten hockt in unübersichtlicher Anordnung neben-, hinter- und übereinander, teilweise sogar auf Fußboden und Fensterbänken und harrt der Dinge, die nun von "da vorne" kommen sollen. Sobald es der Lehrkraft gelungen ist, sich auf irgendeine Weise optisch oder akustisch bemerkbar zu machen, kann der Unterricht beginnen. Man bemüht sich gemeinsam - jeder für sich -, den Einstieg in das Thema - sprich: den Text - wiederzufinden, was allen Anwesenden etwas Mühe bereitet, da es immerhin eine Woche her ist, seit man sich mit der Materie auseinandergesetzt hat. Ist der Einstieg glücklich gefunden, wird das erste Opfer für's Übersetzen gesucht. Da sich sowieso niemand freiwillig meldet, (...) nimmt der Lehrkörper (sic!) die Teilnehmerliste zur Hand und ruft einen Namen auf. Die betreffende Person meldet sich --- nicht. Schweigen im Saal. (Gabrian 1986: 48)

So beginnt ein Aufsatz von Britta Gabrian, der 1986 in der ersten Nummer von *TextConText* erschienen ist. Der Titel lautet "Ziel oder Ziellosigkeit des Übersetzungsunterrichts", und die oben zitierten Zeilen sind ein Versuch, "... das Bild einer Unterrichtsstunde im Grundstudium zu skizzieren, so wie es mir aus meiner Ausbildung als typisch in Erinnerung ist" (1986: 48). Gemeint ist die Übersetzerausbildung, das betreffende Institut war in Heidelberg, die Zeit dürfte um 1980 gewesen sein, aber die beschriebene Szene könnte sich an irgendeiner Massenuniversität irgendwann in den letzten dreißig Jahren abgespielt haben, auch in einer Übersetzungsübung im Rahmen eines Philologiestudiums. Vom philologischen Übersetzungsunterricht ist auch im folgenden hauptsächlich die Rede: zum einen wurde die spezielle Übersetzungsdidaktik für angehende Translatoren erst in den letzten Jahren thematisiert, so daß der Unterricht - jedenfalls in der Methodik - sich jahrzehntelang nicht wesentlich anders gestaltete als bei den Philologien (und z.T. ist das auch heute noch der Fall). Und zum andern besteht der folgende Überblick zum großen Teil aus einem Erfahrungsbericht: dreißig Jahre Übersetzungsunterricht, 1964 bis 1989 im Rahmen der

Lehrerausbildung - ab 1981 aber auch im Rahmen der Übersetzerausbildung - in drei deutschsprachigen Ländern.

So ähnlich wie bei Britta Gabrian waren die Verhältnisse in den frühen sechziger Jahren in München, als ich am damaligen Englischen Seminar mit der Übung "Advanced Translation" betraut wurde. Es handelte sich um einen Klausurenkurs (Deutsch-Englisch) zur Vorbereitung auf die entsprechende Staatsexamensklausur.[1] Es wurde mir unmißverständlich klar gemacht, daß sprachpraktische Übungen dieser Art nicht zur eigentlichen Aufgabe einer Universität gehörten, zur Examensvorbereitung aber notwendig seien: Übersetzen als Sprachübung am Rande des Philologiestudiums. Das Übersetzen in die Fremdsprache - das "Hinübersetzen" - hatte lediglich den Zweck, Fremdsprachenkenntnisse unter Beweis zu stellen und war ohne jeglichen theoretischen oder wissenschaftlichen Wert. Hochschuldidaktik war damals noch kein Begriff. Kursleiter waren muttersprachliche Gastlektoren, meist junge Germanisten, die in erster Linie nach Deutschland gekommen waren, um an ihrer Dissertation zu schreiben. Meine Aufgabe war es nun, einem solchen Kollegen die lästige Korrekturarbeit abzunehmen, damit er für seine wissenschaftliche Arbeit mehr Zeit hatte. In der Gestaltung der Übung hatte ich völlige Freiheit, didaktische Modelle waren nicht vorhanden: vorgeschrieben war lediglich ein Klausurenkurs zur Examensvorbereitung. Mit der Zeit entwickelte sich ein 2-Wochen-Zyklus: in der jeweils ersten Woche wurde vorschriftsgemäß ein deutscher Text (damals wurden fast ausschließlich literarische Texte genommen) unter Examensbedingungen (d.h. ohne Hilfsmittel) ins Englische übersetzt; die Arbeiten wurden eingesammelt, korrigiert und in der darauffolgenden Woche zurückgegeben und besprochen. Die Besprechung bestand zunächst aus einer kurzen Textanalyse, es waren in erster Linie stilistische, grammatische und lexikalische Fragen, denn damals stand das Instrumentarium der Textlinguistik noch nicht zur Verfügung. Vor allem wurden aber die Übersetzungsvorschläge der Studierenden besprochen, die während der Korrektur gesammelt worden waren: Alternativvorschläge, Fehler, aber auch besonders gelungene Lösungen. Am schwierigsten war es oft zu erklären, *warum* genau dieser oder jener Vorschlag als Fehler oder als gelungen bewertet wurde. Und eben diese Frage führte uns oft in die schwierigsten Bereiche der Semantik, der Stilistik, der Grammatik - aber auch in kulturspezifische Bereiche wie Realien und Verhaltensnormen, die

[1] Das Staatsexamen ist in Deutschland die Abschlußprüfung für angehende Lehrer. Vorbereitende Klausurenkurse bestanden aus Übungsklausuren (mit Korrektur) und waren freiwillig (ohne Zeugnis).

offensichtlich im Rahmen des Anglistikstudiums nicht oder kaum behandelt wurden. Das Interesse an dieser Übersetzungsübung war so groß, daß nach kurzer Zeit zwei Parallelkurse eingerichtet wurden, und insgesamt nahmen an den drei Übungen bis zu 500 Studierende teil.[2]

Zur gleichen Zeit habe ich nebenberuflich Übersetzungen angefertigt, ebenfalls aus dem Deutschen ins Englische; in erster Linie waren es Texte, die heute als audio- bzw. multimedial bezeichnet werden: wissenschaftliche Referate, die auf internationalen Fachtagungen vorgetragen werden sollten, und Kommentartexte zu deutschen Dokumentarfilmen, die im Auftrag von Inter Nationes oder ähnlichen Institutionen entstanden waren und - manchmal im Rahmen internationaler Filmfestivals - im Ausland gezeigt werden sollten. Schon damals war mir bewußt, daß es sich beim philologischen Übersetzen für das Staatsexamen einerseits und beim professionellen Übersetzen für das reale Leben andererseits,[3] nicht nur in der Zielsetzung und Methode, sondern auch in den Strategien und Denkprozessen, um zwei gänzlich verschiedene Tätigkeiten handelte. Das eine war eine Suche nach Äquivalenten, das andere war die Produktion eines Textes, der für einen bestimmten Adressatenkreis einen Zweck erfüllen sollte. So beschreibt man heute mit den Termini der Skopostheorie die Tätigkeit professioneller Übersetzer, die - je nach Auftrag - holistisch mit Strategien der Neugestaltung unter Beachtung der Textsortenkonventionen in der Zielkultur arbeiten, wobei linguistische Fragen, wie z.B. die Äquivalenz der syntaktischen Strukturen nicht ausschlaggebend sind. Das ist die translatorische Kompetenz des Berufsübersetzers im Gegensatz zur "'rudimentären' Übersetzungsfähigkeit" (Königs 1989: 7) des Fremdsprachenlerners im Rahmen der Lehrerausbildung.[4]

Das Dilemma der 60er Jahre, das den Ausgangspunkt für die weiteren Entwicklungen im universitären Fremdsprachenunterricht darstellte, könnte also wie folgt zusammengefaßt werden: Einerseits das offizielle Desinteres-

---

2 Aus dem Material, das über die Jahre aus den umfangreichen Korrekturen gesammelt wurde, entstanden zwei Übersetzungsübungsbücher (Snell 1967 und 1972) und die Grundlagen für meine spätere Habilitationsschrift (Snell-Hornby 1983).

3 Reiß hat später zwischen verschiedenen Übersetzungstypen, u.a. zwischen dem philologischen und dem kommunikativen Übersetzen differenziert (Reiß/Vermeer 1984).

4 Königs nennt diese sowohl "so etwas wie eine 'rudimentäre' Übersetzungs*kompetenz*" als auch eine "rudimentäre Übersetzungs*fähigkeit*"(Hervorhebungen von mir) ; da es sich hier um ungeschultes Potential handelt und nicht um eine eigentliche Kompetenz, erscheint mir die zweite Bezeichnung treffender.

se an einem peripheren Teil des Studiums, der als wissenschaftlich wertlos betrachtet wurde, andererseits der Zwang der Prüfungsklausuren bei Studierenden, die zwar hochmotiviert und intellektuell sehr anspruchsvoll waren, die Fremdsprache jedoch meist nur mäßig beherrschten. Dadurch erklärt sich das enorme Interesse an einer Übersetzungsübung, die einerseits durch ständiges Üben und transparente Korrektur systematisch Sprachkenntnisse trainierte und andererseits Einblicke in die Gesetzmäßigkeiten der beiden betroffenen Sprachen und Kulturen bot - und mit etwas Disziplin und Konsequenz ist beides auch bei einer "Massenübung" möglich. Diese Methode habe ich auch später - Ende der 70er Jahre bei Anglisten in Augsburg und Zürich, Ende der 80er Jahre bei Anglisten in Innsbruck, und sogar in abgewandelter Form bei angehenden ÜbersetzerInnen in Heidelberg, Innsbruck und Wien - weiterentwickelt. Die Lustlosigkeit und die Anonymität, die Britta Gabrian in ihrem Aufsatz so plastisch beschreibt, habe ich als Lehrende in einer Übersetzungsübung nie erlebt.

2. Die 70er und 80er Jahre: Das Aufkommen der universitären Fremdsprachendidaktik

Gegen Ende der 60er Jahre machten sich bereits Änderungen bemerkbar: zunächst kamen neue GastlektorInnen, die bereit waren, sich auch didaktisch zu engagieren, vor allem aber mehrten sich bekanntlich die Stimmen, die gegen die verkrusteten Strukturen der Ordinarienuniversitäten Kritik (und auch sonstiges) übten. Inwieweit die 68er Bewegung wirklich ein Erfolg war, soll hier nicht diskutiert werden. Für unser Thema soll lediglich festgehalten werden, daß sie zu grundlegenden Änderungen führte; das Jahr 1970 wird oft in mehrfacher Hinsicht als Wendepunkt genannt. Nicht zuletzt waren Hochschuldidaktik und Praxisorientierung plötzlich wichtig. In Deutschland kam es zu einer massiven Expansion der Universitäten und zur Gründung neuer Universitäten, z.T. mit eigenen Sprachlehrinstituten und Sprachenzentren, die sich mit Fragen der Fremdsprachendidaktik befaßten. So entstand die Sprachlehrforschung, die inzwischen zu einem beachtlichen Wissenschaftszweig herangewachsen ist. Hier hat das Übersetzen allerdings nur einen bescheidenen Platz.[5] Dabei geht es auch nicht um den Prozeß und das Produkt des Übersetzens (dafür ist mittlerweile die Übersetzungswissenschaft zuständig), sondern vor allem um die Frage, ob das Übersetzen im

---

5 Wie z.B. aus dem *Handbuch Fremdsprachenunterricht* (Bausch et al. 1995) deutlich hervorgeht.

schulischen aber auch im universitären Fremdsprachenunterricht sinnvoll ist. Was den universitären Bereich betrifft, besteht weitgehend darüber Konsens, daß das Übersetzen als absolut objektives Testverfahren nicht geeignet ist (Klein-Braley/Smith 1985), obwohl das "Hinübersetzen" in fast allen Prüfungsordnungen für angehende Lehrer einen zentralen Platz einnimmt. Das soll aber nicht heißen, wie ich hoffentlich bereits gezeigt habe, daß das Übersetzen in einem Philologie- oder Lehramtsstudium keinen Platz hat. Wichtig ist, wie - und wozu - es eingesetzt wird. Zum Thema Übersetzen im universitären Fremdsprachenunterricht sind vor allem in den 80er Jahren zahlreiche Publikationen erschienen, und man kann sich nicht darüber beklagen, daß das Thema nicht didaktisch und wissenschaftlich diskutiert worden ist (z.B. Bausch/Weller 1981, Titford/Hieke 1985, Ehnert/Schleyer 1987). Vor allem verdient die Arbeit von Christine Klein-Braley (Duisburg) Beachtung: diese weist allerdings in eine Richtung, die für Berufsübersetzer nichts Gutes verheißt. In einem 1985 erschienenen Aufsatz fordert sie aufgrund der veränderten Berufsperspektiven der Philologiestudenten[6] eine "Polyvalenz" im Studium (1985: 133), die das Übersetzen gerade in die Fremdsprache (z.B. Fremdsprachenkorrespondenz) zur Verwendung im späteren Beruf miteinbezieht. Es ist bezeichnend, daß zu diesem Zeitpunkt die Diskussion über eine besondere Didaktik für angehende Berufsübersetzer (heute wird das die "translatorische Methodik" genannt) erst angelaufen war, und zwar mit dem 1982 erschienenen Buch *Strategie des Übersetzens* von Hönig und Kußmaul, die für eine angemessene und praxisorientierte Textauswahl im Unterricht plädierten. Ihr Konzept wurde an den Ausbildungsinstituten selbst eher zögernd aufgenommen, bei der Sprachlehrforscherin Klein-Braley hingegen war es bereits 1985, wie aus ihrem Aufsatz deutlich hervorgeht, offensichtlich Bestandteil des Unterrichts. Mit anderen Worten: am Sprachenzentrum in Duisburg wurde schon Mitte der 80er Jahre das angestrebt, wogegen sich heute Berufsübersetzer zu Recht im eigenen Hause wehren, ohne jedoch etwas Konkretes dagegen zu unternehmen: der halb-professionelle "Übersetzer light"[7]. Difficile est satiram non scribere.

---

[6] Die Lehrerarbeitslosigkeit führte zu einem sprunghaften Anstieg der Zahl der Magister-Kandidaten v.a. an den Universitäten in Nordrhein-Westfalen.

[7] Vgl. Klein-Braley/Franklin 1988: 4: "Es galt also Möglichkeiten zu finden, die Studierenden zumindest ansatzweise auch auf eine spätere Übersetzungstätigkeit, aber eben als nicht-professionelle Übersetzer, vorzubereiten. Dabei konnte die umfangreiche und fachspezifische sprachpraktische Ausbildung der Übersetzer- und Dolmetscherinstitute aus drei Gründen nicht als Vorbild dienen: Erstens ist die Gesamtzeit, die im Magisterstudiengang für die Sprachpraxis zur Verfügung steht, ohnehin schon viel geringer als bei den Übersetzer- und Dolmetscherinstituten. Zweitens stellt das Übersetzen

3. Sprachfragment als Prüfungstext

Was hat sich also in den letzten dreißig Jahren im universitären Übersetzungsunterricht geändert? Zunächst muß festgehalten werden, daß die sprachpraktischen Komponenten des Philologie-Studiums, und dazu zählt immer noch das Übersetzen, heute insgesamt wesentlich professioneller unterrichtet werden als in den 60er Jahren: ohne eine entsprechende Vorbildung werden Lektoren - meistens - nicht eingestellt. Zweitens kann man feststellen, daß dem Übersetzen grundsätzlich eine wissenschaftliche Fundierung zugebilligt wird. Drittens werden anstelle anspruchsvoller literarischer Texte jetzt auch in der Lehrerausbildung eher "landeskundliche" Texte bzw. Gebrauchs- oder Zeitungstexte übersetzt - ob dies allerdings als Fortschritt gewertet werden kann, darf bezweifelt werden, wie das untenstehende Textbeispiel deutlich zeigt. Und viertens wird der grundsätzliche Unterschied zwischen dem Übersetzen zur Überprüfung von Fremdsprachkenntnissen und dem "professionellen" Übersetzen mit Übersetzungsauftrag im Unterricht zumindest theoretisch anerkannt, wobei allerdings in den Ausbildungsinstituten der seit Jahrzehnten gebräuchliche Zeitungstext zumindest in gemeinsprachlichen Übungen immer noch häufig als Übersetzungsmaterial herangezogen wird.[8] Gleichzeitig gewinnt die funktionale, berufsbezogene "translatorische Methodik" mit Übersetzungsauftrag in einigen Instituten immer mehr an Boden.[9] Im wesentlichen unverändert sind hingegen die Prüfungsordnungen und die Prüfungsmodalitäten (die Übersetzungsklausur ist in Lehrer- und Übersetzerausbildung immer noch die übliche Prüfungsform) sowie die Haltung der zuständigen Behörden und sonstigen Verantwortlichen gegenüber dem Übersetzen als Testverfahren. Und zumal im Studium die Betonung noch immer auf Prüfungsvorbereitung gelegt wird, bleibt im Grunde genommen alles beim alten.

---

nur eine von mehreren gleichrangig zu erlernenden sprachlichen Fertigkeiten dar, und schließlich, auch wenn ein fachspezifischer Übersetzungsunterricht an sich schon wünschenswert wäre, ließen die sehr unterschiedlichen Zweit- und Nebenfächer der Magisterstudenten eine gezielte Berücksichtigung der spezifischen fachlichen Schwerpunkte nicht zu."

8 Der Nutzen solcher Texte, die allzuoft aus Bequemlichkeit herangezogen werden, ist für die Berufspraxis heftig umstritten (vgl. Eisenreich 1993).

9 In neugegründeten Instituten bzw. Lehrprogrammen (wie z.B. Bukarest und demnächst Bangkok) sind solche Lehrveranstaltungen von vornherein eingeplant.

Das zeigt sich sehr deutlich an den ausgewählten Prüfungstexten, vor allem in der Lehrerausbildung, die als Texte in der zielsprachlichen Kultur oft undenkbar wären. Nehmen wir als Beispiel das Textfragment, das im Herbst 1994 im bayerischen Staatsexamen ins Englische übersetzt werden mußte:

> Dann brachte Olden mich nach Oxford, zeigte mir die schöne Stadt, die leuchtenden, kurzgeschorenen Rasenflächen in den Höfen der Universitätsgebäude, die breite Magrets-Bridge, unter der die Themse geruhsam grau schillernd Ruderboote entlangtrug. In einem Antiquitätenladen lag ein gläserner Briefbeschwerer aus der viktorianischen Zeit, in den ein Vergißmeinnicht-Strauß gezaubert war. Es kostete zwei Pfund, so viel, wie ich in zwei Wochen ausgeben durfte, wenn die Dollars langen sollten.
>
> Ich hatte ein billiges Zimmer in Maida Vale gefunden, einen ausgebauten Dachbodenraum mit schrägen, holzgetafelten Wänden. Er war mit allem möbliert, was ein Mensch braucht, schmaler Couch, Stuhl, Tisch und bescheidenem Waschständer. Ein kleiner Gaskamin war die einzige Heizmöglichkeit, und daneben ragte etliche Zentimeter hoch ein kleiner Gasring aus dem Fußboden. Wenn ich meinen Wasserkessel aufsetzen oder kochen wollte, mußte ich knien oder flach auf dem Boden liegen, um diesen Kochherd zu bedienen..... Das Schönste an der Kammer war ein breites Fenster, das auf einen Vorsprung, eine Miniaturterrasse, führte, die in das schräge Dach eingelassen war. Blumenstöcke schufen die Illusion des eigenen Gartens... Es war ein herrlicher Sommer, als sollte der Welt noch einmal gezeigt werden, wie schön der Friede wäre.....
>
> Maggy und Castonier holten mich am letzten Augusttag für ein Wochenende in Bourne End ab. Ich besinne mich so deutlich auf diesen Tag, weil ich aus der Brutofenhitze meiner Behausung erlöst wurde und endlich wieder Landluft atmen konnte. Überall fuhren Autos aus der Stadt heraus, denn die Zeitungen erwähnten drohende Kriegsgefahr. Maggy erklärte, wir müßten erst noch zu einer Bekannten fahren, um eine Schildkröte nach Bourne End zu evakuieren, weil ihre Besitzerin fürchtete, daß der erste Kriegstag mit einem Bombenangriff auf London beginnen würde. Die Schildkröte Emily war unauffindbar. Wir suchten den Garten ab, riefen rechts und links in die Nachbargärten, ob sie dort wäre - Emily war nicht zu finden. Ihre Herrin blieb in London, "um noch etwas im Garten zu besorgen". Sie hatte nur "poor, dear Emily" in Sicherheit bringen wollen, damit sie ungestört und ungefährdet ihren Winterschlaf verbringen könnte.
>
> aus: Stürmisch bis heiter - Memoiren einer Außenseiterin von Elisabeth Castonier

Hier sehen wir mehrere für Staatsexamenstexte typische Merkmale (neben der vorgeschriebenen Länge, d.h. in der vorgelegten Fassung ca. 40 Zeilen, 60 Anschläge pro Zeile). Zunächst liegt hier ein Mischtyp vor: der Text ist halb "landeskundlich" (z.B. die Beschreibung von Oxford), halb (pseudo)literarisch, geschrieben aus der nostalgischen Perspektive einer deutschen "Außenseiterin". Dort liegt die erste Schwäche: da ein englischer Text wohl kaum aus einer solchen Perspektive entstehen würde - zumindest nicht so wie er einem deutschen Leserkreis präsentiert wird, so wie hier - wirken die Übersetzungen von vornherein unglaubwürdig. Auch die "landeskundlichen" Komponenten sind problematisch: ist mit "Themse" (Z.3) die Isis oder die Cherwell gemeint? Und eine "Magrets-Bridge" war bei einer Befragung Oxforder Kollegen nicht zu eruieren.[10] Auch die Kohärenz des Textes läßt zu wünschen übrig: die Pünktchen im zweiten Absatz deuten auf Auslassungen hin, und daraus ergeben sich Schwierigkeiten bei der Auswahl der Verbformen. Modern und zeitgerecht ist der Text auch nicht: durch den Hinweis in den Zeilen 23-24 erfahren wir, daß es sich um den Spätsommer 1939 handeln muß ("der erste Kriegstag mit einem Bombenangriff auf London"). Mit anderen Worten; als Text, d.h. als bedeutungstragendes "kommunikatives Ereignis" im Sinne von Beaugrande und Dressler (1981) wurde dieser Abschnitt wohl nicht ausgesucht, sondern in erster Linie als Sprachfragment mit Fehlerpotential für den unachtsamen Prüfling. Und Fallen gibt es hier, wie das geübte Auge sofort erkennen kann, eine ganze Menge: diese reichen vom deiktischen Problem in der 1. Zeile (für *brachte* "brought" oder "took"?), über lexikalische Schwierigkeiten (*leuchtend,* Z.1), Modalverben (Z.6,16), indirekte Rede (Z.22-24), schwierige Verbformen (über die man jedoch angesichts der Kohärenzmängel im Text streiten kann) bis hin zu Partikeln und Präpositionen.

Über dieses Sprachfragment als Prüfungstext hat es unter den Korrektoren vor allem wegen der genannten Schwächen und Unklarheiten Ärger gegeben - aber gerade bei der Auswahl der Prüfungstexte und bei den allgemeinen Prüfungsmodalitäten könnte man für die längst überfälligen Reformen ansetzen. Hier müßte je nach Prüfungszweck und Kandidatengruppe differenziert werden, nicht nur zwischen angehenden Lehrern und angehenden Berufsübersetzern, sondern auch zwischen Abschlußprüfungen als Qualifikation zur Berufsausübung und sonstigen Prüfungen zur Leistungskontrolle. Grundsätzlich gelten aber für sämtliche Texte, die zu übersetzungsdidaktischen Zwecken verwendet werden, die Worte von Hönig und Kußmaul (1982: 133):

> - Die zu übersetzenden Texte sollen so gewählt sein, daß sie grundsätzlich zu übersetzen sind. Das heißt: Ein natürlicher Kreis von Adressaten für den übersetzten Text muß identifizierbar und beschreibbar sein.

---

10 Sie verwiesen auf Magdalen Bridge, die eventuell hier gemeint war.

- Als Übungstexte gut geeignet sind deshalb Texte, die klar und eindeutig einer bestimmten Textsorte angehören, z.B. fachwissenschaftliche und populärwissenschaftliche Texte, Gebrauchsanweisungen, Betriebsanleitungen, Beipackzettel, aber auch geisteswissenschaftliche Abhandlungen, Auszüge aus Trivialromanen, Interviews.

- Denkbar ungeeignet sind als Übungstexte Feuilletons, Satiren und Parodien, die kulturelle, soziale oder politische Mißstände zum Thema haben. Für Texte dieser Art gibt es im allgemeinen keinen natürlichen Kreis in der ZS, und damit fehlen sämtliche Kriterien für die Beurteilung der Übersetzung.

Allzu lange hat der Übersetzungsunterricht (vor allem im Philologiestudium, aber auch in der Übersetzerausbildung) darunter gelitten, daß Übungs- und Prüfungstexte nach "schwierigen Vokabeln" und nicht nach den obigen Grundsätzen ausgesucht werden. Einzige Adressaten sind oft die Lehrenden bzw. Prüfenden, und anstelle klar erkennbarer Textsorten werden gerade feuilletonistische Texte ausgesucht, die als Übersetzungen keinen erkennbaren Adressatenkreis hätten - wie es auch beim oben angeführten Beispiel der Fall war.

Vor allem für angehende Berufsübersetzer möchte ich auch heute die Forderung wiederholen, die ich vor zehn Jahren formulierte: "Nicht isolierte Textfragmente, die ins Blaue hinein 'mustergültig' übersetzt werden, sondern spezifische Übersetzungsaufträge sollten vorgelegt werden, wobei der Student die Gelegenheit haben sollte, dem Dozenten bzw. dem Prüfer gegenüber seine Entscheidungen zu begründen." (Snell-Hornby 1986: 27) Die Möglichkeit, Entscheidungen zu begründen, würde ich aber auch für Lehramtskandidaten fordern, sowie die generelle Abschaffung der Übungsklausur in ihrer heutigen (und gestrigen) Form. Dafür sollten kürzere Texte ausgesucht werden, die auch in der Zielsprache bzw. Zielkultur als "kommunikatives Ereignis" erkennbar sind und eine spezifische Problematik aufweisen, sowohl in sprachlicher als auch in kultureller Hinsicht. Dabei kann ich Hans Peter Krings (1986: 53) nicht ganz zustimmen, der bestimmte sprachliche Merkmale eines Textes (wie z.B. metaphorische Ausdrucksweisen, Wortspiele, seltene Kollokationen, markierte Wörter u.a.) mit den Übersetzungsproblemen gleichsetzt, obwohl sie natürlich dazugehören (s. dazu Snell-Hornby 1990). Wesentlicher aber für den künftigen Lehrer ist es, grundsätzliche Schwierigkeiten bzw. Unterschiede in Fragen der Satzperspektive, der Syntax und der Lexis, oder bei bestimmten grammatischen Erscheinungen (im Englischen z.B. Tempus und Aspekt) anhand eines Textes zu erkennen, zu lösen und zu begründen (warum z.B. in der 1. Zeile des oben angeführten Textes *took* und nicht *brought* verwendet wird) - und das sollte neben der Übersetzungsleistung in einer schriftlichen Prüfung maßgebend sein.

4. Schlußfolgerung: Faktor Wandlungsresistenz

In Shakespeares "Twelfth Night" (II,4) fragt Herzog Orsino die als Jüngling verkleidete Viola nach der Geschichte einer heimlichen Liebe, und sie antwortet wie folgt:

> A blank, my lord. (...) She pined in thought,
> And with a green and yellow melancholy
> She sat like patience on a monument,
> Smiling at grief.

Wollen wir hier als unsere heimliche Liebe das Übersetzen verstehen, können wir ihre Geschichte über die vergangenen dreißig Jahre wohl nicht als "blank" verstehen. Aktivitäten waren sehr wohl vorhanden, in der Forschung und z.T. auch in der Didaktik; in der praktischen Umsetzung als Reform der Studien- und Prüfungsordnungen sind jedoch echte Fortschritte kaum erkennbar, was bei den Betroffenen - sowohl Studierenden und Prüfungskandidaten als auch Lehrenden - zu einem ständigen "pining in thought" sowie zur "green and yellow melancholy" geführt hat. Grund dafür ist letztendlich die "Wandlungsresistenz der Neuphilologien", wie Finkenstaedt und Schröder (1992: 54) es nennen, vor allem in der Lehrer- aber auch in der Übersetzerausbildung, die eine Abkehr vom Gestrigen verhindert. Vom didaktischen Potential des Übersetzungsunterrichts, auch im Rahmen eines Philologiestudiums, bin ich jedoch nach wie vor überzeugt - nicht jedoch als "Testverfahren", sondern um die Einsicht in die Gesetzmäßigkeiten der beiden betroffenen Sprachen und in die unterschiedlichen Ausprägungen kultureller Normen (von Textsortenkonventionen bis zu Verhaltensnormen) zu fördern. Voraussetzungen sind vorhandene Sprachkompetenz von seiten der Studierenden und eine gut entwickelte didaktische Konzeption sowie transparente Korrektur von seiten der Lehrenden. Dazu möchte ich abschließend einen Satz aus dem Vorwort eines Übersetzungsübungsbuches zitieren, das aus meinen Münchner Übungen entstanden ist und 1994 vor allem wegen der Informationen zur Sprache und Kultur neu aufgelegt wurde. Diese Feststellung könnte, so hoffe ich, nicht nur für das Buch, sondern auch für den Übersetzungsunterricht im allgemeinen gelten: "...its purpose will be achieved if it manages to convey to its readers something which steadily grew on me as I was working on it: a sense of wonder at the unspeakable wealth in language." (Snell 1972/1994: 8)

Bibliographie

Addison, Anthony / Vogel, Klaus (Hrsg.) (1985): Fremdsprachenausbildung an der Universität. Aus der Praxis für die Praxis: Grundlagen, Voraussetzung, Kurskonzepte. Bochum: AKS

Arntz, Reiner / Thome, Gisela (Hrsg.) (1990): Übersetzungswissenschaft. Ergebnisse und Perspektiven. Tübingen: Narr

Bausch, Karl-Richard / Christ, Herbert / Krumm, Hans-Jürgen (Hrsg.) (1989, [3]1995): Handbuch Fremdsprachenunterricht. Tübingen: Narr

Beaugrande, Robert de / Dressler, Wolfgang (1981): Einführung in die Textlinguistik. Tübingen: Niemeyer

Ehnert, Rolf / Schleyer, Walter (Hrsg.) (1987): Übersetzen im Fremdsprachenunterricht. Beiträge zur Übersetzungswissenschaft - Annäherung an eine Übersetzungsdidaktik. Regensburg: Arbeitskreis Deutsch als Fremdsprache beim DAAD

Eisenreich, Sylvia (1993): Texte im Übersetzungsunterricht. Ein Plädoyer für eine funktionale Übersetzungsdidaktik. Wien: Universität (unveröffentlichte Diplomarbeit)

Finkenstaedt, Thomas / Schröder, Konrad (1992): Sprachen im Europa von morgen. Berlin etc.: Langenscheidt

Gabrian, Britta (1986): Ziel oder Ziellosigkeit des Übersetzungsunterrichts. In: TextConText 1 (1986), 48-62

Hönig, Hans G. / Kußmaul, Paul (1982): Strategie der Übersetzung. Ein Lehr- und Arbeitsbuch. Tübingen: Narr

Klein-Braley, Christine (1985): Mondschein mit dem Sieb einfangen: Über den Sinn und Zweck von Übersetzungen für Philologen. In: Addison/Vogel (Hrsg.) 1985, 129-144

Klein-Braley, Christine / Franklin, Peter (1988): Übersetzungsunterricht für den angehenden nicht-professionellen Übersetzer: Ein Praxisbericht. Duisburg: LAUD

Klein-Braley, Christine / Smith, Veronica (1985): "Incalculable and full of risks?": Translation L1 to L2 as a testing procedure. In: Titford/Hieke (Hrsg.) 1985, 155-168

Königs, Frank (1989): Übersetzen und Fremdsprachenunterricht. Einführende Gedanken zu einem alten Thema und zu einem neuen Sammelband. In: Königs (Hrsg.) 1989, 7-10

Königs, Frank (Hrsg.) (1989): Übersetzungswissenschaft und Fremdsprachenunterricht. Neue Beiträge zu einem alten Thema. München: Goethe-Institut

Krings, Hans P. (1986): Was in den Köpfen von Übersetzern vorgeht. Eine empirische Untersuchung zur Struktur des Übersetzungsprozesses an fortgeschrittenen Französischlernern. Tübingen: Narr

Reiß, Katharina / Vermeer, Hans J. (1984): Grundlegung einer allgemeinen Translationstheorie. Tübingen: Niemeyer

Snell, Mary (1967): German Thought in English Idiom. Exercises in Translation and Style for Final Year Students. München: Hueber

Snell, Mary (1972, ³1994): German-English Prose Translation. München: Hueber

Snell-Hornby, Mary (1983): Verb-descriptivity in German and English. A contrastive study in semantic fields. Heidelberg: Winter

Snell-Hornby, Mary (1986): Übersetzen, Sprache, Kultur. In: Snell-Hornby (Hrsg.) 1986, 9-29

Snell-Hornby, Mary (Hrsg.) (1986, ²1994). Übersetzungswissenschaft - Eine Neuorientierung. Zur Integrierung von Theorie und Praxis. Tübingen: Francke

Snell-Hornby, Mary (1990): "Difficile est...": Philologisches Übersetzen und Berufsübersetzer. In: Arntz/Thome (Hrsg.) 1990, 171-183

Titford, Christopher / Hieke, Adolf E. (Hrsg.) (1985): Translation in Foreign Language Teaching and Testing. Tübingen: Narr

O.Univ.Prof. Dr. Mary Snell-Hornby
Institut für Übersetzer- und
Dolmetscherausbildung der
Universität Wien
Gymnasiumstr. 50
A-1190 Wien

MARTIN STEGU

EXKLUSIV ODER INKLUSIV: ZUM GEGENSEITIGEN VERHÄLTNIS VON (ANGEWANDTER) SPRACH- UND ÜBERSETZUNGSWISSENSCHAFT

Zunächst mag die vorliegende Thematik innerhalb eines Didaktik-Workshops überraschen. Ihre Behandlung erscheint mir aber gerechtfertigt, weil Übersetzungen nach wie vor in der Fremdsprachendidaktik einen mehr oder minder großen Stellenwert einnehmen, die meisten FremdsprachenlehrerInnen aber nie mit übersetzungswissenschaftlichen Ansätzen in Berührung gekommen sind, ja meist gar nicht wissen, daß sich in den letzten Jahrzehnten eine eigene Übersetzungswissenschaft herausgebildet hat, die sich in vielen Bereichen in ziemlicher Distanz zur Linguistik befindet. Im folgenden Beitrag wird zwar die Meinung vertreten, daß die wissenschaftstheoretische bzw. -systematische Zuordnung nicht unbedingt eine Auswirkung auf die konkrete Art der Auseinandersetzung mit Übersetzungsproblemen haben muß, trotzdem sollte jeder, der sich mit Übersetzungsphänomenen befaßt - also auch der Fremdsprachenlehrer / die Fremdsprachenlehrerin - über die neuesten Entwicklungen der Übersetzungswissenschaft informiert sein. Zu einem der immer wieder diskutierten Punkte gehört dabei die auf den folgenden Seiten behandelte Problematik der Abgrenzung zur Linguistik.

Bei einer allgemeinen Umfrage zur Einschätzung des gegenseitigen Verhältnisses zwischen angewandter Sprach- und Übersetzungswissenschaft, wird man - wie übrigens bei jeder derartigen Umfrage - auf zwei Gruppen von Leuten stoßen: auf die einen, die zu der Frage eine bestimmte Meinung haben, und die anderen, "ohne Meinung". Die "mit Meinung" kann man im allgemeinen wiederum in zwei Gruppen teilen: Die einen sind der Überzeugung, Übersetzungswissenschaft bilde eine eigene, von der Sprachwissenschaft unabhängige, oder auch: emanzipierte Disziplin, für die anderen stellt die wissenschaftliche Beschäftigung mit Übersetzungstheorie nach wie vor ein typisches Aufgabengebiet der Linguistik dar, und die Übersetzungswissenschaft sei somit als Zweig der Sprachwissenschaft, im besonderen der *angewandten* Sprachwissenschaft, aufzufassen. Manchmal wird die Übersetzungswissenschaft auch als Teil der Semiotik oder der Kulturwissenschaft, im Fall des literarischen Übersetzens auch als Teil der Literaturwissenschaft angesehen.[1] Der Einfachheit halber wollen wir hier im weiteren zunächst nur die Dichotomie "eigene Disziplin" versus "Subdisziplin der Linguistik" behandeln.

Wenn man bei den "Befragten mit Meinung" eine Unterscheidung zwischen Übersetzungswissenschaftlerinnen und Linguistinnen (ich werde mich im weiteren abwechselnd jeweils für eines der beiden Genera entscheiden) vornimmt, wird das Antwortverhalten je nach Gruppenzugehörigkeit etwas verschieden ausfallen. Es wird aber nicht so sein, daß alle Übersetzungswissenschaftler ihre Wissenschaft als eigenständige Disziplin ansehen, hier wird es vielmehr beide Antwortvarianten geben, während man von den Linguistinnen mit ziemlicher Sicherheit voraussagen kann, daß sie die Übersetzungsproblematik weiterhin ihrem eigenen Bereich zuordnen werden.

Noch eine begriffliche Klarstellung: die Verwendung des Ausdrucks "Übersetzungswissenschaft", der hier als Oberbegriff für Übersetzungs- und Dolmetschwissenschaft zu verstehen ist (der Ausdruck "Translationswissenschaft" [oder auch "Translatologie"] hat sich bei uns noch nicht so durchgesetzt), ist noch nicht gleichbedeutend mit dem Bekenntnis zu einer eigenen Disziplin. Die Bezeichnung "-wissenschaft" legt zwar eine eigene Disziplin nahe, aber da ja etwa die Sprachwissenschaft ihrerseits als Subdisziplin der Semiotik aufgefaßt werden kann, läßt sich aus einer Bezeichnung einer wissenschaftlichen Betätigung als "xy-Wissenschaft" noch nicht hundertprozentig ableiten, auf welcher Hierarchiestufe - anders ausgedrückt: als Nachbar- oder Subdisziplin in bezug auf einen anderen Wissenschaftszweig - diese Wissenschaft eingeordnet wird.

Was sich aber aus der Bezeichnung "Übersetzungswissenschaft" sehr wohl ableiten läßt, ist, daß man sich grundsätzlich zur wissenschaftlichen

---

[1] Beispiele siehe weiter unten. Zur Übersetzungswissenschaft als Teil der Semiotik vgl. Stolze (1992: 13), als Teil der (vergleichenden) Kulturwissenschaft vgl. Vermeer (1986: 173). Zur Inkorporierung des literarischen Übersetzens in die Vergleichende Literaturwissenschaft, vgl. die Hinweise von Snell-Hornby (1986a: 11).

Beschäftigung mit Übersetzung bekennt - nicht einmal das ist so ohne weiteres eine Selbstverständlichkeit.

Ich werde also - wie angekündigt - die Dichotomie "eigene Disziplin" vs. "Subdisziplin" behandeln, wobei die theoretisch denkbare Möglichkeit "nicht einmal eine Subdisziplin" bereits wegfällt. Es ist anzunehmen, daß der allgemeine Konsens wenigstens bis zur Zubilligung einer Subdisziplin reicht, wenn u.U. auch nur - von manchem eingefleischten Systemlinguisten - als Lippenbekenntnis.

Daß sich die Angewandte Linguistik nach wir vor als zuständig für Übersetzung ansieht, ist etwa der Eigenbeschreibung der Sektion "Übersetzungswissenschaft" in einer Broschüre der GAL, der deutschen Gesellschaft für Angewandte Linguistik, zu entnehmen:

> Die Sektion Übersetzungswissenschaft widmet sich der Forschung und Lehre auf dem Gebiet der zweisprachig vermittelten Kommunikation und umfaßt sowohl das Dolmetschen wie das Übersetzen. Sie bemüht sich auf den GAL-Jahrestagungen, im Rahmen der AILA und auf gemeinsamen Kolloquien an Universitäten und Hochschulen sowie in den Publikationen ihrer Mitglieder um eine theoretisch anspruchsvolle wie praxiseffektive Entwicklung *dieses bedeutsamen Zweigs der angewandten Linguistik*. (GAL o.J.: 9. Meine Hervorhebung)

Innerhalb der Übersetzungswissenschaft vertritt u.a. Mary Snell-Hornby die Auffassung von einer eigenen Disziplin, mit ganz besonderer Betonung auf "Interdisziplin". Vielzitiert ist ihr Satz aus der Einführung zu dem von ihr 1986 herausgegebenen UTB-Taschenbuch "Übersetzungswissenschaft - eine Neuorientierung":

> Nach unserer Auffassung sollte sich die Übersetzungswissenschaft als eigenständige Disziplin verstehen und nicht mehr als Teilbereich einer Teildisziplin. Wenn man von den bestehenden Wissenschaften als Kategorien ausgeht, dann wäre die Übersetzungswissenschaft als interdisziplinäre, multiperspektivische Einheit zu verstehen, die von der komplexen Realität des Übersetzens und nicht von den axiomatischen Modellen der Linguistik ausgeht und sich durch eine verbindende Perspektive auszeichnet. (Snell-Hornby 1986a: 12)

In einem Artikel, der unlängst in einer sehr verbreiteten und sich hauptsächlich mit Übersetzungsfragen befassenden Zeitschrift - den vom Verlag Langenscheidt herausgegebenen "Lebenden Sprachen" - erschienen ist, können wir folgende Sätze lesen:

> Die Übersetzungswissenschaft beruht wie jede neue Disziplin notwendigerweise auf Grundlagen, die in anderen Disziplinen gelegt wurden. Zur Beurteilung des Status eines Forschungsbereichs ist aber immer neu danach zu fragen, wie weit die systematische Präzisierung spezifischer Forschungsziele und Forschungsinhalte, die methodischen Instrumentarien und die übergreifende Theoriebildung entwickelt sind. Kommt einem Teilbereich in dieser Hinsicht eine ausreichende Eigenwertigkeit zu, so kann sich der Bereich forschungsorganisatorisch als neue und eigenständige Disziplin emanzipieren und innerhalb der Scientific Community zur Anerkennung gelangen. ... (Schweickard 1994: 53)

Bis hierher vermeint man gar keinen Unterschied zur Snell-Hornbyschen Position zu vernehmen, der Autor scheint sogar ganz auf ihrer Linie zu liegen; ein paar Zeilen weiter unten lesen wir aber:

> Daß die Übersetzungswissenschaft allerdings als eigenständige Teildisziplin *innerhalb* der Sprachwissenschaft (also neben anderen Teildisziplinen wie der Kontrastiven Linguistik etc.) und nicht als eigenständige Wissenschaftsdisziplin *neben* der Sprachwissenschaft zu bewerten ist, wird sowohl durch den gemeinsamen Gegenstand der jeweiligen Forschungsansätze, nämlich die Sprache selbst, als auch durch die zahllosen historischen, methodischen und teleologischen Gemeinsamkeiten zwischen Sprachwissenschaft und Übersetzungswissenschaft nahegelegt. (Schweickard 1994: 53)

Diese Zitate können die beiden konträren Ansichten, um die es mir hier geht, sehr gut illustrieren.

Ist die Selbst- oder Fremd-Zuteilung oder -Nichtzuteilung zu bestimmten Disziplinen überhaupt wichtig? Wir müssen jedenfalls zur Kenntnis nehmen, daß diesbezügliche Diskussionen immer wieder geführt werden, und zweifellos hat die Art des Bekenntnisses zu seiner Disziplin auch Konsequenzen auf die konkreten Forschungsergebnisse. Dies - wie ich weiter unten erläutern will - müßte zwar nicht unbedingt der Fall sein, trifft aber *de facto* meistens zu.

Wenn wir diese Frage also wichtig nehmen, müssen wir weiterfragen: Wer ist für die Beantwortung zuständig? Man könnte annehmen, daß man hier auf eine absolute Schiedsinstanz, eine Metadisziplin, die objektiven Einblick in das Werken der verschiedenen Einzeldisziplinen hätte, zurückgreifen könnte, etwa auf die Wissenschaftstheorie. Da läuft man allerdings Gefahr, vom Regen in die Traufe zu kommen - die Wissenschaftstheorie, irgendwo zwischen Philosophie und den Einzeldisziplinen lavierend, hat selbst ihren eindeutigen Platz noch nicht gefunden, und von da sollte man sich jetzt Rat holen?

Ich glaube, die Auseinandersetzung mit allgemeinen wissenschaftstheoretischen Ansätzen ist auf jeden Fall hilfreich, trotzdem ist jeder in seiner eigenen Disziplin für die ihn selbst betreffende Teil-Wissenschaftstheorie mitverantwortlich. In neu entstehenden und sich etablierenden Disziplinen noch mehr als in traditionellen, wobei dies aber jeweils in Übereinstimmung mit allgemein-wissenschaftstheoretischen Einsichten erfolgen sollte.

Wenn in meinen folgenden Bemerkungen Kritik durchklingen sollte, dann richtet sich diese weder prinzipiell gegen die Auffassung, daß die Übersetzungswissenschaft eine eigene, noch gegen die entgegengesetzte, daß sie keine eigene Disziplin sei, sondern gegen die m.E. nicht ganz überzeugende Argumentation in diesem Bereich. Diesbezügliche Stellungnahmen sind vor allem in Einleitungen zu finden und bleiben dann fast naturgemäß ein wenig an der Oberfläche. Von dieser Kritik werden sich wahrscheinlich Übersetzungswissenschaftler eher betroffen fühlen als Linguistinnen, weil sich ja letztere in keinem Argumentationsnotstand befinden: Die neuere, sozusagen revolutionäre Ansicht ist natürlich die der Unabhängigkeit der Übersetzungswissenschaft, und die verlangt nach positionierenden Präambeln, während die Linguisten in ihrem Selbstverständnis - oder auch: in ihrer Selbstgefälligkeit - gleich *in medias res* ihrer "Translationslinguistik" eintreten können.

Ich sympathisiere sogar eher - warum ich "eher" sage, wird sich am Schluß klären - mit der These der Unabhängigkeit der Übersetzungswissenschaft, aber man könnte diese eigentlich besser argumentativ begründen als dies bisher geschehen ist.

Heidemarie Salevsky zitiert in ihrem Artikel "Translationswissenschaft - eine apokryphe wissenschaftliche Disziplin" zur Stützung der 'Eigenständigkeitsthese' Georg von der Gabelentz, der meint: "Eine Wissenschaft ist berechtigt, als eine besondere innerhalb der übrigen aufzutreten, wenn ihr Gegenstand ihr allein eigen ist." (Vgl. Salevsky 1993: 20)

Dies ist wohl als allgemeine Behauptung nicht zu widerlegen, hilft uns aber hier eigentlich nicht weiter. So befaßt sich etwa die Phonetik mit den Lauten der menschlichen Sprache - und wahrscheinlich tut dies keine andere

Disziplin, und trotzdem sind nicht grundsätzliche Bestrebungen bekannt, die Phonetik als eigene Disziplin aus der Linguistik herauszunehmen.[2]

Heute ist es allgemein üblich, der Wissenschaftstheorie im engeren Sinn die Wissenschaftssoziologie an die Seite zu stellen. Disziplinen werden nicht nur durch ihren Forschungsgegenstand bestimmt, also sozusagen "objektiv", sondern auch durch die Gruppe derer, die sich damit in einer bestimmten Weise befassen, also "subjektiv", wobei aber nicht so sehr das Einzelsubjekt im Vordergrund steht, sondern eine Gruppierung, eine *community* (die aber wiederum unter dem Einfluß charismatischer Theoretikerinnen stehen kann).

Terry N. Clark schreibt z.B.:

> Die grundlegenden Elemente für die Entwicklung eines neuen Gebietes sind:
> a) Ein Satz zusammenhängender Ideen, eine Art von *Paradigma*,
> b) *talentierte Individuen*, um diese Ideen zu erweitern, und
> c) *Institutionalisierung* der grundlegenden Strukturen zur Erhaltung und Erweiterung von Ideen auf dem betreffenden Gebiet. (Clark 1974: 109)

Wolf Lepenies (1981) unterscheidet - im Bezug auf die auch erst relativ spät entstandene Disziplin der Soziologie - neben einer historischen Identität - zwischen kognitiver und sozialer Identität, was unserem Gegensatz zwischen objektbezogenen und gruppenbezogenen Faktoren bei der Disziplinbildung entsprechen würde. Diese Faktoren sind aufeinander bezogen und nicht unabhängig voneinander vorstellbar.[3]

Es wäre wohl ausgeschlossen, daß z.B. die *linguistic community* sich so sehr von ihrem 'naturgegebenen' Objekt der Sprache löst und sich auch für Spektralphysik oder Insektenkunde zuständig erklärt, weil sie es eben so

---

[2] Ich vernachlässige jetzt die Unterscheidung Phonetik - Phonologie und die Auffassungen, daß die Phonologie in gewissem Sinne die linguistischere Disziplin sei und die Phonetik gar den Naturwissenschaften zugezählt werden könne.

[3] Oft wird auch die Rolle von fachspezifischen *Methoden* für die Selbständigkeit von Disziplinen betont (so auch in der Diskussion nach der mündlichen Präsentation dieses Beitrags). M.E. wird die prinzipielle Dichotomie zwischen objekt- und gruppenbezogenen Faktoren dadurch nicht in Frage gestellt. Gerade auch bei den Methoden tritt sie nämlich sehr deutlich in Erscheinung: Eine nicht irgendwie dem Objekt angepaßte Methode ist wohl von vornherein widersinnig, andererseits ist bekannt, wie sehr die Verwendung bestimmter Methoden mit bestimmten Forschergruppierungen zusammenhängt. (So scheint z.B. die Generative Transformationsgrammatik eher die Gruppe der "Generativisten" als das von ihnen untersuchte Objekt "Sprache" zu charakterisieren ...)

will. Aber in der Frage von Nachbar- bzw. potentiellen Teil-Bereichen ist die Lage schon bei weitem nicht mehr so klar: So wird die Zuständigkeit für para- bzw. extraverbale Kommunikation entweder bei der Linguistik oder bei der Semiotik gesehen, die Pragmatik ist ebenfalls eine die Linguistik betreffende, andererseits aber auch wieder eine diese transzendierende Disziplin. Ähnlich ist es bei der Übersetzungswissenschaft. Der Semiotiker, die Pragmatikerin, der Übersetzungswissenschaftler selbst können und müssen ihre Disziplin einordnen - und es liegt dann an der Akzeptanz durch die anderen, wie der Status der Disziplin dann letzten Endes aussieht. Wir dürfen aber nicht vergessen: die Akzeptanz ist eine Akzeptanz durch mehr oder weniger große communities, und nie eine durch ein objektives, endgültiges wissenschaftstheoretisches Schiedsgericht.

Es sei mir hier eine Analogie zu nationalen Zuordnungen erlaubt - zunächst im Rahmen eines etwas entfernteren und daher nicht ganz so emotional aufgeladenen Beispiels. In dem ewig zwischen teils untergegangenen, teils noch immer existierenden Staaten umstrittenen Grenzgebiet der Bukowina lebten Leute, die einen bestimmten slawischen Dialekt sprachen. Sie sprachen eigentlich alle gleich. Die einen fühlten sich aber als Russen, die anderen als Ukrainer, und die dritten als überhaupt eigenständiges Volk, als Ruthenen. Es gab und gibt hier kein objektives Kriterium, das eindeutig einer der Selbstzuordnungsvarianten Recht geben müßte. Jede nationale Selbst- und dann auch Fremdzuordnung ist eine Synthese aus objektiven und subjektiven Faktoren ("subjektiv" wieder im oben erwähnten Sinn). Die Leute dort hätten nicht so weit gehen können, sich etwa als "Franzosen" oder als "Koreaner" zu deklarieren - hier wäre 'die Macht des Faktischen' wohl zu stark gewesen. Aber in Grenz- und Übergangsbereichen ist der Spielraum relativ groß, man denke an ähnliche Fälle im Balkan, etwa an die Abgrenzungsfrage zwischen Bulgaren und Makedoniern, oder auch an das im Grunde ähnliche, ja noch immer nicht ganz ausdiskutierte Verhältnis zwischen Deutschen und Österreichern.

Jede nationale und wissenschaftliche Zuordnung ist zumindest zu einem gewissen Grad Konstruktion.

Die Parallele zwischen wissenschaftlichen und nationalen Bekenntnissen zeigt sich auch im Phänomen, daß man meistens nicht (oder noch nicht) den Mut hat, sich zu diesem konstruktiven Aspekt zu bekennen und ständig bemüht ist, möglichst viele objektive - oder wenigstens objektiv wirkende - Argumente für seine Zuordnungen zu finden.

Viele von uns werden die nationalistischen Vorkommnisse im ehemaligen Jugoslawien nicht verstehen. Wenn sich Kroaten von Serben und von Musulmanen abgrenzen wollen, so muß man es wohl - in einem gewissen Rahmen allerdings - akzeptieren. Bedenklich wird es, wenn historische Fakten verfälscht oder wenn objektive Sprachunterschiede behauptet werden, die einfach nicht existieren. Ein oft zitiertes Argument ist z.B., die Kroaten sagten für Fluß *rijeka*, die Serben *reka*. Das stimmt auch für die jeweils gültige schriftsprachliche Variante, dies ist aber eine die Unterschiede betonende Differenzierung, weil viele Kroaten - etwa um Zagreb - an sich auch in ihrem Dialekt *reka* sagen.

Wenn die Übersetzungswissenschaft ihre Eigenständigkeit behauptet, ist sie dazu aus mehreren Gründen berechtigt. Das einzige, was ich nicht ganz richtig finde, wenn sie gegen eine Linguistik Stellung nimmt, die es in dieser an den Pranger gestellten, verabsolutierten Variante gar nicht mehr gibt. Die Übersetzungswissenschaft hat - und das gibt sie auch selbst zu - besonders von der pragmatischen Wende der Linguistik und anderen neueren, besonders auch 'kognitivistischen' Entwicklungen (Textlinguistik, Prototypensemantik, *scenes-and-frames*-Modell) profitiert. Gerade Mary Snell-Hornby hat diese neueren Entwicklungen in ihren Arbeiten für die Übersetzungswissenschaften fruchtbar gemacht. Trotzdem wird - *au moment donné*, und das heißt meist im Rahmen wissenschaftstheoretischer Vorbemerkungen - vielfach so gegen die Linguistik argumentiert, als ob alle Linguistinnen nur Satzlinguistinnen seien, als ob für Linguisten außersprachliche Faktoren, insbesonders das soziokulturelle Umfeld, nie eine Rolle spielten. Natürlich gibt es diese Linguisten auch, aber es gibt auch andere. Hier wird sozusagen nur gesehen, daß die anderen *rijeka* sagen, in Wirklichkeit sagen sie ja sowohl *rijeka* als auch *reka*.

So wendet sich Mary Snell-Hornby im schon erwähnten Zitat gegen die "axiomatischen Modelle" der Linguistik. Ich bin auch der Auffassung, daß die axiomatischen Modelle der Linguistik für Übersetzungsfragen nicht geeignet sind, d.h. aber noch nicht, daß es nicht innerhalb einer Linguistik auch etliche Teilbereiche bzw. Ansätze geben könnte - und die gibt es ja wirklich -, bei denen nicht in der angegriffenen axiomatischen Weise vorgegangen wird.

Oder Radegundis Stolze, die ähnlich Mary Snell-Hornby der Übernahme von linguistischen Ansätzen für gewisse Zwecke gar nicht feindlich gegenübersteht - im Gegenteil! - argumentiert in ihrer Ablehnung der Übersetzungswissenschaft als Teildisziplin der Linguistik m.E. nicht ganz glücklich:

> Es ist mittlerweile deutlich geworden, daß das Übersetzen als humanbestimmte Aktivität, der eine wesentliche Mittlerrolle in der zwischenmenschlichen Verständigung zukommt, nicht allein von sprachimmanenten Faktoren bestimmt wird. Es ist vielmehr ein zielgerichtetes Handeln historisch und sozial verwurzelter Individuen ... (Stolze 1992: 13)

Würde jemand noch behaupten, daß das einsprachige Kommunizieren nur von sprachimmanenten Faktoren bestimmt sei? Die Linguistik ist ja in den letzten Jahrzehnten selbst immer mehr zur Interdisziplin geworden ...

Wenn gegen die Zugehörigkeit zur Linguistik argumentiert wird, wird also meistens gegen bestimmte Arten, Linguistik zu betreiben, argumentiert, die aber nicht die einzigen Arten sind oder sein müßten. Und es werden Beispiele von linguistisch orientierten Übersetzungswissenschaftlern angeführt, die tatsächlich sehr system- oder codeverliebt vorgehen und damit allem Anschein nach die Übersetzungsrealität nur äußerst mangelhaft beschreiben können.

Ich meine nun aber, daß die disziplinäre Selbstzuordnung nicht unbedingt etwas mit der konkreten Ausrichtung der eigenen Forschungstätigkeit zu tun hat: Man könnte sich z.B. als Linguist fühlen und trotzdem im Bereich der Übersetzung die Skopostheorie vertreten (bei der nicht die Äquivalenz mit dem Ausgangstext, sondern der Übersetzungsauftrag mit dem entsprechenden Übersetzungszweck im Vordergrund stehen, vgl. Vermeer 1978), man könnte sich aber auch als unabhängige Übersetzungswissenschaftlerin deklarieren und trotzdem die abstrusesten formal-linguistisch beeinflußten Übersetzungstheorien konstruieren.

Natürlich wird man sekundär feststellen, daß von der Linguistik unabhängige Übersetzungswissenschaftler für die Übersetzungswissenschaft adäquatere, originellere Ansätze gefunden haben als die Vertreter der "linguistischen Richtung". Und das kann auch mit ein Anlaß dafür sein, sich als *community* zu lösen, wozu man ja an sich ohnehin das Recht hat.

Zum Schluß und als Zusammenfassung will ich folgende Thesen formulieren:

1) Die Entscheidung Disziplin oder Subdisziplin ist nicht objektiv und endgültig entscheidbar.

2) Die Entscheidung für eine eigene Disziplin bietet folgende Vorteile:

Als anerkannte Disziplin (und nicht Subdisziplin) hat man ganz andere institutionelle und nicht zuletzt finanzielle Möglichkeiten - und Übersetzung ist so ein wichtiges Phänomen in unserer Gesellschaft, daß das schon für eine eigene Disziplin spricht.

Die Unabhängigkeit von der Linguistik macht frei für wirklich übersetzungsbezogene Fragestellungen, ohne daß auf sonst gerade verbreitete Paradigmen der Linguistik Rücksicht genommen werden müßte.

Die Abspaltung der Übersetzungswissenschaft hat im übrigen auch genügend Vorläufer in der Wissenschaftsgeschichte - so wie etwa Literaturwissenschaft und Linguistik sich aus der "Philologie" herausgebildet haben, obwohl in beiden Bereichen mit Texten gearbeitet wird. Andererseits stellt man in letzter Zeit auch eine gewisse sekundäre Annäherung dieser Bereiche (via Text- und Medienwissenschaft) fest.

Die Entscheidung für eine eigene Disziplin hat meiner Meinung nach aber auch Nachteile:

Bei allem Bekennen zu Interdisziplinarität wird das Herausbilden zweier verschiedener *communities* gewisse Kommunikationsflüsse erschweren, wenn nicht sogar unterbinden. Und dies würde eine Verarmung für beide Seiten bedeuten.

Die großen Namen der heutigen "unabhängigen" Übersetzungswissenschaft stammen ja alle noch irgendwie aus der *linguistic community*; die Gefahr der endgültigen Trennung von der Linguistik - und ich meine hier von den möglicherweise relevanten Aspekten der Linguistik - sehe ich vor allem bei der jüngeren Generation, die ja nicht mehr durch die angeblich so furchtbare Schule der Linguistik gehen mußten ... und die vielleicht wirklich glauben könnten, die Linguistik befasse sich nur mit abstrakten Systemen und nicht auch mit konkreter Kommunikation in konkreten Umgebungen für konkrete Zwecke.

Und die Linguistinnen würden immer noch glauben, sie seien zuständig für die Übersetzung und rezipieren, etwa auch im Hinblick auf die Fremdsprachenausbildung, überhaupt nicht die Meinungen der Übersetzungswissenschaft.

Manche Räder würden neu erfunden werden, anstelle daß gemeinsam an neuen Technologien gearbeitet wird, und möglicherweise besteht - wiederum bei der Übersetzungswissenschaft - die Gefahr, daß bewußt oder unbewußt sprachliche Faktoren in Hinkunft eher unterschätzt werden, was ein Pendant zu dem sicherlich berechtigten Vorwurf darstellen würde, daß eine Übersetzungslinguistik eher dazu neigt, die Rolle der Sprache zu überschätzen.

Bin ich nun der Meinung, daß die Übersetzungswissenschaft eine eigene Disziplin sei oder nicht? Ich gebe zu, daß ich Entweder-oder-Entscheidungen oft vermeide und gerne auf Sowohl-als-auch-Meinungen ausweiche. (Dabei lege ich Wert darauf, daß diese Position nicht mit der ursprünglich erwähnten Haltung "überhaupt keine Meinung" zu verwechseln ist!) Meine Sowohl-als-auch-Position steht in Übereinstimmung mit meiner an anderen Orten schon öfters ausgeführten plural-konstruktivistischen, wenn man will "postmodernen" epistemologischen Grundeinstellung (vgl. Stegu 1991).

Es gibt keine endgültigen, absoluten Argumente für das eine und für das andere. Jede Entscheidung bringt Vorteile, aber auch Nachteile. Vielleicht bringt die Unabhängigkeit der Disziplin insgesamt mehr Vorteile, vor allem in pragmatischer Hinsicht. Den Skoposbegriff jetzt mit Absicht etwas mißbrauchend, wage ich jedoch zu behaupten, daß es Skopoi geben wird, für die die Unabhängigkeit gut ist, und andere, für die das Vorhandensein einer einzigen *community* besser wäre.

Legen wir uns nicht ganz fest - auch das System der Wissenschaften ist in einer ständigen Dynamik begriffen. Verzichten wir auf (scheinbar) objektivierende Argumente, die oft verfälschen und die wir nicht nötig haben. Nehmen wir einander ernst und bleiben wir im Dialog.

Vielleicht wird man in wenigen Jahren die hier beschriebene Diskussion ohnehin nurmehr belächeln: Es mehren sich die Stimmen (vgl. Le Moigne 1995: 111f.), nach denen die klassische Vorstellung vom Wissenschaftssystem mit seinen mehr oder minder statischen Disziplinen schon überlebt ist.

Für konkrete Forschungsinteressen konstituieren sich jeweils Forschergruppierungen verschiedenster Provenienz, oder: Das Interdisziplinäre wird überall so stark, daß sich dadurch die klassischen Disziplinen - in ihren jeweiligen Einzelausprägungen und überhaupt als Institutionen - von selbst auflösen werden.

Bibliographie

Bernard, Jeff (Hrsg.) (1991): Semiotik - interdisziplinär II. Wien: Österreichische Gesellschaft für Semiotik [ÖGS]

Clark, Terry N. (1974): Die Stadien wissenschaftlicher Institutionalisierung. In: Weingart (Hrsg.) 1974, 109-121

GAL (o.J.): Gesellschaft für Angewandte Linguistik [GAL e.v.]. Informationen. O.O.

Holz-Mänttäri, Justa / Nord, Christiane (Hrsg.) (1993): Traducere navem. Festschrift für Katharina Reiß. Tampere: Yliopisto (= Studia translatologica ser.A vol.2)

Le Moigne, Jean-Louis (1995): Les épistémologies constructivistes. Paris: Presses Universitaires de France (= Que sais-je? 2669)

Lepenies, Wolf (1981): Geschichte der Soziologie: Studien zur kognitiven, sozialen und historischen Identität einer Disziplin. Frankfurt am Main: Suhrkamp

Salevsky, Heidemarie (1993): Translationswissenschaft - eine apokryphe wissenschaftliche Disziplin. In: Holz-Mänttäri / Nord (Hrsg.) 1993, 19-35

Schweickard, Wolfgang (1994): Aktuelle Probleme der Übersetzungswissenschaft. In: Lebende Sprachen 39 (1994), 52-55

Snell-Hornby, Mary (1986a): Übersetzen, Sprache, Kultur. In: Snell-Hornby (Hrsg.) 1986b, 9-29

Snell-Hornby, Mary (Hrsg.) (1986b): Übersetzungswissenschaft. Eine Neuorientierung. Tübingen: Francke (= UTB 1415)

Snell-Hornby, Mary (1988): Translation Studies. An Integrated Approach. Amsterdam/Philadelphia: John Benjamins

Stegu, Martin (1991): Semiotik (in) der Postmoderne. Epistemologische Überlegungen zum Theorienpluralismus in den Zeichenwissenschaften. In: Bernard (Hrsg.) 1991, 191-208

Stolze, Radegundis (1992): Hermeneutisches Übersetzen: linguistische Kategorien des Verstehens und Formulierens beim Übersetzen. Tübingen: Narr

Vermeer, Hans J. (1978): Ein Rahmen für eine allgemeine Translationstheorie. In: Lebende Sprachen 23 (1978), 99-102

Weingart, Peter (Hrsg.) (1974): Wissenschaftssoziologie II. Determinanten wissenschaftlicher Entwicklung. Frankfurt am Main: Athenäum Fischer

Prof. Dr. Martin Stegu
Angewandte Sprachwissenschaft
TU Chemnitz-Zwickau
09107 Chemnitz
e-mail: Martin.Stegu@phil.tu-chemnitz.de

FACHSPRACHE UND FREMDSPRACHENUNTERRICHT

SONIA CÓRDOBA - JOHANNES SCHNITZER

GRAMMATIK IM FACHSPRACHLICHEN CURRICULUM

1. Zielsetzungen

Im folgenden wird von einer fehlerlinguistischen Untersuchung berichtet, die in jüngster Vergangenheit am Institut für Romanische Sprachen der Wirtschaftsuniversität Wien durchgeführt wurde. Das Ziel unserer Analyse bestand darin, die Fortschritte der Studenten, die in ihrem Studium "Spanische Wirtschaftssprache" als Diplomfach gewählt haben, hinsichtlich ihrer grammatikalischen Kenntnisse zu untersuchen und, darauf aufbauend, den eigenen Unterricht zu optimieren. Obwohl eine Untersuchung mit dieser konkreten Zielsetzung naturgemäß in erster Linie für die eigene Arbeit relevant ist, glauben wir, daß die grundsätzliche Problematik, die in der Beschreibung der Ausgangspunkte und in den zu ziehenden Schlußfolgerungen zur Sprache kommen wird, auch über diese enge Sphäre hinaus für alle Kolleginnen und Kollegen, die in einem ähnlichen Bereich arbeiten, von Interesse ist.

Der Terminus "Grammatik" im Titel dieses Beitrags bezieht sich auf ganz allgemeine, alltagssprachliche Regeln. Es geht hier nicht um spezielle Kenntnisse, etwa fachsprachliche Konstruktionen, wie man vielleicht aufgrund der Tatsache, daß unser Unterricht zu einem guten Teil fachsprachlich orientiert ist, vermuten könnte. Grammatikunterricht und in der Folge Grammatikfehler wurden traditionellerweise für besonders bedeutend erachtet (vgl. Stammerjohann 1975: 127). Um hier keine Mißverständnisse aufkommen zu lassen, soll gleich festgestellt werden, daß sie unserer Meinung nach nicht per se wichtiger als andere Fehlertypen sind. (Fragen der Fehlerdefinition und Klassifikation kann hier nicht nachgegangen werden. Siehe dazu die umfangreiche Literatur, z.B. Mayr 1985, Vázquez 1991, etc.) Weiters ist die bewußte Kenntnis von Grammatikregeln, wie sie in unserem Test überprüft wird, natürlich kein ausreichender Maßstab für die Beherrschung einer Sprache, ein Umstand, auf den wir noch zurückkommen werden.

Konkreter Anlaß für unsere Untersuchung war die Tatsache, daß wir bei Studenten, die bereits am Ende ihrer Ausbildung an unserem Institut stehen, oftmals sprachliches Fehlverhalten feststellen können, das in dieser Form immer wieder aufs neue überraschend erscheint. Es handelt sich dabei um Fehler, von denen man vielleicht naiverweise anzunehmen geneigt ist, daß sie ein Lerner auf einem bestimmten Lernniveau nicht mehr machen dürfte. So erwartet man von jemandem, der sprachlich kompetent volkswirtschaftliche Zusammenhänge erklären und diskutieren kann, gemeinhin nicht, daß er Schwierigkeiten mit dem Gebrauch von Vergangenheitszeiten hat. Dazu kam, daß jeder, der eine Sprache unterrichtet, eine mehr oder minder intuitive Vorstellung davon hat, wo die großen Problembereiche liegen, und wir den Wunsch verspürten, diese Intuitionen auf eine empirische Grundlage zu stellen. Wir wollten also bestimmen, welche grammatikalischen Aspekte tatsächlich die größten Schwierigkeiten verursachen, in welchen Bereichen eine zufriedenstellende Progression zu verzeichnen ist bzw. wo dies nicht der Fall ist, um dann entsprechende therapeutische Maßnahmen zu setzen.

2. Ausgangspunkte

Untersucht wurden, wie bereits gesagt, die Fortschritte im allgemeingrammatikalischen Bereich von Lernern, die in einer Sprachausbildung stehen, in der fachsprachliche Elemente einen breiten Raum einnehmen. Konkret handelt es sich um Sprachunterricht für Studenten der Wirtschaftswissenschaften, die am Ende ihrer Ausbildung fähig sein sollen, sich sowohl in alltäglichen als auch in berufsspezifischen Kommunikationssituationen zu behaupten. Die Zielsetzung unseres Unterrichts besteht nicht darin, ausschließlich fachspezifische Kenntnisse und Fertigkeiten zu vermitteln, sondern sie zielt sehr wohl auch darauf ab, den Studenten eine breite sprachliche Basis zu vermitteln. Diese doppelte Zielsetzung hat zwei Gründe: Erstens ist Fachsprachenunterricht ohne allgemeinsprachliche Grundkenntnisse kaum vorstellbar, vielmehr baut ersterer sinnvollerweise auf letzterem auf. Zweitens muß man davon ausgehen, daß jemand, der einmal in der Wirtschaft tätig sein wird, nicht nur fachspezifischen Anforderungen entsprechen wird müssen, sondern er wird auch mit einer Fülle von alltagssprachlichen Situationen konfrontiert sein. Die Vorstellung von fachsprachlich orientiertem Unterricht als Sprachunterricht, in dem man eine Reihe von allgemeinsprachlichen Kenntnissen lexikalischer, grammatikalischer, textsortenspezifischer etc. Art weglassen kann und dafür spezifische, vor allem terminologische, aber auch syntaktische und fachtextspezifische Aspekte behandelt, kann bei sehr spezifischen Ausbildungszielen durchaus angebracht sein. In unserer Situation, in der Lerner ohne klar umrissene kommunikative Bedürfnisse eine Fremdsprache erlernen - sicher ist nur, daß sie in irgendeiner Funktion im Wirtschaftsleben tätig sein werden, was von beruflich bedingten Reisen bis zur ausschließlichen Lektüre von Börsenberichten reichen kann - greift sie jedenfalls zu kurz (vgl. Schnitzer 1993). Aus diesen beiden Gründen setzt der eigentlich fachsprachliche Unterricht bei unseren Studenten erst nach dem Erreichen eines bestimmten Niveaus an alltagssprachlichen Kenntnissen ein, das an der Wirtschaftsuniversität als "Maturaniveau" bezeichnet wird. Selbiges ist, wie die Erfahrung zeigt, absolut nicht einheitlich. Noch weiter aufgeweicht wird der Begriff dadurch, daß denjenigen Lernern, die in der Mittelschule keine entsprechenden Sprachkenntnisse erworben haben, die Möglichkeit zugestanden wird, besagtes "Maturaniveau" im Laufe ihres Studiums zu erwerben, wofür ein ganzjähriger Kurs im Ausmaß von vier Wochenstunden vorgesehen ist. Die überwiegende Mehrzahl der Studenten, die als zu belegende Sprache Spanisch wählt, befindet sich in dieser Situation. Der nach dem Studienplan verpflichtende Unterricht, der auf dieser Basis aufbaut und sich je nach gewähltem Studiengang über weitere zwei bzw. vier Semester erstreckt, sieht zwar eine weitere Vertiefung von allgemeinsprachlichen Kenntnissen vor, und zwar durchaus auch im Rahmen von eigenen Grammatikvorlesungen, der eigentliche Schwerpunkt liegt jedoch in der Einführung in die Wirtschaftssprache.

Der konkrete Ausgangspunkt für unsere Analyse mit spanischlernenden Wirtschaftsstudenten präsentiert sich daher wie folgt: Die überwiegende Mehrzahl besucht zwei Semester lang einen Intensivkurs, in dem sie grosso modo die notwendigen allgemeinsprachlichen Kenntnisse erwerben sollen. Darauf baut ein fachsprachlich orientierter Sprachunterricht auf, der zumeist zwei, in wenigen Fällen vier Semester umfaßt und in dem im ersten Semester noch eine Grammatikvorlesung vorgesehen ist. Die weitere Behandlung allgemeiner grammatikalischer Aspekte erfolgt dann weitgehend indirekt, vor allem im Rahmen der Korrektur der mündlichen oder schriftlichen Äußerungen unserer Studenten.

3. Analyse grammatikalischer Fehler im Spanischen

3.1. Die Erstellung des Tests

Es ging in unserer Untersuchung nicht ausschließlich um die Feststellung von Problembereichen, wofür eine Analyse von existierenden Prüfungsarbeiten wahrscheinlich weitgehend genügt hätte. Nachdem wir jedoch auch die Fehlerprogression, bzw. idealerweise Regression, einbeziehen wollten, erschien uns eine reine Auszählung und Gegenüberstellung von Fehlern aus solchen Arbeiten als ungenügend, weil diese aufgrund der verschiedenen Voraussetzungen und Aufgabenstellungen nur sehr bedingt vergleichbar sind. So ist beispielsweise ein und derselbe Fehler aus einem zuvor in ähnlicher Form geübten Lückentest und aus einer Textzusammenfassung nicht gleich zu interpretieren (im ersten Fall gibt es vielleicht nur eine beschränkte Wahlmöglichkeit, im zweiten handelt es sich vielleicht um einen reinen Performanzfehler etc.). Somit waren wir gezwungen, einen Test zu erstellen, der für alle Probanden dieselben Aufgaben enthielt (was auch für die Untersuchung der Progression wichtig war) und für den vorher keine spezielle Übung stattgefunden hatte. (Absehen muß man in diesem Zusammenhang davon, daß die Art der Aufgabenstellung - in erster Linie Lückentests - allgemein eher im Anfängerunterricht zum Einsatz gelangt, was aber unseres Erachtens keinen entscheidenden Einfluß ausüben sollte.)

Zunächst wurden in einem ersten Schritt 120 Prüfungsarbeiten der verschiedenen Lernniveaus durchgesehen, um häufig auftretende Fehler zu eruieren und nicht bereits in der Erstellung des Tests ausschließlich auf unsere Intuition angewiesen zu sein. Auf dieser Basis wurde anschließend ein Test konstruiert, der uns geeignet erschien, diese Aspekte zu überprüfen, zugleich aber die Möglichkeit einer rationellen Auswertung bot. Wir entschlossen uns für die Verwendung eines Lückentests, in dem allerdings auch die Übersetzung einiger Sätze vorgesehen war. Es ist uns durchaus bewußt, daß gegen einen derartigen Test einige Einwände vorgebracht werden können. Abgesehen von der nicht eben motivationsfördernden Wirkung dieser Art von Test erscheint uns der schwerwiegendste Einwand darin zu liegen, daß auf diese Weise etwas geprüft wird, was im kommunikativen Alltag nicht gefragt ist, eben die Fähigkeit, eine bestimmte Form aufgrund von Regelwissen an einem vorgegebenen Platz einzusetzen. Dies bedeutet, daß absolut nicht feststeht, daß jemand, der einen solchen Test besteht, auch in der Lage ist, sein theoretisches Wissen in einem kommunikativen Prozeß umzusetzen. Gültig ist allerdings der Umkehrschluß:

Jemand, der bei einem Lückentest Schwierigkeiten hat, wird diese auch in einer realen Kommunikationssituation haben (abgesehen von jenen Fällen, in denen die Fehler eben durch mangelnde Motivation oder falsches Verstehen der Angabe zustande kommen). Man muß also bei der Interpretation eines Ergebnisses einer derartigen Analyse stets vor Augen haben, daß primär nicht daraus hervorgeht, wieviele Probanden etwas umzusetzen wissen, sondern eher wieviele mit großer Wahrscheinlichkeit bei einem bestimmten Aspekt Schwierigkeiten haben dürften, sofern sie diesen im konkreten kommunikativen Akt nicht zu umgehen wissen, was dann allerdings eine andere Art von Fehlverhalten ("verdeckter Fehler", vgl. Rieck 1980) darstellt. Die gewählte Vorgangsweise hat aber unzweifelhaft Vorzüge: Ein Lückentest bzw. ein Übersetzungstest einfacher Sätze ist ökonomisch zu entwerfen, durchzuführen und zu korrigieren, die Ergebnisse sind leicht miteinander zu vergleichen, Performanzfehler sind weitgehend ausgeschaltet (zu diesem Problem siehe aber auch z.B. Kielhöfer 1976: 74). Was die inhaltliche Gestaltung des Tests betrifft, ist anzumerken, daß es uns darum ging, ein möglichst breites Spektrum an Fehlerquellen zu eruieren. Dies hatte naturgemäß zur Folge, daß die einzelnen grammatikalischen Bereiche aus zeitlichen Gründen nicht besonders exhaustiv behandelt werden konnten. Weiters wurde Wert darauf gelegt, keine "exotischen" Verwendungsweisen (z.B. äußerst selten gebrauchte Verben) in den Test aufzunehmen, sondern im Bereich des kommunikativ Üblichen zu bleiben.

3.2. Die Durchführung des Tests

Der Test wurde insgesamt 177 Studenten vorgelegt, was die Gesamtzahl unserer Studenten darstellt, die zum gewählten Zeitpunkt bereit waren, sich ihm zu unterziehen. Diese Zahl verteilt sich wie folgt auf die einzelnen Lernniveaus: Anfängerkurs: 51, Proseminar I: 19, Proseminar II: 83, Proseminar III: 24. Der Test wurde von uns bzw. von Kollegen in den diversen Lehrveranstaltungen am Semesterende durchgeführt. Die Wahl dieses Zeitpunkts war bedingt durch die Tatsache, daß in den Anfängerkursen erst am Ende des Sommersemesters die Gesamtheit der Grundkenntnisse erworben ist. Die Studenten wurden über die Zielsetzung, die mit dem Test verbunden war, informiert und hatten unbeschränkt Zeit, die Aufgaben zu lösen. In der Regel betrug die Arbeitsdauer zwischen einer halben und einer Stunde. Die Tests blieben anonym, um eventuellen Befürchtungen vorzubeugen, daß ein schlechtes Ergebnis Auswirkungen auf eine Endnote haben könnte. Niemand wurde gezwungen, sich dem Test zu unterziehen, vereinzelt wurde er von den Studenten auch abgebrochen. Es war uns von vornherein klar, daß ein Test, der nicht nach Lernniveau unterscheidet und darüber hinaus ausschließlich vermutete Fehlerquellen beinhaltet, einen großen Teil derjenigen, die sich ihm unterzogen, überfordern mußte. Um die Studenten nicht übermäßig zu demotivieren, wurde am Beginn darauf aufmerksam gemacht, daß Schwierigkeiten auftreten werden und daß, wenn eine korrekte Lösung unmöglich erschien, eben keine Antwort gegeben werden sollte. Von dieser Möglichkeit wurde dann auch Gebrauch gemacht. Gelegentlich auftretende Schwierigkeiten, die sich aus dem Nichtverständnis des verwendeten Vokabulars ergaben, wurden - soweit sie von den Studenten kundgetan wurden - von uns behoben.

3.3. Resultate

Die getesteten grammatikalischen Aspekte lassen sich folgenden traditionell unterschiedenen grammatikalischen Teilbereichen zuordnen: Artikel, Adjektiv - Adverb, Pronomen, Präpositionen, Verbalmorphologie, Gebrauch von *ser - estar - hay*, Modusgebrauch, Verwendung der Vergangenheitszeiten. Es ist nun selbstverständlich kaum möglich (und wohl auch nicht sehr sinnvoll), objektive Schwierigkeitsgrade einzelner Teilbereiche festzusetzen und gegeneinander abzugrenzen, da es wohl nicht gelingen dürfte, einen objektiven Komplexitätsmaßstab über die genannten Bereiche hinweg anzusetzen. Wir versuchten ausschließlich festzustellen, inwieweit die vermuteten Fehlerquellen bei unseren Studenten tatsächlich in größerem Umfang existieren, und interpretierten die auf den einzelnen Niveaus erzielten Resultate in Hinblick auf eine Progression der Kenntnisse. Wir machen keine Aussage darüber, inwieweit ein Kapitel generell - z.B. für alle deutschsprachigen Spanischlerner - schwierig ist oder nicht.

Nachdem es hier nicht darum gehen kann, spezifische Probleme des Spanischunterrichts zu diskutieren, beschränken wir uns in der Darstellung der Resultate auf die Beschreibung und Interpretation genereller Tendenzen. Es ist in diesem Rahmen nicht möglich, jedem Detailergebnis nachzugehen, und so sollen auch die Graphiken beispielhaft typische Fehlerentwicklungen verdeutlichen und keinesfalls einen Aspekt exhaustiv behandeln.

Zur Auswertung sei gesagt, daß für jedes Problem die Fehlerquote in Prozentwerten erhoben wurde. Beträgt selbige auf allen Lernstufen unter zehn Prozent, wurde der Fehler als irrelevant nicht weiter beachtet; ist die

Differenz vom besten zum schlechtesten Ergebnis niedriger als dieser Wert, liegt unseres Erachtens keine Progression vor. Die Annahme dieser zugegebenermaßen etwas willkürlichen Werte (man bedenke aber, daß dieser Wert in der kleinsten Gruppe = PS I absolut nur etwa 2 Studenten ausmacht) ist aus Gründen der Vereinfachung notwendig, um überhaupt Rückschlüsse ziehen zu können.

Im folgenden wird von mittleren Fehlerquoten gesprochen werden, die die durchschnittliche Frequenz eines Fehlers bezogen auf die Gesamtheit der Probanden angeben und die als Indikator für die generelle Fehlerträchtigkeit dieses Aspekts bei unseren Studenten dienen sollen. Dieser Wert scheint in den Graphiken naturgemäß nicht auf. Aus diesen ist vielmehr die Entwicklung verschiedener Fehler, die sich einem der vorhin erwähnten Grammatikbereiche zuordnen lassen, auf den jeweiligen Lernniveaus abzulesen.

3.3.1. Artikelgebrauch

Die (vom Deutschen abweichenden) Spezialfälle im Gebrauch des spanischen bestimmten und unbestimmten Artikels wurden anhand von 4 Übersetzungssätzen getestet. Diese Vorgangsweise hat zur Folge, daß Interferenzen aus der Muttersprache begünstigt werden, was sich negativ auf die Ergebnisse auswirkt. Die durchschnittlichen Fehlerquoten liegen zwischen 25% und 68% (gerundete Werte). Es ist eine leichte Progression zwischen Anfängerkurs und PS I feststellbar. Die Werte von PS II sind im Schnitt schlechter als im PS I und nähern sich im PS III wieder dem Anfängerkurs. Die anfänglichen Verbesserungen werden also nicht ausgebaut, sondern gehen sogar wieder verloren.

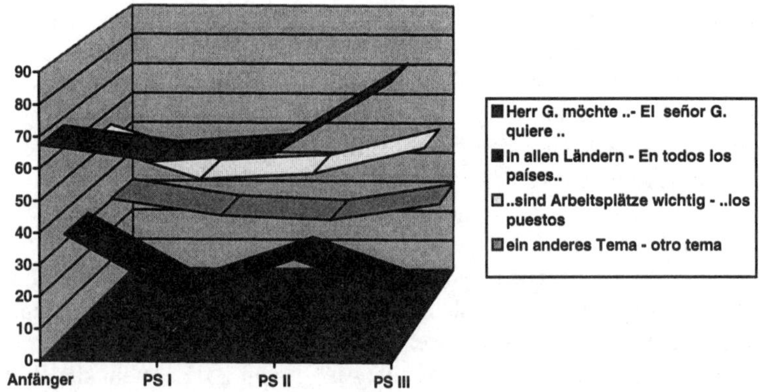

3.3.2. Adjektiv - Adverb

Bezüglich des Gebrauchs des Adverbs liegt die durchschnittliche Fehlerquote bei etwa 45%, ist also für einen als einfach geltenden Aspekt sehr hoch. Es ist zwar eine Verbesserung vom Anfängerkurs zu den Proseminaren I und II festzustellen, im Proseminar III verschlechtern sich die Ergebnisse allerdings wieder deutlich.

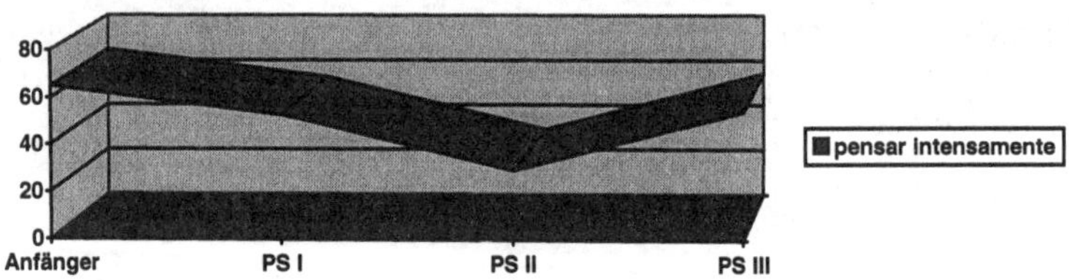

Hinsichtlich der Apokopierung des Adjektivs liegen die Durchschnittswerte einmal mit 14,9% im unteren Bereich, ein zweites Mal mit 38,5% deutlich höher, wobei hier allerdings selbstkritisch angemerkt werden muß, daß der Kontext zu Mißverständnissen Anlaß gegeben haben dürfte (*un primer dividendo* - das Substantiv *dividendo* mag nicht richtig interpretiert worden sein). Es ist in beiden Fällen eine Progression vom Anfängerkurs über das Proseminar I zu den Proseminaren II und III festzustellen.

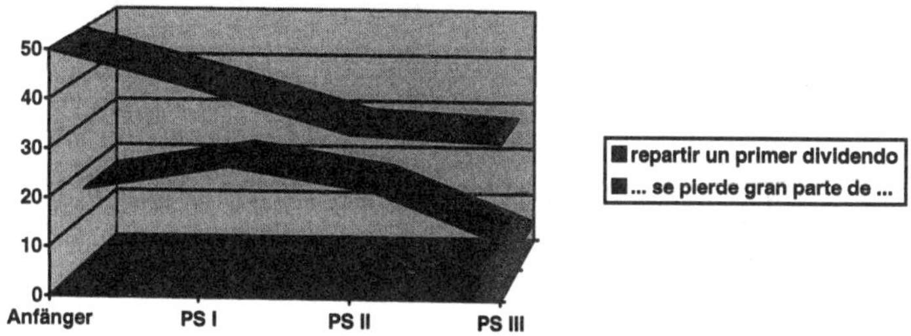

Der Aspekt der Übereinstimmung des Adjektivs wurde im Übersetzungsteil getestet. Der Durchschnittswert liegt bei 34,3%, wobei aber ein klarer Fortschritt vom Anfängerkurs zu den Proseminaren I und II, allerdings ein Rückschritt beim Proseminar III registriert werden kann. Offensichtlich befinden wir uns in diesem Bereich auf dem richtigen Weg, gehen aber zu früh von ihm ab.

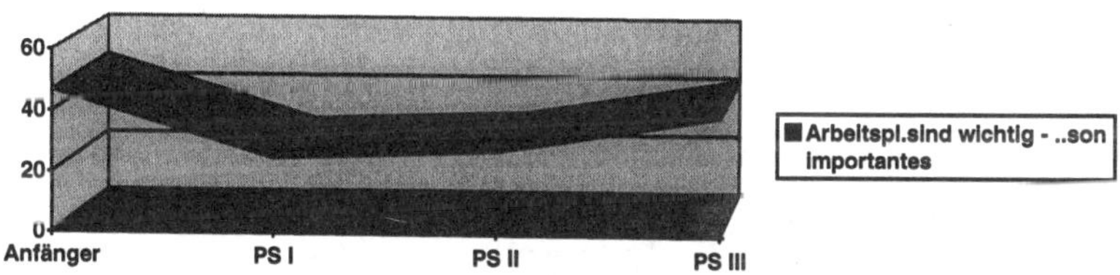

3.3.3. Pronomen

Unter "Pronomen" wird hier all das zusammengefaßt, was in den traditionellen Schulgrammatiken als solches behandelt wird, auch wenn es sich dabei eigentlich um Adjektive handelt. Abgesehen von einigen Spezialfällen, in denen keine Progression zu vermerken ist, kann festgehalten werden, daß generell im Bereich der Personal-, Demonstrativ- und Possessivpronomen eine deutliche Verbesserung vom Anfängerkurs zu den Proseminaren gegeben ist (alle Formen wurden im Übersetzungsteil getestet). Allerdings ist im dritten Proseminar wiederum eine Verschlechterung feststellbar.

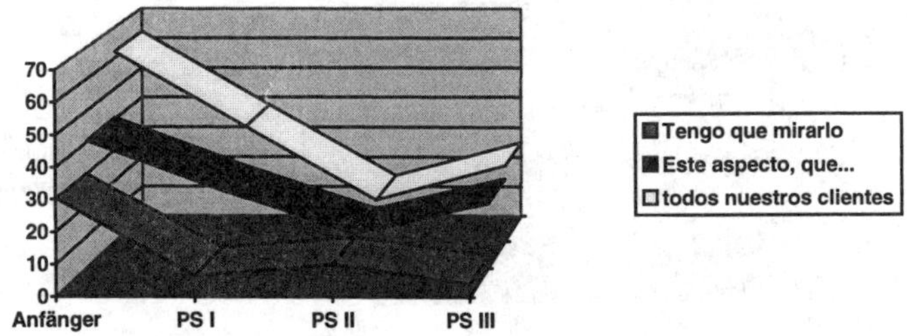

Uneinheitlich und schwer interpretierbar zeigt sich die Situation im Bereich des Relativpronomens. Der "Normalfall" braucht aufgrund mangelnder Relevanz nicht berücksichtigt zu werden. Im Fall des auch von Spaniern selten gebrauchten *cuyo* zeigt sich eine leichte Verbesserung zwischen Anfängerkurs und PS I auf der einen und den Proseminaren II und III auf der anderen Seite (bei insgesamt überaus hoher mittlerer Fehlerquote von 76%), während die Fehlerquote beim ständig gebrauchten *lo que* im PS III sogar über dem Anfängerniveau liegt. Es ist dies ein Ergebnis, das uns absolut unverständlich erscheint.

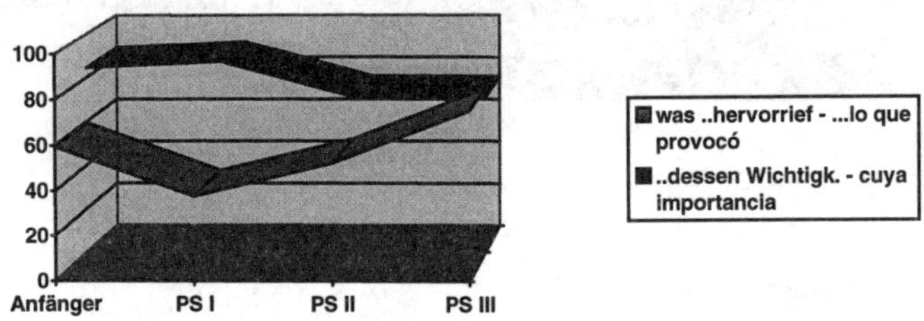

3.3.4. Präpositionen

Aufgrund der Tatsache, daß die Frage des richtigen Gebrauchs der Präpositionen eine Hauptschwierigkeit des Spanischen darzustellen scheint, wurde dieser Aspekt relativ ausführlich getestet. Insgesamt konnten 19 Vorkommen ausgewertet werden, eines aus dem Übersetzungsteil, die restlichen aus einem Lückentest, der in sich einen zusammenhängenden Text bildet. Diese Vorgangsweise wurde gewählt, weil vorherige Erfahrungen mit Einzelsätzen nicht zufriedenstellend verlaufen waren. Das

Textverständnis hat somit einen entscheidenden Anteil an der Wahl der richtigen Präposition, was in der Interpretation der Ergebnisse berücksichtigt werden muß. Allerdings zeigt ein Vergleich der (hier naturgemäß sehr unterschiedlichen) Durchschnittswerte, daß die Fehlerquoten weitgehend parallele Werte aufweisen, daß also eventuell auftretende Verständnisschwierigkeiten der weniger weit fortgeschrittenen Lerner keineswegs zu absurden Ergebnissen führten.

Bei den Resultaten ist in zwei Fällen keine Progression festzustellen, in drei Fällen schneidet das Proseminar III am schlechtesten ab. Im Normalfall ist jedoch eine bisweilen sogar sehr ausgeprägte Verbesserung vom Anfängerkurs zu den Proseminaren zu bemerken. Zwischen den Proseminaren bietet sich kein einheitliches Bild, es läßt sich jedoch auf jeden Fall keine Progression ablesen. Insbesondere gibt das schlechte Abschneiden des Proseminars III zu denken. Auch hier scheint nach dem Proseminar I das Thema zu früh als erledigt erachtet zu werden.

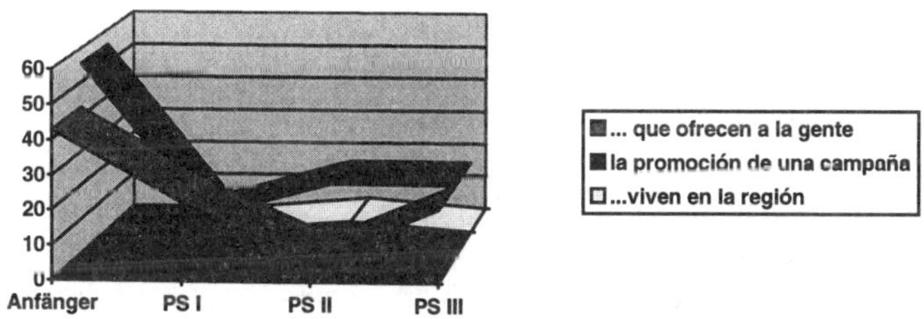

3.3.5. Verbalmorphologie

Für den Bereich der Verbalmorphologie beschränken wir uns hier auf jene Fehler, die dem eigentlich diesem Zweck dienenden Lückentest entstammen (11 Vorkommen). Natürlich könnten klar morphologische Fehler auch aus den anderen Übungen interpretiert werden (20 weitere), doch stellen sich dann Probleme der Zuordnung von Leer-Antworten und solchen von an sich existierenden, aber in der konkreten Aufgabenstellung inadäquaten Formen. Das Ergebnis läßt sich relativ leicht zusammenfassen: Bis auf drei Ausnahmen (zweimal ist das Ergebnis dort besser als in den Proseminaren I und II; einmal zeigt sich keine Änderung) ist eine Verbesserung vom Anfängerniveau zu den Proseminaren festzustellen. Diese beträgt in den meisten Fällen mehr als 50 Prozent zum schlechtesten Proseminar.

Zwischen den Proseminaren zeigt sich keine einheitliche Tendenz, eine bessere Leistung im Proseminar III ist (leider) nicht zu beobachten, was insofern bedenklich ist, als die Durchschnittswerte insgesamt relativ hoch sind und zwischen 20% und 75% (!) schwanken. (Angemerkt sei, daß in diesen Test zwar keine ganz regelmäßig konjugierten, aber auch keine "exotischen" Formen aufgenommen wurden.)

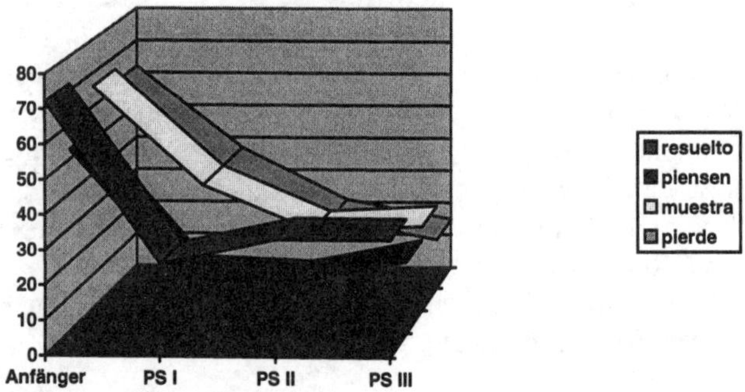

3.3.6. Gebrauch von *ser - estar - hay*

Von den 13 analysierten Vorkommen von *ser, estar* oder *hay* (10 im Lückentest, 3 in der Übersetzung) können 4 als nicht weiter relevant charakterisiert werden. Auch in den anderen Fällen ist die Fehlerfrequenz nicht besonders hoch (Durchschnittswerte zwischen gerundet 15% und 50%, wobei die meisten Werte zwischen 15% und 30% liegen), was insofern überrascht, als der Gebrauch dieser Verben als eine Hauptschwierigkeit des Spanischen gilt. Wieder läßt sich eine Verbesserung vom Anfängerkurs zu den Proseminaren konstatieren (Ausnahme die Kombination estar/ser + Adjektiv!), aber kaum eine Differenz zwischen den Proseminaren.

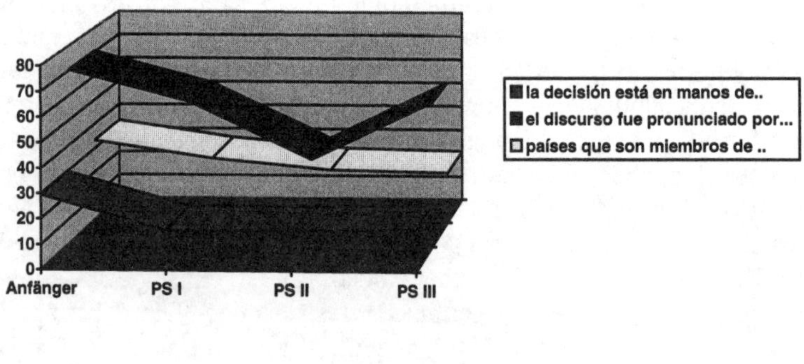

3.3.7. Modusgebrauch

Die 13 Verbformen, die bezüglich des Modus analysiert wurden, stammen ausschließlich aus einem Lückentest. Die mittleren Fehlerquoten liegen zwischen 22% und 70% bei einer einigermaßen gleichmäßigen Verteilung zwischen diesen Werten. Es handelt sich also - wie erwartet - um einen fehlerträchtigen Grammatikaspekt. Erschreckend ist hier das schlechte Abschneiden des Proseminars III, das zumeist kaum bessere Ergebnisse als der Intensivkurs erzielt. Proseminar I und II liegen etwas besser, doch ist hier, im Gegensatz zu den oben behandelten Bereichen, die Differenz zum Anfängerkurs geringer. Es ist dies ein Ergebnis, das dringend nach Abhilfe verlangt. Offensichtlich wird der Komplexität des Modusgebrauchs nicht genügend Aufmerksamkeit geschenkt. Nach Absolvierung des Proseminars I und der Grammatikvorlesung scheint ein etwas höherer Wissensstand erreicht zu sein, der aber sogleich wieder auf das vorherige Niveau zurückgeht.

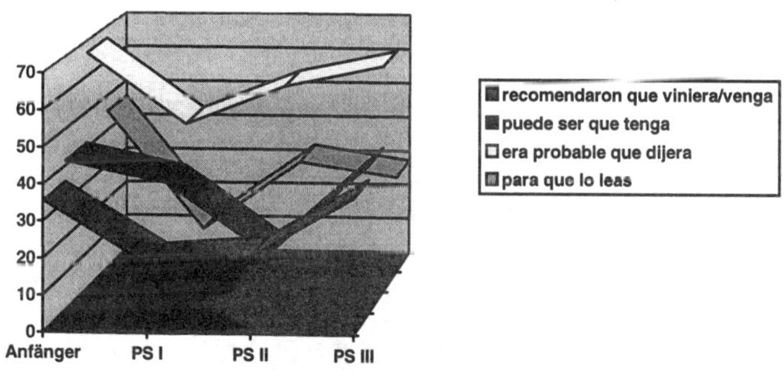

3.3.8. Gebrauch der Vergangenheitszeiten

Dieser Aspekt wurde ebenfalls mittels Lücken in einem zusammenhängenden Text getestet (22 Verben). Ein zusätzlich analysiertes Vorkommen stammt aus den Übersetzungssätzen. Insgesamt betrachtet sind die Fehlerquoten überraschend gering, obwohl die Verwendung der Vergangenheitszeiten als eines der schwierigsten Kapitel der spanischen Grammatik gilt. Die Durchschnittsquoten bei dieser Übung lagen in 10 Fällen (von 23) unter 10%, in weiteren 10 Fällen zwischen 10 und 21% und nur in 3 Fällen darüber. Es sind dies erstaunlich geringe Werte, wenn sie auch durch parallele Verwendungsweisen der jeweiligen Zeiten und durch einen nicht allzu komplizierten Text zustande gekommen sein mögen. 9 Fälle wurden als irrelevant sogleich ausgeschieden (alle Werte unter 10%). Bei weiteren 9 Vorkommen erreichten die Studenten des Proseminars III die schlechtesten Ergebnisse, teilweise wesentlich schlechtere als die Absolventen des Anfängerkurses. Diese schnitten lediglich bei der Verwendung des Plusquamperfekts deutlich schlechter ab als ihre Kollegen in den Proseminaren. Selbst wenn man in Betracht zieht, daß die Fehlerquote in diesem Bereich wesentlich geringer ist als angenommen, ist dies dennoch ein katastrophales Ergebnis. Unsere Erklärungen und Übungen, in die insbesondere auf der Stufe des Proseminars I noch Zeit investiert wird, verpuffen wirkungslos, ja vielleicht verwirren sie mehr als sie nutzen. Das besonders schlechte Abschneiden des letzten Proseminars erklären wir durch den Umstand, daß ab dem Proseminar II die Vergangenheitszeiten aufgrund der Textsorten, die behandelt werden, kaum mehr Verwendung finden.

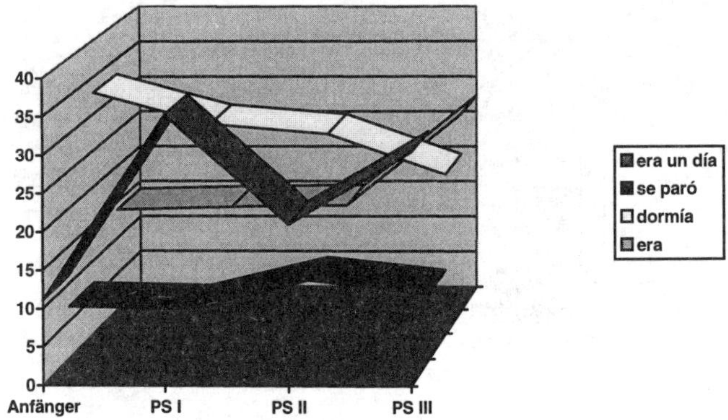

4. Schlußfolgerungen

Wir haben uns in diesem Beitrag darauf beschränkt, die Resultate der Analyse in sehr grober Form zu präsentieren. Es wird auch aufgefallen sein, daß nur von Quantitäten, nicht aber von Fehlerqualitäten gesprochen wurde. Dies ist ein Bereich, den wir einer genaueren Interpretation vorbehalten möchten. Trotz all dieser Vereinfachungen und trotz der Tatsache, daß Lückentests generell sehr spezifische und der vorliegende teilweise ausgesprochen hohe Anforderungen stellen (zwei zu Kontrollzwecken getestete Spanischlehrer aus dem AHS-Bereich konnten ihn ebenfalls nicht fehlerfrei lösen), glauben wir dennoch, daß die Ergebnisse eine gewisse Aussagekraft besitzen.

Wie sind diese nun in Hinblick auf die Fragestellung nach der Entwicklung der Grammatikkenntnisse im fachsprachlichen Curriculum zu interpretieren? Zunächst hat die Untersuchung ergeben, daß ab dem Proseminar I, d.h. ab der Stufe, auf welcher der Grammatik noch ein besonderer Stellenwert zukommt, generell keine weiteren Verbesserungen zu registrieren sind. Es tritt im Gegenteil eher eine Verschlechterung der Resultate auf. Akzeptiert man dieses Resultat, dann muß die Konsequenz sein, daß man darüber nachdenkt, ob das erreichte Niveau an Grammatikkenntnissen als ausreichend gelten kann oder ob man sich damit nicht zufrieden geben will. Insbesondere ist diese Notwendigkeit in denjenigen Bereichen gegeben, in denen bereits im Anfängerkurs ein Niveau erreicht wird, das in der Folge offensichtlich nicht wesentlich verbessert wird (Modus, Vergangenheitszeiten, aber auch Artikel). Wir erinnern hier daran, daß vor allem beim Gebrauch der Vergangenheitszeiten sehr früh eine überraschend niedrige Fehlerquote erzielt wird.

Geben wir uns also mit dem Erreichten im wesentlich zufrieden, wird eine Feininterpretation dieser Analyse dazu führen, die Behandlung von bestimmten speziellen Aspekten in den bisherigen Unterricht zu integrieren bzw. zu intensivieren. Ist dies nicht der Fall, wird man nach Möglichkeiten suchen müssen, die allgemeinsprachlichen grammatikalischen Grundlagen stärker auch im eigentlichen Fachsprachenunterricht zu berücksichtigen. Dies kann nur auf Kosten anderer - d.h. also fachsprachlicher - Inhalte möglich sein, wobei wir dafür plädieren würden, auf höherer Lernstufe diese Aspekte so weit wie möglich mit dem fachsprachlichen Kontext zu verbinden. Ein beziehungsloses Nebeneinander von allgemeinsprachlicher Grammatik auf der einen Seite und fachsprachlichen Inhalten und Strukturen auf der anderen (wir beziehen uns hier selbstverständlich auf die Art der Darstellung und Behandlung im Unterricht) wird wohl kaum den gewünschten Erfolg bringen, sondern den Unterricht eher zerfahren wirken lassen. Aber selbst wenn dies gelingen sollte, wird manches von dem, was bisher behandelt wurde, weniger Aufmerksamkeit erfahren müssen. Es stellt sich hier die Frage nach den Wertigkeiten der einzelnen Kompetenzen für zukünftige Wirtschaftler. Wir glauben, daß gute allgemeinsprachliche Kenntnisse für unsere Studenten absolut notwendig sind und auch in den fachsprachlichen Unterrichtsteilen nicht auf der Strecke bleiben dürfen. Es ist daher zu überlegen, ob man nicht manches sehr spezifisch Fachsprachliche opfern und diesen Aspekten mehr Raum geben sollte.

Bibliographie:

Börner, Wolfgang / Kielhöfer, Bernd / Vogel, Klaus (1976): Französisch lehren und lernen. Aspekte der Sprachlehrforschung. Kronberg/Ts.: Scriptor

Cherubim, Dieter (Hrsg.) (1980): Fehlerlinguistik. Beiträge zum Problem der sprachlichen Abweichung. Tübingen: Niemeyer

Eschenbach, Rolf (Hrsg.) (1993): Forschung für die Wirtschaft. Im Mittelpunkt: Der Mensch (Jahrestagung 1993 der Wirtschaftsuniversität Wien). Wien: Service Fachverlag

Kielhöfer, Bernd (1976): Möglichkeiten und Grenzen einer Fehlertypologie. In: Börner u.a.., 59-81

Mayr, Erich (1985): Spracherwerb und Fehleranalyse. Theorie und Empirie am Beispiel des Französischen. Frankfurt/Main etc: Peter Lang

Rieck, Bert-Olaf (1980): Fehler beim ungesteuerten Zweitspracherwerb ausländischer Arbeiter. In: Cherubim (Hrsg.) 1980, 43-60

Schnitzer, Johannes (1993): Fremdsprache - Fachsprache - Fachkommunikation: Konsequenzen für die Sprachausbildung. In: Eschenbach (Hrsg.) 1993, 265-271

Stammerjohann, Harro (Hrsg.) (1975): Handbuch der Linguistik. Allgemeine und angewandte Sprachwissenschaft. München: Nymphenburger

Vázquez, Graciela E. (1991): Análisis de errores y aprendizaje de español/lengua extranjera (Studia Romanica et linguistica 25). Frankfurt/Main etc.: Lang

Univ.Lektorin Sonia Córdoba
Univ.Ass. Dr. Johannes Schnitzer
Institut für Romanische Sprachen
Wirtschaftsuniversät Wien
Augasse 9
1090 Wien

ASTRID HÖNIGSPERGER

ÜBERLEGUNGEN ZUM FREMDSPRACHENUNTERRICHT AN EINER WIRTSCHAFTSUNIVERSITÄT IM VERGLEICH ZU LEHRAMTS- UND DIPLOMSTUDIENGÄNGEN

1. Vorbemerkungen

In diesem Beitrag geht es hauptsächlich um einen Vergleich der Studienpläne und der tatsächlichen (Sprach-) Unterrichtspraxis an einem Universitätsinstitut, das Lehrer und Diplomanden ausbildet (am Beispiel des Instituts für Romanistik der Universität Wien) und einem Sprachinstitut an einer Wirtschaftsuniversität (am Beispiel des Instituts für Romanische Sprachen der Wirtschaftsuniversität Wien). Es soll gezeigt werden, wie verschieden Sprachunterricht sein kann bzw. - je nach Berufsprofil - (vielleicht) sein muß und welche Bildungsziele an beiden Instituten verfolgt werden.

Dieses Thema scheint mir aus mehreren Gründen besonders interessant zu sein: in sechs Jahren Unterrichtserfahrung an beiden Instituten[1] schien sich mein zuerst sehr unspezifischer Eindruck immer mehr zu bestätigen, wonach der Unterricht an den beiden Instituten "irgendwie anders" ist. Diese Wahrnehmung bezieht sich nicht (nur) auf die verschiedenen Lehrinhalte, die (mehr oder weniger) stark differieren (müssen), und ist im Laufe der Zeit immer wieder zum Thema von Gesprächen mit anderen Kollegen, die an beiden Instituten tätig sind, geworden. Daraus läßt sich meine Motivation für das nähere Untersuchen der Lehrpläne und der Unterrichtspraxis, aber auch für das Miteinbeziehen einiger Grundzüge der Studentenprofile in diese Arbeit begründen.

---

1 An der WU vor allem in Französisch; deshalb beschränke ich mich hier auf diese romanische Sprache und möchte *nicht* behaupten, daß das hier Gesagte analog auch für die anderen Sprachen gilt.

Was nun die Studierenden der beiden Institute betrifft, soll anhand von Stichproben überprüft werden, ob und wie sich deren Kompetenz und deren Motivation voneinander unterscheiden. Oder so formuliert: was ist anders an den beiden Instituten?

2. Die Studienpläne der beiden Institute

2.1. Der Studienplan des Instituts für Romanische Sprachen der Wirtschaftsuniversität

Bei den 32 Seiten umfassenden "Bildungszielen zum Studienplan für die Studienrichtung Handelswissenschaft" aus dem Jahr 1994 der Wirtschaftsuniversität Wien ist nur auf einer halben Seite die Rede von der Fremdsprachenausbildung. Diese betrifft die Sprachen Englisch, Französisch, Italienisch, Spanisch, Japanisch, Russisch und Tschechisch:

> Die Ziele der Sprachausbildung an der Wirtschaftsuniversität sind für alle als Diplomprüfungsfach wählbaren Sprachen weitgehend ident, wenn auch in den einzelnen Sprachen aufgrund der unterschiedlichen Eingangsvoraussetzungen der fachsprachliche Aspekt und das wirtschaftliche Hintergrundwissen unterschiedlich stark betont werden. Diese Ziele beinhalten zunächst die Sicherstellung eines angemessenen Niveaus an allgemeinen Sprachkenntnissen hinsichtlich aller vier sprachlichen Grundkompetenzen (Hör- und Leseverständnis, mündlicher und schriftlicher Ausdruck). Auf dieser allgemeinen Sprachkompetenz baut die Einführung in die Fachsprache der Wirtschaft auf, die den eigentlichen Mittelpunkt der im Studienplan vorgesehenen Lehrveranstaltungen darstellt. In diesen sollen fachspezifische Kommunikationsformen eingeübt, grundlegende wirtschaftliche Kenntnisse vermittelt und das unabdingbare sozio- und interkulturelle Hintergrundwissen erworben werden. Es soll auf diese Weise sichergestellt werden, daß ein Absolvent der Wirtschaftsuniversität in der Lage ist, sich in weitere berufsspezifische sprachliche Aufgaben einzuarbeiten (Studienplan WU, 3-4).

2.2. Der Studienplan der Romanistik (Universität Wien)

Der zur Zeit geltende Studienplan des Instituts für Romanistik der Universität Wien (Nummer 546) wurde ausgegeben am 9. August 1994. Bezogen auf die Sprachbeherrschung, die ungefähr ein Drittel des gesamten Studienplans ausmacht[2], finden sich darin folgende Bildungsziele[3]:

---

2 Das Romanistikstudium beinhaltet außerdem Literatur-, Sprach- und Landeswissenschaft, wobei sowohl die aktive als auch die passive Sprachkompetenz der Studenten auch

> Das Ziel der Sprachausbildung besteht im Erwerb von Fähigkeiten, die erlauben sollen, den wissenschaftlichen Anforderungen des Studiums zu entsprechen. Die metasprachliche Kompetenz und die Fertigkeit in der Produktion von Texten in den jeweiligen romanischen Sprachen werden in aufbauender Weise erworben. Dabei scheint erforderlich, im Curriculum mittelfristige Ziele - Erwerb von grundlegenden metasprachlichen Kenntnissen und Fertigkeiten in der mündlichen und schriftlichen Produktion von Texten (1. Studienabschnitt) - und langfristige Ziele - Erweiterung der metasprachlichen Kompetenz in Satz- und Textsyntax, Ausbildung spezifischer Fähigkeiten in der Beschreibung, Analyse, Interpretation und Produktion verschiedener Textsorten in schriftlicher und mündlicher Form - zu unterscheiden[4] (Studienplan Romanistik, 24-25).

Im weiteren geht der Studienplan detaillierter auf die beiden Studienabschnitte ein, wobei bereits bei den Ausbildungszielen für den 1. Studienabschnitt wie später auch im 2. Abschnitt zwischen "metasprachlicher Kompetenz" und "Fertigkeiten in Textverständnis und Produktion von Texten in mündlicher und schriftlicher Form" (Studienplan Romanistik, 25) unterschieden wird.

Unter *metasprachlicher Kompetenz* ist im 1. Abschnitt folgendes zu verstehen: der Erwerb von grundlegenden Grammatikkenntnissen in systematischer Form, eine systematische Wortschatzerweiterung und Wortanalyse und die Fähigkeit, Nachschlagewerke kritisch-vergleichend zu konsultieren. Im 2. Studienabschnitt soll eine detaillierte Erweiterung der Grammatikkenntnisse mit Schwerpunkt auf Satz- und Textsyntax und eine kontrastive Stilanalyse (z.B. bei Übersetzungen) erfolgen, wobei auch Kenntnisse von Methoden der Textanalyse und des Textkommentars einzufordern sind.

Beim Textverständnis geht es darum, daß die Studierenden die Fertigkeit erwerben sollen, authentische mündliche Texte (Nachrichten, Interviews,

---

in diese Bereiche einfließt, da ein Teil der Lehrveranstaltungen in der Fremdsprache abgehalten wird und auch Prüfungen über ein wissenschaftliches Thema in der Fremdsprache abgelegt werden müssen. Die Sprachkompetenz ist dann ein Teil der Gesamtbeurteilung.

3 Das gleiche gilt für Französisch, Italienisch, Spanisch, Rumänisch, Portugiesisch, Okzitanisch und Katalanisch.

4 Bei den Sprachen ohne Gesamtcurriculum, wie etwa Okzitanisch und Katalanisch, soll die Sprachausbildung vor allem eine Basiskompetenz und relevante sprach-, literatur- und gesellschaftliche Kenntnisse vermitteln.

Vorträge etc.) und verschiedene schriftliche Textsorten (z.B. Zeitungsartikel, literarische Texte, Essays mittleren Schwierigkeitsgrades) zu verstehen.

Schließlich soll sich der Studierende im 1. Studienabschnitt noch die Fertigkeit im Zusammenfassen, Nacherzählen, Kommentieren von mündlichen und schriftlichen Texten in mündlicher und schriftlicher Form aneignen, wobei bei der mündlichen Fertigkeit die Aussprache besonders zu berücksichtigen ist. Im 2. Studienabschnitt soll der Studierende die Produktion verschiedener Textsorten (Berichte, Rezensionen) erlernen, sowie die Analyse und den Kommentar von informativen, argumentativen und literarischen Texten. Außerdem soll die Übersetzung und zusammenfassende Übertragung verschiedener Textsorten höheren Schwierigkeitsgrades (etwa aktuelle Zeitungstexte, Literatur, Essays, wissenschaftliche Texte etc.) von der Ausgangs- in die Zielsprache (L1 und L2) und umgekehrt, erlernt und geübt werden.

Für den 2. Studienabschnitt findet sich der Zusatz, daß bei der Auswahl der Texte allgemein landeskundliche Aspekte zu berücksichtigen sind.

2.3. Gemeinsamkeiten und / oder Unterschiede?

Vielleicht könnte das unterschiedliche Berufsprofil der zukünftigen Absolventen als Begründung für die offensichtlichen Unterschiede in den Studienplänen ausreichen, wobei der fachsprachliche Aspekt - für mich eher überraschenderweise - nicht ausschließlich von Seiten des Lehrenden und des Studienplans in den Unterricht und in die Textauswahl einfließt, sondern auch von Seiten der Studierenden: bei freier Themenwahl, wenn beispielsweise das spontane Gespräch geübt werden soll, entscheiden sich die meisten WU-Studenten eher für fachspezifische Themen als für allgemeine[5].

Auf den ersten Blick scheint es auch, als wäre das Ziel das gleiche, nämlich die Kompetenz in der Fremdsprache, jedoch ist dieses (annähernd fehlerfreie) Beherrschen der Fremdsprache an beiden Instituten nur ein Aspekt: der Weg zu diesem Ziel, der in den Studienplänen deutlich dokumentiert

---

[5] Darunter verstehe ich Themen von allgemeiner zeitlicher und gesellschaftlicher Aktualität (z.B. jede Art von Diskriminierung und Gewalt, Umweltverschmutzung, Erziehung etc.). Üblicherweise zählen diese zu den von den Schülern und Studierenden bevorzugten Themen an Höheren Schulen und an den Geisteswissenschaftlichen Fakultäten.

wird, ist aber so verschieden, daß daraus letztendlich auch unterschiedliche "Teilkompetenzen" resultieren[6].

3. Zur Unterrichtspraxis

3.1. Richtlinien für den Unterricht (Romanische Sprachen an der WU Wien)

Die siebzehn Seiten umfassenden Richtlinien[7] für den Französischunterricht an der Wirtschaftsuniversität sind im Gegensatz zu den Ausführungen in den bereits zitierten "Bildungszielen zum Studienplan" sehr ausführlich und detailliert. Es handelt sich dabei um eine am Institut von den Lehrenden gemeinsam erarbeitete Zusammenfassung von Lehrinhalten, die denselben als Leitlinie dienen kann und soll, um eine annähernde Gleichwertigkeit der Lehrveranstaltungen zu gewährleisten. Keinesfalls handelt es sich aber um eine Verpflichtung bzw. um eine Einschränkung der Lehrfreiheit der Lehrenden.

Das vom Studenten geforderte Eingangsniveau soll dem eines Maturanten mit 4-jähriger Sprachausbildung entsprechen, d.h. grundlegende Grammatik- und Wortschatzkenntnisse, gute mündliche und schriftliche, aktive und passive Sprachbeherrschung werden gefordert[8].

Als Bildungsziel wird formuliert, daß der Student das allgemeine und das Wirtschaftsfranzösisch in Wort und Schrift beherrschen soll: was die allgemeine und berufsspezifische Sprachkompetenz angeht, so soll der Student sich unterhalten, argumentieren, verhandeln und resümieren können. Was das Schriftliche betrifft, so soll er schriftliche Ausdrucksvarianten in Wirtschaftstexten sowohl verstehen als auch produzieren können und die

---

6 Ich möchte betonen, daß ich hier stark verallgemeinern muß; jede Person unterscheidet sich *immer* in ihrer Kompetenz - nicht nur bezüglich der Fremdsprache, sondern auf jedem Gebiet, - von allen anderen. Es lassen sich jedoch Tendenzen erkennen, wonach WU-Studenten z.B. bei fachbezogenen Arbeitsaufträgen (Gesprächen oder schriftlichen Aufgaben) insgesamt deutlich besser als ihre Kollegen von anderen Fakultäten abschneiden.

7 Ich habe den Titel *Richtlinien für den Unterricht* von der Romanistik übernommen, da das an der WU erarbeitete Papier keinen Titel trägt.

8 Falls dieses Niveau zu Studienbeginn vom Studenten nicht erreicht werden kann, werden vom Institut fakultative Nachholkurse angeboten. In Französisch tatsächlich maturiert zu haben, wird nicht gefordert.

Handelskorrespondenz beherrschen. In einer kommunikativen Situation soll er adäquate, d.h. situationsangepaßte, sprachliche Äußerungen verwenden können, und auch seine landeskundliche Kompetenz soll die verschiedensten Aspekte (Wirtschaft, Politik, Soziales und Kulturelles) umfassen.

Am Institut für Romanische Sprachen kann der Student je nach seinem Studienfach zwei verschiedene Niveaus von Sprachkompetenz erreichen: für den zukünftigen Betriebswirt ist nach dem 1. Studienabschnitt eine Prüfung ("1. Diplomprüfung") vorgesehen, mit der er seine Sprachausbildung in Französisch beendet. Für Handelswissenschaftsstudenten geht es - im Fall der sogenannten Langsprache - nach dieser Prüfung mit dem 2. Studienabschnitt weiter.

Die in beiden Studienabschnitten zu absolvierenden (Pflicht-) Lehrveranstaltungen und Prüfungen, die in französischer Sprache abgehalten werden und bei denen die Sprachbeherrschung daher einen Teil der Gesamtnote[9] ausmacht, sind die folgenden[10]:

Proseminar 1 + Grammatikvorlesung
Proseminar 2 + Wirtschaftskorrespondenz und Berufskommunikation
1. Diplomprüfung (mündlich)
Proseminar 3
Seminar
2 Vorlesungen der Professoren: 1: Wirtschaftssprache, 2: Wirtschaftstexte
Französische Landeskunde
Frankophonie
2. Diplomprüfung (schriftlich und mündlich) (Richtlinien WU, 2)

Implizit wird allgemeine sprachliche Kompetenz in allen Lehrveranstaltungen gefordert, explizit wird diese allerdings nur in einigen Lehrveranstaltungen als Bildungsziel formuliert[11]. Vor allem im 2. Studienabschnitt bezieht sich der Ausdruck *sprachliche Kompetenz* als Prüfungs- und auch als Unterrichtsgegenstand fast nur noch auf wirtschaftssprachliche Kompetenz.

---

9 Wie jedoch das Verhältnis von Sprachkompetenz zu Fachwissen auszusehen hat, ist nicht genau definiert.

10 Ich werde im folgenden nur auf explizit sprachliche Problemstellungen eingehen, da wirtschaftswissenschaftliche Bildungsziele vielfach dominieren.

11 Details dazu im Anhang

3.2. Richtlinien für den Unterricht (Romanistik)

Ähnlich wie in 3.1. handelt es sich hier um ein von mehreren Sprachlektoren im Wintersemester 1991/92 gemeinsam erarbeitetes Arbeitspapier, an das sich die Sprachlehrer (freiwillig) halten (können) und das dem Vorsitzenden der Studienkommission und der Studienkommission selbst vorgelegt wurde, das aber keinesfalls irgendeine Form von Zwang ausüben soll oder kann.

Als Eingangsvoraussetzung wird von den Studierenden verlangt, daß ihre Fähigkeiten einem guten Maturaniveau (Französisch als zweite lebende Fremdsprache) entsprechen sollten, d.h. daß er in der Lage sein muß, dem Unterricht in französischer Sprache zu folgen, laut zu lesen, einen authentischen Text mittleren Schwierigkeitsgrades zu verstehen und zu resümieren, sowie selbständig mündlich und schriftlich eine kurze persönliche Stellungnahme abgeben zu können. Außerdem sollten Grundkenntnisse der französischen Grammatik vorhanden sein. Ein eigener, den Sprachlektoren sehr wichtig scheinender Punkt, der nur an dieser Stelle vorkommt, lautet:

> On attend de la part d'étudiants qui ont choisi de se spécialiser en français *un esprit de recherche* ainsi qu'*un engagement personnel* dans leurs études (Richtlinien Romanistik, 1; Hervorhebungen von mir).

Im weiteren werden der 1. und der 2. Studienabschnitt im Detail besprochen. Im 1. Abschnitt, der normalerweise 4 Semester dauert, sind 3 (aufbauende) Sprachübungen[12] vorgesehen, in denen der Studierende mit Norm- und Registerproblematik vertraut gemacht werden soll. Außerdem soll er ein gutes sprachliches Niveau erreichen und für gesellschaftliche Probleme französischsprachiger Länder anhand von Texten sensibilisiert werden. Was ihre metalinguistische Kompetenz betrifft, sollten sie den Inhalt einer typischen "Schul- und Studiengrammatik" beherrschen und alle anderen Grammatiken konsultieren können; sie sollten ihre (Text-)Analysefähigkeiten weiterentwickeln und gute Kenntnisse der grammatischen Basisterminologie haben.

Im 2. Studienabschnitt sollen besondere Techniken (Textzusammenfassung, Textkommentar und Übersetzung) anhand verschiedener Textsorten erlernt und geübt werden, ohne jedoch den Grammatikunterricht zu vernachlässigen. Zusätzlich sollen landeswissenschaftliche und sprachliche Kenntnisse vertieft werden. Für das positive Ablegen der Abschlußprüfung in Franzö-

---

12 Üblicherweise werden diese mit F1 bis F6 bezeichnet.

sisch 6 wird, unabhängig von der Note, für die auch noch andere Faktoren maßgeblich sind, eine sehr gute Sprachbeherrschung gefordert.

3.3. Resumee: Die unterschiedlichen Schwerpunkte

Wenn man die beiden Studienpläne bzw. die Bildungsziele vergleicht, so wird deutlich, daß die Sprachausbildung für die Wirtschaftsstudenten bereits in einem sehr frühen Stadium eine sehr spezifische ist. Die Unterschiede sind naturgemäß weniger groß im Grammatikunterricht, die Themenauswahl für das Gespräch und die Diskussion im Unterricht scheint jedoch im Unterschied zum Romanistikstudium sehr fachorientiert. Allgemeine Themen, die üblicherweise im Fremdsprachenunterricht immer wieder diskutiert werden, werden meiner Information nach nur in sehr eingeschränkter Weise behandelt. Für den Romanistikstudenten spielt also Fachwissen im engeren Sinn - abgesehen von linguistischem Fachwissen für die Textanalyse - keine so große Rolle; im Laufe seiner Sprachausbildung muß er neben seinen Sprachkenntnissen seine sprach-, literatur- und auch landeswissenschaftlichen Kenntnisse vertiefen. Vom Sprachstudium völlig verschiedene bzw. unabhängige Kenntnisse werden von ihm nicht gefordert.

3.4. Warum gibt es *Richtlinien für den Unterricht*?

Wie das Vorhandensein solch *informeller Richtlinien* deutlich zeigt, besteht an beiden Instituten das Bedürfnis nach institutsinterner Koordination. Sie stellen das Ergebnis einer kollegialen Diskussion dar, in der von jedem Lehrveranstaltungsleiter die eigene Erfahrung bezüglich der Unterrichtsgestaltung und der Ergebnisse eingebracht und diskutiert worden sind. Eine solche Koordination ist auch insofern besonders sinnvoll und wünschenswert, da die Studierenden nach Abschluß einer jeden Lehrveranstaltung wieder freie Wahl bezüglich Lehrveranstaltung und Prüfer haben, wobei aber trotzdem (und trotz der Freiheit der Lehrenden in Wissenschaft und Forschung) eine (annähernd) gleiche Ausbildung gewährleistet sein soll.

4. Bemerkungen zur Motivation und Kompetenz der Studierenden

Im Laufe des Wintersemesters 1994/95 habe ich meine Studentinnen und Studenten sowohl an der Romanistik als auch an der WU zu ihrer Motivation befragt, um zumindest stichprobenartig sehen zu können, inwieweit meine subjektiven Eindrücke, die sich im Laufe von 5 Jahren durch Gespräche mit den Studierenden gebildet haben, der Realität entsprechen. Ich habe dazu in zwei Lehrveranstaltungen, die sich am Anfang des Curriculums befinden (Romanistik: Linguistisches Proseminar I, WU: Vorbereitungsproseminar Französisch), an denen also relative "Anfänger" teilnehmen, die Studierenden gebeten, mir anonym die Gründe anzugeben, warum sie Französisch gewählt haben und nicht etwa eine andere Sprache oder ein anderes Studienfach. Ich habe ausschließlich Studierende der Anfangsphasen des Studiums befragt.

Die Studenten gaben mir von sich aus folgende Gründe für die Wahl von Französisch an:

Motivation	Romanistik (21)[13]	WU(24)
Schulgegenstand[14]	0	8 / 33,4%
Berufswunsch[15]	1 / 4,8%	0
Finanzielle Gründe[16]	0	1 / 4,2%
Interesse[17]	19 / 90,5%	12 / 50%
sonstige Gründe[18]	1 / 4,8%	3 / 12,5%

Zusätzlich befragte ich die Studenten gewissermaßen als "Hintergrundinformation" nach der Art ihrer Reifeprüfung, jedoch stellte sich heraus, daß zumindest in diesen beiden Gruppen keinerlei Zusammenhang zwischen (Art der) Matura und der Wahl des Studienfaches bestand, da

---

13 Unter keiner der beiden Gruppen von Befragten befindet sich ein Native Speaker des Französischen.

14 Darunter fasse ich alle die Antworten zusammen, aus denen hervorgeht, daß Französisch entweder aus Mangel an anderen Ideen gewählt wurde oder deshalb, weil der Student der Meinung war, er "könne ja schon Französisch" und sich folglich ein leichtes Studium erwartete.

15 "Ich möchte Französischlehrer/in an einer Schule werden!"

16 "Ich habe Französisch gewählt, weil ich glaube, damit einen besser bezahlten Job zu bekommen!"

17 Unter diesem Punkt habe ich alle Antworten zusammengefaßt, aus denen, unabhängig von anderen Faktoren, ein Interesse für die Sprache an sich hervorgeht.

18 Die hier zusammengefaßten Antworten waren: Kombinationspflicht von Studienfächern, Auffrischung der Schulkenntnisse und schließlich die Antwort eines Studenten, der "in Zukunft vielleicht Französisch studieren möchte" (es handelt sich vermutlich um einen nicht inskribierten).

überraschend viele Wirtschaftsstudenten eine AHS-Matura (und keine HAK- Matura, wie man vielleicht erwarten würde) haben[19].

Ein für mich recht interessantes - und möglicherweise unerwartetes - Ergebnis brachte jedoch eine stichprobenartige Überprüfung der Kompetenz der Studierenden. "Stichprobenartig" deshalb, weil sich sprachliche Kompetenz natürlich aus wesentlich mehr Faktoren als einem kurzen Grammatiktest - bei dem noch dazu alles erlaubt war, was in einer beliebigen Kommunikationssituation als richtig zu bewerten wäre - zusammensetzt[20]. Ein solcher Test ist meines Wissens nach eher an der Wirtschaftsuniversität üblich als an der Romanistik, und auch da vor allem im Anfangsstadium der Sprachausbildung[21].

Testpersonen waren Seminarteilnehmer, also Studierende (mehr oder weniger) kurz vor ihrem Abschluß, die den Test spontan und ohne lange zu überlegen ausfüllen sollten. Sie wurden im Verlauf eines Seminars überraschend und völlig unvorbereitet gebeten, ein einseitiges Handout[22] mit (mehr oder weniger) elementaren Grammatikproblemen auszufüllen, wobei als richtig gewertet wurde, wenn **eine** mögliche Lösung gefunden wurde.

Ergebnisse:

Richtige Antworten	Romanistik (20)	WU (18)
10	0	1 / 5,6%
9	0	1 / 5,6%
8	5 / 25%	5 /27,8%
7	2 / 10%	6 /33,3%
6	5 / 25%	3 /16,7%
5	4 / 20%	2 /11,1%
4	4 / 20%	0

19 Bei meinen Befragten beider Studiengänge dominiert die AHS-Matura mit fast 60%, gegenüber der HAK-Matura mit ca. 25%.

20 Eine solche Untersuchung wäre sicher sehr interessant, es würde sich aber aufgrund der Komplexität der Problemstellung um eine größere wissenschaftliche Arbeit handeln müssen.

21 Ich habe mich bei einigen Punkten an einem Test orientiert, der den Studenten im Rahmen der Grammatikvorlesung, die das Proseminar 1 begleitet, vorgelegt wurde.

22 Der Test, der für die Studenten leicht lösbar sein hätte sollen und der sich als doch nicht so problemlos herausstellen sollte, ist im Anhang abgedruckt.

Weniger als vier richtige Antworten wurden nicht erreicht. Wie die Tabelle relativ deutlich zeigt, haben die Wirtschaftsstudenten bei diesem Test besser abgeschnitten; abgesehen davon, daß es sich - wie ich bereits mehrmals betont habe - um keine repräsentative Anzahl von Studierenden handelt, können die Gründe für dieses Ergebnis vielfältig sein. Eines wird aber meines Erachtens auch durch diese "Mini-Umfrage" deutlich, nämlich daß die Kompetenz der Wirtschaftsstudenten nicht von vornherein schlechter sein **muß**, nur weil die Sprache nicht das eigentliche Hauptstudium ist.

Bibliographie:

Descamps, J.L. / Hamon, M. (Hrsg.) (1970): Les langues de spécialité. Analyse linguistique et recherche pédagogique. Strassbourg: AIDELA

Gallais-Hamonno, Janine (1982): Langage, langue et discours économiques. Paris: Klincksieck

Gnutzmann, Claus / Turner, John (Hrsg.) (1980): Fachsprachen und ihre Anwendung. Tübingen: Narr

Hoffmann, Lothar (²1985): Kommunikationsmittel Fachsprache. Eine Einführung. Tübingen: Narr

Ihle-Schmidt, Lieselotte (1983): Studien zur französischen Wirtschaftsfachsprache. Bern etc.: Lang

Institut für Romanische Sprachen der Wirtschaftsuniversität Wien: Richtlinien für den Unterricht

Institut für Romanistik der Universität Wien (WS 91/92): Bericht über die Sprachübungen der Studienrichtung Französisch

Institut für Romanistik der Universität Wien (9.8.1994): Studienplan

Kalverkämper, Hartwig (1983): Fächer und Sprachen. In: Siegener Hochschulblätter 6 (1983) 2: 44-54

Klute, Wilfried (Hrsg.) (1975): Fachsprache und Gemeinsprache. München: Diesterweg

Sprissler, Manfred (Hrsg.) (1987): Standpunkte der Fachsprachenforschung. Tübingen: Narr

Wirtschaftsuniversität Wien (1994): Bildungsziele zum Studienplan für die Studienrichtung Handelswissenschaft

Univ.Ass. Mag. Dr. Astrid Hönigsperger
Institut für Romanistik
Universität Wien
Garnisongasse 4
1090 Wien

Anhang:

1. Richtlinien für den Unterricht (Romanistik)

Französisch 1 (F1): Initiation à l'étude du français
Travail sur des textes authentiques: exploitation lexicale, grammaticale, commentaire dirigé, traduction, sensibilisation aux registres de langue, exercices d'expression orale ou écrite, initiation aux "outils de travail" (utilisation des dictionnaires et grammaires, bibliothèques, visite des différents services de l'Institut Culturel Français, etc.) dans la perspective de l'apprentissage d'un travail autonome.
Programme de grammaire:- la sphère du verbe: les temps du passé, la concordance des temps, le discours indirect, les verbes pronominaux, les formes nominales (impersonnelles); - les déterminants: articles, possessifs, démonstratifs, indéfinis; - Les phrases hypothétiques; - Sensibilisation aux phénomènes de prononciation.

Französisch 2 (F2): Approche du français parlé
1. Laboratoire de langue (1 heure): Correction phonétique (exercices correctifs de prononciation, d'intonation et de rythme, exercices structuraux, écoute de documents sonores authentiques, dialogues, interviews, etc.).
2. Cours (2 heures): Analyse linguistique et stylistique d'énoncés oraux, exercices contrastifs (code oral / code écrit, transcription, transposition, etc.)
Grammaire contrastive oral / écrit: - Les formes du verbe en français parlé; - Caractérisation des registres et niveaux de langue; - L'ordre des mots; - La segmentation; - La place des pronoms; - Les formes de la négation.

[...]

Französisch 6 (F6): Commentaire de textes
Le commentaire de textes, supposant une très bonne maîtrise de la langue, de solides connaissances générales de culture et de civilisation et une bonne aptitude à manier les techniques d'analyse, est l'aboutissement logique de l'ensemble des cours de langue.

2. Richtlinien für den Unterricht (Romanische Sprachen, WU)

Proseminar 1:
Objectifs: - Apprendre à maîtriser des situations courantes en milieu francophone [...]; - Affronter les situations quotidiennes vécues dans la vie pratique de tous les jours et au début de la vie professionnelle (rechercher un emploi, se présenter à un entretien d'embauche, postuler un stage à l'étranger...); - Approfondir la maîtrise du français de base oral et écrit (p.ex. savoir rédiger soi-même un document écrit (compte rendu...) et

s'entretenir sur des thèmes d'ordre général et sur les sujets traités en cours); - Se familiariser avec le vocabulaire de base de l'économie; [...]

Cours de grammaire:
[...] Il permet aux étudiants ayant déjà un certain savoir structuré du français de mieux comprendre le fonctionnement de la langue étrangère, de développer, par le biais de l'analyse grammaticale et de l'exercice, la maîtrise de l'expression et d'appliquer correctement les structures linguistiques dans la vie active à l'oral et à l'écrit. [...] Le programme comprend une présentation systématique de la grammaire du français et un traitement aussi complet que possible des points grammaticaux reconnus comme générateurs d'erreurs. Aussi l'accent est-il mis sur le verbe (morphosyntaxe: formes et emploi des temps et des modes, voix...) et sur d'autres points problématiques [...]. Le cours de grammaire adopte une démarche descriptive, explicative et contrastive afin d'élucider les difficultés inhérentes à la langue française. La présentation théorique est toujours précédée ou complétée par une phase d'exploitation grammaticale.

Proseminar 2:
Objectifs: - Approfondir la compétence orale et écrite (situations de la vie courante et professionnelle). - Apprendre à rédiger un document écrit (lettre commerciale, technique de résumé, commentaire de texte, exercice de traduction, analyse de graphiques). - Maîtrise parfaite de tout ce qui est nombres, expressions, expressions de quantité etc. (entraînement spécial au laboratoire-bibliothèque). - Comprendre de textes écrits (journaux, revues) et oraux (nouvelles radiodiffusées...) spécialisés, d'un niveau avancé, sur des thèmes très variés. - Maîtriser les techniques syntaxiques et rhétoriques spécifiques à la langue parlée. - Savoir présenter des arguments, faire preuve d'esprit critique.
- Aptitude à "générer" des textes cohérents, grammaticalement corrects et lexicalement adéquats. - Connaître et savoir utiliser les encyclopédies, dictionnaires et ouvrages de référence. - Bonne maîtrise des techniques et des situations de l'écrit [...]; résumés français de textes allemands, thèmes et versions, définitions et explications de termes.
Contenu: [...] Se familiariser avec le vocabulaire de l'entreprise [...]; - Approfondissement du vocabulaire de l'économie et des expressions spécifiques à la réalisation des différentes opérations commerciales [...].

3. Grammatikhandout:

Bitte füllen Sie die folgenden Leerstellen aus:
1. M. Duval m'a dit qu'il .... heureux de me voir (être).
2. Si elle ...... directement au responsable, il ..... de meilleures conditions (s'adresser / offrir).
3. Je regrette que vous .... déjà partir (vouloir).
Bitte kreuzen Sie die richtige Lösung an:
4. Toutes les délégations participants / participantes / participées / participant à cette conférence sont déjà arrivées à Vienne.
5. Je ne crois pas que vous veuillez / veuilliez / voudriez / vouliez / voulez vraiment participer à ce projet.
Setzen Sie ins Passé Composé:
6. Il .... très content du succès et nous en ....(être / remercier).
7. Les membres du comité ....aussi l'usine que M. Schwarzschild .... construire après la première guerre mondiale (voir / faire).
Setzen Sie die richtigen Determinanten:
8. J' aime beaucoup .... supermarchés, parce qu'ils offrent ... plupart ... marchandises .... prix favorables. (Ich mag gerne Supermärkte, weil sie die meisten Waren zu günstigen Preisen anbieten).
Ersetzen Sie das Präsens durch 2 Varianten des Futurs:
9. Nous vous envoyons les livres souhaités la semaine prochaine.
9a: Nous vous .... les livres souhaités la semaine prochaine.
9b: Nous (vous) .... les livres souhaités la semaine prochaine.
Übersetzen Sie bitte:
10. Warten Sie bitte auf mich!

PETER HANDLER

"AUFGEBEN, WIR? NIE!" AUSWEICHSTRATEGIEN VON WIRTSCHAFTSSTUDENT/INN/EN BEI KENNTNISLÜCKEN IM FRANZÖSISCHEN

1. Vorbemerkungen

Wie es sich für Wirkungsbereiche gehört, die mit Wirtschaft zu tun haben, beginnt dieser Beitrag mit einer Anlehnung an einen Werbeslogan. Die "Schlagzeile" des Titels wurde mit Bezug auf den folgenden Spruch der Firma "Damart" geformt: "Kalt, mir? Nie!"[1]
Warum mir im Zusammenhang mit der zur Diskussion stehenden Problematik gerade diese Struktur eingefallen ist, hängt damit zusammen, daß dadurch ein ebenso komplexer wie einprägsamer Handlungsrahmen evoziert wird: Es gilt die Präsupposition eines Dialogs, in dem eine situativ naheliegende Vermutung in den Raum gestellt wird, die der/die Angesprochene aus seiner/ihrer Perspektive jedoch heftig zurückweist. Nach dem Motto: Allen ist - völlig begründet - kalt. Nur der Person x nicht, denn sie hat ja ... Damart.
Analog dazu: Alle würden aufgeben. Nur unsere Wirtschaftsstudent/inn/en nicht, denn sie probieren vorher massiv alle möglichen Tricks; u.a. solche, die in der Fachliteratur als "Strategien" bezeichnet werden. Zwar ist damit noch keine automatische Erfolgsgarantie verbunden, denn oft handelt es sich um Kurzschlüsse; andererseits werden aber auch Chancen gewahrt. Diese Ambivalenz zwischen Panne und Problemlösung auszuloten ist Gegenstand der weiteren Überlegungen.

Den Untersuchungs- und Erfahrungsbereich bildet die Wirtschaftsuniversität Wien (WU):

---

[1] Damart verkauft Thermo-Wäsche. Im übrigen wird die Struktur international genutzt: Es gibt ein französisches Äquivalent: "Froid, moi? Jamais!", eine spanische Variante: "¿Frío, yo? Nunca!" und vermutlich weitere.

Sprachen sind dort natürlich nur ein Bestandteil in den sehr vielgestaltigen Studienplänen, wo ja neben den volks- und betriebswirtschaftlichen Fächern auch noch Statistik, Soziologie, Recht, Wirtschaftsgeschichte, Informatik, etc. aufscheinen.
Sprachen sind darin relativ angesehene Fächer und tragen ihrerseits auch zum - anscheinend guten - Ruf des Hauses unter den deutschsprachigen Wirtschaftsfakultäten bei; einfach deshalb, weil an keiner anderen die Sprachen einen derartigen Stellenwert in der Ausbildung haben. In einschlägigen Image-Pflege-Aktionen treten z.B. oft auch Manager auf, die wortkräftig verkünden, als wie wichtig sich für sie und ihre Karriere die ausgezeichnete Fremdsprachenausbildung erwiesen hat. Es kann auch behauptet werden, daß Sprachen eher zu den emotional positiv besetzten Lehrveranstaltungen der Studiengänge zählen.[2]

Vorauszuschicken ist weiters, daß die hier durchgeführte Analyse auf Prüfungsarbeiten, und zwar schriftlichen, basiert. Damit ist natürlich eine "Laborsituation" angesprochen, und es ist ein gängiger Topos, das Auseinanderklaffen zwischen Prüfungen und "realen Kommunikationssituationen" zu bemängeln. Das Thema kann hier aufgrund der Platzlimitierung nicht weiter ausgebreitet werden; doch bei aller Problematik besteht m.E. eine nicht unsignifikante Korrelation zwischen Erfolg bei (unseren) Prüfungen und Erfolg in Kommunikationssituationen.
Zum Thema Prüfung gehört auch noch, daß - pointiert formuliert - quer durch die Lernertypen an der WU eine Prüfung als "Ereignis mit fremdbestimmtem Risiko" angesehen wird; ein Scheitern hat wenig Ehrenrühriges an sich, dementsprechend verbreitet ist die Einstellung, es "einfach einmal zu probieren".

Um diesen Beitrag nicht ganz trocken zu gestalten, wurde eine ganz besondere Art von Beispielen ausgewählt: solche, die in die Kategorie "unfreiwillige Komik" fallen; deren Auftreten ist eine kleine Entschädigung für den/die Unterrichtende/n in der Situation des Korrigierens, die generell eher dem Typus "Leiden" zuzuordnen ist. Es sind dies zwar Überzeichnungen und zufällige Konstellationen, die auf einer - vom Sprachproduzenten nicht intendierten - anderen Ebene einen kuriosen (Un)Sinn ergeben;

---

2 Eine nicht unbeträchtliche Zahl von Student/inn/en der "sprachenlastigen" Studienrichtung "Handelswissenschaft" rekrutiert sich von der Interessenslage her aus "verhinderten" Philolog/inn/en, die von den Eltern mit sanftem Druck motiviert wurden, statt eines Sprachenstudiums mit unsicherer Zukunft eine WU-Ausbildung mit besserer materieller Absicherung zu wählen.

nichtsdestoweniger ordnen sie sich in allgemeine Tendenzen ein; d.h. ihre "Amüsanz" enthebt sie nicht der Signifikanz. (Beispielmaterial ist in kleiner Kursivschrift wiedergegeben; in eckiger Klammer werden die korrekten Wörter/Wendungen, ggf. mit Übersetzung, beigefügt.)

Um diesen Beispielen einen adäquaten Rahmen zu geben, werden sie in eine fiktive Anweisungsliste eingebettet; nebenbei ein kleiner Seitenhieb auf gängige vorwissenschaftliche Praktiken im Wirtschaftsleben nach dem Motto: "Anleitung zum erfolgreichen Verkaufen / Präsentieren / Kommunizieren / etc."; aber auch die Sprachwissenschaft selbst soll nicht ganz verschont bleiben; explizit gleich einmal so: Die untenstehende humorige Liste besitzt m.E. sogar mehr Sinnhaftigkeit als manche ernstgemeinte Unterteilung, die - abgehoben von jeder didaktischen Relevanz - stur nur linguistischen Kategorien folgt. Vgl. dazu auch Lavric (1994: 83):

> Die übliche Fehlerklassifikation in phonologische, morphologische, syntaktische, semantische und schließlich pragmatische Fehler [...] erscheint mir aber gerade im fachsprachlichen Bereich eher als eine Verlegenheitslösung; die Unterrichtsrelevanz der entstehenden Gruppen ist relativ gering.

Als Beispiele für anwendungsorientierte - auch situationale und psychologische Faktoren der Fehlergenese berücksichtigende - Analysen können Lübke (1977) oder Katsikas (1995) angeführt werden.

Es wird also so getan, als wären die aufgeführten Sprachphänomene Ergebnisse befolgter Anweisungen; zumindest in zwei Dimensionen kommen sie dem tatsächlich nahe: in der Regelhaftigkeit und einem bestimmten Grad an Bewußtheit, wie er in der Forschung angenommen wird; z.B. bei Ellis (1985: 181): "[...] communication strategies [...] are consciously employed by the learner in order to reduce or replace some element of meaning or form in thc initial plan."

Die Anregung zu diesem ironischen Zugang beziehe ich von Jean Tournier (1988: 25ff./ Auswahl), der sprachliche Fehlleistungen aus Radio und Fernsehen als System darstellt:

> [Titel: Parlez-vous médiais?]: Le médiais est la langue utilisée en France par les médias audio-visuels. Elle n'est pas sans analogie avec la langue française, mais présente, par rapport au français, un certain nombre de simplifications [..];
> Il n'y a pas de distinction à faire entre le genre masculin et le genre féminin. [...] *L'intérêt du pays, elle est du côté des cheminots* (Charles Fiterman [...]);

> Les auxiliaires ETRE et AVOIR sont équivalents et peuvent être utilisés indifféremment. [...] *Après m'avoir entretenu (avec) ..., je ...* (Jacques Chirac [...]);
> La forme interrogative directe est identique à la forme interrogative indirecte. [...] *J'ai voulu comprendre qu'est-ce que c'était* (Simone de Beauvoir [...]);
> Toutes les prépositions sont équivalentes et peuvent être utilisées indifféremment, et même sous-entendues. [...] *Ça dépend les endroits* (André Bergeron [...]).

Sowohl Wirtschaft als auch Linguistik sind übrigens bereit, sich selbst aus heiterer Distanz in Frage zu stellen; gerade auch in der erwähnten Ratgeber-Form; vgl. "Wie man nichtssagend bleibt, aber trotzdem eine Autorität" (Fiedler 1994: [=Titel]), mit nützlichen Anweisungen für Wirtschaftsforscher:

> In dem Moment, in dem du prognostizierst, weißt du: Du wirst schief liegen. Du weißt nur nicht wann und in welcher Richtung. - Sei trotzdem immer genau bei deinen Prognosen. Ökonomen geben ihre Projektionen zum Wachstum des BSP auf Zehntelprozentpunkte genau an, um zu beweisen, daß sie Sinn für Humor haben. (Fiedler 1994: 37)

oder Rolf Hammerls "Unverbindliche Ratschläge für Sprachwissenschaftler", zu denen u.a. gehört:

> Verwenden Sie viele Symbole, denn das erspart Schreibarbeit. Grundsätzlich sollten Sie aber nicht irgendwelche Symbole auswählen, sondern nur solche, die noch niemand außer Ihnen verwendet hat. (Hammerl 1991: 96)

Wer einen solchen Zugang als Sakrileg an der Wissenschaft betrachtet, möge gleich zum Abschnitt 3 bzw. anderen Beiträgen übergehen.

2. Ausweichstrategien

2.1. Fiktives Anweisungsschema

Die Ausweichstrategien gehen von einer Grundmaxime aus und setzen sich dann in Einzelanweisungen fort:

Grundmaxime:

Bei Auftreten einer Kenntnislücke ist es wichtig, niemals aufzugeben; vgl.: "[... the] most important thing of all has to be 'don't give up'" (Hatch; zit.n. Ellis 1985: 187). Irgendeine Antwort ist noch immer besser als gar keine, denn:

a) Man hat gewisse Chancen, zufällig doch das Richtige zu treffen.
b) Der/die Prüfer/in wird möglicherweise nachsichtig sein, weil der Fehler eine These seines/ihres Fehlerlinguistikprojekts bestätigt.
c) Man kann noch immer hoffen, als "kommunikativ" zu gelten, weil ja ziemlich alles Vorgebrachte irgendwie Kommunikation ist.

Diese Grundregel darf nur dann ignoriert werden, wenn es gelingt, selbst die Lückenhaftigkeit der Lücke zu verstecken, was sich evtl. bei Auslassung einzelner Satzteile in Übersetzungen bewährt.

Einzelanweisungen:

Anweisung [1]: Es empfiehlt sich, zumindest so intensiv zu lernen, daß man eine ungefähre Vorstellung von der Beschaffenheit eines sprachlichen Ausdrucks hat. Damit praktiziert man einerseits ökonomisches Vorgehen und schützt sich andererseits vor peinlichen Leerstellen; z.B.:

rétards de livreson [retards dans la livraison / Lieferungsverzögerungen]
carte de retraite [... de retrait / Bankomatkarte]
le preferendum [le référendum / die Volksabstimmung]
le parlement vote les loins [... lois / das P. stimmt über die Gesetze ab]
la poivre d'achat [le pouvoir d'achat / Kaufkraft]
Wallis et Fortuna [... Futuna / =Überseeterritorium]
hypomarchés [hyper... / Verbrauchermärkte]
artelier [atelier / Werkstätte]
les syndiclistes [syndicalistes / Gewerkschafter]
vent par correspondance [vente ... / Versandhandel]
imprimantes à jet d'ancre [... encre / Tintenstrahldrucker]
etwas gewagter: *improvisateurs au jeu-donc* [-"-]
la banque donne ses dattes [... transmet les données / ... gibt die Daten weiter]
la Ve république a été fondue en 1958 [... fondée ... / die V. Republik ist 1958 gegründet worden]
elle étudie le médecin [... fait des études de médecine / sie studiert Medizin]
les centres commerciaux: tous sous un doit [... tout sous un seul toit / die Einkaufszentren: alles unter einem Dach]
service de l'enseignement [... des renseignements téléphoniques / Telefonauskunft]
la confiance en soir-même [... soi / Selbstvertrauen]
on peut faire les cours dans les magasins spécialisés [... ses courses ... / man kann seine Einkäufe in Fachgeschäften tätigen]
le produit inférieur brut [... intérieur ... / BIP]
le 2e cycle est une préparation pour la maîtresse [... prépare à la maîtrise / der 2. Studienabschnitt führt zum Maîtrise-Diplom]
les titres émus [... émis / die ausgegebenen Wertpapiere]
les centres commerciales offrent des services spaciales [... commerciaux offrent toute une gamme de services / die Einkaufszentren bieten eine Reihe von Dienstleistungen]
expectionnellement [exceptionnellement / außergewöhnlich, ausnahmsweise]

la guerre sanitaire [... Sainte / der Heilige Krieg]
une convergence des altitudes et des opinions [... attitudes ... / Konvergenz der Einstellungen und Meinungen]
Bernard Tapis [B. Tapie]
l'engletaire [l'Angleterre / England]
la Grande-Britannie [Grande-Bretagne / Großbritannien]
Leichte Unschärfen können auch im Deutschen auftreten:

Wanderschuldverschreibung [obligation convertible / Wandelschuldverschreibung]
Solarwechsel [billet à ordre / Solawechsel]

Anweisung [2]: Unsere Sprachen sind eine große Familie; es kann somit nicht allzu schlimm sein, einen gesuchten Ausdruck einfach einer anderen Sprache zu entnehmen:

Mit Englisch - so heißt es - kommt man überall durch, warum nicht auch bei einer Französisch-Prüfung? (Ein gewisses Restrisiko bedeutet allerdings das Wecken von anglophoben Regungen, die bei Romanisten immer latent vorhanden sind.)

en average [en moyenne / im Durchschnitt]
ils expectent [... s'attendent à / erwarten]
consumer [consommer / verbrauchen]
despiter de [malgré / trotz]
phoner [téléphoner / telefonieren]
sur l'extension 4991 [au poste ... / auf Nebenstelle ...]
il faut donner un tip au garçon de café [... pourboire ... / Trinkgeld]
ils font des fairs [... les foires / sie fahren auf Messen]
stations de gas [... -service / Tankstellen]
stations de petrol [... -service / Tankstellen]
x depicte [x montre / x zeigt]
les coins et les billets [... pièces (de monnaie) ... / die Münzen und Geldscheine]

Leichte orthographische Anpassungen können dabei den Eindruck der Fremdheit verringern:

je vais vous conecter avec Mme x [... passer Mme x / ... mit Frau x verbinden]
un douzent [une douzaine / Dutzend]
montre une gappe [... un écart / zeigt ein Auseinanderklaffen]

Weitaus günstiger ist es, andere romanische Sprachen zu Hilfe zu nehmen oder zumindest den Anschein zu erwecken. (Selbst bei Fehlgriffen kann man so das Herz jedes Romanisten erobern.)

la Dinamarque [Danemark / Dänemark] (<Span.: Dinamarca)
le Japonese [le Japon / Japan] (<Span.: Japón bzw. japonés)

Als letztes Mittel dieser Art bleibt noch der Rückgriff aufs Deutsche, möglichst mit französisierenden Zusätzen und Anpassungen:

le termin [l'échéance / Fälligkeitstermin]
la vente d'artikel [... articles / Verkauf von Waren]
les crimis [les films policiers / Kriminalfilme]
les prix restent stabils [... stables / die Preise bleiben stabil]
febreur [février / Februar]
un absolvent [diplômé / Absolvent]
un concerne [groupe / Konzern]
les fristes [délais / Fristen]
les cravaux des étudiants [les émeutes d'... / Studentenkrawalle]
la réparature [réparation / Reparatur]
le produit inlande brut [... intérieur ... / BIP]
la rate de chômage [taux de chômage / Arbeitslosenrate]
les liférants [sous-traitants / Zulieferer]
la praxe [la pratique / die Praxis]
la platte dure; le plat dur [le disque dur / Festplatte]
was im Satzganzen dann so aussieht:
Dèspuis la reduction de Marktanteil, le Umsatz de notre entreprise reste le même.

Anweisung [3]: Eine Reihe weiterer nützlicher Hilfen basieren auf dem modularen Aufbau von Sprache:

Es entspricht ebenfalls ökonomischem Denken, komplexe Wörter auch ad hoc als solche zu konstruieren; d.h. die Beherrschung einiger Basen und Affixe ermöglicht ein Vielfaches an Kombinationen und hilft über das Schlimmste hinweg:

sous-traitage [sous-traitance / Zulieferung, Auslagerung]
troizante [trente / dreißig]
actreuse [actrice / Schauspielerin]
imprimateurs [imprimantes / Drucker]
tertièrement [troisièmement bzw. tertio / drittens]
avocation [avocat / Rechtsanwalt]
trisemestre [trimestre / Quartal]
attentativement [attentivement / aufmerksam]
les chomageurs [chômeurs / Arbeitslose]
ils initiativent ... des lois [... ont l'initiative des lois / ihnen obliegt das Einbringen von Gesetzen]
les magasins superfaces [les grandes surfaces / Verbrauchermärkte]

les importeurs automobilistes [importateurs de voitures / Autoimporteure]
pourriez-vous latterer votre nom? [... épeler ... / könnten Sie Ihren Namen buchstabieren?]
le libéralisement [la libéralisation / Liberalisierung]
un Europe uniqué [une Europe unifiée / ein vereintes Europa]
la bilance [le bilan; la balance / Bilanz]
se cinquifier [se multiplier par cinq / sich verfünffachen]

Den tieferen Sinn der Wörter erschließt man mittels Remotivierung oder Rekonstruktion:

man-œuvre [manœuvre / Hilfsarbeiter]
les entre-prises [entreprises / Unternehmen]
humain d'œuvre [main-d'œuvre / Arbeitskraft (abstr.)]

Auch Verknappung kann eingesetzt werden:

l'enlargement [l'élargissement / Ausweitung]
les négations de la communauté avec l'Autriche [... négociations ... / die Verhandlungen der Gemeinschaft mit Österreich]
les écolistes [les écologistes / die Grünen; Umweltschützer]

Die Modultechnik läßt sich auch in Verbindung zwischen den verschiedenen Sprachen anwenden; d.h. komplexe Wörter und Begriffe verlieren ihren Schrecken, wenn man nur die Teile entsprechend übersetzt:

motion de déconfiance [... de censure / Mißtrauensantrag]
force d'acheter; fortesse d'achats [pouvoir d'achat / Kaufkraft]
pulver à laver [lessive / Waschmittel]
argent de boire; monnaie de boire [pourboire / Trinkgeld]
argent de sac [argent de poche / Taschengeld]
maisons d'achats [grands magasins / Kaufhäuser]
médecin pratique [... généraliste / praktischer Arzt]
le savoir-comment [savoir-faire / Know-how]

Das Prinzip gilt in der umgekehrten Richtung auch für das Verständnis, d.h. komplexe Wörter erschließt man mittels ihrer Bestandteile :

la croissance des excédents -> *das Anwachsen der Aussteiger* [... der Überschüsse]
les semi-remorques -> *die Halbsattelschlepper; Kleinlaster* [Sattelschlepper]

Anweisung [4]: Eine weitere wichtige Dimension, die die Sprache zusammenhält, ist die Bedeutung: Man suche daher nach Assoziationen in mehr oder weniger weit verwandten Sinnbezirken!

je vous mets en conversations avec Mme x [... en communication ...(CH); je vous passe Mme x / ich verbinde Sie mit Frau x]
force de consommateur [pouvoir d'achat / Kaufkraft]
outre-Europe [Europe occidentale / Westeuropa]
les cadres médiocres [cadres moyens / mittlere Führungskräfte]
le numéro supplémentaire [le poste / Nebenstelle]

Ganz Vorsichtige lehnen sich an bereits Dastehendes an:
semantischer Zusammenhalt:

l'augmentation des prix à la culmination [... consommation / Ansteigen der Verbraucherpreise]

semantisch-formaler Zusammenhalt:

quel est le locataire de votre loyer? [... montant de votre loyer? / Wie hoch ist Ihre Miete?]
la France va prendre sa décision décisif [... définitive / Frankreich wird seine endgültige Entscheidung treffen]

Anweisung [5]: Letztlich ist noch auf die Nützlichkeit logischer, praktischer, situativer Zusammenhänge hinzuweisen: Man versuche sich an Dinge und Umstände aus dem gleichen Wirklichkeitsbereich, aus derselben Unterrichtseinheit oder überhaupt nur aus derselben Lehrveranstaltung zu erinnern; ggf. ist die Phantasie einzusetzen und zu überlegen, was mit einer bestimmten Sache einfach zusammenhängen könnte!

Dies funktioniert über "Verbindungsbrücken", die meist rekonstruierbar sind: Unterrichtseinheit (DOM/TOM und Flughäfen wurden in der gleichen Stunde besprochen):

St Pierre-et-Miquelon est le nom d'un aéroport [... D.O.M. / Überseedepartement]

Landwirtschaft (im Zusammenhang kam auch die *vache laitière* vor):

produit vachier [produits alimentaires; ... d'alimentation / Lebensmittel]

geographische Namen (aus dem Fundus der geographischen Bezeichnungen wird beliebig ausgewählt):

la Slovaquie [la Slovénie / Slowenien]
aux pays basques [aux Pays-Bas / in den Niederlanden]
Le Havre [La Haye / Den Haag]

Druckwerke (immerhin ist auch das gewählte Wort noch ein "Buch"):

Les annuaires classifient les entreprises selon leur forme juridique. [les manuels ... / Die Lehrbücher klassifizieren die Unternehmen nach ihrer Rechtsform]

Computerterminologie (Auffüllung einer morphologischen Struktur mit ähnlich klingenden Elementen aus dem EDV-Vokabular):

imprimante à jeu d'écran [...jet d'encre / Tintenstrahldrucker]

Telefonkommunikation (Verbleib im Themenbereich, doch mutiger Sprung über die Wortart hinweg):

je vous ligne à Mme x [... passe Mme x / ich verbinde Sie mit Frau x]

Lehrveranstaltungsleiterin (Mme Poteau aus dem WU-Lehrkörper erweist sich in der Namensähnlichkeit als nachhaltiger prägend):

Félix Poteau [Félix Potin / Bsp. für Handelskette]

Besonders bei Einsetzaufgaben sind der Phantasie keine Grenzen gesetzt: In Les ____________ sans mercure font partie des produits verts. fanden sich (wiederum wird aus dem gesamten identifizierten Objektbereich "Ökologie und Warenwelt" geschöpft): *lavages; écologistes; thermomètres; pompes; aérosols; lessives* [... piles ... / Batterien ohne Quecksilber gehören zu den umweltfreundlichen Produkten]
Auch in einer Übersetzung kann ein unbekanntes Wort bei Verstehen des Restkontexts zur Entfesselung kombinatorischer Fähigkeiten führen: ... marchandises peu encombrantes wurden im Deutschen zu:

wenig widerstandsfähige; wenig verpackte; ein wenig teure; wenig zerbrechliche; wenig haltbare; wenig empfindliche; ein wenig anvertraute W. [wenig sperrige Waren]

2.2. Zusammenschau

Diese Beispiele leiten über zu einem kurzen Perspektivenwechsel: Um die geballte Kreativität einer Gruppe zu vermitteln, empfiehlt es sich am Schluß dieses Abschnitts, zu ausgewählten Problemen eine Synopsis mit den verschiedenen vorgefundenen Varianten zu erstellen:

- *consulter fiscal; conseillé fiscale; conseiller fiscalance; consultateur fiscal; consultateur de taux; 'aide d'impôts'* [conseiller fiscal / Steuerberater]
- *l'annuel; l'annière; l'annulaire; l'annuiaire; l'anniversaire téléphonique; l'index; le livre de téléphone; le dictionnaire téléphonique* [l'annuaire (téléphonique) / Telefonbuch]
- *il cherche les larcunes de marché; ... les trous dans le marché; ... des trues de marché; ... aux niches de la marqué; ... les croches de marché; ... les trous du monde commercial* [... de nouveaux débouchés / er sucht nach Marktlücken]
- *en/au Polande; en/au Poland; au Polant; en/au Pole; en Pôle; à la/en Polie; à la/en/au Polen; en Polend; en Bologne; en Polonie; en Pollande; en Polonaise; en Po; au Polongre; à Polnique; au Polaque* [en Pologne / in Polen]

Eine besondere Herausforderung an die Kreativität sind Siglen:

RMI *rémuni minimum d'intérim*
revenu minimus de l'incession
revenue minimum de l'insertion; Übersetzung: *minimale Einnahme per Integration*
[revenu minimum d'insertion / frz. Unterstützungsprogramm f. Arbeitslose]
ENA *Ecole Nationale d'Angers (<-Austauschprogramm)*
Ecole Nationale d'Assemblées
Ecole nationale d'assemblement
[Ecole Nationale d'Administration / frz. Verwaltungs-Elitehochschule]
CEI *certificat d'études industrielles*
centre d'études internationales
communauté économique internationale
[Communauté des Etats Indépendants / GUS]

Die folgende Aufgabenstellung zeigt, wie aufgrund der Konzentration auf das eigentliche, zum Deutschen konträre Problem (Grundzahl statt Ordnungszahl) banale andere Nachlässigkeiten auftreten:

Johannes XXIII. [Jean vingt-trois]
-> Jean trente-trois; Jean treize; Johannes vingt-trois; Johan vingt-trois; Juan XXIII; Jean Paul vingt-trois; Louis le vingt-troisième

Aus der strukturbetonten Klassifizierung herausgehoben seien auch all jene Aussagen, die überraschende, neue Perspektiven auf die Welt erzeugen:

Realität / wirtschaftliche und philosophische "Einsichten":

La langue française est assez répandue, prenez d'abord l'Europe ou les Etats-Unis. Dans ces pays le français est la langue maternelle.
Il y a aussi quelques hypermarchés où on peut acheter presque tous.
Même le chômage n'est pas un bon état.
Le grand avantage du franchising est la réduction des fraîses.

Les grandes écoles forment un second pôle du renseignement supérieur.
Les universités parcontre n'ont pas un niveau si enlevé.
Il y a la francophonie dans tout le monde.
branche: monogame; secteur: polygame [branche: production homogène; secteur: p. non-homogène]

Politik:

François Mitterrand est le président de la France supporté par son premier ministre ...
Le lendemain de son élection, le Président a eu le premier ministre.
Le Premier ministre assure l'exécution des ministres. [... l'exécution des lois]
Le président nomme le Premier ministre, peut dissoudre les autre membres du gouvernement, ...
PS: partie socialiste, partie qui a comme principaux les idées socialistes quoi que ce soit.
Le chancelier était consterné et épongé. [... écœuré / ... bestürzt und abgestoßen]
Les parlementaires peuvent condoler le gouvernement en votant une motion de censure [... renverser ...] (<contrôler)

Die Konzentration auf sprachliche Probleme führt offensichtlich auch zu einer Labilität in Bereichen, die eigentlich das tägliche Einmaleins des Wirtschaftlers darstellen - und dies im wörtlichen Sinn: in der Mathematik. Würde man diese Fehler nicht als Sprachprobleme auslegen, müßte man sich ernstlich Sorgen um die österreichische Wirtschaft machen. Zur Abrundung einige Belege aus dieser Kategorie:

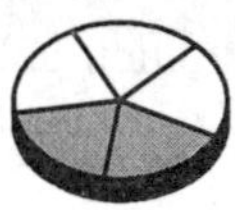

[<- die schraffierte Quantität soll auf drei Arten ausgedrückt werden, also: 40 pour-cent; les deux cinquièmes; deux ... sur cinq] darunter waren die folgenden Prozentumrechnungen zu finden:

10%; 20%; 33,3%; 55%; 0,2%; 0,4%

andere Rechenleistungen:
sept fois trois égalent vingt-trois; 117-11=cent-seize; 3^5 *= racine cinquième de trois*

3. Ergebnisse und Konsequenzen

Als Vermittlung zwischen Wirtschaft und Sprachlehrforschung eignet sich - von erster das Schlüsselwort, von zweiter die Provenienz - der folgende Satz (Hervorh. P.H.): "Nun stellt sich natürlich die Frage, welchen *Gewinn* man aus solchen Kategorisierungen ziehen kann." (Edmondson / House 1993: 224) Dazu Gedanken, die vorerst in drei Richtungen gehen, wobei am Schluß aus den Teilergebnissen ein abgerundeteres Bild entstehen soll.

3.1. Sondierungen

1) Die erste - und naheliegendste - Überlegung ist die, ob man die fiktiven Anweisungen, die ja ersichtlicherweise eine Menge Unfug generieren, völlig zurückweisen muß oder ob nicht auch erfolgreiche oder zumindest tolerierbare Ergebnisse festzustellen sind. Schon unter den zuvor aufgeführten Sprachprodukten gehören wohl einzelne dazu, insbesondere könnten jedoch folgende Resultate diese Voraussetzung erfüllen:

Zu [1] Unschärfe:
Am ehesten bezahlt macht sich Unschärfe natürlich bei Ausblendung der Schriftlichkeit; in bloß mündlicher Realisierung sind viele Präzisierungsanstrengungen einfach nicht aktuell, etwa diverse Accord-Kennzeichnungen. Dort würde auch nicht auffallen, was folgendermaßen wiedergegeben wurde:

corriger les pronostiques [... pronostics / die Prognosen revidieren]

Im Schriftcode selbst ist wenig Platz für Pluralität; wenig auffallen würden allenfalls Formen, die von Muttersprachlern selbst mehrheitlich gegen die Norm realisiert (und z.T. durch Rechtschreibreform-Verfechter zu "legalisieren" versucht) werden; etwa:

évènement [événement / Ereignis]

Zu [2] L1- bis Ln-Bezüge:
Trotz der auf Purifizierung ausgerichteten französischen Sprachpolitik gibt es eine Reihe von Anglizismen (mit und ohne frz. Ersatzform), mit denen die Student/inn/en eben richtig liegen, wenn sie den englischen Terminus hernehmen; vgl.

le flirt avec AUA; le boom des supermarchés; les joint-ventures [société (de/à capital) mixte; société mixte Est-Ouest; co-entreprise]

Bei manchen Wörtern könnte die Akzeptanz nur mehr eine Frage der Zeit sein:
le gouvernement supporte les exportations vers l'Espagne [... subventionne ...], wo sich die englische Bedeutung in der Sportsprache schon festgesetzt hat; vgl.: Ils sont venus nombreux supporter l'équipe de Marseille.

Zu [3] Morphosyntaktischer Aufbau:
Wenngleich man mit der wörtlichen Nähe bei *rue d'affaires* [rue commerçante / Geschäftsstraße] Schiffbruch erleidet, funktioniert das Vorgehen bei *quartier des affaires* [Geschäftsviertel].

Zu [4] Semantischer Rahmen:
Die akzeptablen Ergebnisse in diesem Bereich nutzen das Sprachphänomen der Synonymie aus:

fonctionne selon le modèle; ... suivant le même modèle que [fonctionne sur le modèle / funktioniert nach dem Vorbild]

Zu [5] Pragmatischer Rahmen:
Das Nachdenken in diesen Dimensionen bewährt sich besonders bei Einsetzaufgaben:

Pour que la comptabilité soit exacte, il faut ________ toutes les opérations. Dabei sind *vérifier; contrôler; connaître* zufriedenstellende Resultate, obgleich der Modellsatz beinhaltete: [enregistrer / aufzeichnen, vermerken; buchen]

2) Die zweite Überlegung geht dahin, die aufgrund der beobachteten Phänomene erstellte 5-Punkte-Liste mit den Befunden der Sprachlehrforschung zu kontrastieren. Dafür bietet sich z.B. ein Schema aus Ellis (1985: 184f.) an, das auf Faerch / Kasper aufbaut. Die Hauptpunkte lauten:

A. Reduction Strategies: 1 Formal reduction strategies 2 Functional reduction strategies
B. Achievement strategies: 1 Compensatory strategies 2 Retrieval strategies

"Reduction strategies" implizieren den Verzicht auf einen Teil des Kommunikationsziels, bei "achievement strategies" dominiert die Aufrechterhaltung des Kommunikationsziels.
Zu A gehörige Strategien standen nicht im Mittelpunkt des Interesses, obwohl von ihnen natürlich auch Gebrauch gemacht wird, z.B.:
A1: formale Reduktion (Vermeidung oder Unzugänglichkeit bestimmter L2-Regeln)

le taux de chômage [en France] est le même qu'au Danemark [... est aussi élevé en France qu'au Danemark / ... ist in Frankreich genauso hoch wie in Dänemark]

A2: funktionale Reduktion (Vermeidung von Sprechakten, von Modalitätskennzeichnungen, Ausweichen gegenüber bestimmten Themen, etc.)

faire des affaires avec les marchés dans l'Est [prospecter les marchés d'Europe de l'Est / die Ostmärkte bearbeiten]
nous terminons les litiges [réglons ... / wir legen die Rechtsstreitigkeiten bei]
Im allgemeinen läuft diese Reduktion auf eine Generalisierung im Sinne von Hyperonymie hinaus, in Einzelfällen trifft man allerdings auch auf Parallelkategorien und auf Überpräzisierung mittels Zuflucht zu einer Subkategorie:

offre spéciale [offre intéressante / attraktives Angebot]
concessionnaire exclusif [responsable des ventes / Verantwortlicher für den Verkauf; Verkaufsleiter]

Der Vergleich zeigt, daß sich die zuvor aufgelisteten Ausweichpraktiken recht gut in die Gruppe B einfügen; diese Tendenz erklärt sich daraus, daß die Prüfungssituation weitgehend der Bedingungslage B (Aufrechterhaltung des kommunikativen Ziels) entspricht; das Wesen von "Prüfung" besteht ja darin, zu kontrollieren, inwieweit ein vorgegebenes kommunikatives Ziel bewältigt wird.
Die Entsprechungen lauten, mit Bezug auf die weitere Ausdifferenzierung bei Ellis (1984: 185f.), vgl. dort auch die nähere Beschreibung:
Anweisung [2] = B1[ai] "L1/L3-based strategies" und B2[c] "Using other languages"
Anweisung [3] = B1[aii] "L2-based strategies: substitution, paraphrase, word coinage, restructuring"
Anweisung [4] = B2[b] "Using semantic field"
Anweisung [1] fällt ebenfalls in den Bereich B2 (Retrieval); die aufgelisteten Beispiele sind leider eine Stufe vor Erreichen des "Ziels" Resultate der ähnlichkeitsbedingten "homogenen Hemmung" (vgl. Katsikas 1995: 26).
Der Status von Anweisung [5] verweist auf pragmatische Faktoren, wobei m.E. auch mentale Irritationen zu berücksichtigen sind, die dadurch entstehen, daß implizite, "natürliche" Lernvorgänge mit der Gesteuertheit und Dichte der Lehrsituation in Konflikt stehen.
Für die schriftliche Prüfungssituation irrelevant sind - zumindest theoretisch - B1[b] "Co-operative strategies", die wir als wettbewerbsverzerrend zu unterbinden suchen.

3) Überlegung 3: Wenn im vorhergehenden Abschnitt von den Übereinstimmungen mit allgemein beobachtbaren Strategien die Rede war, muß man sich jetzt komplementär nach den Besonderheiten der WU-Lerner/innen fragen. Als Reflexionsgrundlage beziehe ich mich auf

Newmark / Reibel (1968), die sich kritisch mit Bezeichnung und Wesen von "Interferenz" auseinandersetzen, sowie damit, daß dieser Ansatz zu einem kontrastlastigen Sprachunterricht führt, der gerade die Probleme erst schafft, die er zu beseitigen sucht. Sie sehen Interferenz (wofür sie eigentlich auch gerne einen anderen Namen hätten) nicht als Störelement, sondern als Lückenfüller: Der/die Studierende hat einerseits Kenntnislücken, will (hier: soll) aber andererseits das kommunikative Ziel aufrechterhalten. Er/sie drückt einfach das, was er/sie nicht weiß, mit dem aus, was er/sie weiß, und das ist eben u.a. seine/ihre Muttersprache. Das Konzept greift aber weiter aus, d.h. "[...] he uses whatever means he has at his disposal." (Newmark / Reibel 1968: 160) Das Zugreifen auf diese Mittel wird nun von zwei Seiten her determiniert, die mit dem Lernerpublikum in Zusammenhang stehen:
a) Auf welche Weise wird nach Mitteln gesucht? Diese Frage betrifft Grundeinstellungen, Motivationen, also im wesentlichen Persönlichkeitsfaktoren. Aussagen darüber sind natürlich eine gewagte Angelegenheit. Dennoch zeigt sich - und das ist eine intersubjektiv geteilte Erfahrung - bei Wirtschaftsstudent/inn/en im Vergleich zu ihren philologischen Kolleg/inn/en ein unbefangenerer und unbekümmerterer Zugang zu Fremdsprachen.
Zur Orientierung könnte man ein Schema heranziehen, in dem Edmondson / House eine Reihe von Untersuchungen überblicksmäßig zusammenfassen (1993: 201):

Unterschiedliche "Lernstile"?

Umfeldabhängigkeit	Umfeldunabhängigkeit
extrovertierter sozialer Stil	introvertierter sozialer Stil
holistische Betrachtung	analytische Betrachtung
kontextgebundenes Lernen	kontextunabhängiges Lernen
natürliche "Erwerber"	natürliche "Lerner"
"data-gatherers"	"rule-formers"
"risk-takers"	"risk-avoiders"
"fluency" oricnticrt	"accuracy" orientiert
integrative Motivation	instrumentelle Motivation

Ohne jetzt die einzelnen Gegensatzpaare schrittweise durchgehen zu können, sehe ich bei unseren Student/inn/en eine Tendenz zur linken Spalte, z.B. schon einmal im Bereich extrovertierter sozialer Stil. Weiters werde ich nach der Auflistung im 2. Abschnitt nicht auf Widerspruch stoßen, unsere Klientel den "risk-takers" zuzuordnen. Die Beispiele sind zumindest Ausdruck "mutige[r] Fehler" (Leisi, zit.n. Mayr 1985: 78), wenngleich nicht alle auch als intelligente Fehler gelten können. Weiters besteht eine Latenz

zu "fluency"-Orientiertheit (schon deshalb, weil es mit dem Gegenpol Akkuratheit nicht so besonders gut steht, wie man sehen konnte).
Daß diese Übersicht keine starre Dichotomie aufbaut, sondern für Wechselbezüge offen ist, belegt ein Phänomen, das ich als typisch für unsere Studierenden ansehe. Einerseits liegt eine stark instrumentelle Motivation (Spalte rechts) vor, wobei sogar das Beispiel von Edmondson / House fast direkt auf unsere Gegebenheiten übertragbar ist:

> [Sie ist ...] rein utilitaristischer Natur. Französisch wird z.B. als Studienfach gewählt, damit man in Frankreich deutsche [hier: österreichische] Waren besser verkaufen kann oder weil man in diesem Fach in der Schule gute Noten hatte und somit erwartet, daß einem dieses Nebenfach an der Universität weniger Arbeit machen wird als z.B. Japanisch. (Edmondson / House 1993: 189)

Andererseits führt das Wissen um Lernbequemlichkeit dazu, diesen Utilitarismus mit Situationen des "Erwerbs" bzw. kontextgebundenen Lernens (Spalte links) zu koppeln; d.h. es wird ein Aufenthalt im Land selbst angestrebt, um dort "automatisch" zu lernen. (Wobei eine andere Art von Utilitarismus durchaus mit auf die Reise gehen kann, wenn Student/inn/en etwa beim Club Méd arbeiten, dabei Französisch praktizieren und auch noch Geld verdienen.)

b) Die zweite Frage lautet: Welche Mittel stehen überhaupt zur Verfügung? Die Antwort darauf zeigt einmal eine spezifische Situation aufgrund des Studienplans, die bei den meisten unserer Studierenden stark mit der Präsenz einer zweiten Pflichtfremdsprache - zumeist des Englischen (bei Philolog/inn/en eher Einzelfälle) - zu tun hat. Zu beachten ist auch, daß mitunter zusätzliche Sprachen freiwillig neu erlernt werden (diese Kenntnisse sind allerdings qualitativ sehr uneinheitlich). Insgesamt liegen jedenfalls deutliche Bezugspunkte zu L3 bis Ln vor.
In didaktischer Hinsicht strebt der WU-Sprachunterricht ein ausgewogenes Verhältnis zwischen situativer Modellhaftigkeit und analytischer (sprich: metasprachlich-grammatikalischer) Durchdringung an; mit Akzentuierungen, die stark von der Hörerzahl bestimmt werden.
WU-Student/inn/en haben damit einzelsprachliche, primär schulgrammatisch geprägte Bezugssysteme zur Verfügung, aber keine sprachtheoretisch orientierten, linguistischen Ausbildungsteile.

3.2. Folgerungen

Kurz zusammengefaßt, zeigt sich die Ausgangssituation folgendermaßen:

- Mit ihrer Vorgangsweise liegen unsere Studierenden *keineswegs automatisch* falsch.
- Die Beobachtungen finden weitgehend Entsprechungen in Ergebnissen der Forschung.
- Bezüglich der verfügbaren Mittel ist einerseits eine spezifische Grundhaltung, ein unbekümmerter, positiver, wenig analytischer Zugang zu Sprachen zu nennen; der theoretische Hintergrund basiert auf einzelsprachlichen Grammatikkenntnissen.

Wo liegen unter diesen Vorgaben die Stärken und die Schwächen; in welchen Bereichen soll man wie reagieren?
Berücksichtigt man nur die Prüfungssituation, könnte man die Angelegenheit rasch abhaken, denn hinsichtlich der dort geltenden kommunikativen Ziele wird ja nichts Unmögliches gefordert, sondern nur das - aber auch *genau das* - worauf ganz konkret vorbereitet wurde und was der entsprechenden Stufe in der Progression entspricht. Damit würde alles auf einen Rückverweis auf entsprechendes Lernverhalten hinauslaufen; und die "professionellen Lerner" erzielen damit ja auch schöne Erfolge.
Nun sind aber Ausweichstrategien Teil der kommunikativen Realität, d.h. auch der "sehr-gut"-Student und die "sehr-gut"-Studentin stehen im Leben vor Situationen, auf die sie kein Curriculum vorbereiten konnte. Damit bleiben diese Strategien sehr wohl ein Thema, mit dem man irgendwie umgehen muß:

Die vorgefundene motivationelle Grundtendenz, die Kommunikation aufrechtzuerhalten, wie immer die sprachliche Ausgangslage beschaffen sein mag, kann sicherlich als positive Voraussetzung angesehen werden. Diese Risikofreudigkeit sollte man unseren Studierenden also keineswegs abgewöhnen. Das Spezifikum an der WU liegt m.E. darin, solche Strategien *in extremis*, also bis *in die verzweifelten letzten Züge* von Kommunikation hin anzuwenden; damit erreicht die Risikofreudigkeit einen Grad, bei dem der/die Lernende gewissermaßen "blind ins Unglück rennt". Setzt man voraus, daß hinter der Beharrlichkeit in der Prüfungssituation eine gewisse Energie und Dynamik steht, besteht der springende Punkt darin, diesen motivationellen Kräften ein besseres Timing zu geben, sie konkret also in die Vorbereitungsphase zu verlagern.

Aufklärungsarbeit tut auch not, um situations-, kode- und textsortenspezifische Differenzierungen bezüglich der Sanktionierung von Fehlern im "echten Leben" transparent zu machen. Es gibt Fehler, die in der Mündlichkeit wenig auffallen, es gibt intendierte Sprechhandlungen, die mit der Hilfe eines kommunikativ kooperativen Gegenübers auch bei ungenügenden Voraussetzungen noch realisiert werden können. Es ist aber etwas ganz anderes und hat sehr direkte, oft materiell "meßbare" Konsequenzen, wenn mit den gleichen Voraussetzungen Prospekttexte oder Lebensläufe redigiert werden und damit Auftragsverlust oder Chancenvergabe bei der Bewerbung einhergehen.[3]
Hier wäre noch ein beträchtliches Entwicklungspotential zugunsten von Benotungspraktiken, die sich stärker an die gesellschaftliche Sanktionierung anlehnen.

Auch wenn man davon ausgeht, daß Ausweichpraktiken im kommunikativen Alltag Sinn machen, ist doch zwischen deren verschiedener Qualität zu unterscheiden. Konsequenterweise wäre demnach eine Förderung relativ erfolgversprechender Vorgangsweisen und eine Reduzierung von Techniken zu propagieren, bei denen das Miß- oder Nichtverständnis schon vorprogrammiert ist.
Zu den anspruchsvolleren Strategien werden gemeinhin Paraphrasierungen gezählt. Auch innerhalb von Prüfungsaufgaben, die freieres Reagieren zulassen, haben erfolgreichere Student/inn/en nicht unbedingt immer die optimale Antwort, aber zumindest eine brauchbare Antwortstrategie.
Im Verhältnis zwischen reduktiven und aktiven Strategien wird häufig eine Hierarchie zugunsten letzterer propagiert; in gar nicht wenigen Fällen wird allerdings ein partieller Verzicht auf das Kommunikationsziel praktikabler sein als offensivere Möglichkeiten, die eventuell danebengehen:

numéro 4991 (red.) versus *exédent 4991* (akt.) [poste / Nebenstelle ...] (<extension)

Soll und kann man nun die zuverlässigeren Strategien lehren? In ganz bestimmten Bereichen sind zumindest Hinweise nötig und nützlich: z.B. bei

---

[3] Sogar bei ein und demselben Sprachphänomen kann situativ Unerläßlichkeit mit dezidierter Unerwünschtheit kontrastieren. Bei manchen - insbesondere stark expressiven - Phraseologismen ist z.B. die Anwendung durch Sprachlerner, denen man diesen Status anmerkt, kommunikativ nicht angebracht; vgl. Roos (1994) mit Bezug auf Götz; andere wiederum, z.B. die Formeln in Geschäftsbriefen, werden unbedingt erwartet, unbeschadet des Status im Spracherwerb.

(Zeitungs)Titeln, die auf Metaphern, Wortspielen, Anspielungen, etc. basieren; hier ist es geradezu erstrebenswert, Paraphrasen oder entkonnotierte Formulierungen einzusetzen, bevor Unglück passiert (mit der Bemerkung, daß dies eben keine wörtliche Übersetzung ist und man auch keine haben will); vgl.:

Pas encore de solution pour le projet 'Alcazar' (red.) versus
Le projet 'Euro-Airline' en turbulation? (akt.) [Le projet d'une compagnie d'aviation européenne traverse une zone de turbulences / (Vorlage:) Euro-Airline-Projekt im Trudeln?]

Da ansonsten dafür im überfrachteten Studiengang ohnehin kein Platz ist, wird ein sinnvoller Umgang damit darin bestehen, die Automatismen zu tolerieren, wo deren Ergebnisse Sinn machen, im übrigen aber die Position im Auge zu behalten, die da heißt:
"Was wir den Lernern beibringen müssen, sind nicht Strategien, sondern die Sprache." Bialystok, zit.n. Edmondson / House (1993) S.225

Bleibt noch zu fragen, ob sich in der Struktur des metasprachlichen Wissens etwas ändern sollte. Pöckl konstatiert und illustriert etwa - aus linguistischer Perspektive -, daß bei der Besprechung fachsprachlicher Kommunikation "[...] nahezu das gesamte linguistische Grundwissen und elementare Begriffsinstrumentarium (re-)aktiviert wird [...]" (Pöckl 1993: 225). Wenn dieser Zusammenhang schon so stark ist, muß man - aus wirtschaftssprachdidaktischer Perspektive - erwägen, ein wenig von diesem Elementar-Erklärungsapparat ebenfalls zu nutzen. Auch wenn man Wirtschaftsstudent/inn/en nicht zu Linguist/inn/en umerziehen kann und soll, lassen sich doch im Französischen noch einige Bereiche orten, wo man mit relativ simplen Hilfestellungen eine frappante Erhöhung der Trefferquote erreichen kann. Es könnte sich bewähren, mit einfachen Worten auf einer etwas abstrakteren Ebene über Wortbildung zu sprechen und dabei u.a. darauf hinzuweisen, daß man es im Französischen bei Komposita einfach mit der umgekehrten Reihenfolge probieren sollte (nicht als Regel, sondern als Strategie!). Natürlich läuft dies in einzelnen Fällen dann erst recht wieder schief, doch rein wahrscheinlichkeitstheoretisch liegt die Trefferquote damit höher, und Komposita wie die folgenden würden damit vermieden:

ex HEC-étudiant [ancien élève d'HEC (=Wirtschaftshochschule) / ehemaliger HEC-Schüler]
Normandie-Camembert [Camembert de Normandie / N.-C.]
EEE-contrat [les accords sur l'EEE / EWR-Vertrag]

Etwas mehr Erklärungsaufwand braucht es - ebenfalls bei diesem Thema Wortbildung - für Hilfen in bezug auf die "de"-Verbindungen, wobei man die geringe Vorhersagbarkeit dann auch gleich damit illustrieren kann, daß im Deutschen die Fugenlaute bei Komposita (nur bezüglich der Vorausberechenbarkeit!) ein ähnliches Problem darstellen. Und auch Wirtschaftsstudent/inn/en verkraften (ja verfolgen sogar mit Interesse) die Unterscheidung von Grammatik und Norm. Begünstigt wird diese Verbindung von Sprachunterricht und Sprachwissenschaft durch die Tatsache, daß die Linguist/inn/en unseres Instituts, da keine sprachtheoretischen Lehrveranstaltungen angeboten werden, auch selbst zur Abhaltung von Sprachübungen "gezwungen" sind. Daraus ergibt sich dann so manch heilsames Korrektiv theoretischer Positionen durch Praxiserfahrung im eigenen Tun.

Wenn man im Unterricht kontrastiv vorgeht, sollte man dies am besten auf einer Ebene tun, die von vorneherein als deutlich sprachabstrahierend gekennzeichnet ist. Sprachphänomene auf diese Ebene zu heben ist dann gerechtfertigt, wenn andernfalls Fehlleistungen vorhersehbar sind; etwa bei den "faux amis"; z.B. *dates* vs. *données*. Dem Problem, daß man durch zuviel Kontrastivität mehr Fehler hervorruft als beseitigt, läßt sich mit dem Trick beikommen, "implizit kontrastiv" (Lavric 1994: 78) zu verfahren, d.h. nur das Übungsdesign danach auszurichten und wenn möglich auf die Meta-Thematisierung zu verzichten. Explizite Kontrastivität ist dagegen oft in der Terminologiearbeit nötig, weil z.T. verschiedene Modellierungen wirtschaftlicher Realitäten und Praktiken vorliegen, die materiell sehr relevant sein können. Es genügt jedoch dort meist, die Zweisprachigkeit auf die Begriffe selbst zu limitieren und die restliche Differenzierungs- und Definitionsarbeit in der Zielsprache abzuwickeln.

Im Rahmen dieser Thematik bieten sich noch eine Reihe von Aspekten an, die leider aus Platzgründen nicht weiterverfolgt werden können: etwa die sinnvolle Ausnutzung von Transfer, der Bezug auftretender Fehler zur Fachsprachlichkeit (vgl. Stegu 1987 bzw. Lavric 1994) oder zur Durchdringung des Fachs an sich.

4. Schlußbemerkungen

Die Konzentration auf die Fehler vermittelt allerdings ein falsches Bild unserer Student/inn/en, die ich hier am Schluß noch ins verdiente rechte

Licht rücken will: Neben den risikofreudigen Taktierern gibt es eine stattliche Zahl solcher, die sich von vorneherein solideren Werten zuwenden und simplere Ausweichstrategien sehr rasch hinter sich lassen: Überraschungen im positiven Sinn kommen oft von Studierenden, die Französisch (oder andere Sprachen) überhaupt erst im Rahmen ihres Wirtschaftsstudiums beginnen und mit bewundernswertem Lerneinsatz tatsächlich in einem Jahr auf "Maturaniveau" sind, dann in den Proseminaren das eingeschlagene Tempo gleich beibehalten und ihre Kollegen mit AHS/BHS-Vorkenntnissen weit hinter sich lassen.

Wenn wir insgesamt - so denke ich - mit dem, was unsere Absolvent/inn/en an Sprachfertigkeit erreichen, nicht ganz unzufrieden sein können, so liegt dies m.E. auch an einer pädagogisch-didaktischen Grundhaltung, die auf unser Lernerpublikum komplementär abgestimmt ist: daß wir in der Sache klare, anspruchsvolle, aber zumutbare Anforderungen stellen und untaugliche Ausweichstrategien *eben nicht* zulassen (was sich ggf. in äußerlich erschreckenden Noten-Quoten ausdrückt), daß wir andererseits aber niemand entmutigen und stets neue Möglichkeiten bzw. curriculare Hilfestellungen (z.B. Vorbereitungs- und Ergänzungskurse) geben, die gesteckten Ziele zu erreichen.
Und die Chancen, alles immer noch etwas besser zu machen, stehen sicher gut, wenn wir so optimistisch und beherzt an die Dinge des Lebens herangehen wie unsere Student/inn/en, die sich dem Leitsatz verschrieben haben: *Pas problème, ou?* (ebenfalls ein Originalzitat aus einer Prüfungsarbeit).

Bibliographie

Dressler, Wolfgang U. u.a. (Hrsg.) (1987): Parallela 3. Linguistica contrastiva/Linguaggi settoriali/Sintassi generativa. Tübingen: Narr

Edmondson, Willis / House, Juliane (1993): Einführung in die Sprachlehrforschung. Tübingen etc.: Francke (UTB)

Ellis, Rod (1985): Understanding Second Language Acquisition. Oxford: Oxford University Press

Grotjahn, Rüdiger u.a. (Hrsg.) (1991): Viribus Vnitis. Festschrift für Gabriel Altmann zum 60. Geburtstag. Trier: Wissenschaftlicher Verlag

Fiedler, Edgar R. (1994): Wie man nichtssagend bleibt, aber trotzdem eine Autorität. In: Trebeis (1994), 36-39

Hammerl, Rolf (1991): Unverbindliche Ratschläge für Sprachwissenschaftler. In: Grotjahn u.a. (1991), 95-97

Katsikas, Sergios (1995): Fehler im Fremdsprachenerwerb: Vorschläge für eine Typologie von Fehlerursachen. In: Moderne Sprachen 39 (1995) 1/2, 19-34

Lavric, Eva (1994): Was ist und wozu betreibt man fachsprachliche Fehlerlinguistik? In: Pöll (1994), 65-118

Lübke, Diethard (1977): Dokumentation der Fehlergenese in französischen Klassenarbeiten. In: Die Neueren Sprachen 76 (1977) 1, 93-102

Mayr, Erich (1985): Spracherwerb und Fehleranalyse. Theorie und Empirie am Beispiel des Französischen. Bern etc.: Lang

Newmark, Leonard / Reibel, David A. (1968): Necessity and Sufficiency in Language Learning. In: IRAL VI (1968) 2, 145-164

Pöckl, Wolfgang (1993): Fachsprachen als didaktische Herausforderung an die Neuphilologien. In: Jahrbuch der Universität Salzburg 1989-1991, 221-233

Pöll, Bernhard (Hrsg.) (1994): Fachsprache - kontrastiv. Beiträge der gleichnamigen Sektion des 21. Österreichischen Linguistentages [...]. Bonn: Romanistischer Verlag

Roos, Eckhard (1994): Idiome verstehen - Zur Behandlung von Idiomen im Fremdsprachenunterricht [=Vortrag GAL-Jahrestagung Trier 23-09-1994]

Stegu, Martin (1987): Gibt es 'fachsprachliche' Fehler? Überlegungen zu schriftlichen Prüfungsarbeiten aus romanischen 'Wirtschaftssprachen' an der WU Wien. In: Dressler u.a. (1987), 187-201

Tournier, Jean (1988): Parlez-vous médiais? In: Bulletin de linguistique générale et appliquée 14 (1998), 25-33

Trebeis, Orestes V. (1994): Nationalökonom*olog*ie. Tübingen: Mohr

Univ.Ass. Dr. Peter Handler
Institut für Romanische Sprachen
Wirtschaftsuniversität Wien
Augasse 9
1090 Wien

AUS DER PRAXIS DES FREMDSPRACHENUNTERRICHTS

KLAUS-BÖRGE BOECKMANN

ZWEISPRACHIGKEIT UND SCHULE IM BURGENLAND

1. Überblick über die zweisprachigen Schulen im Burgenland

Die im folgenden dargestellte Studie[1] beschäftigt sich mit den Schülerinnen[2] der zweisprachigen Schulen im Burgenland. Offiziell werden diese Schulen bezeichnet als "Schulen mit teilweise kroatischer (bzw. ungarischer) Unterrichtssprache" (Bundesgesetz 1994), wenn auch diese gesetzliche Definition der wirklichen Situation nicht ganz gerecht wird. Wie in der folgenden Statistik (Abb. 1) zu erkennen ist, umfaßt die Zweisprachigkeit nur einen sehr geringen Teil der gesamten Schulpopulation, der zudem bis vor kurzem kontinuierlich sank. Aufgrund einer Veränderung des Meinungsklimas hat sich das Bekenntnis zu kroatischer bzw. ungarischer Umgangssprache in letzter Zeit allerdings verstärkt[3]. Signifikant ist auch der deutliche Anstieg anderer (allochthoner) Umgangssprachen, die binnen kurzem wohl größere Bedeutung erlangen werden als die autochthonen Minderheitensprachen des Burgenlands.

Entsprechend der Siedlungsweise der autochthonen Minderheiten im Burgenland (in einzelnen Ortschaften, die aber kein geschlossenes Siedlungsgebiet bilden) verteilen sich auch die zweisprachigen Schulen auf das ganze Land. Es sind 28 Volksschulen mit Kroatisch und zwei Volksschulen mit Ungarisch als zweiter Unterrichtssprache. D.h. Zweisprachigkeit im Sinne der Verwendung zweier Unterrichtssprachen findet im Burgenland fast ohne Ausnahme nur im Primarschulbereich statt. Das ist vor allem auf

---

[1] Diese Studie war die Grundlage für meine Dissertation (Boeckmann 1994).

[2] Die weiblichen Formen schließen männliche Personen mit ein.

[3] Die Zunahme des Bekenntnisses zur kroatischen bzw. ungarischen Umgangssprache im Burgenland ist eine neuerdings in verschiedenen Zusammenhängen zu beobachtende Erscheinung (vgl. Holzer/Münz (Hrsg.) 1993, Statistisches Jahrbuch 1993).

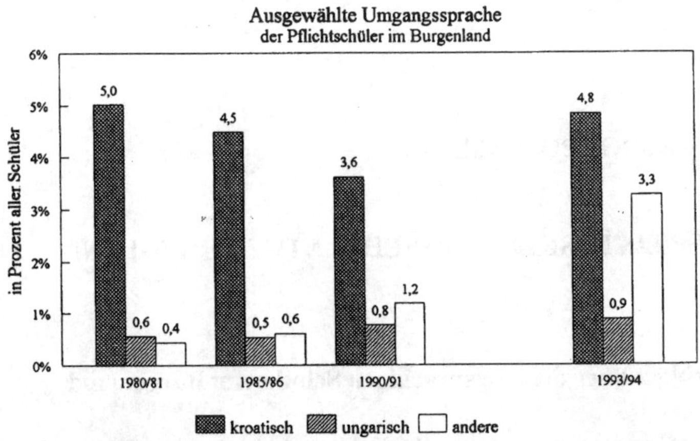

Abb. 1. Ausgewählte Umgangssprache (Quelle: Schulstatistik 1994: 54)

die Schulreformen der 60er Jahre zurückzuführen, die unter anderem die Oberstufe der Volksschule durch die Hauptschule ersetzten. In den Hauptschulen, die von den Absolventinnen zweisprachiger Volksschulen besucht werden - sie wurden ebenfalls in die vorliegende Untersuchung miteinbezogen - wird zumeist Kroatisch bzw. Ungarisch als Frei- bzw. Wahlpflichtgegenstand angeboten. Lediglich in zwei Hauptschulen findet zweisprachiger Unterricht in "halboffizieller" Form statt. Vor kurzem wurde in Oberwart ein Gymnasium mit teilweise zweisprachigem Unterricht eröffnet. In der folgenden Karte (Abb. 2) sind die zweisprachigen Volksschulen sowie diejenigen Hauptschulen eingezeichnet, an denen Ungarisch/ Kroatisch als Unterrichtsgegenstand angeboten wird. Die Schulen, die in die Untersuchung miteinbezogen wurden (12 Volksschulen und 8 Hauptschulen), sind gekennzeichnet.

Fast die Hälfte aller Schülerinnen mit kroatischer Muttersprache und weit über die Hälfte der Gesamtschülerinnenzahl der gemischtsprachigen Volksschulen entfällt auf das Nordburgenland. Hier ist einerseits der Organisationsgrad am höchsten, was der Bevölkerungskonzentration im Nordburgenland entspricht, und andererseits der Anteil der Schülerinnen mit kroatischer Muttersprache am geringsten, was den geringen kroatischen Bevölkerungsanteil in diesem Landesteil widerspiegelt. Im deutlichen Gegensatz dazu steht das Mittelburgenland. Der Unterschied ist ganz

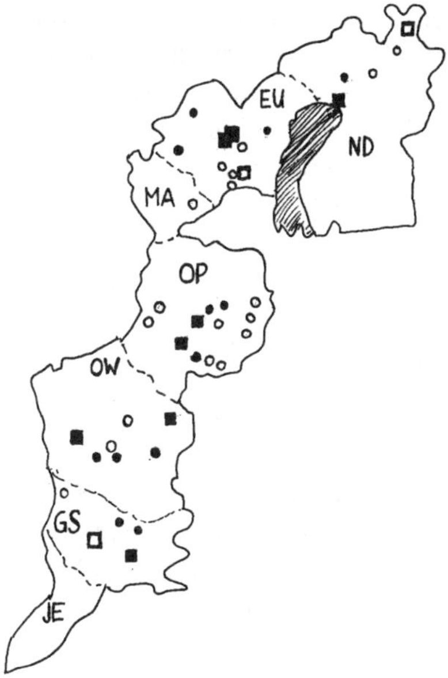

Legende:

○ Zweisprachige Volksschulen

□ Hauptschulen mit Kroatisch-/ Ungarischunterricht

■ Untersuchte Hauptschulen

● Untersuchte Volksschulen

Bezirke:
EU = Eisenstadt-Umgebung,
GS = Güssing,
JE = Jennersdorf,
MA = Mattersburg,
ND = Neusiedl,
OP = Oberpullendorf;
OW = Oberwart

Abb. 2: Geographische Verteilung der zweisprachigen Schulen im Burgenland (nach Mesner 1988: 13)

offensichtlich: im Bezirk Oberpullendorf ist dieselbe Zahl an Schulen für weniger als die Hälfte der Schülerinnen mit weniger als einem Drittel der Klassen eingerichtet. Der Organisationsgrad ist also erheblich niedriger. Andererseits ist der Anteil der Schülerinnen mit kroatischer Muttersprache mehr als doppelt so hoch. Es ist leicht vorstellbar, daß der zweisprachige Unterricht unter diesen so unterschiedlichen Bedingungen sehr verschieden ausfällt. Es wird etwa kaum möglich sein, wesentliche Anteile des Unterrichts in kroatischer Sprache durchzuführen, wenn (wie im Bezirk Neusiedl) nicht einmal ein Drittel der Schülerinnen Kroatisch auch nur versteht. Besonders nachteilig wirkt sich aus, daß fast die Hälfte der Schüler mit kroatischer Muttersprache unter solchen Bedingungen (d.h. im Nordburgenland) die Schule besucht. Das Südburgenland steht sowohl hinsichtlich des Organisationsgrades als auch der Konzentration kroatischer Schülerinnen zwischen diesen beiden Extremen, doch dürften die Bedingungen eher denen im Mittelburgenland ähneln (im Bezirk Güssing etwa ist der Anteil der Schülerinnen mit kroatischer Muttersprache immer noch fast doppelt so hoch wie im Bezirk Neusiedl). Im Gesamtbild ist bemerkenswert, daß die Schülerinnen mit kroatischer Muttersprache in den gemischtsprachigen Schulen die *Minderheit* bilden, was sicher zu einem großen Teil auf die Auflassung einer Reihe kleiner Schulen in kroatischen Ortschaften zurückzuführen ist (vgl. Mesner 1985: 33). Im Bezirk Oberpullendorf, wo dieser Prozeß noch nicht so fortgeschritten ist, liegt der Anteil der Schülerinnen mit kroatischer Muttersprache ja auch deutlich höher. Die Zahl der Schülerinnen mit Mutter- bzw. Umgangssprache Ungarisch im Bezirk Oberwart entsprach übrigens 1988/89 über 70% und 1992/93 sogar über 80% der Schülerinnen an den ungarischen Schulen Unterwart und Siget in der Wart. Allerdings muß hier erwähnt werden, daß es auch in Oberwart einzelne Schülerinnen gibt, die Ungarisch als Muttersprache angeben, daß also die oben angegebenen Prozentsätze wohl nicht den realen Anteil ungarischsprachiger Schülerinnen an diesen beiden Schulen widerspiegeln. Dennoch ist auch hier eine leichte Zunahme zu verzeichnen, die eventuell auf die Kategorisierung "Umgangssprache" statt Muttersprache in den entsprechenden Unterlagen zurückzuführen ist.

2. Das Forschungsprojekt "Schullaufbahn von Zweisprachigen"

2.1. Stichprobenauswahl

Die Stichprobenauswahl der zu untersuchenden Schulen sollte den Anforderungen einer gewissen Repräsentativität im Hinblick auf den geplanten quantitativen Untersuchungsteil genügen und andererseits die Möglichkeit eröffnen, diese Ergebnisse mit denen des qualitativen Untersuchungsteils (vgl. 2.2.) so weit wie möglich zu verknüpfen. Da für den qualitativen Untersuchungsteil bestehende Kontakte genützt werden sollten und mußten, wurde das Bestehen einer solche Kontaktmöglichkeit zu einem Kriterium der Auswahl gemacht. Aus der folgenden Übersicht (Tab. 1) ist ersichtlich, daß die Verteilung der Stichprobe auf die Landesteile und die Anteile an den Schülerinnenzahlen dennoch weitgehend die Situation in der Gesamtpopulation widerspiegeln. Im Bereich der ungarischen Volksgruppe konnte nur eine der betroffenen Schulen nicht untersucht werden.

Zur weiteren Eingrenzung der Stichprobe war es nötig, einen Ausschnitt aus der Schülerinnenpopulation der ausgewählten Schulen zu bestimmen. Nachdem ein wesentliches Ziel des Projekts die Dokumentation der (gesamten) Schullaufbahn war, wurde nicht die aktuelle Schülerinnenpopulation zum Zeitpunkt der Untersuchung zugrundegelegt, sondern es wurden zwei Jahrgänge ausgewählt, bei denen mehr Informationen über die Schullaufbahn verfügbar waren: ein Jahrgang, der den Besuch höherer Schulen schon abgeschlossen hatte, und ein Jahrgang, der gerade in weiterführende Schulen übergetreten war. In den ausgewählten Geburtsjahrgängen wurden an den untersuchten zweisprachigen Volksschulen alle Schülerinnen berücksichtigt. Im Bereich der Hauptschulen wurde die Erhebung aus forschungsökonomischen Gründen im wesentlichen auf die Gruppen und Klassen, die von Schülerinnen aus zweisprachigen Schulen besucht wurden, beschränkt.

Bez.	N/M/S	Stichprobe		Ges. Schulj. 88/89	
		% d. Sch.	% K/U	% d. Sch.	% K/U
EU	N	40.6	27.3	44.1	32.2
ND	N	17.7	46.4	13.6	32.0
Ges.	N	58.3	38.0	63.3	32.0
OP	M	11.1	82.9	13.9	76.4
Ges.	M	11.1	82.9	13.9	32.0
OW	S	16.2	68.6	09.4	65.0
GS	S	14.6	60.9	13.3	60.5
Ges.	S	30.8	64.9	22.7	60.5
Zus.	Bgld.	100.0	51.1	100.0	46.1

Tab. 1: Anteil zweisprachiger Volksschulen an der Gesamtschülerinnenzahl im zweisprachigen Schulwesen und ihr Anteil an zweisprachigen Schülerinnen im Schuljahr 1988/89 (Quelle: Schulstatistik 1989)

2.2. Erhebungsverfahren

Auf der Grundlage einer intensiven Literaturrecherche zu Zweisprachigkeit und Schule im internationalen Kontext und zu den historischen, rechtlichen und organisatorischen Rahmenbedingungen im Burgenland wurden zwei Untersuchungsschritte konzipiert. Der erste war eine *quantitative Erhebung* des Schulerfolgs, basierend auf den in den Schulen archivierten Unterlagen (Schülerstammkarte, Schülerstammblatt, Schulpflichtmatrik). Als Indikatorgrößen für den Schulerfolg wurden zunächst die Noten in den Abschlußklassen der Volksschule, Zahl der wiederholten Klassen und die Art der gewählten weiterführenden Schule bzw. des erreichten Schulabschlusses ausgewählt. In den Hauptschulen wurde der Schulerfolg anhand der Noten und des besuchten Klassenzugs/ der Leistungsgruppe erhoben. Bei der

Auswahl der für die Untersuchung relevanten Noten wurde von der Überlegung ausgegangen, daß sowohl Noten in sprachbezogenen Fächern (Deutsch, Ungarisch, Kroatisch) als auch in mathematisch-naturwissenschaftlichen Gegenständen (Sachunterricht, Mathematik, Biologie) erhoben werden sollten, um sprachlichen und nicht-sprachlichen Schulerfolg berücksichtigen zu können. Die Untersuchung fand an insgesamt 14 Volksschulen (eine mit Ungarisch als Freigegenstand und eine als Kontrollgruppe ohne zweisprachige Schülerinnen) und neun Hauptschulen statt.

Der zweite Untersuchungsschritt war eine *qualitative Erhebung* von Rahmenbedingungen des zweisprachigen Unterrichts, insbesondere im subjektiv-affektiven Bereich (Einstellungen, Erfahrungen mit Zweisprachigkeit u.ä.). Vor allem aber war das Ziel dieser Untersuchungsphase die Ermittlung der *sozialen Bedeutung* verschiedener Faktoren, die im Zusammenhang von Zweisprachigkeit und Schulerfolg eine Rolle spielen - so etwa: Angabe der Muttersprache bei Schuleintritt, Benotung, weiterführende Schulen u.ä. - und damit auch eine *qualitative Validierung* der Ergebnisse der quantitativen Ergebnisse. Die qualitative Studie fand in Form von offenen, narrativen Interviews statt, mit einer Art "implizitem Leitfaden". Sie boten den Interviewten Raum zur Äußerung von Einschätzungen, Meinungen, Problemen und auch eigenen Theorien: "[Der] komplexe und prozessuale Kontextcharakter der sozialwissenschaftlichen Forschungsgegenstände [ist] kaum durch normierte Datenermittlung zu erfassen [...], vielmehr [sind] situationsadäquate, flexible und die Konkretisierung fördernde Methoden notwendig." (Witzel 1982: 10) Insgesamt wurden zehn Interviews geführt, davon sieben mit Personen aus der kroatischen, drei mit Personen aus der ungarischen Volksgruppe. Es wurden sieben Lehrerinnen an zweisprachigen Volksschulen, zwei Absolventinnen zweisprachiger Volksschulen sowie vier Hauptschullehrerinnen befragt. Drei nordburgenländische, zwei mittelburgenländische und fünf südburgenländische (hier auch zwei ungarische) Schulstandorte wurden berücksichtigt.

3. Forschungsergebnisse

3.1. Grundcharakteristik

Das zweisprachige Schulwesen des Burgenlandes hat sich im Rahmen der historischen Gesamtentwicklung aus der Sicht der Volksgruppen stetig von einem spracherhaltenden Programm oder "Emanzipationsmodell"

(Fthenakis u.a. 1985: 307) wegentwickelt. Heute ist es, insbesondere seit der Abschaffung der zweisprachigen Volksschuloberstufe, weit entfernt davon, die Minderheitensprache in einer Art "umgekehrten Immersion" (vgl. Cummins 1984: 152-160) im weitestmöglichen Ausmaß zu bewahren, sondern repräsentiert im Grunde ein "Übergangsprogramm" (vgl. Toukomaa/ Skutnabb-Kangas 1977), das letztlich Submersion, d.h. ein Untertauchen der sprachlichen Minderheit in der Sprache der Mehrheit bewirkt.

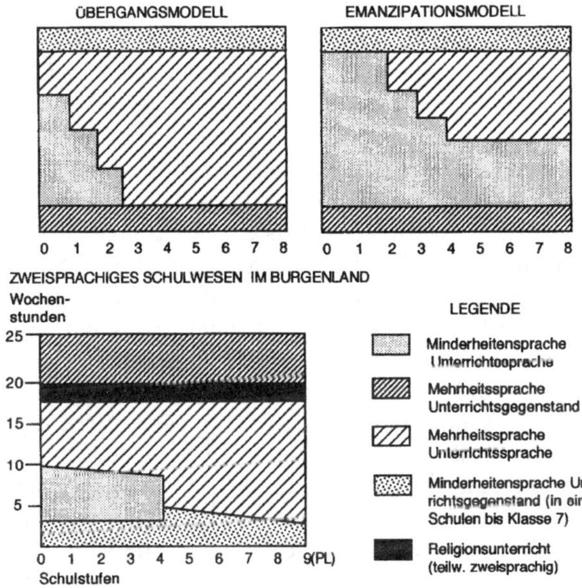

Abb. 3: Sprachverteilung in verschiedenen Schulmodellen (nach Appel/ Muysken 1990: 65)

Dennoch ist die Bezeichnung "Assimilationsmodell", die für Submersionsmodelle in der Literatur auch häufig verwendet wird (vgl. Fthenakis u.a. 1985: 311-318 und Toukomaa/ Skutnabb-Kangas 1977: 36, sowie Abb. 3), für das burgenländische zweisprachige Schulwesen in seiner Gesamtheit nicht zutreffend (vgl. Fischer 1984). Auch wenn der Anteil der Minderheitensprachen an der gesamten Schulzeit weit unter 50% liegt und von einer zweisprachigen Schule im eigentlichen Sinne nur noch in einigen wenigen zweisprachigen Volksschulen mit besonderen Konzentrationen zweisprachiger Schülerinnen gesprochen werden kann, sind die extrem nachteiligen Effekte für den Schulerfolg zweisprachiger Schülerinnen, wie sie in "echten" Submersionssystemen beobachtet werden, nicht oder nur selten vorhanden. Das ist teils auf schulexterne Umfeldbedingungen, teils auf Eigenschaften des Schulwesens zurückzuführen. Der wichtigste Vorteil der burgenländischen Volksgruppen gegenüber vielen anderen Sprachminderheiten im internationalen Vergleich ist, daß sie sozioökonomisch völlig integriert sind und nicht etwa eine Randposition in der Gesamtgesellschaft bzw. Ökonomie einnehmen. Das führt dazu, daß etwaige sprachliche Komplikationen für Angehörige der Volksgruppen nicht noch durch eine marginale soziale und/oder ökonomische Position erschwert werden, wie das bei vielen anderen Minderheiten der Fall ist. Ein weiterer Aspekt, der das schulische Umfeld betrifft, ist die gestiegene Bedeutung der deutschen Sprache in den zweisprachigen Ortschaften (insbesondere den Bezirksvororten Oberwart und Oberpullendorf) durch eine gesteigerte Mobilität, den Rückgang agrarischer und anderer ortsgebundener Erwerbsformen und nicht zuletzt auch die wachsende Bedeutung der deutschsprachigen Massenmedien. Aufgrund dieser Entwicklung haben auch sehr viele Kinder mit kroatischer bzw. ungarischer Erstsprache erhebliche Kenntnisse im Deutschen oder sind sogar dominant in dieser Sprache, wenn sie in die Schule kommen. Ein weiterer Faktor, der in dieser Richtung wirkt, ist die Zunahme von sprachlichen "Misch"ehen und die damit verbundene Tendenz zu erstsprachlich-zweisprachiger Erziehung, die auch in "nichtgemischten" Familien, d.h. wenn beide Eltern Volksgruppenangehörige sind, praktiziert und durch die vollkommene Beherrschung der deutschen Sprache bei allen Volksgruppenangehörigen der Elterngeneration erleichtert wird. Das heißt, die zweisprachige Schule im Burgenland wird in der Regel gar nicht mehr mit einsprachig ungarischen oder kroatischen Kindern konfrontiert, die Kinder sind mehrheitlich (freilich in verschiedenem Umfang) *vorschulisch zweisprachig* (d.h. sie haben die zweite Sprache simultan erworben, vgl. Graf 1987: 30) und erleben nicht im selben Ausmaß das für sprachliche Minderheiten charakteristische Dilemma, daß die Zweitsprache gleichzeitig Objekt und Medium des Lernens ist.

Die Programmeigenschaften der zweisprachigen Schulen im Burgenland erfüllen im wesentlichen die Anforderungen an erfolgreiche bilinguale Programme, die in der Literatur angeführt werden. Lediglich ein Punkt wird hier nicht berücksichtigt, nämlich jener, daß ein Spracherhaltungsprogramm mit mindestens 30% der Erstsprache (Minderheitensprache) bis zum 12. Lebensjahr (vgl. Fthenakis u.a. 1985: 346) für Kinder aus sprachlichen Minderheiten angeboten werden sollte. Denn für viele der betroffenen SchülerInnen ist nach dem 10. Lebensjahr die Pflege ihrer Erstsprache nur im Ausmaß von etwa 10% der Unterrichtszeit möglich, und auch das nur im Rahmen eines Unterrichtsfaches, nicht als Unterrichtssprache. Zusammenfassend kann über die Grundcharakteristik des zweisprachigen Schulwesens im Burgenland gesagt werden, daß es zwar eine Chancengleichheit von Schülerinnen mit verschiedenen Erstsprachen bietet, aber das Angebot nicht für die volle schulische Entfaltung der Volksgruppensprachen und damit die Sicherung der Zweisprachigkeit ausreicht.

3.2. Zweisprachigkeit und Schulerfolg

Aus der folgenden Tab. 2 ist ersichtlich, daß es im Bereich der Notendurchschnitte zwar in Einzelfällen deutlichere Abweichungen gab, im Gesamtbild aber zwischen ein- und zweisprachigen Schülerinnen kaum nennenswerte Unterschiede auftraten.

VS*	Bezirk	Ø zweispr.	Ø einspr.	Abw. Noten
01	EU	2.1 (10)	2.2 (09)	-0.1
02	EU	1.9 (08)	2.2 (09)	-0.3
04	ND	1.6 (08)	2.3 (13)	-0.7
08	GS	1.8 (07)	2.6 (03)	-0.8
09	GS	3.3 (02)	1.4 (08)	+1.7
10	OW	1.9 (04)	2.3 (05)	-0.4
12	OW	1.5 (10)	1.5 (04)	00.0
Gesamt		1.9 (49)	2.0 (52)	-0.1

* Die Numerierung dient zur anonymen Identifizierung der einzelnen Schulen.

Tab. 2: Abweichungen der Gesamtdurchschnittsnoten in der VS, Jahrgang 1978

Anders ist die Situation im Bereich des Besuchs von weiterführenden Schulen: In der Tab. 3 sind die Unterschiede zwischen den prozentuellen Anteilen der gesamten Population und den Anteilen der zweisprachigen Schülerinnen am Besuch verschiedener weiterführender Schulen dargestellt. Es ist klar zu erkennen, daß der Besuch von HS "mit höherem Prestige" (d.s. Sport-, Musik- und Sprachenhauptschulen sowie private Hauptschulen) und auch von AHS bei den zweisprachigen Schülerinnen deutlich häufiger vorkommt als bei der Gesamtheit (um insgesamt 16%).

VS	BEZIRK	HS	PrHS/SpHS	AHS
01	EU	- 11	+ 09	+ 02
02	EU	- 15	- 03	+ 07
04	ND	- 19	- 17	+ 36
08	GS*	000	000	000
09	GS	- 30	+ 30	000
10	OW	- 20	+ 17	+ 03
12	OW	- 17	000	+ 17
13	OP	- 20	+ 13	+ 07
Gesamtdurchschnitt		- 16	+ 06	+ 09

* Alle Schülerinnen dieser Schule besuchten nach der VS die Kroatischklasse in der HS

Tab. 3: Anteilsdifferenzen Zweisprachige-Einsprachige für verschiedene Schullaufbahnen, Jahrgang 1978

Interessanter ist die Beobachtung des Schulerfolgs in der Hauptschule, weil hier mit Schülerinnen verglichen werden kann, die überhaupt nicht mit Zweisprachigkeit in Berührung gekommen sind. Hier konnte festgestellt werden, daß Schülerinnen, die zweisprachige Volksschulen besucht haben, in ihrer Gesamtheit (d.h. unabhängig von ihrer Muttersprache) gleich oder besser abschneiden, als die Schülerinnen einsprachiger Volksschulen, die gemeinsam mit ihnen in der Klasse/Gruppe sind.
Zunächst entstand der Verdacht, es könne an der geringen Größe der zweisprachigen Schulen liegen, daß die Schülerinnen besser abschneiden. Diese Vermutung konnte durch einen Vergleich mit ähnlich kleinen einsprachigen Schulen ausgeräumt werden (siehe Tab. 5).

HS	BEZIRK	Ø EINSP.	Ø ZWEISP.
15	OP	2.7 (15)	2.4 (10)
16	E	3.4 (25)	2.7 (18)
17	ND	3.1 (29)	3.1 (07)
19	OW	2.8 (38)	2.9 (09)
21	GS	3.5 (14)	2.4 (13)
Gesamt		3.0 (121)	2.7 (58)

Tab. 4: HS-Deutschnoten umgerechnet auf eine Norm, Jahrgang 1978

HS	BEZIRK	D-Ø Schül. aus zweisprachiger VS	D-Ø Schül. mit kroat. Erstsprache	D-Ø Schül. aus kleinen VS
15	OP	2.6 (11)	2.7 (10)	3.0 (13)
16	E	2.7 (18)	2.7 (03)	3.0 (32)
17	ND	3.1 (07)	2.5 (02)	2.9 (27)
19	OW	2.2 (09)	3.0 (02)	2.6 (14)
21	GS	2.1 (13)	2.1 (07)	2.8 (27)
Gesamt		2.6 (58)	2.6 (23)	2.9(113)

Tab. 5: Deutschnoten von Schülerinnen kleiner Volksschulen an der Hauptschule, Jahrgang 1978

Zusammenfassend kann also gesagt werden, daß Schülerinnen zweisprachiger Volksschulen in der Hauptschule offensichtlich zumindest gleich und in vielen Fällen besser beurteilt werden als Schülerinnen einsprachiger Volksschulen. Schon in der Familie zweisprachig aufgewachsene Kinder zeigen in manchen Fällen noch bessere Leistungen und tendieren insgesamt eher zu einer "höheren" Schullaufbahn.

3.3. Ergebnisse der Interviews

Ich möchte hier insbesondere die Ergebnisse zu den Einstellungen zum zweisprachigen Unterricht und zur Bewertung von Zweisprachigkeit anführen:

Was die Einstellungen der Beteiligten zum zweisprachigen Unterricht angeht, ist folgendes zu sagen: Die Schülerinnen in der Volksschule scheinen einer zweiten Sprache sehr aufgeschlossen gegenüberzustehen, auch wenn sie noch nicht damit vertraut sind. Die Eltern sind, vor allem in letzter Zeit, zum Teil sehr interessiert an zweisprachiger Erziehung in der Schule, aber unterstützen sie, auch wenn sie es könnten, nicht ausreichend durch häusliche zweisprachige Erziehung. Die Lehrerinnen fördern normalerweise die Zweisprachigkeit sehr, vor allem auch dadurch, daß sie selbst ihre Kinder zweisprachig erziehen und so als Vorbilder wirken, aber auch durch Aufklärungsarbeit zur Zweisprachigkeit in Elternabenden und ähnlichen Veranstaltungen. Im Nordburgenland steht offensichtlich insgesamt das Engagement der Lehrerinnen für die Zweisprachigkeit nicht so im Vordergrund, was der geringeren allgemeinen Bedeutung der Zweisprachigkeit in diesem Gebiet entspricht. Die Beziehung der Eltern zur

Schule ist im allgemeinen eng, die Kontakte zu den Lehrerinnen gut. Viele deutschsprachige Eltern interessieren sich für das Kroatische und fördern nicht nur den Fortschritt ihrer Kinder, sondern lernen es zum Teil selbst. Die Haltung der Schulverwaltung gegenüber dem zweisprachigen Schulwesen im Burgenland wird auf Landesebene durchwegs, auf Bezirksebene zumeist positiv bewertet.

Die Angabe der Muttersprache ist nur sehr indirekt von der Umgangssprache der Eltern abhängig und steht meistens auch nicht im unmittelbaren Zusammenhang mit den sprachlichen Vorkenntnissen des Kindes, sondern eher mit der Einstellung der Eltern. Nachdem die Vorkenntnisse der Kinder so unterschiedlich sind, wird die Beurteilung für den Unterrichtsgegenstand Kroatisch bzw. Ungarisch zumeist auf Grund des Fleißes und des individuellen Fortschritts der Schülerinnen abgegeben. Nach dem Zusammenhang von Zweisprachigkeit und Schulerfolg befragt, meinten die meisten Befragten, er sei positiv. Als Begründungen wurden die stärkere Förderung von zuhause bei zweisprachigen Eltern, Vorteile beim Erlernen von Fremdsprachen und die Gewöhnung an eine offensivere Arbeitshaltung wegen der erhöhten Belastung durch die Zweisprachigkeit genannt. Auch eine erhöhte Kreativität aufgrund erweiterter Assoziationsmöglichkeiten in zwei Sprachen wurde als Vorteil der Zweisprachigkeit genannt.

Alle Interviewten einschließlich der befragten Absolventinnen zeigten sich letztlich unzufrieden mit der erreichten Kompetenz in den Volksgruppensprachen und das Niveau der Zweisprachigkeit in der Schule. Nur in ganz wenigen Ausnahmefällen wird zweisprachiger Unterricht in dem Sinne betrieben, daß auch Kinder aus einsprachigen Familien in der Schule zweisprachig werden.

4. Innovationen und Perspektiven

Die in der Studie gewonnenen Erkenntnisse lassen sich ganz kurz so zusammenfassen: Chancengleichheit für Schülerinnen aus sprachlichen Minderheiten wird erreicht, aber die schulische Förderung der Zweisprachigkeit reicht nicht aus, um den vollen Ausbau bzw. den Fortbestand der Zweisprachigkeit beim Individuum und in der Gesellschaft abzusichern. Angesichts dieses Fazits drängt sich die Frage auf, wie die Situation denn zu verbessern wäre. Dementsprechend möchte ich hier abschließend vier Bereiche nennen, in denen Innovationen Platz greifen müßten, um die Zweisprachigkeit in der Schule längerfristig abzusichern:

1. Bereich der Schulorganisation
Maßnahmen zur Gewährleistung eines echten zweisprachigen Unterrichts auch auf der Sekundarstufe für alle Schülerinnen, die dies wünschen; Forcierung einer Zweisprachigkeit mit Berufsperspektive durch zweisprachigen Unterricht im berufsbildenden Schulwesen (unter Umständen auch in neu zu schaffenden Schulformen).

2. Bereich der Didaktik
Ausschöpfen des Potentials der Mehrsprachigkeit als Kompetenz, die auch auf weitere Sprachen übertragen werden kann; Materialerstellung zur Erweiterung der unterrichtlichen Möglichkeiten (Material auch für die Sekundarstufe, auch im fachsprachlichen Bereich) und Nutzung neuer Medien zur Förderung der Volksgruppensprachen

3. Bereich der außerschulischen Erziehung
Planmäßige Förderung außerschulischer zweisprachiger Initiativen und Institutionen (Kindergarten, Jugendarbeit, Erwachsenenbildung etc.), Vernetzung dieser Initiativen untereinander und mit der Schule

4. Gesellschaftlicher Bereich
Schaffung von Anreizen für Zweisprachigkeit in der öffentlichen Verwaltung und im Wirtschaftsleben; Bewußtere Pflege der Zweisprachigkeit als Ressource des Landes inklusive gezielter Öffentlichkeitsarbeit
Die Verwirklichung zumindest einiger der obengenannten Maßnahmen wäre die Voraussetzung dafür, daß die Mehrsprachigkeit im Burgenland auch in der Zukunft noch eine Perspektive hat.

Bibliographie

Appel, René / Muysken, Pieter (1987): Language Contact and Bilingualism. London: Arnold

Boeckmann, Klaus-Börge (1994): Zweisprachigkeit und Schule. Schullaufbahn von Zweisprachigen im Burgenland. Klagenfurt: Universität (Phil. Diss.)

Cummins, Jim (1984): Bilingualism and Special Education. Issues in Assessment and Pedagogy. Clevedon: Multilingual Matters

Fischer, Gero (1984): Zweisprachigkeit im burgenländisch-kroatischen Schulwesen (= Sprache und Herrschaft; 15)

Fthenakis, Wassilios E. / Sonner, Adelheid / Thrul, Roswitha / Walbiner, Waltraud (1985): Bilingual - bikulturelle Entwicklung des Kindes. Ein Handbuch für Psychologen, Pädagogen und Linguisten. München: Hueber (Hrsg. v. Staatsinstitut für Frühpädagogik)

Graf, Peter (1987): Frühe Zweisprachigkeit und Schule. Empirische Grundlagen zur Erziehung von Minderheitenkindern. München: Hueber

Holzer, Werner / Münz, Rainer (Hrsg.) (1993): Trendwende? Sprache und Ethnizität im Burgenland. Wien: Passagen

Mesner, Anton (1985): Das kroatische Schulwesen im Burgenland. In: Schulheft 38 (1985), 30-36

Mesner, Anton (1988): Kurzer Überblick über das kroatische Schulwesen im Burgenland. In: Pädagogisches Institut (Hrsg.), 7-26

Pädagogisches Institut des Bundes für Burgenland (Hrsg.) (1988): Kroaten. Zur Situation in Schule und Gesellschaft/ Hrvati. O situaciji u školi i društvu. Eisenstadt: PIB (Spektrum, 28. Folge)

Schulstatistik Schuljahr 1988/89 (1989) Eisenstadt: Amt der Burgenländischen Landesregierung

Schulstatistik Schuljahr 1992/93 (1993) Eisenstadt: Amt der Burgenländischen Landesregierung

Schulstatistik Schuljahr 1993/94 (1994) Eisenstadt: Amt der Burgenländischen Landesregierung

Statistisches Jahrbuch Burgenland 1992 (1993) Eisenstadt: Amt der Burgenländischen Landesregierung (Landesstatistik)

Toukomaa, Pertti / Skutnabb-Kangas, Tove (1977): The Intensive Teaching of the Mother Tongue to Migrant Children at Preschool Age. Tampere: University of Tampere, Department of Sociology and Social Psychology (Tutkimuksia Research Report; 26)

Witzel, Andreas (1982): Verfahren der qualitativen Sozialforschung. Überblick und Alternativen. Frankfurt etc.: Campus

Univ.Ass. Dr. Klaus-Börge Boeckmann
Institut für Germanistik (DaF)
Universität Wien
Dr. Karl Lueger-Ring 1
1010 Wien

RENATE FAISTAUER

SCHREIBEN IN MULTIKULTURELLEN GRUPPEN

1. Ausgangspunkt und Rahmenbedingungen der Untersuchung

Was das fremdsprachliche Schreiben betrifft, so liegen bisher vor allem Untersuchungen zum individuellen Schreiben, kaum aber Untersuchungen zum Schreiben in Gruppen vor.[1] Die von mir durchgeführte Untersuchung analysiert fremdsprachliche Schreibprozesse in multikulturellen Gruppen. Sie ist Produkt konkreter Unterrichtssituationen.

Ausgangspunkt meiner Untersuchung war die von mir bemerkte Tatsache, daß Studierende bessere Resultate erzielen, wenn sie nicht allein, sondern in Gruppen schreiben. Diese Gruppenprodukte sind nicht nur in inhaltlicher, sondern auch in sprachlicher Hinsicht besser als vergleichbare Einzelprodukte.

So wurde einer multikulturellen Studentengruppe (vorwiegend Studierende aus den sogenannten Entwicklungsländern) am Vorstudienlehrgang der Wiener Universitäten[2], auf dem sprachlichen Niveau etwa einer Mittelstufe, sogenannte "sprechende Bilder" als Schreibimpuls vorgelegt und die Arbeitsaufgabe gestellt: "Schreiben Sie die Lebensgeschichte dieser Frau/dieses Mannes. Bilden Sie Gruppen, wie Sie wollen, bestimmen Sie selbst die Person, die schreibt, sprechen Sie miteinander laut und machen Sie gemeinsam eine Geschichte, einen Text." Die Gruppengespräche

---

[1] Vgl. dazu einen Überblick in Börner/Vogel 1992, weiters: Legenhausen1993 und Legenhausen/Wolff 1991, die fremdsprachliche Textproduktion am Computer untersuchen.

[2] Der Vorstudienlehrgang ist eine Institution, die von den Universitäten eingerichtet wurde und die ausländische Studierende, die über unzureichende Deutschkenntnisse verfügen oder deren Reifezeugnisse nicht gleichwertig sind, zu einem Hochschulstudium vorbereiten soll.

während des gemeinsamen Schreibens wurden auf Tonträger aufgenommen, anschließend transkribiert.[3] Vier Gesprächsprotokolle wurden nach bestimmten Gesichtspunkten analysiert. Diese Gesichtspunkte umfassen einerseits "gruppendynamische" Aspekte auf emotionaler bzw. sozialer Ebene, andererseits linguistische Aspekte auf der sprachlichen Ebene.

2. Aspekt der sozialen und emotionalen Ebene

Hier wurde besonders folgendes analysiert: das Verhalten bzw. die Rolle einzelner Studentinnen und Studenten innerhalb der Gruppe; die persönlichen Beziehungen zwischen den Studenten; das Umgehen mit möglichen Konflikten sowie der Bereich "Konversationelles", also Abweichungen von der gestellten Aufgabe, Gespräche über anderes, Einbringen persönlicher Erfahrungen etc.

Insgesamt kann festgestellt werden, daß die Studierenden aufgrund des lang andauernden gemeinsamen Klassenverbandes einander freundschaftlich zugetan waren, was sich auf die gemeinsame Produktion der Texte positiv auswirkte. In diesem Zusammenhang sei besonders der Bereich "Konversationelles" hervorgehoben, jene Passagen in den Gruppengesprächen, in denen die Studierenden ihre persönlichen Erfahrungen einbringen. Solche konversationellen Äußerungen können einerseits als Strategien interpretiert werden, um inhaltliche und/oder sprachliche Planungsschritte zu vermeiden, sie können aber auch dahingehend gedeutet werden, daß die Studierenden im Laufe der Interaktion eine gemeinsame Grundlage finden müssen, die kooperatives Schreiben erst ermöglicht. In jedem Fall handelt es sich bei diesen Äußerungen um jene Redebeiträge, die die Gruppengespräche besonders interessant machen und in denen die einzelnen Gruppenmitglieder am deutlichsten persönliches Profil gewinnen.

Was das Wissen anbelangt, das den Schreibenden bei der Textproduktion zur Verfügung steht, so kann sowohl in bezug auf das Textmuster (Lebensgeschichte) als auch in bezug auf die Wahrnehmung von *Kulturabhängigkeit* gesprochen werden. Der multikulturelle Aspekt allerdings bündelt das Wissen gleichsam.

---

3 Hierbei wurde auf ein bestimmtes Transkriptionssystem verzichtet, da die Prozesse vor allem inhaltsbezogen ausgewertet wurden.

Hinsichtlich der Rollen der Experten und Nichtexperten ergibt sich ein Unterschied zu anderen Untersuchungen (Abel 1985, Dausendschön-Gay et al. 1992). Die vorliegende Arbeit konnte die starke Rollenteilung, die in den angeführten Untersuchungen behauptet wird, nicht feststellen. Dieser Umstand ist damit zu erklären, daß für keinen der Studierenden Deutsch die Muttersprache, sondern für alle in gleicher Weise die Zielsprache war, sodaß eine weitgehende Gleichrangigkeit der Gruppenmitglieder herrschte. Studierende mit schwächeren sprachlichen Fertigkeiten wiederum waren imstande, dies durch intellektuelle und persönliche Gewandtheit zu kompensieren. Zwar ergab sich bei der quantitativen Analyse, daß sich einzelne Studierende öfter zu Wort meldeten als andere, allerdings kann eine größere Anzahl von Äußerungen keineswegs als Zeichen von größerer Präsenz und Einflußnahme gewertet werden.[4]

3. Aspekt der sprachlichen Ebene

Die Analyse der Protokolle erfolgte auch unter sprachlich-linguistischem Aspekt. Da der Schreibprozeß im Vordergrund der Untersuchung stand, habe ich als Grundlage das Modell von Börner (1989) gewählt, das auf dem Modell von Hayes/Flower (1980) basiert.

Die Grundkategorien des eigentlichen Schreibprozesses nach Börner, nämlich Planen, Formulieren, Überarbeiten, habe ich für meine Zwecke wie folgt modifiziert:

Planen - Kommunikation zum Inhalt (Inh): hier geht es vor allem um die Phase des inhaltlichen Aushandelns, der inhaltlichen Planung.

Formulieren - Kommunikation zur Sprache (Schr): hier geht es um das Aushandeln von, bzw. Verhandeln über sprachliche Phänomene, dem Suchen nach dem richtigen Wort, dem passenden Ausdruck, der Verwendung der Muttersprache, um Wiederholungen während der Planungs- bzw. Schreibphasen.

Überarbeiten - Revision (R): hier geht es um das Überprüfen und Wiederholen des Geschriebenen, auch im Sinne von Edieren, sowie um Korrektur.

---

4 Vgl. dagegen Abel (1985: 210), die davon spricht, daß jeder Teilnehmer innerhalb der Gruppe eine deutlich strukturierte Rolle einnahm.

Ferner habe ich Börners Modell um die Kategorie *Kommunikation über das Schreiben selbst (S)* erweitert, jene Phase also, in der das Schreiben selbst reflektiert wird.

Nicht eingehender analysiert wurde der Akt des endgültigen Niederschreibens. Allerdings kann soviel festgehalten werden, daß die Niederschrift, durchgeführt von einer Person der Gruppe, auf eine der folgenden Arten erfolgte:
- zu einem Zeitpunkt, da noch geplant und formuliert wird, vom Schreiber selbst nicht durch lautes Denken begleitet
- das Formulierte wird bewußt niedergeschrieben, wobei das Niederschreiben vom Schriftführer durch: "Ich schreibe jetzt" angekündigt wird
- es wird in einer eigenen Phase still niedergeschrieben, bemerkbar durch Kratzen am Papier oder durch Ausschalten des Rekorders

Der gesamte Schreibprozeß wurde in einzelne Phasen geteilt, d.h. Einzeläußerungen wurden nach qualitativen und quantitativen Gesichtspunkten zu Phasen zusammengefaßt. Eine Phase besteht aus Teilprozessen oder auch Subprozessen, nach Portmann "minimale Prozeßschritte" (1991: 282), die als I (zum Inhalt), Sp (zur Sprache), S (über das Schreiben selbst), Rev (Revision), je nach ihrer inhaltlichen Dimension, unterschieden werden. Diese werden zu Gedankenkomplexen zusammengefaßt und als Inhaltskomplexe oder Phasen bezeichnet (Inh, Schr, S, R; siehe weiter oben).

Kommunikation zum Inhalt / Planung zum Inhalt kann durch eine einzelne Person oder durch das Zusammenwirken mehrerer Gruppenmitglieder erfolgen:
Protokoll 3
Inh I/Schr I
B: I1? das ist eine alte Frau nicht?
J: + ja
A: I2B: sie wohnt im Alters
(...)
J: I3: die ist aus frühere Jugoslawien
J: I4: ah oder Spanien
B:?: Spanien?
B:+: ja Spanien
J:I5: Deutschland
J:I6: oder in Österreich

B:-: nein
J:I7: oder eine Jüdin
J:I8: die ist eine alte Jüdin
J: I9: sie wohnt allein
A:I2WH: sie wohnt im Altersheim
J.I2+: ja ja sie wohnt im Altersheim

Im kooperativen Schreiben werden Vertextungsentscheidungen gemeinsam getroffen. Die gestellten Fragen sind reale Fragen, auf die echte Antworten erwartet werden. Bei allgemeinen Inhaltsplanungen wird länger diskutiert, dadurch werden verschiedenartige Gesichtspunkte eingebracht.

Die von Legenhausen (1993) unterschiedenen zwei Typen von Planungsverhalten in Gruppen, bottom-up Planungen und top-down Planungen, finden sich in allen Protokollen wieder: Bei den bottom-up Planungen erfolgt die thematische Progression additiv und einzelsatzorientiert, während top-down Planungen von einem allgemeinen Rahmen ausgehend zu den Einzelthemen fortschreiten.

Als Beispiel für bottom-up Planung sei aus *Protokoll 1 / Phase 6* zitiert:

und am Anfang am Anfang
die die zum Beispiel vier ersten Monate
oder sechs ersten Monate
hat er immer Briefe bekommen
und er hat immer gewußt wie gehts dem Kind und so
aber dann hat er keine Briefe mehr bekommen
und die Mutter hat nicht mehr geschrieben

Ein Beispiel für top-down Planung findet sich in *Protokoll 1 / Phase 2:* vom Rahmen: *der Mann ist mit seiner Frau geschieden* werden mehrere Einzelthemen abgeleitet:

und sie hat das Baby mitgenommen
und sie ist nach Ausland geflogen
und sie hat immer viele Briefe zuerst geschickt
aber nachher ist diese Briefe nicht mehr

Aufgrund der quantitativen Analyse der einzelnen Teilprozesse konnte festgestellt werden, daß auf die inhaltliche Planung insgesamt das größte

Gewicht gelegt wurde. Die quantitative Perspektive kann freilich hinsichtlich der Differenziertheit des Prozeßverlaufes nur beschränkte Aussagekraft beanspruchen.

Kommunikation zur Sprache / Planung zum Schreiben:
Teilprozesse beziehen sich hier auf folgende Ebenen:
die grammatikalische Ebene

Protokoll 4
Inh III/SchrIII
N: Sp5: sie geht jede Sonntag
N: Sp6?: jeden oder
A: Sp7: jeden Sonntag

die lexikalische Ebene

Protokoll 1
Schr III
N: Sp3: die erste Jahr hat sie ihn immer Briefe geschickt
B: Sp4: hat sie
N: sp5: ihn
B: Sp6?: immer geschrieben oder?
N: Sp7: Briefe immer geschrieben
N: Sp8: schreiben ist besser

und die orthographische Ebene.

Protokoll 1
Schr IV
AM: Sp4?: schicken ch oder?
AM: Sp4: schicken c h
B: ?: mhm?
N: Sp5: schickt
N: WH: schickt
B: Sp6: wenn du mit c r schreiben möchtes
AM: Sp7: c k
B: Sp8: dann heißt das schich
N: +: ja
AM: Sp9 -: nein c k ck
N: Sp10: er meint c vor k

B: Sp5: ah schickt
N: ?: vielleicht
B: Sp5+: mhm schickt ja

Die Lösungen der Fragen erfolgen entweder intuitiv, d.h. ohne Begründung, oder aber mit Begründung: durch eine Regel oder ein grammatisches Argument.

Was die Verwendung der Muttersprache betrifft, so kann nachgewiesen werden, daß sie in kooperativen Schreibprozessen multikultureller Gruppen so gut wie *nicht* verwendet wird.[5] Die Muttersprache wird in zwei Fällen eingesetzt: wenn nach einem konkreten Ausdruck gesucht wird (nach einer belasteten Situation) und wenn es um Textstellen geht, die zweideutig scheinen, der Gebrauch der Muttersprache also in jedem Fall authentischer oder entlastender ist.

Ferner konnte nicht festgestellt werden, daß Lernende mit einer geringeren L2-Kompetenz die Muttersprache seltener verwenden als solche mit höherer L2-Kompetenz. Die quantitative Analyse ergab, daß die Anzahl der Äußerungen nichts mit dem sprachlichen Niveau der Lernenden zu tun hat. Nicht in allen analysierten Protokollen werden die meisten Äußerungen von den kompetentesten L2 Sprechern getan.

Die Teilprozesse der *Kommunikation über das Schreiben selbst* sind quantitativ weit in der Minderzahl. Sie beweisen aber dort, wo sie aufscheinen, ein gewisses Bewußtsein über das Schreiben selbst. Es schließt Wissen über Leser und Textsorte mit ein. Teilprozesse finden statt, indem darüber gesprochen wird, wie die Geschichte am besten zu schreiben ist, ob man schon beendet hat, ob noch etwas hinzuzufügen ist, wann geschrieben wird, welcher Anfang zu wählen ist, indem zum gemeinsamen Schreiben, zur Planung aufgefordert wird und indem man dazu aufruft, einen Konnex zwischen Bild und Geschichte herzustellen.

Bei den vorhandenen *Revisionsphasen* handelt es sich in der Mehrzahl um Wiederholung von bereits Niedergeschriebenem, um ein Sich-Vergewissern. Revision wird meist von der Schreiberin / dem Schreiber selbst vorgenom-

5 Alle bisherigen Untersuchungen zum fremdsprachlichen Schreibprozeß weisen in hohem Ausmaß den Gebrauch der Muttersprache auf. Als Beispiel sei hier Krings (1986, 1989) angeführt, der in einer Untersuchung zeigt, daß bei 485 Planungsschritten 40 Prozent in der Muttersprache verbalisiert wurden.

men, manchmal wird sie / er von anderen Gruppenmitgliedern dazu aufgefordert. Während des leisen oder lauten Lesens werden häufig noch Korrekturen vorgenommen. Dieses gemeinsame Revidieren, Überprüfen und Sich-Vergewissern könnte als ein mögliches Merkmal kooperativer Textproduktion angesehen werden.

4. Zusammenfassende Ergebnisse

Das für den fremdsprachlichen Schreibprozeß charakteristische Hin- und Herpendeln zwischen Inhaltsplanung und sprachlicher Realisierung - das heißt: Planen ist häufig in den Vorgang des Schreibens selbst eingebunden und stellt auch eine Reaktion auf das Geschriebene dar - findet im kooperativen Schreiben ebenso statt wie im individuellen. Im Unterschied zu Ergebnissen individueller Schreibprozesse können bei kooperativem Schreiben weniger hierarchische Planungsprozesse festgestellt werden. Dadurch, daß sowohl Planung als auch Vertextungsentscheidungen gemeinsam getroffen werden, kann nicht nur von einer Doppelstruktur, es muß vielmehr von einer mehrdimensionalen Struktur des Textproduktionsprozesses gesprochen werden.

Die während des Prozeßverlaufes stattfindende Lernersprache unterscheidet sich in einigen Punkten vom fertigen Produkt: letzteres ist sprachlich besser als der ihm zugrundeliegende Prozeß. Dies könnte durch den Aspekt des "gemeinsamen Aushandelns" erklärt werden, d.h. daß bei der Lösung von Planungs- und/oder Formulierungsproblemen vielfach Vereinfachungs- und Vermeidungsstrategien angewendet werden. Als weitere Gründe könnten die vielfältigen Dimensionen des Gruppenprozesses, wie Rollenverteilung, Erwartungshaltungen, Konflikte, Nähe und Distanz angeführt werden.

Der Schreibprozeß in Gruppen erleichtert das Schreiben für jedes einzelne Gruppenmitglied, die Lasten werden während des Schreibprozesses verteilt, und die einzelnen Phasen werden "gemeinsam geleistet" (Wolff 1992: 124). In der Gruppe werden gemeinsam Inhalte festgelegt, dabei wird Wissen gleichsam "gebündelt", es wird aber auch interaktiv formuliert. Dadurch wird die sprachliche Kompetenz der einzelnen ausgeglichen, und es kann sogar zu einer Erweiterung der Kompetenz führen. Edieren wird erleichtert, da das Produkt als "gemeinsames Resultat" betrachtet wird.

Die Situation, die durch Schreiben in Gruppen entsteht und von Dausendschön-Gay/Gülich/Krafft als "Situation mit relativ hohem Erwerbspotential" bezeichnet wird, stellt neben der Erweiterung der Kompetenz auf sprachlicher Ebene auch eine Kompetenzerweiterung auf außersprachlicher Ebene, wie soziales Lernen, dar.

Ein wesentlicher Unterschied zwischen kooperativen und individuellen Schreibprozessen liegt darin, daß ein "Einebnungs- und Ausgleichprozeß" stattfindet, der ein von allen Gruppenmitgliedern gutgeheißenes Produkt hervorbringt, wobei nach Legenhausen lernersprachliche Besonderheiten eines einzelnen im Verlaufe des Aushandlungsprozesses herausgefiltert werden. Negativ interpretiert heißt dies, daß das hervorgebrachte Resultat langweilig sei. Man könnte aber auch in positiver Auslegung dagegensetzen, daß letztlich nur die von allen als am besten empfundenen "Besonderheiten" in den Text einfließen.

Bibliographie

Abel, Brigitte (1985): Kommunikation in fremdsprachlicher Gruppenarbeit. Deutsch als Fremdsprache für Erwachsene. Frankfurt etc.: Lang

Antos, Gerd / Krings, Hans P. (1989): Textproduktion. Ein interdisziplinärer Forschungsüberblick (= Konzepte der Sprach- und Literaturwissenschaft 48). Tübingen: Niemeyer

Börner, Wolfgang (1987): Schreiben im Fremdsprachenunterricht: Überlegungen zu einem Modell. In: Lörscher/Schulze (Hrsg.) (1987), 1336-1349

Börner, Wolfgang / Vogel, Klaus (Hrsg.) (1992): Schreiben in der Fremdsprache. Prozeß und Text, Lehren und Lernen. Bochum: AKS

Dausendschön-Gay, Ulrich / Gülich, Elisabeth / Krafft, Ulrich (1992): Gemeinsam schreiben. Konversationelle Schreibinteraktion zwischen deutschen und französischen Gesprächspartnern. In: Krings/ Antos (Hrsg.) (1992), 219-255

Faistauer, Renate (1995): "Wir müssen zusammen schreiben!" Eine Untersuchung zum kooperativen Schreiben im fremdsprachlichen Deutschunterricht. Wien: Universität (Phil. Diss.)

Gregg, L.W. / Steinberg, J. (Hrsg.) (1980): Cognitive Processes in Writing. New York

Hayes, J.R. / Flower, L.S. (1980): Identifying the Organisation of Writing Process. In: Gregg/Steinberg (Hrsg.) 1980, 3-20

Krings, Hans P. (1986): Wie Lerner Texte machen. Schreibprozesse in der Fremdsprache im Lichte introspektiver Daten. In: Seminar für Sprachlehrforschung (Hrsg.): Probleme und Perspektiven der Sprachlehrforschung. Bochumer Beiträge zum Fremdsprachenunterricht in Forschung und Lehre. Frankfurt/Main: Scriptor, 257-280

Krings, Hans P. (1989): Schreiben in Fremdsprachen. Prozeßanalysen zum "vierten skill". In: Antos/ Krings (Hrsg.) (1989), 377-436

Krings, Hans P. (1992): Empirische Untersuchungen zu fremdsprachlichen Schreibprozessen - ein Forschungsüberblick. In: Börner/Vogel (Hrsg.) (1992), 47-77

Krings, Hans P. / Antos, Gerd (Hrsg.) (1992): Textproduktion. Neue Wege der Forschung. Trier: Wissenschaftlicher Verlag

Legenhausen, Lienhard / Wolff, Dieter (1991): Der Micro-Computer als Hilfsmittel beim Sprachenlernen: Schreiben als Gruppenaktivität. In: Praxis des neusprachlichen Unterrichts 38 (1991), 346-355

Legenhausen, Lienhard (1993): Textproduktion in Kleingruppen: Zum Problem der Datenerhebung in der L 2-Forschung. In: Die Neueren Sprachen 92 (1993) 3, 215-227

Lörscher, Wolfgang / Schulze, R. (Hrsg.): Perspectives on Language in Performance. Tübingen: Narr

Portmann, Paul R. (1991): Schreiben und Lernen. Grundlagen einer fremdsprachlichen Schreibdidaktik. Tübingen: Niemayer

Wolff, Dieter (1992): Zur Förderung der zweitsprachlichen Schreibfähigkeit. In: Börner/Vogel (Hrsg.))1992), 110-134

Dr. Renate Faistauer
Institut für Germanistik
Deutsch als Fremdsprache
Universität Wien
Dr. Karl Lueger-Ring 1
1010 Wien

ELIZABETA JENKO

FREMDSPRACHE LERNEN IST FREMDSPRACHE ERFAHREN

Im folgenden möchte ich meinen eigenen Entwicklungsweg als Slowenisch-Unterrichtende skizzieren und zeigen, wie sich als Konsequenz Grundlagen eines erfahrungsorientierten Fremdsprachenunterrichts ergeben haben.

Wie wohl wir alle hatte ich meine ersten Kontakte mit geleitetem Fremdsprachenunterricht in der Schule. Es mag im ersten Moment sehr weit hergeholt scheinen, aber diese Anfangseindrücke sind, wie sich herausstellen wird, prägend für jeden weiteren Weg, den Menschen im Fremdsprachenunterricht gehen, sei es als Lernende, sei es als Lehrende.

Auch die universitäre Praxis hat maßgeblichen Modellcharakter für den außeruniversitären Fremdsprachenunterricht. Schulische Sozialisationsmechanismen finden meist ihre übergangslose Fortsetzung im Hochschulbereich. Grundsätzlich geht es darum, sich eine vorgegebene Menge an Fakten und Regeln anzueignen, die, in Tabellen und Paradigmen gezwängt, zwar mit wissenschaftlichem Flair behaftet sind, jedoch in keiner Weise ein ganzheitliches Bild der Sprache und ihres Umfeldes in ihrer Vielschichtigkeit zu vermitteln vermögen. Es muß der Eindruck entstehen, es handle sich hierbei um quasi "naturgegebene" Unterrichtsformen und -praktiken.

Unter diesen Voraussetzungen begann ich, Slowenisch für Anfänger/innen an der Volkshochschule zu unterrichten. Das erste Semester gestaltete ich nach einem gängigen Lehrbuch (Povejmo slovensko, Andoljšek u.a. 1973).

Meine Unzufriedenheit über diese ersten Versuche, die slowenische Sprache zu unterrichten, führte mich zur Sprachdidaktik. Ein Schritt war, die Lehrbücher, mit denen ein/e in Österreich Slowenisch Lernende/r aller Wahrscheinlichkeit nach in Berührung kommt, wissenschaftlich zu untersuchen. Die Ergebnisse dieser Untersuchung sind im folgenden zusammengefaßt.

Als Zielgruppe werden fast ausschließlich Anfänger/innen des Slowenischen angeführt, die das Lehrziel "Beherrschen der slowenischen Alltagssprache" erreichen sollen. Dabei wird zumeist nur der Erwerb der "sprachlichen Hüllen" Grammatik und Vokabular in den Vordergrund gestellt. Auf die Bedeutung des kulturellen Hintergrunds der slowenischen Sprachgemeinschaft wird nur am Rande hingewiesen.

Die didaktische Vorgangsweise der Lehrwerke beruht auf einer relativ strengen Trennung von Grammatik und Vokabular. Die einzelnen "Brocken" werden in unnatürlich wirkenden, fast ausnahmslos nicht authentischen, grammatikorientierten Lektionstexten "eingeführt". Anschließend werden diese neuen Strukturen "erklärt", damit sie in meist kontextfreien Aufgaben "eingeübt" werden können.

Die Lehrbücher sind auf grammatische und lexikalische Progression aufgebaut.

> Mit Hilfe von Rahmen erkennt der Lernende, welche Grammatikerscheinung er gerade übt. Würde der Lernende von hinteren grammatischen Übersichten ausgehen, wäre das für ihn nur schädlich, da er dadurch seine /.../ Progression zerstören würde.
> (Aus den Lernanleitungen zu Povejmo slovensko)

Dies sogar dann, wenn die grundsätzliche Widersprüchlichkeit dieses Unterfangens erkannt wird.

> Wenn wir Slowenisch mit Hilfe von Grammatikregeln und Grammatikformen lernen möchten, würden wir bald in Disharmonie mit der gesprochenen Sprache geraten /.../ Die grammatisch richtige Aussage würde in der slowenischen Sprache unecht klingen.
> (ebenda)

Bei den jeweiligen Lektionstexten handelt es sich um sogenannte "Alltagssituationen", die jedoch keineswegs dazu geeignet sind, den wirklichen (und nicht klischeehaften) Alltag einer fremden Sprach- und Kulturgemeinschaft darzustellen. Zugunsten einer formalen Progression wird eine Glättung der Sprache und ihres kulturellen Umfeldes in Kauf genommen. Diese bewirkt, daß viele sprachliche Realitäten, die nicht eindeutig beschreibbar und erklärbar sind - ich denke dabei an die vielen Ausnahmen, die zu jeder Regel zu lernen sind - und allgemein unter "Sprachgefühl" subsumiert werden, den Lernenden verborgen bleiben. Die "Landeskunde" beschränkt sich auf einige historische und geographische

Daten und ist in dieser Form als Einblick in ein fremdes kulturelles Leben nicht geeignet.

Eine auf inhaltliche und strukturelle Mikrowelten reduzierte Wirklichkeit erweckt so die Illusion, daß bestimmte sprachliche Bereiche tatsächlich erschlossen wurden. Lernende werden spätestens dann vom Gegenteil unangenehm überrascht, wenn sie mit dem "berühmten" Praxisschock zu kämpfen haben.

Diese Art von Unterricht ließen die Kursteilnehmer/innen kommentarlos und zufrieden über sich ergehen, mir wurden jedoch bald schwerwiegende Mängel bewußt.

(i) Bei den Lernenden handelte es sich um berufstätige Erwachsene, die den Kurs zum Teil unregelmäßig besuchten. So mußten öfters Lektionsteile wiederholt werden, was für andere langweilig und unergiebig war. Andernfalls galt es in Kauf zu nehmen, daß einzelne dem Unterricht nicht folgen konnten.

(ii) Bei den Kursteilnehmer/inne/n konnten die Lehrbuchinhalte weder Interesse noch Eigeninitiative hervorrufen. Die Übungsaufgaben waren eine willkommene Möglichkeit, das "schlechte Gewissen" zu beruhigen. Obwohl so gestaltet, daß die richtige Lösung rein mechanisch auch ohne inhaltliches Verstehen möglich war, vermittelten sie dennoch das Gefühl, "etwas getan" zu haben.

Durch einen glücklichen Zufall ergab sich für mich schließlich die Gelegenheit, neben meinen Kursen auch bei einer von A. Knapp initiierten Selbstlerngruppe für Slowenisch mitzuarbeiten[1]. Die dabei gesammelten Erfahrungen und ein intensives Studium der Didaktik führten zu folgenden Resultaten.

Zunächst muß ein Rahmenprogramm erstellt werden, d.h. im besonderen, daß auf die spezifische Situation der Lernenden Rücksicht genommen werden muß. Das Fremdsprachenlernen tritt im allgemeinen mit vielen äußeren Faktoren in Konkurrenz (wie etwa Familie, Beruf, Freizeitgestaltung, gesellschaftliche Verpflichtungen etc.) und wird in seiner Dringlichkeit erfahrungsgemäß weit hinten angereiht (nachdem der anfängliche Eifer

---

[1] Vergleiche dazu Knapp 1987 und Buttaroni/Knapp 1988

verflogen ist). Dabei muß aber grundsätzlich klar sein: Aneignung einer Fremdsprache (sprich: Teilbereiche derselben) erfordert stets Arbeit, Ausdauer, Zielstrebigkeit und Selbstdisziplin. Kein Sprachkurs kann einen raschen und mühelosen Spracherwerb in Aussicht stellen. Unter diesen Voraussetzungen wird es unumgänglich, unter Einschätzung des realistisch Machbaren eine individuelle Lernrichtung abzustecken, um den persönlichen Bedürfnissen maximal Rechnung zu tragen. Zum Lesen von Zeitungen etwa sind anhand von entsprechenden Inhalten andere Fähigkeiten zu entwickeln als beispielsweise zur Kommunikation mit slowenischen Verwandten oder zum Verstehen alltäglicher Gespräche.

Eine Hauptaufgabe des/der Lehrenden ist es, den Lernenden zu helfen, auf Lernziele durch entsprechende Art der Auseinandersetzung mit der Sprache hinzuarbeiten, um sich langsam von der Autorität des Lehrers/der Lehrerin zu emanzipieren. In diesen Tätigkeitsbereich fallen neben Informationsvermittlung etwa Materialsammlung und -sichtung sowie das Erteilen von zielführenden Anweisungen hinsichtlich des Herangehens an das sprachliche Material. Beschäftigung mit der Sprache heißt hier aktive Auseinandersetzung mit der gesamten sprachlichen Realität. Das Lernen einer Fremdsprache darf nicht in einer künstlichen Lehrbuchwelt vor sich gehen. Es darf sich nicht über den Umweg des Erlernens der sprachlichen Hüllen Vokabeln und Grammatik abwickeln, sondern über Inhalte. Es muß in Anlehnung an den muttersprachlichen Erwerb als Prozeß des Erfahrens verstanden werden, der von persönlichen Bedürfnissen, Interessen oder auch Notwendigkeiten geleitet ist.

Das bedeutet, vom regelgeleiteten zu einem erfahrungsorientierten Lernen anhand von authentischen Texten überzugehen. Darum kann ich mich bezüglich des Fremdsprachenunterrichts den Forderungen von Freinet anschließen:

> Weg mit den Lehrbüchern aus der Schule! [aus jedem Sprachkurs; E.J.] /.../ Die Lehrbücher sind eine spezifische Erfindung der Schule, deren Gebrauch den Unterrichtsrahmen nicht überschritten hat. Denn schließlich legt man für wissenschaftliche Untersuchungen außerhalb des schulischen Rahmens /.../ die Lehrbücher, so imposant sie auch sein mögen, nicht grundlos zur Seite, um zurückzugreifen auf die Arbeit in der Bibliothek, auf die kritische Dokumentation, auf persönliche Argumentation, die die Grundlage für /.../ Forschung bilden.
> (Freinet 1985: 30/31)

Adäquate Grundlage für forschendes Lernen einer Fremdsprache kann in diesem Sinn also nur authentische Sprache sein. Dazu gehören neben Lesetexten als wesentliche Bestandteile auch Hörtexte sowie Anschauungsmaterialien (Landkarten, Prospekte, Filme, typische Produkte etc.). Ebenso ist durchaus auch muttersprachliches Informationsmaterial heranzuziehen. Als Orientierungshilfe für Unterrichtende wäre die Entwicklung von Textsammlungen denkbar. Diese könnten als eine Art von Anthologien gestaltet sein, die zum einen mit Vorschlägen zu möglichen Zugängen und Aufgabenstellungen zu den einzelnen Texten, zum anderen mit Querverweisen zu Paralleltexten (auch aus anderen Medienbereichen) bzw. entsprechenden Literaturhinweisen versehen sind. Als Einteilungskriterium scheint mir einerseits die Textsorte und andererseits der Themenbereich vernünftig. Diese Anthologien sind nicht als gebundene Bücher zu konzipieren, die den Eindruck vermitteln, es handle sich um in sich geschlossene, endgültige Werke. Sie verstehen sich als Übersichtskataloge, die laufend zu erweitern sind und mit aktuellen Texten von den Lernenden selbst ergänzt werden sollen. So entstandene Sammelmappen stellen offene und flexible "Bücher" dar. Die Erarbeitung eines vorläufigen und ebenfalls flexiblen Curriculums für Lernende erfolgt dann jeweils individuell (einzeln oder gruppenweise) mit Hilfe geeignet ausgewählter Texte.

Das Arbeiten mit authentischen Texten läßt grundsätzlich keine Regelorientiertheit zu. Denn nur in speziell für "Unterrichtszwecke" zusammengestellten Texten kommen gehäuft ausgewählte Strukturen in einer ganz bestimmten Reihenfolge vor (etwa Nominativ vor Akkusativ vor etc.; eine unnatürliche Anhäufung von Konditionalsätzen, Passivformen und ähnlichem).

Erfahrungsorientiertheit erfordert eine gewisse Offenheit beim Zugang zur Sprache, d.h. der "Gegenstand" wird nicht schon zerlegt, bevor die Lernenden zum erstenmal damit in Kontakt kommen. Die Lernenden gehen dabei zunächst mehr oder weniger unsystematisch vor. Sie erhalten Hinweise zum Beobachten von signifikanten Merkmalen, die es erlauben, in handlungsorientierten und selbsttätigen Formen des Lernens Erfahrungen bewußt werden zu lassen. Einerseits die Erfahrung, daß sich bestimmte sprachliche Elemente in gleichen/ähnlichen Situationen gleich/ähnlich verhalten, andererseits die Erfahrung, daß formulierte Regularitäten in der Sprache niemals absolut sind und an Grenzen stoßen.

Die Lernenden sind dazu aufgefordert, ihr intuitives Wissen, ihre analytischen Fähigkeiten sowie den "gesunden Menschenverstand" einzusetzen.

Das erste Herangehen an einen fremdsprachlichen Text erfolgt nicht vom Standpunkt des Nicht-Wissens. Die Lernenden versuchen dem Text möglichst viel Information zu entnehmen, indem sie sich verschiedenster Strategien bedienen. Dabei können Layout, Fremdwörter und Internationalismen, die Nutzung interkultureller Analogien sowie metasprachliches Wissen für die Texterschließung sehr hilfreich sein. Dieser positive Zugang zeigt bei den Lernenden erfahrungsgemäß motivierende Wirkung und weckt das notwendige Interesse für die weitere Auseinandersetzung mit dem Text.

Anhand eines Erfahrungsberichts einer meiner Schüler/innen möchte ich exemplarisch zeigen, wie sich die praktische Umsetzung eines erfahrungsorientierten Fremdsprachenunterrichts auf die Lernenden - diese sollen schließlich im Zentrum stehen - auswirken kann.

Eine qualitative Studie war in diesem Zusammenhang aus folgendem Grund sinnvoll: Der Leitsatz war für mich, die Lernenden als Subjekte ernst zu nehmen und sie in direktem Kontakt nicht bloß als Datenlieferanten, sondern als zentrale Handelnde in die Studie miteinzubeziehen. Auf subjektives Erleben gestützt sollte bei der Darstellung erfahrungsorientierten Fremdsprachenunterrichts ein höchstmöglicher Grad an Authentizität erreicht werden. Es ging mir nicht darum, einzelne Variablen des Fremdsprachenunterrichts statistisch zu überprüfen. Die Lernenden sollten eigene Hypothesen zu ihrem Fremdsprachenlernprozeß erstellen, die zum Gegenstand weiterer Forschungen gemacht werden können. Denn letztendlich ist es wesentlich, Faktoren des Fremdsprachenlernens aus der Lerner/innen/perspektive auf den Grund zu gehen, um daraus Alternativen für den Fremdsprachenunterricht zu entwickeln. Wie zu sehen sein wird, handelt es sich dabei einerseits um sehr komplexe und andererseits um teilweise sehr individuelle Variablen, die, in statistische Kategorien gezwängt, ihre Aussagekraft verlieren würden.

Interview mit Gabi N., 18 Jahre.
Muttersprache: Deutsch; Fremdsprachen: Englisch, Französisch.
Das Interview wurde zum Großteil in slowenischer Sprache gehalten.

Der Schwerpunkt des Englischunterrichts in der Schule lag nach Gabis Angaben in der Vermittlung grammatischer Strukturen. Schul- und Hausübungen sowie die Schularbeiten wurden dementsprechend gestaltet. Es wurde "starr nach dem Lehrbuch vorgegangen", welches das Lehr- und Lernziel bestimmte. Die "Highlights" des Englischunterrichts waren sogenannte "freie Aufsätze", d.h. zu mehr oder minder wochenlang vorbereiteten Standardthemen des schulischen Fremdsprachenunterrichts im Fortgeschrittenenstadium (Rassendiskriminierung, Drogensucht, Atomenergie etc.) war eine gewisse Anzahl von Seiten mit meist vorbereiteten Statements in englischer Sprache zu füllen.

Aus der Schule hatte Gabi kaum englische Leseerfahrung, da sich Literatur meist auf die Lehrbuchtexte beschränkte und nur noch ein paar "simplified versions" englischer Belletristik einschloß.

In Französisch wurde Gabi erstmals mit Hörtexten/Minidialogen konfrontiert. Manchmal wurden diese nach mehrmaligem Anhören auswendig gelernt und in Rollenspielen praktiziert.

Zum erstenmal wurde Gabi so die Anwendbarkeit der zu erlernenden Sprache bewußt. Mit diesen Vorerfahrungen begann sie im Rahmen einer Selbstlerngruppe mit fünf Teilnehmer/inne/n Slowenisch zu lernen. Ihre Motivation: Durch ein Projekt in ihrer Schule wurde das Interesse an den österreichischen Minderheiten geweckt. Aus einem ersten direkten Kontakt bei der "Slowenen-Demonstration" gegen das Pädagogenmodell in Wien 1987 enstand der Wunsch, die damals erhaltenen Flugblätter, Zeitungen, etc. lesen und verstehen zu können. Die ersten Anregungen für das Herangehen an das Lernen einer Fremdsprache erhielt die Selbstlerngruppe von A. Knapp.

Am Beginn des Kurses, der möglichst einmal wöchentlich je eineinhalb Stunden stattfinden sollte, stand das Arbeiten mit Hörtexten. Die Lektüre von Lesetexten war vor allem vom gemeinsamen Interesse aller Kursteilnehmer/innen an der slowenischen Minderheit in Österreich geleitet. Die damaligen Ereignisse in Kärnten (Entwicklung und Einsetzung des Pädagogenmodells im Minderheitenschulwesen, Prozeß gegen P. Gstettner, etc.) waren zum Teil aus der deutschsprachigen Presse bekannt. Mit dieser Vorinformation ausgerüstet war den Texten "überraschend viel" zu entnehmen. (G.N.)

Beim Lesen und Durcharbeiten der Texte wurde deutlich: Das Wissen um den Kontext war bei den authentischen Texten eine wertvolle Hilfe, während das Verstehen des Inhalts der Lesestücke aus einem Lehrbuch, das anfangs auch erprobt wurde, wesentlich schwerer war. Hinsichtlich der künstlichen

Pointen und oft weit hergeholter Zusammenhänge zwischen Überschrift und Text konnten natürliche Verstehensstrategien nicht greifen.

Nach etwa fünf Monaten knüpfte Gabi Kontakte zur slowenischen Kirchengemeinschaft in Wien. Das war ihre erste Begegnung mit der sprachlichen Praxis außerhalb des Kurses. Erste Sprechversuche fanden statt, und es gab eine Fülle an gesprochener Sprache zu verstehen. Immer wiederkehrende, auch aus dem Deutschen bekannte, ritualisierte liturgische Formeln prägten sich bald ein, die Predigten des Priesters waren schon wesentlich schwerer zu verstehen ("Ich habe immer wie wild im Wörterbuch geblättert"). Die dialektal gefärbten Unterhaltungen der Kirchgänger konnte sie anfangs bei Treffen nach der Messe fast nicht verstehen. Ihre slowenischen Kontakte erweiterte sie um einige Korrespondenzpartner/innen. Intensiver Briefkontakt mit Slowen/inn/en während der Sommermonate überbrückten so die kursfreie Zeit.

Mit der Zeit weiteten sich Gabis Interessen von der Minderheitenpolitik auch auf andere Themenbereiche aus. Mit großem Eifer wurden etwa Zusammenfassungen slowenischer Filme durchgearbeitet. Der interessanteste wurde etappenweise angeschaut. In zwei Jahren Slowenischunterricht hat Gabi durch konsequente Auseinandersetzung mit authentischen slowenischen Texten zahlreiche Erfahrungen gesammelt, sodaß sie heute praktisch vor keinem slowenischen Text zurückschreckt. Es gibt Texte, für die sie länger braucht als für andere, aber sie weiß, daß in einem gewissen Rahmen jeder Text bewältigbar ist. Die schulisch anerzogene Scheu vor der Fremdsprache ist weggefallen. Sie empfindet den Umgang mit der slowenischen Sprache als selbstverständlich, ganz im Gegensatz zu ihren Gefühlen, die sie in der Schule vor allem dem Englischen gegenüber hatte. Unsere heutige Kommunikationssprache ist Slowenisch.

Folgende zusammenfassende Gesamteinschätzung soll Gabis Erfahrungen mit dem Slowenischunterricht darstellen:

(i) Obwohl von einer konkreten Motivation geleitet, nämlich Kärntner slowenische Zeitungen lesen und verstehen zu können, maß Gabi ihre Kenntnisse des Slowenischen daran, inwieweit sie imstande war, Slowenisch zu *sprechen*. In der Schule, so erinnerte sie sich, konnte sie nach den ersten Englischstunden schon "einfache Sätze sagen". Interessant ist dabei, daß Gabi als bemerkenswert herausstrich, Englisch im Unterricht *gesprochen* zu haben, während sie dem Verstehen, das beim Miteinander-Sprechen genauso wichtig ist, keine besondere Beachtung schenkte. Da es sich bei Gabi diesbezüglich um keinen Einzelfall handelt, ist diese Tatsache ein Indiz dafür, daß diesem sprachlichen Bereich im verschulten Fremdsprachenunterricht nicht die ihm gebührende Bedeutung beigemessen wird.

Ein Grund für die inferiore Stellung der Sprachfertigkeit "Verstehen" ist vermutlich folgender: Die in Lehrbüchern dargebotenen Texte sind sicherlich in keiner Weise dazu geeignet, sich mit ihnen inhaltlich auseinanderzusetzen. Während bei den produktiven Tätigkeiten, auch wenn inhaltsleer, zumindest der psychologische Effekt einer gewissen Aktivität bleibt, bieten solche Texte in Hinblick auf das Verstehen keinen Anreiz. Für Lernende wird der durchaus hohe Stellenwert des Sprachverstehens nicht einsichtig.

(ii) Die Arbeit an Texten, die vom Wunsch und Ziel her geleitet waren, diese inhaltlich zu verstehen, war für Gabi eine neue Erfahrung. Fremdsprachliche Texte waren nicht mehr Träger von Vokabeln und Grammatik. Der Aneignungsprozeß der Sprachmittel erfolgte nun parallel zum Inhalt und im Zusammenhang mit diesem. "Wenn man sich einmal in ein Thema eingelesen hat, waren die Texte gar nicht mehr so schwer zu bewältigen." Bereits in einem Text entschlüsselte Elemente traten in neuen Kontexten wieder auf und wurden so hinsichtlich ihrer Verwendung verdeutlicht. Aktuelle grammatische Fragen wurden im Anschluß an den inhaltlichen Entschlüsselungsprozeß geklärt.

> Dadurch, daß wir uns am Anfang in erster Linie auf den Inhalt und erst in zweiter Linie auf die Grammatik konzentriert haben, konnte ich anhand der vielen Texte relativ schnell einen größeren Wortschatz aufbauen. Strukturen und Phrasen, die häufig vorkamen, habe ich mir mit der Zeit auch ohne Lernen [dieses "unbewußte Lernen" wurde von Gabi nicht als solches empfunden, E.J.] gemerkt bzw. ins Gefühl bekommen. Bald habe ich versucht, nach diesen Mustern selbst mit der Sprache zu experimentieren (G.N.).

(iii) Als nach einigen Wochen die Faszination des Neuen etwas nachgelassen hatte, war die Phase des (Lern-)Hochs für einige Zeit vorbei. Plötzlich schien diese Fülle an Sprachmaterial unbewältigbar und das Ziel, es jemals in den Griff zu bekommen, in weite Ferne gerückt. Vom schulischen Fremdsprachenunterricht war Gabi gewohnt, ein Plansoll, das gleichzeitig zum Lehrziel erklärt wurde und in der Anzahl von durchgearbeiteten Lehrbuchseiten bzw. dem Grad der Schularbeitsnoten meßbar war, zu erfüllen. Dies hier aber zeigte keine irgendwie geartete Systematik, war undurchschaubar, und vor allem gab es zunächst "nichts Handfestes, woran man einen Fortschritt messen konnte".

Beim Slowenischunterricht war für Gabi etwa vier Monate lang kein greifbares Vorankommen spürbar. Daß sie bei den durchwegs authentischen Texten immer routinierter ans Werk ging, hat sie lange nicht wahrgenommen bzw. entsprechend gewertet. Sie hatte auch bald keine Schwierigkeiten mehr, mit dem Wörterbuch und mit einer slowenischen Kurzgrammatik umzugehen.

Nach etwa vier Monaten wurde ihr zum erstenmal klar, daß die investierte Zeit und Mühe nicht vergeblich war. Die vielen einzelnen Mosaiksteine begannen sich zu einer nicht mehr unendlich scheinenden Ganzheit zusammenzusetzen.

(iv) Gabis erste Begegnung mit der Praxis war von zwei wichtigen Erscheinungen begleitet.

Erstens: Ihre ersten Sprechversuche ernteten trotz zahlreicher grammatischer Fehler großen Beifall und positive Reaktionen. Wenn sie Fehler machte, war das also weiter gar nicht so schlimm, im Gegenteil, durch die Korrekturen ihrer Gesprächspartner/innen ergab sich eine natürliche Möglichkeit, Fehler auszubessern. Das war ein großer Gegensatz zur Schule, wo jeder Fehler mit Sanktionen verbunden war und man als Schüler/in daher bestrebt war, deren möglichst wenig zu machen (was gleichbedeutend war mit: möglichst wenig in der Fremdsprache zu sprechen oder zu schreiben). Gabis Einstellung zum Thema "Unterricht" wurde völlig umgedreht. Der/die Lehrer/in hatte für sie eine Berater/innen/funktion übernommen (anstatt Prüfer/in und Bestrafer/in zu sein).

Zweitens: Ihr wurde bewußt, daß die Fertigkeit "Verstehen" in der Praxis einen enorm wichtigen Anteil an der Sprachbeherrschung einnimmt.

(v) Je mehr Kontakte Gabi mit der slowenischen Sprache hatte, desto mehr "Appetit" bekam sie auf diese Sprache. Mit der Zeit weiteten sich ihre Interessen von der Minderheitenproblematik auch auf andere Themenkreise aus. Obwohl Gabi angab, die "Standardthemen aus der Schule" interessierten sie nicht, fällt auf, daß sie mit großem Interesse Texte zu ebendiesen Themen las, wenn sie sich aus aktuellen Anlässen ergaben und nicht in einer von der Realität abgehobenen Allgemeinheit präsentiert wurden.

(vi) Was war das Schwierigste für sie? - Mit der in der Schule nicht erlebten Lernfreiheit umzugehen und damit die erforderliche Eigenverantwortung zu entwickeln. Nach einer Eingewöhnungsphase aber wirkte das Gefühl, die Lerninhalte und die dazugehörigen Arbeitsformen selbst mitbestimmen und ihren Bedürfnissen anpassen zu "dürfen", so stimulierend, daß Gabi erklärte: "Slowenisch war für mich immer eine Belohnung, nachdem ich den schulischen Kram erledigt hatte." Das Lernen-Wollen ist nicht durch das Lernen-Müssen abgetötet worden.

Das größte Hindernis meiner Schüler/innen beim Slowenischlernen schien gewesen zu sein, daß sie alle einmal in die Schule gegangen sind. Dort antrainierte, lernhemmende Verhaltensweisen waren nur schwer abzulegen. Diese Tatsache sollte jedenfalls zu denken geben!

Dieser vorangegangene Erfahrungsbericht verlangt nach didaktischen Konsequenzen. Diese führen in natürlicher Weise zu einem erfahrungsorientierten Fremdsprachenunterricht. Die Überlegungen dazu wurden in diesem Beitrag dargelegt.

Bibliographie

Andoljšek Ema, Jevšenak Ludvik, Korošec Tomo (1973): Povejmo slovensko. Ljubljana: Državna založba Slovenije

Buttaroni, Susanna / Knapp, Alfred (1988): Fremdsprachenwachstum. Wien: Volkshochschule

Freinet, Elise (1985): Erziehen ohne Zwang. München: Klett

Inzko, Valentin (1981): Wir lernen Slowenisch - Učimo se slovensko. Klagenfurt/Celovec: Družba Svetega Mohorja

Jug-Kranjec, Hermina (1982): Slovenščina za tujce. Ljubljana: PZE za slovanske jezike

Jenko, Elizabeta (1990): Argumente für erfahrungsorientierten Fremdsprachenunterricht am Beispiel des Slowenischen. Wien: Universität (Phil. Diss.)

Knapp, Alfred (1987): Fremdsprachenwachstum. Techniken zum individuellen Fremdsprachenlernen. Wien: Verband der Wiener Volksbildung

Križaj-Ortar, Martina (1987): Učimo se slovenščino. Ljubljana: Filozofska fakulteta. Oddelek za slovanske jezike

Toporišič, Jože (1969) Zakaj ne po slovensko. Ljubljana

Elizabeta Jenko
Eduard Bauernfeldgasse 12/5/2
2232 Deutsch Wagram

SERGIOS KATSIKAS

FEHLER ALS LERNFORTSCHRITT – FEHLERVERMEIDUNGSSTRATEGIEN ALS FEHLERURSACHE

1. Einleitung

Fährt man mit der Bahn nach Österreich, wird man an der Grenze von der Österreichischen Bundesbahn über Lautsprecher in deutscher und englischer Sprache begrüßt. Die englische Durchsage endet etwa so:
*[z̊e 'oːstʀiɛn 'ʀeːɫveːs vɪʃ juˑ ɛ 'pɫɛz̊ɛnt 'tʃœɐ̯niˑ].[1,2]
Die letzte Station vor dem Wiener Südbahnhof wird folgendermaßen angekündigt:
*['ɫeːd̥ɪs ɛn 'tʃɛntɫ̩mɛn | ɪn ɛ fjuː 'minɪts viː vɪɫ ɛ'ræːf ɪn 'vjɛnɑ 'mæːdɫɪŋ].[3]
Die Lautungen *railways* ['rɛɪ̯lwɛɪ̯z] → *['ʀeːɫveːs], *wish* [wɪʃ] → *[vɪʃ], *we* [wiː] → *[viː], *will* [wɪl] → *[vɪɫ] stellen den klassischen Fall *lautlicher Interferenz* in Form einer Lautersetzung dar: der im Deutschen unbekannte englische labiovelare Approximant [w] wird von Deutschsprachigen häufig durch den labiodentalen Frikativ [v] ersetzt.

Etwas komplizierter wird die Sache jedoch im österreichischen Fernsehen. Hier wird die amerikanische Krimiserie *Miami Vice* [maɪ̯'æmɪ 'vaɪ̯s] in der Aussprache *[maɐ̯'ɛmi 'waɪ̯s] angesagt. Der ehemalige amerikanische Außenminister *Cyrus Vance* [væns] heißt in den Nachrichten *[wɛns];

---

[1] *"The Austrian Railways wish you a pleasant journey!"*
[ðiː 'ɒstrɪən 'rɛɪ̯lwɛɪ̯z wɪʃ ju ə 'plɛznt 'dʒɜːni].

[2] Das Zeichen [ɫ] wird hier für das in bestimmten Wiener Soziolekten übliche unilaterale "l" (das sogenannte "Meidlinger l") verwendet.

[3] *"Ladies and gentlemen, in a few minutes we will arrive in Vienna-Meidling"*
['lɛɪ̯diz ən 'dʒɛntl̩mən | ɪn ə fjuː 'mɪnɪts wiː wɪl ə'raɪ̯v ɪn vi'ɛnə 'maɐ̯dlɪŋ].

ähnliches geschieht mit dem englischen Fußballklub *Aston Villa* ['æstən 'vɪlə], der in den Sportnachrichten *['ɛstn̩ 'wɪlɑ] heißt.

Diese Aussprachefehler scheinen den erwarteten Interferenzen zu widersprechen. Statt einen (in der L1 unbekannten) Laut der L2 durch einen Laut der L1 zu ersetzen, verwenden die Sprecher hier anstelle eines in der L1 durchaus bekannten L2-Lautes ([v]) einen der L1 fremden Laut der L2 ([w]) und machen sich somit gewissermaßen "unnötig das Leben schwer", da die "korrekte" Aussprache [v] für einen Deutschsprachigen zweifellos leichter wäre als die "falsche" Aussprache [w].

Aber auch für jene Kritiker der Kontrastiven Linguistik, die implizit oder explizit in der Tradition der Identitätshypothese[4] liegen, sind diese Fehler kein Anlaß zur Freude. Forscher, die sich um "nicht-kontrastive" Erklärungen von Aussprachefehlern bemühen, greifen üblicherweise auf das Konzept der Markiertheit zurück: ein Laut der L2 werde nicht deshalb falsch ausgesprochen, weil er in der L1 unbekannt ist, sondern weil er markiert[5], von sich aus schwierig, sei. Der oben beschriebene Ersatz von [v] durch *[w] widerspricht aber auch diesem Konzept. Eine Fehlererklärung durch Markiertheit setzt voraus, daß ein markierter Laut durch einen weniger markierten ersetzt wird. Hier liegt jedoch genau das Gegenteil vor: der von den Sprechern fälschlicherweise produzierte Approximant [w] ist zweifellos

---

4 Die Identitätshypothese geht bekanntlich von einer weitgehenden Übereinstimmung zwischen Erst- und Zweitspracherwerb aus und erwartet in letzterem ähnliche Fehler wie in ersterem. Da im Erstspracherwerb die zu erwerbende Erstsprache per definitionem auf keine bereits früher erworbene Sprache trifft, ist hier eine proaktive interlinguale Interferenz auszuschließen. Die Existenz von Interferenzfehlern im Zweitspracherwerb widerspricht demnach der Identitätshypothese und wird daher von einem Teil ihrer Vertreter als nebensächlich abgetan oder gar geleugnet. Statt dessen wird versucht, Fehler ausschließlich über die Zielsprache selbst (Analogie u.ä.) sowie mit Hilfe universalistischer Konzepte (angeborene Universalgrammatik, "Bioprogramm", Markiertheit, Universalien des Spracherwerbs etc.) zu erklären.

5 Eine sprachliche Struktur gilt als markiert, wenn sie komplex ist. Demnach ist ein Laut markiert, wenn zu seiner Hervorbringung ein großer artikulatorischer Aufwand notwendig ist. Als Indikatoren für Markiertheit gelten u.a. Frequenz (markierte Laute kommen in weniger Sprachen vor als unmarkierte) und Spracherwerbssequenzen (unmarkierte Laute und Strukturen werden vor markierten erworben). In der generativen Tradition werden unmarkierte Strukturen als Teil der (in dieser Tradition angenommenen) angeborenen Universalgrammatik betrachtet.

stärker markiert als der Reibelaut [v][6]. Auch universalistische Zweitspracherwerbstheorien können also unsere Fehler nicht erklären.

Die Ursache der falschen Lautungen *[mae̯'ɛmi 'wai̯s], *[wɛns], *['ɛstn̩ 'wɪlɑ] liegt woanders. Der Österreichische Rundfunk (ORF) ist (vor allem in Informationssendungen) um eine möglichst korrekte Aussprache fremder Namen bemüht. Daher bemühen sich die diesbezüglich (mehr oder weniger)[7] geschulten Fernseh- und Radiosprecher auch bei sehr "exotisch" klingenden Namen mit mehr oder weniger Erfolg um die "Originalaussprache". Im Fall von weit verbreiteten Fremdsprachen wie Englisch oder Französisch ist auch durchaus anzunehmen, daß "typische Fehler" Deutschsprachiger den ORF-"Sprecherziehern" sehr wohl bekannt sind, und daß versucht wird, diese Fehler zu vermeiden. Im konkreten Fall ist anzunehmen, daß die betreffenden Fernsehsprecher darauf gedrillt wurden, den für Deutschsprachige typischen Ersatz von englischem [w] durch [v] (*we wish* [wiː wɪʃ] → *[viː vɪʃ]) zu vermeiden. Der Drang, den Ersatz [w] → *[v] zu vermeiden, führt dazu, daß [w] auch dort ausgesprochen wird, wo [v] richtig wäre. Hier haben wir es also mit einem Fehler zu tun, der dadurch zustande kommt, daß ein anderer Fehler vermieden wird, also um einen Fehler, dessen Ursache eine *Fehlervermeidungsstrategie* ist.

2. Fehlervermeidungsstrategien in Form von aktiven Problemlösungsstrategien

2.1. Fehlervermeidung als Lern- und Kommunikationsstrategie

Bekanntlich ist ein beträchtlicher Teil der im Fremdspracherwerb bzw. in der fremdsprachlichen Kommunikation auftretenden Fehler auf (für den Erwerb bzw. die Kommunikation unentbehrliche) Lern-(Erwerbs-)strategien

---

6 Der labiovelare Approximant [w] erfordert einen größeren artikulatorischen Aufwand und ist als Phonem in weit weniger Sprachen zu finden als der labiodentale Reibelaut [v]. Darüber hinaus ist er im Phonemsystem jener Sprachen, die ihn als Phonem besitzen, häufig isoliert (d.h. nicht Teil einer "natürlichen Klasse" innerhalb des Phonemsystems).

7 Obwohl mir das Geheimnis der ORF-Ausspracheschulung nicht bekannt ist, habe ich den Eindruck, daß es diesbezüglich eine große Diskrepanz zwischen Nachrichtensprecher/inne/n einerseits und Sportkommentatoren oder Ansagerinnen andererseits zu Gunsten der erstgenannten gibt.

(Hypothesenbildung, Generalisierung von Regeln, Reaktion auf Fehlerkorrekturen etc.) und/oder Kommunikationsstrategien[8] (z.B. Rückgriff auf Bekanntes aus Erst- und Fremdsprache, Neuschöpfungen, Hervorhebung des Wichtigen etc.) des Lernenden zurückzuführen[9]. Im einzelnen ist es übrigens nicht immer leicht, festzustellen, ob ein konkreter Fehler durch eine Lern- oder eine Kommunikationsstrategie ausgelöst wurde, da vielen Fehlererzeugungsmechanismen beides zugrunde liegen kann; ein Interferenzfehler in Form eines Transfers aus der Erstsprache kann z.B. sowohl eine Lernstrategie (Annahme einer strukturellen Übereinstimmung zwischen L1 und L2) als auch eine Kommunikationsstrategie (Kompensierung einer Kompetenzlücke in der L2 durch L1- Material) des Lernenden darstellen.

Zu diesen Strategien zählen auch die Fehlervermeidungsstrategien[10]. Im gesteuerten Fremdspracherwerb (d.h. im Fremdsprachenunterricht), wo sie vermutlich häufiger auftreten, werden sie dadurch aktiviert, daß Fehler üblicherweise vom Lehrer korrigiert werden; neben der Fehlerkorrektur bzw. der Bewußtmachung sind auch weitere "Therapiemaßnahmen" üblich, z.B. zusätzliche Übungen. Aber auch im natürlichen Fremdspracherwerb wird der Lernende von seinen Gesprächspartnern oft auf auffällige Fehler aufmerksam gemacht. Der Lernende ist sich also einer bestimmten Anzahl von Fehlern bewußt, und versucht, diese zu vermeiden. Gegen alle bewußtgewordenen systematischen Fehler werden ebenso systematische Fehlervermeidungsstrategien entwickelt. Diese wiederum können auch zu Fehlern führen, wenn sie an der falschen Stelle angewandt werden. Diese Fehler sehen wie eine Umkehrung jener Fehler aus, die durch die Strategie vermieden werden sollten. So führen Fehlervermeidungsstrategien zu Fehlern, die auf früheren Erwerbsstufen nicht auftraten. In unserem Fall ist

---

8 Im Sinne von Kasper 1982.

9 Daneben gibt es auch Fehler, die auf die Erwerbsbedingungen im weitesten Sinn oder auf allgemeinere (lern)psychologische Erscheinungen zurückzuführen sind.

10 Auch dabei kann es sich um eine Lern- und/oder eine Kommunikationsstrategie handeln. Angesichts des Motivs der Fehlervermeidungsstrategien könnte man versucht sein, diese per definitionem zu den Lernstrategien zu rechnen. Wenn jedoch eine Kommunikationsabsicht (wie z.B. in unseren Beispielen aus dem Fernsehen) den Drang nach formaler Korrektheit der Äußerung einschließt, so handelt es sich bei der Fehlervermeidungsstrategie wohl um das Zusammenspiel einer Lernstrategie ("aus gemachten Fehlern lernen") mit einer Kommunikationsstrategie ("um jeden Preis korrekt sprechen"). Raabe (1980) stellt die Kommunikationsstrategie sogar in den Vordergrund: "Fehler als Ausdruck der Kommunikationsstrategie, überkorrekt oder besonders ‚fremdsprachlich' zu sprechen" (Raabe 1980: 80).

z.B. anzunehmen, daß die Fernsehsprecher mit dem Laut [v] im Englischen keine Schwierigkeiten hatten, bevor sie (im Englischunterricht oder in der Sprecherausbildung) in der korrekten Aussprache des englischen [w] geschult wurden. Obwohl diese neu auftretenden Fehler bei früher bereits richtig realisierten Strukturen äußerlich wie eine Verschlechterung des Sprachstandes aussehen, handelt es sich dabei in Wirklichkeit um einen Lernfortschritt. Stark vereinfacht könnte man den Ablauf der Erwerbsstrategien, die einen Lernfortschritt bewirken, folgendermaßen beschreiben: aufgrund der eingegangenen Daten stellt der Lernende eine Hypothese auf; ist diese Hypothese richtig, führt sie in der Anwendung zu "Treffern", ist sie falsch oder wird sie übergeneralisiert, führt sie zu Fehlern. Werden die Fehler korrigiert, werden dadurch andere Erwerbsstrategien (z.B. bei Bewußtwerden der Fehlerursache: Fehlervermeidungsstrategien) aktiviert, neue Hypothesen werden aufgestellt, die ihrerseits zu Treffern oder zu neuen Fehlern führen können. Wir haben es hier also mit Fehlern zu tun, die eindeutig Indikatoren für Lernerfolg sind, da sie den Erwerb einer Regel voraussetzen.[11]

Für die Fehleranalyse interessant ist auch eine andere Eigenheit dieses Fehlertyps: durch Fehlervermeidungsstrategien entstehende Fehler setzen als einziger Fehlertyp obligatorisch einen anderen Fehler voraus. Dieser Umstand bedeutet für die Fehleranalyse, daß Fehler dieser Art nicht nur in Hinblick auf die Lernstrategien des Lernenden bzw. die Erwerbssituation (z.B. Korrekturverhalten des Lehrenden) untersucht werden müssen, sondern auch in Hinblick auf die anderen Fehler des Lernenden, weiters auf das, was der Lernende richtig produziert und schließlich in Hinblick auf die diachrone Entwicklung der Fehler, der "Treffer" und des allgemeinen Sprachstandes des Lernenden. Da das Erkennen bzw. eine einigermaßen zuverlässige Interpretation solcher Fehler eine genauere Kenntnis der Erwerbssituation und der Entwicklung der individuellen Lernersprache voraussetzen, ist hier eine Analyse von einzelnen, aus dem Zusammenhang gerissenen Fehlern sinnlos, die Fehleranalyse anhand von einzelnen Schülertexten nur in begrenztem Maße zielführend.

---

11 Auch andere Fehler sind Indikatoren für Lernfortschritt, z.B. Analogiefehler (die ebenfalls den Erwerb einer Regel voraussetzen) oder "kreative Fehler" (z.B. Wortschöpfungen nach korrekten Wortbildungsmustern).

2.2. Strategien zur Vermeidung von Interferenzfehlern

Die in der Literatur am häufigsten erwähnten Fehler, die auf Fehlervermeidungsstrategien zurückzuführen sind, sind jene, die durch Strategien zur Vermeidung von Interferenzfehlern entstehen.

Interferenzvermeidungsstrategien können auf mindestens zwei Arten entstehen:
Erstens versucht der Lernende, die ihm (durch Korrektur oder anders) bewußt gewordenen Interferenzfehler (aus seiner Erstsprache oder aus anderen Fremdsprachen) zu vermeiden.
Zweitens kann auch die allgemeinere Überzeugung, daß die Fremdsprache "*anders sein muß*" als die Erstsprache, auch ohne vorangegangene Interferenzfehler in der betreffenden Struktur Interferenzvermeidungsstrategien auslösen.[12] Diese Überzeugung von der prinzipiellen Verschiedenheit von Erst- und Zielsprache kann außer Strategien zur Vermeidung muttersprachlicher Interferenzen aber auch einen zweiten Prozeß auslösen: Interferenzen aus anderen Fremdsprachen.[13]

So mager die Beschreibung von Fehlern infolge von Interferenzvermeidungsstrategien in der Literatur meist ist, so vielfältig ist die für diesen Fehlertyp gebrauchte Terminologie. Am häufigsten ist von *Hyperkorrektion* (*hypercorrection* bei Dušková 1969: 21) bzw. *Hyperkorrektheit* (z.B. Back 1972: 11 / Juhász 1980: 649 / Kuhs 1987: 192) die Rede. Daneben findet man eine Fülle anderer Bezeichnungen, wie z.B. *Kontrastübertreibung* (Henn 1976: 34), *Überentäußerung* (Back 1972: 11), *Nichterkennen eines Kontrastmangels* (Lipold 1991: 85), *Analogtransfer* (Lipold: 84-85), "*Fehler als Ausdruck der Kommunikationsstrategie, überkorrekt oder*

---

[12] Auch ohne den "unmittelbar gegebenen Anlaß" eines vorangegangenen Interferenzfehlers in der betreffenden Struktur setzt die Annahme eines Unterschiedes zwischen L1 und L2 m.E. doch zumindest frühere Erfahrungen des Lernenden mit dem Phänomen der Interferenz voraus. In anderen Worten: der Lernende versucht zwar nicht, einen konkreten, bereits gemachten Interferenzfehler zu vermeiden, er weiß jedoch, daß es Interferenzfehler gibt, und daß er solche Fehler riskiert, wenn er sich auf Übereinstimmungen zwischen L1 und L2 verläßt.

[13] Sind Interferenzen aus der Erstsprache dadurch bedingt, daß die Erstsprache für den Lernenden "Sprache schlechthin" ist, so sind Interferenzen aus einer bereits erworbenen ersten Fremdsprache darauf zurückzuführen, daß diese für den Lernenden "Fremdsprache schlechthin" ist, die in Opposition zur Erstsprache steht und mit der zu erwerbenden Zielsprache assoziiert wird.

besonders ‚fremdsprachlich' zu sprechen" (Raabe 1980: 80). Mit Ausnahme von *Hyperkorrektion* bzw. *Hyperkorrektheit* haben alle hier aufgezählten Termini den Nachteil, daß sie diesen Fehlertyp mit Kontrastivität in Verbindung bringen und somit suggerieren, daß es nur für Interferenzfehler Vermeidungsstrategien gebe. Da dies nicht der Fall ist (der Lernende entwickelt Vermeidungsstrategien gegen alle systematischen Fehler) und es wünschenswert ist, alle durch Fehlervermeidungsstrategien hervorgerufenen Fehler unter einem gemeinsamen Terminus zusammenzufassen, wäre ein neutralerer Begriff vorteilhafter.

Sehr unglücklich gewählt sind m.E. die ebenfalls häufig verwendeten Begriffe *Übergeneralisierung* und *foreignizing*, weil sie gleichzeitig auch zur Bezeichnung anderer Prozesse gebraucht werden. Unter *Übergeneralisierung* (bereits erworbener Regeln der Zielsprache) versteht man üblicherweise Analogiefehler. Auf der Oberfläche sehen zwar Analogiefehler und Hyperkorrektionen sehr ähnlich aus (oft sind sie ohne Befragung des Lernenden nur sehr schwer auseinanderzuhalten), die beiden Fehlertypen sind jedoch auf unterschiedliche Strategien des Lernenden zurückzuführen und müssen daher in der Fehleranalyse deutlich unterschieden werden. Unter *foreignizing* wird die phonologische und morphologische Anpassung (an die Zielsprache) von Lexemen verstanden, die von der Erstsprache auf die Zielsprache transferiert werden.[14]

Unproblematisch scheint lediglich der Terminus *Hyperkorrektion* bzw. *Hyperkorrektheit* zu sein. Im vorliegenden Beitrag wird jedoch dem Begriff *Fehlervermeidungsstrategie* der Vorzug gegeben, weil dieser den Prozeß, der solchen Fehlern zugrunde liegt, besser verdeutlicht.

Bereits bei den in der Einleitung diskutierten Aussprachefehlern von ORF-Sprechern ([v] → *[w] in englischen Namen) handelt es sich um Interferenzvermeidungsstrategien. Ähnliche Fehler sind auch in jeder anderen Fremdsprache zu beobachten. So bewirkt etwa der Versuch, die üblichen Aussprachefehler bei französischen Nasalvokalen zu vermeiden, daß z.B. *Citroën* [sitʁɔ'ɛn] "hyperkorrekt" *[sitʀo'ɛ̃ː][15] oder *[tsitʀo'ɛ̃ː][16] ausgespro-

---

[14] So bestellte z.B. ein deutschlernender Grieche "eine *Portokaláde" (statt "Orangeade"); hier liegt ein Transfer des griechischen Wortes πορτοκαλάδα [pɔrtɔka'laða] ("Orangeade") und dessen Anpassung an die deutsche Phonologie und Morphologie nach dem Vorbild von "Limonade" vor.

[15] Vgl. Ternes (1976: 85). Weitere (tw. äußerst amüsante) Beispiele ebenfalls bei Ternes (1976: 81-87).

chen wird. Auch die in letzter Zeit durch die ORF-Nachrichten geisternde Aussprache des französischen Präsidenten *Chirac* [ʃi'ʁak] → *[ʒi'ʀak] dürfte durch die Bemühung erklärbar sein, die bei Österreichern und Süddeutschen häufig auftretenden Probleme bezüglich der Stimmhaftigkeit des französischen [ʒ] (vor allem im Anlaut) zu überwinden.

Die bisherige Aufzählung anekdotisch wirkender Beispiele aus den Massenmedien darf nicht über das Ausmaß hinwegtäuschen, das solche Fehler in der Lernersprache annehmen können. In der Tat können Vermeidungsstrategien, die vom Lernenden gegen sehr häufige Interferenzfehler eingesetzt werden, ebenfalls größere Fehlermengen erzeugen.

Als Beispiel mögen einige phonologisch bedingte Rechtschreibfehler griechischsprachiger Deutschlernender dienen. In einem (authentischen, nicht im Rahmen des DaF-Unterrichts oder einer Untersuchung geschriebenen) Brief eines ca. dreizehnjährigen Zyprioten, der einen stark mündlich / kommunikativ orientierten DaF-Kurs auf Zypern besucht, sind unter anderem folgende Rechtschreibfehler zu finden:

unmöklih *(unmöglich)*, enten *(enden)*, werte *(werde)*, yeten *(jeden)*, baten *(baden)*, ketan *(getan)*, pekrapen *(begraben)*, müte *(müde)*, ting *(Ding)*, brüter *(Bruder)*.

Die Ursache für diesen (bei Griechen allgemein sehr häufigen) systematischen Ersatz von ⟨b d g⟩ durch ⟨p t k⟩ ist eine phonologische Interferenz im Bereich der distinktiven Merkmale der Verschlußlaute. Geht man im Deutschen von der theoretischen "Hochlautung" aus, werden die Phonemreihen /p t k/ und /b d g/ durch drei distinktive Merkmale unterschieden: /p t k/ sind stimmlos, gespannt und aspiriert, /b d g/ sind stimmhaft, ungespannt und unaspiriert. In der Realität stützt sich diese Opposition jedoch hauptsächlich auf die Spannung. Die Aspiration von /p t k/ variiert regional und die Stimmhaftigkeit von /b d g/ ist abhängig vom Kontext (so sind diese Laute im Auslaut, in Verbindung mit stimmlosen Konsonanten sowie in Österreich und Bayern auch im Anlaut stimmlos) sowie von der regionalen Variante, und, wenn überhaupt vorhanden, ziemlich schwach. Anders sieht es im Neugriechischen aus, wo alle Verschlußlaute ungespannt und unaspiriert sind, und die (starke) Stimmhaftigkeit von /b d g/ das einzige

---

16 Durch zusätzliche graphophonemische Interferenz der deutschen Schulaussprache des Lateinischen.

distinktive Merkmal ist. So ergibt sich in den beiden Sprachen folgende Verteilung phonetischer Merkmale:

Deutsch:		Neugriechisch:	
/p t k/:	– stimmhaft	/p t k/:	– stimmhaft
	+ gespannt		– gespannt
	teilweise aspiriert		– aspiriert
/b d g/:	*teilweise, schwach* stimmhaft	/b d g/:	*stark* stimmhaft
	– gespannt		– gespannt
	– aspiriert		– aspiriert

Die gelegentliche, schwache Stimmhaftigkeit von deutsch /b d g/ ist nicht stark genug, um von Griechischsprachigen als solche identifiziert zu werden. Die deutschen Phoneme /b d g/ kommen *phonetisch* den griechischen Phonemen /p t k/ so nahe, daß Griechischsprachige deutsch /b d g/ als /p t k/ perzipieren, was auch in der Rechtschreibung seinen Niederschlag findet. Auch in unseren (offenbar hauptsächlich mündlich gelernten) Beispielwörtern wurden die Phoneme /b d g/ als /p t k/ identifiziert und auch so geschrieben.

Etwas anders sieht es in einem anderen Schülertext aus, der bei Schlemmer (1993: 152) abgedruckt ist und anhand einer Bildgeschichte von einem Griechen geschrieben wurde, der in der BRD die 4. Klasse Grundschule besucht. Auch hier finden wir Fehler wie die oben beschriebenen: Jun**k**e *(Junge)*, um**p**rin**k**en *(umbringen)*, **t**recht *(dreht)*. Daneben finden wir aber auch: **b**lötzlich *(plötzlich)*, wol**d**e *(wollte)*, wes**b**e *(Wespe)*. Wir können davon ausgehen, daß es sich bei den letztgenannten Fehlern um das Ergebnis einer Strategie zur Vermeidung der erstgenannten Interferenzfehler handelt. Rechtschreibfehler werden in der Regelschule üblicherweise korrigiert, und man kann auch annehmen, daß dermaßen häufige und systematische Fehler wie der bei Griechen übliche Ersatz von ⟨b d g⟩ durch ⟨p t k⟩ dem Lehrer auffallen. Da der Schüler mit Sicherheit auf solche Fehler aufmerksam gemacht worden ist, versucht er den Ersatz von ⟨b d g⟩ durch ⟨p t k⟩ zu vermeiden, was in mehreren Fällen genau den umgekehrten Fehler bewirkt.[17] Daß es sich hier tatsächlich um Fehlervermeidungsstrategien

[17] Schlemmer selbst hat für beide Fehlertypen andere Erklärungen, die m.E. nicht zutreffen, weil sie auf nachweislich falschen Annahmen beruhen. Da ich aus Platzgründen

handelt, wird auch durch zwei andere Umstände deutlich: Erstens sind solche Fehler nicht bei allen deutschlernenden Griechen zu finden, sondern vorzugsweise bei solchen, die in der BRD die Schule besuchen. Auch im ersten untersuchten Text ist kein einziger Ersatz von ⟨p t k⟩ durch ⟨b d g⟩ zu finden. Zweitens sollte man bei der Fehleranalyse auch die "Treffer" berücksichtigen. So finden wir im zweiten Text neben den Interferenzfehlern Jun**k**e *(Junge)*, um**p**rin**k**en *(umbringen)*, **t**recht *(dreht)* und den Hyperkorrektionen **b**lötzlich *(plötzlich)*, wol**d**e *(wollte)*, wes**b**e *(Wespe)* auch richtige Schreibungen der selben Wörter: Jun**g**e, um**b**rinke sowie wol**t**e, Wes**p**e. Dies beweist, daß beim Lernenden große Unsicherheit bezüglich der Schreibung von Verschlußlauten herrscht, was für die Phase zwischen dem Einsetzen von Fehlervermeidungsstrategien einerseits und der Festigung der richtigen Regeln andererseits sehr typisch ist. Der Lernende ist sich seiner (Interferenz-)Fehler bewußt und versucht sie zu vermeiden, was manchmal bereits gelingt (Jun**g**e, um**b**rinke) und manchmal noch nicht (Jun**k**e, um**p**rin**k**en, **t**recht); im Zuge seiner Bemühungen zur Fehlervermeidung schießt er manchmal über's Ziel (**b**lötzlich, wol**d**e, wes**b**e), manchmal nicht (wol**t**e, Wes**p**e). Interessant ist die Tatsache, daß sich in diesem Text Interferenzfehler, Fehler durch Interferenzvermeidungsstrategien und korrekte Realisierungen auch quantitativ in etwa die Waage halten.
Wir können davon ausgehen, daß gerade in solchen Erwerbsphasen die Zahl der durch Fehlervermeidungsstrategien bedingten Fehler ziemlich hoch sein kann und mit der Zahl der Fehler, die eigentlich vermieden werden sollten, durchaus konkurrieren kann.

Um den Beitrag nicht ausschließlich auf den Bereich der Phonologie zu beschränken, sei schließlich auch ein Beispiel für eine Interferenzvermeidungsstrategie auf der Ebene der Syntax angeführt.
Der Gebrauch des bestimmten Artikels ist im Deutschen und Neugriechischen sehr ähnlich. Es gibt jedoch einen wichtigen Unterschied: Im Neugriechischen werden Namen (Personennamen und Ortsnamen) genauso behandelt wie normale Substantive, was bedeutet, daß auch bei Namen der Gebrauch des bestimmten Artikels obligatorisch ist. Im Deutschen steht vor Städte- und Ländernamen außer in wenigen Ausnahmefällen (*die Schweiz, der Irak, das Burgenland, die Niederlande* etc.) kein Artikel. Vor Personennamen kann in Dialekt und Umgangssprache ein Artikel stehen (*die Maria*), nicht jedoch in der Standardsprache. Deutschsprachige Neugriechischlerner

---

hier nicht näher darauf eingehen kann, sei auf die ausführliche Diskussion dieser Fragen in Katsikas 1994b verwiesen.

haben infolge dieser Unterschiede Schwierigkeiten mit dem Artikelgebrauch vor Namen. Sehr häufig wird der Artikel vergessen, z.B.
**Μαρία μένει στην Αθήνα.* [ma'ria 'mɛni stin a'θina] statt
Η Μαρία μένει στην Αθήνα. [i ma'ria 'mɛni stin a'θina] *("(Die) Maria wohnt in Athen").*
Die konsequente Korrektur solcher Fehler und die wiederholte Bewußtmachung des vorliegenden Kontrastes lösen beim Lernenden eine Vermeidungsstrategie gegen den Fehler "Vergessen des Artikels" aus. Diese Fehlervermeidungsstrategie führt wiederum zur Verwendung des Artikels an Orten, wo er fehl am Platz ist, etwa in der Anrede, z.B.
Γεια σου η Μαρία.* ['ʝasu i ma'ria] *("Servus **die Maria")* statt
Γεια σου Μαρία. ['ʝasu ma'ria] *("Servus Maria"),*
ebenso wie in anderen Kontexten, die im Neugriechischen wie im Deutschen den sogenannten "Nullartikel" erfordern, z.B. als Antwort auf die Frage *Είστε Γερμανός;* ['istɛ ʝɛrma'nɔs] *(Sind Sie Deutscher?)*:
* *Όχι, δεν είμαι ο Γερμανός, είμαι ο Αυστριακός.* ['ɔçi | ðɛn 'imɛ ɔ ʝɛrma'nɔs | 'imɛ ɔ afstria'kɔs] *("Nein, ich bin nicht **der** Deutsche, ich bin **der** Österreicher")*[18] statt
Όχι, δεν είμαι Γερμανός, είμαι Αυστριακός. ['ɔçi | ðɛn 'imɛ ʝɛrma'nɔs | 'imɛ afstria'kɔs] *("Nein, ich bin nicht Deutscher, ich bin Österreicher").*
Der Lernende hat also begriffen, daß er im Neugriechischen den bestimmten Artikel "häufiger" einsetzen muß als im Deutschen, er hat aber die betreffende Domäne (Namen, außer im Vokativ) noch nicht lokalisiert bzw. gefestigt.
Die beiden letzten Beispiele zeigen übrigens die Durchsetzungskraft, die Fehlervermeidungsstrategien haben können; diese (durchaus häufigen) Fehler widersprechen nicht nur der muttersprachlichen Struktur ebenso wie der fremdsprachlichen; auch andere Umstände sprächen gegen ihr Auftreten, wie etwa die Tendenz vieler Lernender, in der Antwort die Struktur der Frage beizubehalten: die Frage *Είστε Γερμανός;* ['istɛ ʝɛrma'nɔs] *(Sind Sie Deutscher?)* beinhaltet keinen Artikel; trotzdem ändert der Lernende in seiner Antwort die Struktur unter dem Druck der Fehlervermeidungsstrategie. Floskeln wie Begrüßung gehören zu den ersten Äußerungen, die erworben und automatisiert werden; aber auch sie sind nicht gegen die Wirkung von Fehlervermeidungsstrategien immun.

---

18 Dieser Satz ist nicht ungrammatisch; er hat aber eine andere Bedeutung und ist daher keine akzeptable Antwort auf die gestellte Frage.

2.3. Strategien zur Vermeidung anderer Fehlertypen

Fehlervermeidungsstrategien entwickelt der Lernende gegen alle systematischen Fehler, die ihm bewußt werden. In der einschlägigen Literatur werden jedoch praktisch ausschließlich Vermeidungsstrategien gegen Interferenzfehler angesprochen. Das wird auch durch die bereits diskutierte Terminologie deutlich: mit Ausnahme des hier verwendeten Begriffs *Fehlervermeidungsstrategie* und des diesbezüglich neutralen Terminus *Hyperkorrektion* o.ä. werden zur Bezeichnung dieses Fehlertyps überwiegend Termini mit Bezug auf die Kontrastivität zwischen L1 und L2 verwendet: *Nichterkennen eines Kontrastmangels, Kontrastübertreibung, foreignizing* etc.
Für diese Beschränkung auf *Interferenz*vermeidungsstrategien dürften mehrere Gründe verantwortlich sein: erstens wurde der Interferenz weit mehr Aufmerksamkeit geschenkt als jedem anderen Fehlererzeugungsmechanismus; zweitens sind Strategien zur Vermeidung anderer Fehlertypen möglicherweise schwieriger erkennbar als Interferenzvermeidungsstrategien, die ja in auffälligem Widerspruch zu den prognostizierten Interferenzen stehen: wie wir im folgenden sehen werden, sind z.B. *Analogie*vermeidungsstrategien oberflächlich kaum von den Analogiefehlern selbst zu unterscheiden; drittens habe ich den (rein impressionistischen) Eindruck, daß *Interferenz*vermeidungsstrategien tatsächlich häufiger vorkommen als andere Fehlervermeidungsstrategien; dies könnte z.B. daran liegen, daß Interferenzfehler insgesamt häufige, hartnäckige, sehr systematische und Lernenden wie Lehrenden oft bewußte und einleuchtende Fehler sind; diese Eigenschaften begünstigen zweifellos die Entwicklung von Vermeidungsstrategien. Da Fehlervermeidungsstrategien als bewußte Strategien des Lernenden die Bewußtheit der Fehler voraussetzen, können gegen Fehlererzeugungsmechanismen, die weder dem Lernenden noch dem Lehrenden bekannt bzw. bewußt sind, kaum Vermeidungsstrategien entwickelt werden. Auch seltenere bzw. unsystematischere Fehler geben dem Lernenden wenig Gelegenheit, dagegen systematische Vermeidungsstrategien zu entwickeln.

Trotzdem sind auch Vermeidungsstrategien gegen andere Fehlertypen zu finden, etwa gegen Analogiefehler.
Ein häufiger Analogiefehler Deutschlernender ist der paradigmatische Ausgleich bei starken Verben mit Vokalwechsel, z.B. *sprechen - ich spreche - *du sprechst - *er sprecht* (Unterlassung des Vokalwechsels in der 2. u. 3. Pers. Sing. in Anlehnung an die insgesamt weit frequenteren Formen ohne

Vokalwechsel). Wenn im DaF-Unterricht solche Fehler korrigiert werden, bzw. nachdem die Verben mit Vokalwechsel geübt worden sind, fangen viele Lernende an, den Vokalwechsel auch in anderen Formen einzusetzen, und zwar bevorzugterweise in der 2. Pers. Plur. (wohl wegen der Endungsgleichheit mit der 3. Pers. Sing.): **ihr spricht*. Was oberflächlich ebenfalls wie ein Analogiefehler aussieht, ist in Wirklichkeit eine Vermeidungsstrategie gegen Analogiefehler des Typs **er sprecht*.

Auch gegen Reduktionsfehler ("Vereinfachungstendenzen" / "Elementarstrukturen") kann der Lernende Vermeidungsstrategien entwickeln, die sich in pleonastischem Gebrauch von Strukturwörtern bzw. in Mehrfachkodierungen äußern können.

3. Fehlervermeidungsstrategien in Form von Reduktion: Nicht-Realisierung

Im Mittelpunkt dieses Beitrags stehen jene Fehlervermeidungsstrategien, die auf Lernfortschritt und/oder auf eine möglichst erfolgreiche Kommunikation abzielen, eine geistige Leistung des Lernenden darstellen und somit zu den aktiven Problemlösungsstrategien[19] gezählt werden können.

Es sei jedoch darauf hingewiesen, daß es auch eine andere Möglichkeit gibt, Fehler zu vermeiden: die Nicht-Realisierung, also die systematische Vermeidung von "schwierigen" bzw. "fehleranfälligen" Wörtern, Strukturen oder gar von ganzen Gesprächsthemen. Diese Fehlervermeidungsstrategien sind in der Terminologie von Kasper (1982: 583-586, wo sie auch ausführlich beschrieben werden) Reduktionsstrategien. Ausgelöst werden solche Vermeidungen durch Unsicherheit, partielle Kompetenzlücken oder Abrufschwierigkeiten, Angst vor Fehlern oder negativen Erfahrungen des Lernenden.

Vermieden werden z.B. Wörter, die schwer auszusprechen sind (so neigen z.B. viele neugriechischlernende Deutschsprachige dazu, griechische Wörter zu vermeiden, die einen der Reibelaute [γ], [ð] oder [θ] enthalten), die morphologische Unregelmäßigkeiten aufweisen, deren Semantik dem Lernenden nicht völlig klar ist, oder Wörter, mit deren Gebrauch der Lernende in Kommunikationssituationen negative Erfahrungen gemacht hat, weiters komplexe Strukturen bzw. Strukturen, in welchen sich der Lernende

---

[19] Der Begriff wird hier in einem etwas weiteren Sinn verwendet als bei Kasper (1982: 586 ff), da er hier neben Kommunikationsstrategien auch Lernstrategien umfaßt.

noch nicht sicher fühlt oder in welchen er bereits häufig Fehler gemacht hat. Kasper (1982: 583) bezeichnet solche Vermeidungsstrategien als *formale Reduktion*. Der Fehler besteht hier nicht in einer falschen Realisierung sondern in der Unterlassung der Realisierung. Da die betroffene Struktur oder das betroffene Wort auf der Oberfläche der sprachlichen Produktion nicht vorhanden ist, können solche Vermeidungen oft gar nicht festgestellt werden, weswegen sie auch "verdeckte Fehler" genannt werden (Lipold 1991: 116-117).
Darüber hinaus werden ganze Themenbereiche vermieden, denen sich der Lernende sprachlich nicht gewachsen fühlt, oder gar bereits begonnene Kommunikationsakte abgebrochen und die Äußerungsabsicht aufgegeben, wenn der Lernende das Gefühl hat, diese nicht bewältigen zu können. Kasper (1982: 585-586) spricht hier von *funktionaler Reduktion.*
Insgesamt können solche Fehler für die Kommunikation schwerwiegende Folgen haben: wie erfolgreich kann z.B. die Kommunikation eines Französischlernenden sein, wenn er jedes Wort vermeidet, in dem ein Nasalvokal vorkommt? Daß die Vermeidung von Gesprächsthemen die Kommunikationsfähigkeit einschränkt, versteht sich von selbst. Vermeidungen können also die Kommunikation weit mehr behindern als Fehler.

Aber auch "reduzierende" Fehlervermeidungsstrategien müssen nicht zwingend zu (verdeckten) Fehlern bzw. zu Kommunikationseinschränkungen führen. Dies gilt hauptsächlich für den Fall der systematischen Bevorzugung einer von zwei gleichwertigen Alternativen[20]. Im Neugriechischen gibt es z.B. aufgrund eines sporadischen Wechsels /l/ > /r/ bei mehreren Wörtern Doppelformen; in manchen dieser Fälle sind beide Formen in jeder Hinsicht (auch stilistisch) gleichwertig, z.B. αδελφός [aðel'fɔs] - αδερφός [aðɛr'fɔs] (*"Bruder"*) bzw. αδελφή [aðɛl'fi] - αδερφή [aðɛr'fi] (*"Schwester"*). Deutschsprachige Lernende aus jenen Teilen des deutschen Sprachgebietes, in welchen /r/ im Silbenauslaut zu [ɐ] vokalisiert wird (z.B. *leer* /leːr/ → [leːɐ̯]), übertragen diese r-Vokalisierung auch auf das Neugriechische; das führt zu phonologischen Interferenzfehlern wie z.B. αδερφός [aðɛr'fɔs] → *[a'dɛɐ̯fɔs], αδερφή [aðɛr'fi] → *[a'dɛɐ̯fi]. Solche Aussprachefehler beeinträchtigen die Verständlichkeit in sehr hohem Maße und werden daher im Neugriechischunterricht rigoros korrigiert. Die Konsequenz ist, daß die Lernenden die Formen mit /r/ (αδερφός [aðɛr'fɔs],

20 Auch wenn es hier zu keinem Fehler kommt, bieten gerade solche Fälle deutliche Evidenz für die Existenz formaler Vermeidungsstrategien, die sonst auf der Oberfläche nur schwer erkennbar sind.

αδερφή [aðɛr'fi]) vermeiden und ausschließlich die phonologisch unproblematischen Formen mit /l/ (αδελφός [aðɛl'fɔs], αδελφή [aðɛl'fi]) benützen.

4. Schlußbemerkungen

Abschließend sei auch die Frage nach der Beurteilung bzw. Bewertung von Fehlern angeschnitten, die auf Fehlervermeidungsstrategien zurückzuführen sind.

Dabei muß zunächst grundsätzlich zwischen Fehlervermeidungsstrategien in Form von den Lernfortschritt fördernden aktiven Problemlösungsstrategien einerseits und Fehlervermeidungsstrategien in Form von Nicht-Realisierung andererseits unterschieden werden. Letztere behindern die Kommunikation und fördern keineswegs den Lernfortschritt (vgl. auch Kasper 1982: 594); im Gegenteil, durch Blockierung der Anwendung gelernten/erworbenen Sprachmaterials verhindern sie dessen Festigung und erweisen sich daher als kontraproduktiv. Die Gewöhnung an Strategien wie das Vermeiden von Gesprächsthemen, in denen man sich sprachlich unsicher fühlt, stellt sogar das Ziel des Fremdsprachenlernens selbst in Frage. Daher sollte im Fremdsprachenunterricht der Lernende zum Kommunizieren auch unter Inkaufnahme von Fehlern ermutigt werden und zum Ablegen von Strategien des Typs "Nicht-Realisierung" bewogen werden.[21] Die Schwierigkeit liegt jedoch darin, daß Vermeidungen als "verdeckte" Fehler dem Lehrenden meist gar nicht auffallen.

Ganz anders stellt sich die Sache jedoch im Fall der Fehlervermeidungsstrategien in Form von aktiven Problemlösungsstrategien dar. Wie bereits festgestellt, sind auf solchen Strategien beruhende Fehler Indikatoren für Lernfortschritt. Zweifellos sollen auch solche Fehler korrigiert werden, die betreffenden Strukturen bewußt gemacht und geübt werden.[22] Wie aber sollen solche Fehler beurteilt werden? Soll man etwa den Lernenden durch eine schlechte Note für seinen Lernfortschritt bestrafen? Test- und Beurteilungsverfahren, die alle Fehler gleich bewerten, ohne zwischen

---

21 Voraussetzung dafür ist klarerweise ein Abschied von der Verteufelung der Schülerfehler. Solange Fehler für den Schüler Bestrafung (etwa in Form schlechter Noten) oder Blamage bedeuten, wird er an solchen "rettenden" Vermeidungsstrategien festhalten.

22 Schließlich liefern u.a. Korrekturen und Bewußtmachung jene Daten, die für die Entwicklung von Lernstrategien notwendig sind.

Indikatoren für Lernfortschritt einerseits und Indikatoren für Stagnation andererseits zu unterscheiden, sind bezüglich ihrer Validität in höchstem Maße bedenklich.[23]

Darüber hinaus sollte darauf geachtet werden, daß trotz Korrektur der einzelnen Fehler nicht die dafür verantwortlichen Fehlervermeidungsstrategien selbst bekämpft werden; schließlich verhindern diese Strategien eine ganze Menge anderer Fehler. Ihre Bekämpfung im Unterricht würde (ebenso wie die Bekämpfung anderer Lernstrategien) den Lernfortschritt behindern und darüber hinaus die Beseitigung anderer Fehler verhindern. Somit wäre eine Bekämpfung von Fehlervermeidungsstrategien nicht nur kontraproduktiv, sondern auch absurd, da sie genau das Gegenteil des angestrebten Ziels bewirken würde. Krumms Forderung (Krumm 1990: 100), bei "fruchtbaren" Fehlern (z.B. "kreative Fehler", Übergeneralisierung an sich richtiger Regeln) vor der Lokalisierung des Fehlers dem Schüler klarzumachen, was er dabei bereits alles richtig gelernt und gemacht hat, kann im Fall von Fehlervermeidungsstrategien besonders unterstrichen werden. Jedenfalls sollte man behutsam korrigieren und darauf achten, daß der Lernende nicht infolge der Korrektur seine an sich richtige Fehlervermeidungsstrategie verwirft oder gar völlig verunsichert wird; die so entstehende Verwirrung kann zu einem starken Anwachsen der Fehlerzahlen führen, besonders sogenannte "Rückfallfehler" treten gehäuft auf. Schließlich kann auch die Motivation darunter leiden, wenn der Lernende das Gefühl bekommt, daß "er es dem Lehrer nicht recht machen kann".

Bibliographie

Althaus, Hans Peter / Henne, Helmut / Wiegand, Herbert Ernst (Hrsg.) (1980): Lexikon der Germanistischen Linguistik. (2., neu bearb. Aufl.). Tübingen: Niemeyer

Apeltauer, Ernst (Hrsg.) (1987): Gesteuerter Zweitspracherwerb. Voraussetzungen und Konsequenzen für den Unterricht. München: Hueber

---

[23] Ebenso bedenklich sind alle Test- und Beurteilungsverfahren, welche die Fehlerzahl zum alleinigen Beurteilungskriterium machen, ohne Rücksicht auf die Fertigkeiten des Lernenden und ohne Rücksicht auf die diachrone Entwicklung der Lernersprache; diese befindet sich in ständigem Wandel; jeder Fortschritt bringt zwangsläufig (wenn auch vorübergehend) neue Fehler mit sich.

Back, Otto (1972): Was an Fremdsprachen schwierig ist. Zur Problematik der Beurteilung sprachlicher Erscheinungen als "schwierig" oder "leicht". In: Moderne Sprachen 16 (1972) 1/2, 6-26

Bausch, Karl-Richard / Kühlwein, Wolfgang (Hrsg.) (1977): Kontrastive Linguistik und Fehleranalyse / Psycholinguistik. Kongreßberichte der 7. Jahrestagung der Gesellschaft für Angewandte Linguistik, Trier 1976 - Band IV. Stuttgart: HochschulVerlag

Bausch, Karl-Richard / Raabe, Horst (1978): Zur Frage der Relevanz von kontrastiver Analyse, Fehleranalyse und Interimsprachenanalyse für den Fremdsprachenunterricht. In: Jahrbuch Deutsch als Fremdsprache 4 (1978), 56-75

Butzkamm, Wolfgang (1993): Psycholinguistik des Fremdsprachenunterrichts. (2., erw. Aufl.). Tübingen: Francke. (UTB 1505)

Cherubim, Dieter (Hrsg.) (1980): Fehlerlinguistik. Beiträge zum Problem der sprachlichen Abweichung. (= Reihe Germanistische Linguistik 24). Tübingen: Niemeyer

Corder, S. Pit (1967): The significance of learner's errors. In: International Review of Applied Linguistics (IRAL) 5 (1967) 4, 161-170

Dušková, Libuše (1969): On sources of errors in foreign language learning. In: International Review of Applied Linguistics (IRAL) 7 (1969) 1, 11-36

Edmondson, Willis (1982): Kann der Lehrer Fehler erzeugen? Überlegungen zum Korrekturverhalten im Fremdsprachenunterricht. In: Heid, Manfred (Hrsg.): Kommunikation im Klassenzimmer und Fremdsprachenlernen. Protokoll eines Werkstattgesprächs des Goethe House New York im September 1982. New York/München 1983

Edmondson, Willis (1993): Warum haben Lehrerkorrekturen manchmal negative Auswirkungen? In: Fremdsprachen Lehren und Lernen 22 (1993). (Themenschwerpunkt: Fehleranalyse und Fehlerkorrektur). 57-75

Edmondson, Willis / House, Juliane (1993): Einführung in die Sprachlehrforschung. Tübingen/Basel: Francke. (UTB 1697)

Esser, Ulrich (1984): Fremdsprachenpsychologische Betrachtungen zur Fehlerproblematik im Fremdsprachenunterricht. In: Deutsch als Fremdsprache 21 (1984) 3, 151-159

Heid, Manfred (Hrsg.) (1983): Kommunikation im Klassenzimmer und Fremdsprachenlernen. Protokoll eines Werkstattgesprächs des Goethe House New York im September 1982. New York/München 1983

Henn, Beate (1976): Vorschlag für eine Typologie von Interferenzfehlern. In: Bausch, Karl-Richard / Kühlwein, Wolfgang (Hrsg.): Kontrastive Linguistik und Fehleranalyse/Psycholinguistik. Kongreßberichte der 7. Jahrestagung der Gesellschaft für Angewandte Linguistik, Trier 1976 - Band IV. Stuttgart 1977: HochschulVerlag. 31-46

Juhász, János (1970): Probleme der Interferenz. München: Hueber

Juhász, János (1980): Interferenzlinguistik. In: Althaus, Hans Peter / Henne, Helmut / Wiegand, Herbert Ernst (Hrsg.): Lexikon der Germanistischen Linguistik. (2., neu bearb. Aufl.). Tübingen: Niemeyer. 646-652

Kasper, Gabriele (1982): Kommunikationsstrategien in der interimsprachlichen Produktion. In: Die Neueren Sprachen 81 (1982) 6, 578-600

Katsikas, Sergios (1994a): "Xenē prophora": Phōnētikes kai phōnologikes paremboles kata tēn kataktēsē ē ekmathēsē xenōn glōssōn. (Κατσίκας, Σέργιος: «Ξένη προφορά»: Φωνητικές και φωνολογικές παρεμβολές κατά την κατάκτηση ή εκμάθηση ξένων γλωσσών). In: Studies in Greek Linguistics. Proceedings of the 15th Annual Meeting of the Department of Linguistics, Faculty of Philosophy, Aristotle University of Thessaloniki (Thessaloniki, 11.-14. May 1994). A Festschrift for Professor M. Setatos. Thessaloniki 1995. 722-733

Katsikas, Sergios (1994b): Über "Fligen", die "weggehen", um nicht "getutet" zu werden, und andere griechische Spezialitäten... Oder: Fehleranalyse ist gar nicht so einfach! (Bemerkungen und Ergänzungen zu einem Aufsatz von Heinrich Schlemmer). *[Manuskript]*

Katsikas, Sergios (1995): Fehler im Fremdspracherwerb: Vorschläge für eine Typologie von Fehlerursachen. In: Moderne Sprachen 39 (1995) 1-2, 19-34

Krumm, Hans-Jürgen (1990): "Ein Glück, daß Schüler Fehler machen!" Anmerkungen zum Umgang mit Fehlern im lernerorientierten Fremdsprachenunterricht. In: Leupold, Eynar / Petter, Yvonne (Hrsg.): Interdisziplinäre Sprachforschung und Sprachlehre. Festschrift für Albert Raasch. Tübingen. 99-105

Kuhs, Katharina (1987): Fehleranalyse am Schülertext. In: Apeltauer, Ernst (Hrsg.): Gesteuerter Zweitspracherwerb. Voraussetzungen und Konsequenzen für den Unterricht. München: Hueber. 173-205

Lado, Robert (1957): Linguistics Across Cultures. Applied Linguistics for Language Teachers. Ann Arbor: The University of Michigan Press

Leupold, Eynar / Petter, Yvonne (Hrsg.) (1990): Interdisziplinäre Sprachforschung und Sprachlehre. Festschrift für Albert Raasch. Tübingen

Lipold, Günter (1991): Deutsch erlernen - Deutsch erwerben. (= LernSprache Deutsch, Beiheft 1/1991). Wien: Edition Praesens

Petrounias, Evangelos B. (1984): Neohellēnikē Grammatikē kai Synkritikē Analysē. Meros A´: Theōria. (Πετρούνιας, Ευάγγελος Β.: Νεοελληνική Γραμματική και Συγκριτική Ανάλυση. Μέρος Α´: Θεωρία). Thessaloniki: University Studio Press

Raabe, Horst (1980): Der Fehler beim Fremdsprachenerwerb und Fremdsprachengebrauch. In: Cherubim, Dieter (Hrsg.): Fehlerlinguistik. Beiträge zum Problem der sprachlichen Abweichung. (= Reihe Germanistische Linguistik 24). Tübingen: Niemeyer. 61-93

Rieck, Bert-Olaf (1980): Fehler beim ungesteuerten Zweitspracherwerb ausländischer Arbeiter. In: Cherubim, Dieter (Hrsg.): Fehlerlinguistik. Beiträge zum Problem der sprachlichen Abweichung. (= Reihe Germanistische Linguistik 24). Tübingen: Niemeyer. 43-60

Schlemmer, Heinrich (1993): Zum Einfluß der Erstsprache auf den Erwerb der Zweitsprache am Beispiel von Fehleranalysen - Griechisch-Deutsch und Türkisch-Deutsch. In: Zielsprache Deutsch 24 (1993) 3, 149-157

Selinker, Larry (1972): Interlanguage. In: International Review of Applied Linguistics (IRAL) 10 (1972), 209-231

Ternes, Elmar (1976): Probleme der kontrastiven Phonetik. (= Forum Phoneticum 13). Hamburg: Buske

Wode, Henning (1978): Fehler, Fehleranalyse und Fehlerbenotung im Lichte des natürlichen L2-Erwerbs. In: Linguistik und Didaktik 9 (1978) 34/35, 233-245

Sergios Katsikas
c/o Institut für Sprachwissenschaft
Universität Wien
Dr. Karl Lueger-Ring 1
A-1010 Wien

NADJA KERSCHHOFER

PERZEPTION UND PRODUKTION VON VOKALEN IN DER FREMDSPRACHE

1. Einleitung

In den einzelnen Erwerbsstadien des Fremdsprachenerwerbs ist die Übernahme ("Transfer") von Elementen aus der Muttersprache zu beobachten. Dieser "Transfer" kann durchaus positive Auswirkungen haben, denn es ist ein grundlegendes Prinzip des Lernens, neues Wissen auf schon vorhandenem aufzubauen. Allerdings wirkt dieser "Transfer" nicht nur positiv; es kann zu Fehlübertragungen kommen, die zu Lernschwierigkeiten und Fehlern führen: Es kommt zu "negativem Transfer" bzw. zu "Interferenzen" zwischen Ausgangs- und Zielsprache. Der Einfluß dieser Interferenzen manifestiert sich bei der Sprachproduktion ebenso wie im Bereich der Sprachperzeption. Im phonologischen Bereich geschieht dies v.a. durch Übernahme von L1-Lauten in die zu erlernende Fremdsprache.

Die Behauptung älterer Arbeiten der Kontrastiven Linguistik war es, daß ein "schwieriger" fremdsprachlicher Laut stets durch den nächsten, ähnlichsten Laut der Muttersprache substituiert wird. Es wurde versucht, alle lautlichen Substitutionen auf Ausspracheschwierigkeiten zurückzuführen und als *Transfer* aus der Erstsprache zu erklären bzw. vorauszusagen. Transfer, also die Übertragung von Strukturen aus der Muttersprache in die zu erlernende Fremdsprache, kann aber nicht alle Substitutionen erklären. Jüngere Arbeiten zeigten, daß Transfer nicht die einzige Kraft bzw. Strategie der Lernenden ist, sondern daß eine Reihe anderer miteinander interagierender Faktoren dem zu entwickelnden phonologischen L2-System seine Form geben. Auch Laute, die weder Elemente der Erstsprache noch der Zweitsprache sind, können als Substituenten für einen zielsprachlichen Laut auftreten. Nur wenige Studien versuchten, diese Substitutionen zu klassifizieren. Daneben versuchte man festzustellen, welche anderen Faktoren den

Erwerb des Lautsystems bestimmen und nach welchen grundlegenden Prinzipien ein fremdsprachliches Lautsystem erworben wird.

Hier soll von der Annahme ausgegangen werden, daß lautliche Substitutionen nicht nur auf Transfer aus der Muttersprache beruhen, sondern daß auch lautliche Substitutionen zu beobachten sind, die als Indiz für die Hypothesenbildung und für spezifische Strategien der Lernenden anzusehen sind. In diesem Beitrag soll versucht werden, auf einige andere Faktoren einzugehen, die Interferenzen zwischen den beteiligten Sprachen, Fehler und falsche Hypothesen erklären können. Das Lautsystem ist ein Teilbereich des Sprachsystems, in dem mit einer überschaubaren Anzahl von Elementen operiert wird. Daher soll anhand dieses überschaubaren Teilbereiches hier exemplarisch gezeigt werden, wie der L2-Erwerb verlaufen kann und wie es zu spezifischen Schwierigkeiten, falschen Hypothesen und Fehlern kommen kann.

2. Vokale in der Fremdsprache

Das deutsche Vokalsystem ist im Gegensatz zu den Vokalsystemen vieler anderer Sprachen sehr umfangreich und besitzt einige Laute, die Deutschlernenden Schwierigkeiten bereiten können. Daraus erklären sich viele Fehler in der Aussprache des Deutschen. Allgemein scheinen Vokale in vielen Fällen anfälliger für direkten Transfer aus der L1 zu sein als andere Lautklassen, wie z.B. Frikative und Affrikaten, bei denen Entwicklungsprozesse dominieren (Hecht/Mulford 1987: 235). Doch nicht alle Aussprachefehler sind auf Transfer und auf quantitative und qualitative Unterschiede zwischen den Vokalinventaren von Herkunfts- und Zielsprache zu erklären. Fehlerursache sind in vielen Fällen vielmehr falsche Hypothesen und lernerspezifische Strategien als Reaktion auf schwierige Laute in der Fremdsprache. Um Abweichungen von der Aussprache der Zielsprache sowie interne Variation zu erklären, müssen nicht nur phonologische Aspekte der Interlanguage, sondern auch andere sprachliche Ebenen (Morphologie und Lexikon) sowie außersprachliche Faktoren berücksichtigt werden.

Die Phonologie einer Einzelsprache regelt die perzeptive Zuordnung von vokalischen Realisationen (Phone) zu Lautwerten einer Sprache (Phoneme) sowie die adäquate Verteilung von phonologischen Merkmalen und phonetischen Details auf einzelne lautliche Realisationen. Probleme bei der

Aussprache von Vokalphonemen in einer Fremdsprache sind daher einerseits auf die nicht zielsprachenadäquate Verteilung von phonologischen Merkmalen und phonetischen Details bei der *Artikulation* zu erklären, andererseits liegen die Probleme vieler Lernender auch in der vokalischen *Perzeption*, v.a. in der Wahrnehmung bestimmter relevanter phonologischer Merkmale der Fremdsprache und bei der unterschiedlichen Aufteilung des perzeptorischen Vokalraumes in Ausgangs- und Zielsprache.

Ein gegebenes Phon, d.h. der gleiche akustische Input, kann also in verschiedenen Sprachen unter Umständen perzeptorisch unterschiedlich kategorisiert und verschiedenen Phonemen zugeordnet werden. Untersuchungen zeigten, daß es tatsächlich zu kategoriellen Unterschieden zwischen Sprachen in Form von unterschiedlichen Grenzen zwischen Phonembereichen kommen kann (Blankenship 1991, Flege 1987, 1991). Dabei können nicht nur die unterschiedliche *Anzahl* von Phonemen zweier Sprachen, sondern v.a. auch die unterschiedliche *Verteilung* der Vokalphoneme im phonetischen Raum Probleme bei der Aussprache der zu erlernenden Fremdsprache verursachen. Diese unterschiedliche Verteilung zeigt sowohl im artikulatorischen als auch im perzeptorischen Bereich ihre Auswirkungen.

Aus dem gesamten artikulatorischen und akustischen Raum wählt jede Sprache nur eine relativ beschränkte Anzahl von tatsächlichen Phonemen aus. Manche Sprachen wählen ein kleines Vokalinventar von nur drei (z.B. das Hocharabische) oder sechs Vokalen (z.B. Polnisch), erlauben dafür aber einen weiteren Radius für Allophone eines einzelnen Vokals. Andere Sprachen wiederum besitzen ein wesentlich umfangreicheres Inventar. Zu letzteren zählt auch das Deutsche, das aufgrund seines relativ umfangreichen Vokalsystems vielen Lernenden Ausspracheschwierigkeiten bereitet.

3. Zur fremdsprachlichen Perzeption

Die Frage, ob korrekte und eindeutige Perzeption als unbedingte Voraussetzung für eine richtige Produktion von fremdsprachlichen Phonemen anzunehmen ist oder ob korrekte Produktion auch unabhängig von richtiger Perzeption möglich ist, wurde immer wieder aufgebracht (vgl. Blankenship 1991: 56f.). Grundsätzlich sind die Teilbereiche des Hörens und des Sprechens allerdings nicht voneinander zu trennen. Die Fähigkeiten des Diskriminierens und des Identifizierens sind wichtige Teilfertigkeiten des

Hörens und sind wesentliche Voraussetzungen für die korrekte Aussprache fremdsprachlicher Laute. Andererseits läßt sich nicht ausschließen, daß es bei Sprechern, die phonemische Kontraste bereits korrekt aussprechen können, dennoch zu Unklarheiten bei der perzeptorischen Distinktion von Lauten kommen kann, besonders dann, wenn die fremdsprachlichen Laute durch den Kontext verändert oder verundeutlicht werden (z.B. Assimilationen, Koartikulationen).

Grundsätzlich ist aber anzunehmen, daß eine korrekte Perzeption von Lauten Voraussetzung für eine adäquate Produktion ist. Durch die äußeren Bedingungen, v.a. durch kontextuelle Faktoren während des Perzeptionsvorgangs kann der Erfolg dieses Vorgangs aber behindert werden bzw. unterschiedlich leicht fallen. Auch intrinsische Faktoren, also phonetische Faktoren und interne Variation können die perzeptuelle Identifikation von Vokalen beeinflussen.

Korrekte Perzeption impliziert aber nicht unbedingt auch korrekte Produktion, denn auch im Verlauf der *Artikulation* kann es zu Schwierigkeiten kommen, die unabhängig von perzeptorischen Vorgängen sind. Hier ist grundsätzlich zwischen ausreichender artikulatorischer Unterscheidung zweier Phoneme und der tatsächlichen bis in phonetische Details normgerechten Produktion von fremdsprachlichen Phonemen zu unterscheiden. Letztere gelingt vielen Sprechern nur selten und oft nur bei großer Aufmerksamkeit auf die korrekte Aussprache.

Das phonemische Perzeptionsvermögen[1] ist also sprachspezifisch geprägt, das bedeutet, daß der perzeptorische Vokalraum[2] je nach Muttersprache des Hörers in verschiedene vokalische Kategorien bzw. Vokalfelder geteilt ist (Blankenship 1991). Das sprachspezifische phonologische System veranlaßt Hörer dazu, phonetisch voneinander unterscheidbare lautliche Realisationen in ihrer Muttersprache als identisch bzw. als Repräsentanten des gleichen Phonems wahrzunehmen. Ein akustischer Input wird im Normalfall einem dieser Vokalfelder zugeordnet und anschließend weiter verarbeitet. Dabei sind besonders typische Vertreter einer solchen vokalischen Kategorie von weniger typischen Vertretern zu unterscheiden.

---

1 Die Fähigkeit, gehörte Phone einem Laut in einer gegebenen Sprache zuzuordnen.

2 Perzeptorischer Vokalraum meint hier die Gesamtheit aller wahrnehmbaren vokalischen Laute, die in menschlicher Sprache vorkommen können.

Diese aus der jeweiligen Muttersprache stammende sprachspezifische Kategorisierung kann beim Erlernen einer Fremdsprache aber zu Schwierigkeiten führen, denn manche der vokalischen Phonemkategorien der Fremdsprache stimmen nicht mit denen der Muttersprache überein, wodurch es zu einer undeutlichen, ungenauen bzw. unkorrekten Perzeption von Phonemen der Zielsprache kommen kann. Diese Unklarheiten werden von den Lernenden in der Regel auf folgende Art gelöst: Entweder kommt es zu einer direkten Identifikation von Lauten der Fremdsprache mit solchen der Muttersprache, die auf einer Art von "Ähnlichkeit" beruht, oder aber der Laut wird perzeptiv als ein der Muttersprache fremder Laut wahrgenommen und als solcher weiterverarbeitet. In beiden Fällen kann es in der Folge dazu kommen, daß ein Laut der Fremdsprache perzeptorisch oder artikulatorisch im Bereich eines Lautes der L1 angesetzt wird, weil er einem Laut der Ausgangssprache "ähnlich" scheint.

Der Begriff der *Ähnlichkeit* muß allerdings mit gewissen Vorbehalten verwendet werden. Die tatsächlich gemessene Distanz der akustischen Werte zweier Laute ist in diesem Fall nicht so relevant, vielmehr ist die Zugehörigkeit bzw. Zuordenbarkeit zu bestimmten Vokalkategorien von weit größerer Bedeutung. Die unterschiedliche Ausprägung und Verteilung lautlicher Kategorien in verschiedenen Sprachen müßte daher in die Erklärung bzw. Prognose von Aussprachefehlern miteinbezogen werden.

4. Das deutsche Vokalsystem

Zur Veranschaulichung soll hier das deutsche Vokalsystem genauer betrachtet werden. Ein Sprecher mit deutscher Muttersprache ist sich in der Regel der Tatsache bewußt, daß das Deutsche lange von kurzen Vokalen unterscheidet. Etwas weniger Bewußtheit besitzt die Tatsache, daß sich die meisten dieser Minimalpaare nicht nur durch die vokalische Quantität sondern auch durch ihre Qualität unterscheiden. So ist das deutsche kurze /ɔ/ offener und weniger gespannt und besitzt höhere F1- und F2-Werte als das lange gespannte /o:/. Allgemein korreliert Länge im Deutschen mit Geschlossenheit, Kürze hingegen mit offenerer Artikulationsweise.

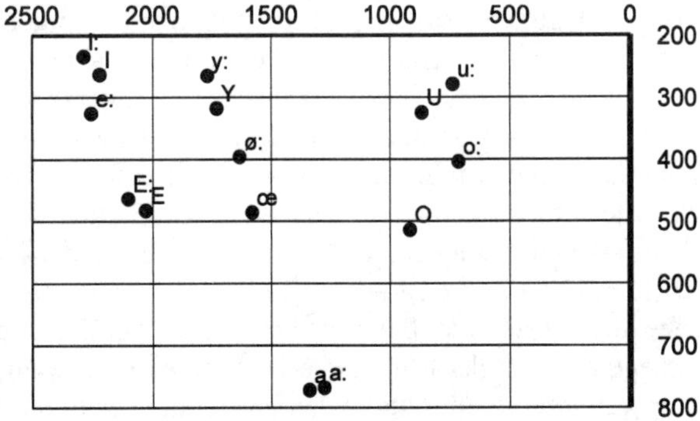

Abb. 1: Das deutsche Vokalsystem nach den Werten von Iivonen (1987: 317)[3]

Das phonologische System Deutschsprechender bewirkt außerdem, daß Sprecher mit deutscher Muttersprache die Distanz zwischen z.B. dt. /e:/ und dt. /ɛ/ als geringer wahrnehmen als die Distanz zwischen /e:/ und /ɪ/, obwohl die akustischen Werte des letzteren Paares einander näher sind als die des ersten. An der Darstellung des akustischen Vokalvierecks des Deutschen (s. Abb.1) zeigt sich, daß die akustischen Werte von dt. /e:/ und /ɪ/, /o:/ und /ʊ/ sowie /ø/ und /ʏ/ einander jeweils recht nahe sind. Dennoch kommt es im Deutschen in der Regel zu keinen Verwechslungen zwischen diesen einander akustisch recht ähnlichen Vokalen, da Hörer sich mit Hilfe der vokalischen Länge zusätzliche Evidenz verschaffen und aufgrund der Dauer eines Vokals den Unterschied zwischen z.B. /ʊ/ und /o:/ deutlich wahrnehmen können.

Vokalische Länge hat im Deutschen also die Funktion, diese beiden vokalischen Qualitäten voneinander zu unterscheiden. Durch die Daueropposition von Vokalen mit nahe beieinanderliegenden akustischen Werten wird die Distinktivität der jeweiligen Vokale aufrechterhalten. Deutsche Sprecher/Hörer bedienen sich des Mittels der vokalischen Dauer wesentlich

---

[3] Die Symbole <E>, <I> usw. stehen hier aus drucktechnischen Gründen für /ɛ/, /ɪ/ usw.

stärker als Sprecher anderer Sprachen, in denen vokalische Quantität keine solche distinktive Funktion erfüllt. So zeigte Bohn (1994), daß bei deutschsprachigen Hörern die Vokalquantität bei der Beurteilung eines vokalischen Kontinuums in verschiedenen Testwörtern stärkeren Einfluß hatte als bei Hörern mit englischer Muttersprache.

5. Artikulationsbasis und Perzeptionsbasis

Eine bloße Beschreibung der Phoneminventare von Ziel- und Ausgangssprache kann nicht alle Unterschiede zwischen den Lauten zweier Sprachen erklären. Neben verschiedenem Umfang und unterschiedlicher Ausprägung mancher Merkmale im Inventar einer Sprache unterscheiden sich die Vokalphoneme zweier Sprachen in der Regel auch im *subphonemischen* Bereich. Als Erklärung für diese feinen phonetischen Unterschiede wurde häufig das Konzept der *Artikulationsbasis* verwendet, womit die sprachspezifische Feineinstellung der Artikulationsorgane sowie ein allgemeiner Akzent bzw. eine spezielle sprachspezifische Grundposition der Artikulationsorgane als Ausgangsbasis für artikulatorische Bewegungen bezeichnet wurde. So wird z.B. die Artikulationsbasis des Französischen im Vergleich zum Deutschen als weiter vorne beschrieben. Hier soll das Konzept der Artikulationsbasis v.a. als Bezeichnung für sprachspezifische Eigenschaften von Lautsystemen, für die Verteilung von distinktiven Merkmalen sowie die unterschiedliche phonetische Ausprägung dieser Merkmale verwendet werden. Selbst wenn das gleiche Phonem in der Ziel- wie auch in der Ausgangssprache vorhanden ist, kommt es bei der Realisation von gleichen Phonemen in verschiedenen Sprachen zu subphonemischen Unterschieden.

Im Bereich der Perzeption wurde ein ähnliches Konzept angenommen, nämlich das der *Auditionsbasis* (erstmals von Graff 1932). Diese Auditions- bzw. Perzeptionsbasis kann als spezieller Mechanismus angesehen werden, mit dessen Hilfe der Prozeß der Perzeption, der Verarbeitung und des Verstehens von sprachlichen Äußerungen in einer bestimmten Sprache erfolgt (Gósy 1992). Der Mechanismus der Perzeptionsbasis bewirkt, daß *tokens* desselben Typs von Sprachlauten von Sprechern einer bestimmten Sprache als identisch beurteilt werden, obwohl sich individuelle Unterschiede, bedingt durch verschiedene anatomische Form und Größe der Sprechorgane, sowie durch Alter und Geschlecht etc. aber auch durch den sprachlichen Kontext, wie z.B. angrenzende Laute, ergeben können.

Das einzelsprachliche phonologische System bewirkt, daß je nach Sprache bzw. Auditionsbasis des Hörers akustische Signale unterschiedlich identifiziert werden, abhängig davon, welche Bestimmungen der Distribution und Realisation in einer Sprache gelten bzw. wo die "Grenze" zwischen Phonemen liegt. Z.B. werden im konsonantischen Bereich die Grenzen zwischen /p, t, k/ und /b, d, g/ durch den Grad der Stimmhaftigkeit markiert. Diese Grenze verläuft im Französischen und Deutschen aber nicht identisch, wie Kohler (1984) anhand verschiedener Experimente zeigte. Nicht ein absoluter Grad der Stimmhaftigkeit gilt als Grenze zwischen stimmhaften und stimmlosen Konsonanten, vielmehr ist von einem Kontinuum auszugehen, auf dem die Grenzen zwischen stimmhaft und stimmlos *sprachspezifisch* und teilweise auch kontextabhängig festgesetzt sind. Divergieren diese Grenzen in zwei Sprachen, kann es zu perzeptorischen Unklarheiten und in der Folge auch zu falscher Aussprache und zu Fehlern in der Schreibung kommen. Die unterschiedliche Ausprägung von Grenzen zwischen den Kategorien und von anderen subphonemischen Details zweier Sprachen führt natürlich auch im vokalischen Bereich zu falschen Klassifikationen und zu perzeptorischen und artikulatorischen Fehlern.

Hentschel (1986) untersuchte die perzeptorische Identifikation von L2-Lauten mit L1-Phonemen am Beispiel von Deutschlernenden mit polnischer Muttersprache. In dieser umfangreichen Untersuchung zeigte sich, daß den polnischen Testpersonen nicht nur die labiopalatalen Vokale /œ, ø:, ʏ, y:/ Schwierigkeiten bereiten, sondern daß auch das Fehlen von Quantität im phonologischen System des Polnischen und die Ähnlichkeit der akustischen Werte mancher deutscher Vokale (s.o.) zu Unklarheiten und zu Fehlern beim Erwerb des Deutschen führen kann.

Während bei manchen Vokalen keine Identifikations- bzw. Diskriminationsprobleme zu beobachten waren (z.B. dt. /i:/ oder /u:/), kam es bei anderen Vokalen zu deutlichen Unsicherheiten und falschen Identifikationen bzw. mangelnder Diskrimination. Manche dieser Fehler und Schwierigkeiten wurden bereits in früheren Arbeiten beschrieben, wie z.B. die Zuordnung von dt. /œ, ɛ, ɛ:/ zu pl. /ɛ/, das in diesen Fällen offensichtlich als "nächstähnlicher" Laut empfunden wird bzw. zu einer direkten lautlichen Identifikation führt.

Anders als in früheren Untersuchungen wurden aber z.B. auch bei der Unterscheidung bzw. Identifikation von dt. /e:/ und dt. /ɪ/ perzeptorische Probleme festgestellt. Diese beiden deutschen Phoneme wurden von

Hentschels Testpersonen meist mit pl. /i/ oder /ɨ/ substituiert. Die Wahl des jeweiligen Substituenten war dabei von der kontextsensitiven Verteilung von pl. /i/ und /ɨ/ abhängig. Pl. /ɨ/ wurde außerdem auch als Substitution für dt. /ø:/ und dt. /ʏ/ verwendet. Auch diese beiden deutschen Phoneme führten offenbar zu Unklarheiten bei der perzeptiven Zuordnung, was wohl auf die sehr ähnlichen akustischen Werte dieser beiden Vokalphoneme und auf die mangelnde Beachtung des Quantitätsunterschieds durch die Testpersonen zurückzuführen ist.

6. Zur fremdsprachlichen Produktion

Ob die gleichen Substitutionsmechanismen auch in der lautlichen Produktion wirken, sollte in Kerschhofer 1995 untersucht werden. Ausgangspunkt war die Hypothese, daß nicht nur die strukturellen Gegebenheiten zweier Sprachen für Fehler in der Aussprache verantwortlich sind, sondern daß auch andere Mechanismen und Strategien der Lernenden zu bestimmten Substitutionen führen können, wie z.B. Äquivalenzklassifikationen mit Lauten der Muttersprache, Verdeutlichungen, Approximationen, Hyperkorrektionen u.ä. Dabei wurde nicht ausgeschlossen, daß es neben Realisationen, die Phonemen der Zielsprache oder der Muttersprache der Testpersonen entsprechen (direkte Identifikationen wie bei Hentschel), auch eine Reihe anderer "dazwischenliegender" Realisationen auftreten können. Diese wurden zwar oft als "phonetische Interferenzen" vernachlässigt (z.B. Hentschel 1981), sie sind aber ein interessanter Evidenzbereich, der als Basis für eine ausführliche Beschreibung des Erwerbs eines fremdsprachlichen Lautsystems verwendet werden sollte. Deshalb wurde in Kerschhofer 1995 eine genaue phonetische Transkription der lautlichen Realisationen der Testsprecher als Beschreibungsgrundlage für eine theoretische Analyse verwendet. Die Datenbasis bestand aus in verschiedenen Teiltests gesammelten Realisationen von deutschen Vokalen durch Sprecher mit polnischer Muttersprache.

Anhand dieser Daten konnte gezeigt werden, daß von Lernenden eine Fülle von *phonetischen Varianten* für ein bestimmtes zielsprachliches Phonem verwendet wurde. Diese Varianten zeigen, daß Lernende nicht nur direkte Substitutionen mit Lauten aus der Muttersprache vornehmen, sondern daß außerdem eine Reihe von genuinen Interlanguage-Varianten auftreten, die weder als Element der L1 noch der L2 angesehen werden können bzw. nicht genau in deren akustische und perzeptorische Kategorisierung passen. Zwar verursacht diese Variationsbreite bei der phonetischen Transkription und Klassifikation mitunter Probleme, sie ist gleichzeitig aber auch Zeichen für den graduellen Lernfortschritt und für die aktive Beteiligung der Lernenden am Lernprozeß und müßte für Lehrende daher Grund zur Freude sein.

7. Variation in der Interlanguage

Vielfältig sind die Gründe und Motive für diese Variation: Neben *linguistischen* Faktoren, wie etwa dem lautlichen Kontext, der Silbenstruktur, prosodischen Strukturen und der Wirkung anderer sprachlicher Ebenen, sind auch psycholinguistische, soziolinguistische und psychosoziale Gründe zu berücksichtigen. *Psycholinguistische* Faktoren wie Aufmerksamkeit, die Art der Wissensaktivierung, die Aufgabenstellung u.ä. sind bei der Erklärung von variierender Aussprache bzw. von Unterschieden in der Verteilung von Fehlern ebenso zu berücksichtigen wie *psychosoziale* Faktoren wie z.B. die Motivation der Lernenden oder das Empathieverhalten seitens des Lehrers (vgl. Berkowitz 1989). Wenn die soziale Zustimmung in einer Redesituation gesichert ist, kann sich der fremdsprachliche Sprecher so frei fühlen, daß er auch weniger formale Stile anwendet. Die Formalität einer Redesituation hängt u.a. auch von der Aufgabenstellung ab und bestimmt auch den Aufmerksamkeitsgrad während der Sprachproduktion. Je nach Aufmerksamkeit und Produktionsweise kann es zu einer unterschiedlichen Häufung von Fehlern bzw. von entsprechenden phonologischen Prozessen kommen.

Natürlich dürfen stilistische und soziale Phänomene aus der Muttersprache nicht unberücksichtigt bleiben. Ein eindrucksvolles Beispiel für den Einfluß stilistischer Faktoren aus der Muttersprache stammt von Beebe (1984: 59) und betrifft Varianten des englischen /r/ im Wortanlaut durch Sprecher des Thai: Die "richtige" englische Variante wird im wenig formalen Stil des Interviews zu 48% realisiert, im formaleren Stil beim Lesen von Wortlisten aber nur zu 8%. In formaleren Stilen wird entweder ein *flap* oder ein *trill* realisiert, die sich vom englischen Ziellaut zwar stärker unterscheiden, im Thai aber ein höheres soziales Prestige besitzen.

8. Zur Funktion des deutschen Umlauts

Fehler bei der Realisation von deutschen Vokalen sind aber nicht nur auf phonetische und phonologische Ursachen zurückzuführen. Immer wieder kommt es beim Erlernen einer Fremdsprache auch zu Interferenzen mit anderen sprachlichen Ebenen, was wiederum zu Fehlern führen kann.

Gerade der deutsche Umlaut bereitet vielen Deutschlernenden besondere Schwierigkeiten. Diese Schwierigkeiten beschränken sich allerdings nicht nur auf Probleme bei der Artikulation von vorderen gerundeten Vokalen. Die morphologische bzw. morphonologische Funktion des Umlauts (vgl. Dressler 1985) bei der Bildung von Pluralen, Adjektiven, Komparativen, Konjunktiven u.a. wird von vielen Lernenden nicht richtig erkannt bzw. verleitet oft zu falschen Hypothesen, was wiederum zu Fehlern führen kann. Die folgenden Beispiele eines kroatischen (*HR*) und eines griechischen Sprechers (*GR*) zeigen, daß sich Schwierigkeiten bei der Bildung von Pluralen zu Ausspracheschwierigkeiten von <ü> oder <ö> hinzugesellen können. Beide Sprecher neigen zu einer Substitution von <ü>- und <ö>-Umlauten durch [u]- und [o]-Qualitäten. Diese Substitutionen werden durch die arbiträre Verteilung und die geringe Transparenz der morphologischen Regeln für die Pluralbildung oder die Adjektivableitung noch verstärkt.

HR: moglich
punktlich
Fusse (Pl. zu Fuß)
Küchen (Pl. zu Kuchen)

GR: ördentlich
wochentlich
Pünkt (Pl. zu Punkt)
Nachbäre (Pl. zu Nachbar)

Die Beispiele zeigen deutlich, wie Lernende aufgrund von beobachteten Regelmäßigkeiten Hypothesen bilden, die allerdings oft auch zu falschen Verallgemeinerungen, Fehlern und Hyperkorrektionen führen. Gerade beim deutschen Umlaut kommt es hier zu Interferenzen zwischen den sprachlichen Ebenen der Phonologie und der Morphologie. Diese Interferenzen zeigen auch Auswirkungen auf die *Lexik* der Lernenden und können zusätzlich noch durch andere *orthographische* Gewohnheiten aus der Muttersprache, z.B. das Fehlen von Umlaut-Graphemen, verstärkt werden. Dadurch kann es auch zu einer falschen Internalisierung von Wörtern aus der Fremdsprache kommen.

9. Konsequenzen für den Unterricht

Zu den bisher aufgezeigten Faktoren lassen sich folgende Empfehlungen für den Unterricht formulieren:

Neben artikulatorischen Schwierigkeiten ist damit zu rechnen, daß Lernende auch perzeptorische Schwierigkeiten bei der Diskrimination und Identifikation von deutschen Phonemen haben können. Neben bloßen Ausspracheübungen müssen daher auch Hörübungen, z.B. mit Hilfe von Minimalpaaren, ein wichtiger Bestandteil des Unterrichts sein.

Viele Arbeiten zum Erwerb des deutschen Lautsystems rechnen zwar mit Schwierigkeiten bei der Diskrimination von langen und kurzen Vokalen (z.B. /ɔ/ vs. /o:/) und von vorderen gerundeten und ungerundeten Vokalen (z.B. /ɛ/ vs. /e:/), nicht aber mit der mangelnden Unterscheidungsfähigkeit von Vokalen mit sehr ähnlichen akustischen Werten (z.B. /ɪ/ vs. /e:/). Hörern mit deutscher Muttersprache ist diese akustische Ähnlichkeit nicht bewußt, da sie als zusätzliches Hilfsmittel die vokalische Länge einsetzen. Hörer mit einer anderen Muttersprache ohne vokalische Länge müssen die Diskrimination dieser Vokale aber zusätzlich üben.

Zusammenfassend sollen hier die Gründe für die Aussprachefehler vieler Deutschlernender dargestellt werden: Neben Problemen bei der Artikulation und der Perzeption müssen auch Interferenzen mit anderen sprachlichen Ebenen berücksichtigt werden. Der deutsche Umlaut und in manchen Fällen auch der deutsche Ablaut verursachen häufig Unklarheiten seitens der Lernenden. Daher sollte die Funktion des Umlauts bei der Bildung von Pluralen, Adjektiven, Komparativen etc. in fortgeschritteneren Klassen unbedingt thematisiert werden, da es in diesem Bereich sehr oft zu einer Verknüpfung von Lernproblemen in verschiedenen Bereichen kommen kann: Perzeption und Artikulation aber auch die morphologische und lexikalisch-semantische Funktion von Vokalen können den Lernenden Schwierigkeiten bereiten. Die Gründe für Schwierigkeiten und für Fehler in der Fremdsprache lassen sich oft nur durch eine Verbindung der einzelnen Phänomene rekonstruieren.

Darüberhinaus ist mit einem gewissen Maß an Variation zu rechnen, was die Verteilung und Häufigkeit von Fehlern betrifft. Diese Variation kann durch die Aufgabenstellung selbst ebenso entstehen wie durch situationsspezifische und individuelle Faktoren, die nur schwer zu definieren bzw. experimentell zu kontrollieren sind. Nicht zuletzt kann Variation aber auch auf Hypothesen der Lernenden zurückzuführen sein. Diese Hypothesen zeigen, daß die Lernenden beim Erwerb einer Fremdsprache immer auch eine aktive Rolle übernehmen und den Erwerbsprozeß zu einem gewissen Grad selbst steuern.

Der Verlauf des Fremdsprachenerwerbs ist durch die Ausgangssprache nicht vollständig vorgegeben und kann auch niemals vollständig prognostiziert oder erklärt werden, sondern ist in vielen Fällen letztlich der freien Willensentscheidung durch die Lernenden selbst unterworfen. Ziel des Fremdsprachenunterrichts sollte es daher sein, den Lernenden ihre eigenständige und aktive Rolle bei der Gestaltung des Erwerbsprozesses bewußt zu machen und ihnen zu helfen, sich ihrer individuellen Schwierigkeiten aber auch der Strategien zu ihrer Bewältigung bewußt zu werden. Die Erforschung des Fremdsprachenerwerbsprozesses wiederum sollte sich an einer Umsetzung ihrer Erkenntnisse zugunsten einer erfolgreichen Unterrichtsgestaltung orientieren.

Bibliographie

Beebe, Leslie (1984): Myths about Interlanguage Phonology. In: Eliasson (Hrsg.) 1984, 51-61

Berkowitz, Diana (1989): The effect of cultural empathy on second-language phonological production. In: Eisenstein (Hrsg.) 1989, 101-114

Blankenship, Barbara (1991): Vowel perception in a second language. In: UCLA Working Papers in Phonetics 80 (1991), 38-64

Bohn, Ocke-Schwen (1994): Hinweise auf ein sprachübergreifendes allgemeines Prinzip bei der Wahrnehmung fremdsprachlicher Vokalkontraste. In: Ramers/Vater/Wode (Hrsg.) 1994, 189-204

Dressler, Wolfgang U. (1985): Morphonology. Ann Arbor: Karoma Press

Eisenstein, Miriam (Hrsg.) (1989): The Dynamic Interlanguage. Empirical Studies in Second Language Variation. New York: Plenum Press

Eliasson, Stig (Hrsg.) (1984), Theoretical Issues in Contrastive Phonology (= Studies in Descriptive Linguistics 13). Heidelberg: Julius Groos Verlag

Flege, James E. (1987): Effects of equivalence classification on the production of foreign language speech sounds. In: James/Leather (Hrsg.), 9-39

Flege, James E. (1991): Perception and production: the relevance of phonetic input in L2 phonological learning. In: Huebner/Ferguson (Hrsg.), 249-289

Gósy, Maria (1992): Speech Perception (= Forum Phoneticum 50), Frankfurt a. M.: Hector

Graff, Willem (1932): Language and Languages - An Introduction to Linguistics. New York/London: Appleton

Hecht, Barbara F. / Mulford, R. (1987), The acquisition of a second language phonology: Interaction of transfer and developmental factors. In: Ioup/Weinberger (Hrsg.) 1987, 213-228

Hentschel, Gerd (1981): Die phonologische Interferenz des Polnischen im Bereich der Aussprache deutscher monophthongischer Vokale. In: Kwartalnik Neofilologiczny 28 (1981) 1, 27-36

Hentschel, Gerd (1986): Vokalperzeption und Natürliche Phonologie. Eine kontrastive Untersuchung zum Deutschen und Polnischen (= Specimena Philologiae Slavicae, Supplementband 19). München: Otto Sagner

Huebner, Thom / Ferguson, Charles (Hrsg.) (1991): Second Language Acquisition and Linguistic Theories. Amsterdam: John Benjamins

Iivonen, Antti (1987): Monophthonge des gehobenen Wienerdeutsch. In: Folia Linguistica 21 (1987), 293-336

Ioup, Georgette / Weinberger, Steven (1987), Interlanguage Phonology. The Acquisition of a Second Language System. Cambridge MA: Newbury House

James, Allan / Leather, Jonathan (Hrsg.) (1987): Sound Patterns in Second Language Acquisition (= Studies on Language Acquisition 5). Dordrecht/Providence: Foris

Kerschhofer, Nadja (1995): Vokalsubstitutionen in der Fremdsprache. Eine Untersuchung im Rahmen der Natürlichen Phonologie zum Erwerb des deutschen Vokalsystems durch Lernende mit polnischer Muttersprache. Wien: Universität (Diplomarbeit)

Kohler, Klaus (1984): Contrastive Phonology and the acquisition of phonetic skills. In: Eliasson (Hrsg.) 1984, 73-84

Ramers, Karl Heinz / Vater, Heinz / Wode, Henning (Hrsg.) (1994): Universale phonologische Strukturen und Prozesse (= Linguistische Arbeiten 310). Tübingen: Niemeyer

Mag. Nadja Kerschhofer
Institut für Germanistik
Deutsch als Fremdsprache
Universität Wien
Dr. Karl Lueger-Ring 1
1010 Wien

NINA LANGÖCKER

FEHLERANALYSE IM FRANZÖSISCHUNTERRICHT VOR DEM HINTERGRUND DER SPRACHERWERBSTHEORIEN

1. Einleitung

Der vorliegende Artikel stellt eine Zusammenfassung der gleichnamigen Diplomarbeit dar, die im Wintersemester 1993/94 an der Romanistik Wien verfaßt wurde.

Die Tatsache, daß ich in den Lehrberuf treten möchte, hat mich dazu veranlaßt, mich etwas genauer mit Fehlern, die beim schulisch gesteuerten Spracherwerb auftreten, und ihren möglichen Ursachen zu beschäftigen. Bei der Recherche bin ich auf das sehr interessante Gebiet der Spracherwerbsforschung gestoßen, und habe festgestellt, daß die verschiedenen Theorien der Spracherwerbsforschung teilweise sehr unterschiedliche Erklärungs- und Interpretationsmöglichkeiten für Fehler bieten, die ich im theoretischen Teil der Arbeit etwas näher beleuchtete und im empirischen Teil in die Praxis umzusetzen versuchte. Nach einer kurzen Vorstellung des theoretischen Teils der Arbeit, der sich mit allgemeinen Fragen der Fehlerlinguistik (Fehlerdefinition und -klassifikation und möglichen Fehlerursachen) und den wichtigsten Hypothesen und Theorien zum Spracherwerb - und deren Erklärungsmöglichkeiten für Fehler - befaßt, wird etwas genauer auf die empirische Untersuchung, eine Fehleranalyse, die anhand von Schularbeiten zweier Wiener Gymnasialklassen im 4. Französischlernjahr durchgeführt wurde, eingegangen.

2. Fehler

Gleich zu Beginn möchte ich darauf hinweisen, daß bis heute eine objektive, von allen anerkannte Definition des komplexen Phänomens Fehler aussteht

(cf. Kielhöfer 1975: 21) und daß es Aufgabe der Fehlerlinguistik ist und bleibt, eine solche auszuarbeiten (cf. ibid.).
Als eine der in der Literatur vorgeschlagenen Definitionen scheint mir folgende (cf. Deybser et. al. 1967 zit. nach Kielhöfer 1975: 22) am brauchbarsten: Ein Fehler wird dort als "eine Abweichung von dem, was in einem bestimmten Kontext erwartet wird", definiert.
Auch zur Fehlerklassifikation ist ähnliches zu bemerken wie zur Fehlerdefinition. Es gibt verschiedene Ansätze, die Fehler nach bestimmten Kriterien einteilen, jedoch kein allgemeingültiges Schema (cf. Raabe 1980: 76).

3. Fehlerursachen

Die Bestimmung möglicher Ursachen für Fehler kann immer nur hypothetisch erfolgen (cf. Kielhöfer 1975: 16). Außerdem muß man bemerken, daß beim heutigen Stand der Forschung nicht die Ursache aller Fehler gefunden werden kann und Überschneidungen durchaus möglich sind. Oft kann also ein Fehler nicht unbedingt nur einer einzigen Ursache zugeschrieben werden, sondern muß plurikausal erklärt werden (cf. de Cillia 1987: 211).

Kurz definieren möchte ich in der Folge die beiden Begriffe "interlingualer" und "intralingualer" Interferenzfehler, da sie die Haupterklärungsansätze der Hypothesen der Spracherwerbsforschung darstellen. Während ein interlingualer Interferenzfehler (der Einfachkeit halber in der Folge nur "Interferenzfehler" genannt) durch den negativen Transfer aus der Muttersprache oder anderer Sprachen entsteht (cf. Lado 1957, Krainz 1977: 57, Tesch 1978: 31-36 und 57-61), kann man einen intralingualen Interferenzfehler aus der Struktur der Zweitsprache erklären (cf. Kielhöfer1975: 87). Es handelt sich dabei um Phänomene wie Simplifizierung, d.h. Vereinfachung der Strukturen der Zielsprache, wie z.B. die Verwendung des Infinitivs anstatt der flektierten Verbform (cf. de Cillia 1987: 218), Regularisierung, d.h. das Ersetzen unregelmäßiger Verbformen durch regelmäßig gebildete, oder Übergeneralisierung, d.h. Analogiebildungen zu bereits bekannten Regeln (cf. Richards 1971: 175).

4. Die "großen" Hypothesen in der Spracherwerbsforschung (cf. Bausch/Königs 1979)

4.1. Kontrastivhypothese

Laut Kontrastivhypothese spielt die Erstsprache beim Zweitspracherwerb eine zentrale Rolle, weil der Lerner die Regeln aus der L1 übernimmt. Daher seien die meisten Fehler, die beim Erwerb einer zweiten Sprache entstehen, laut der starken Version der Kontrastivhypothese, interlinguale Interferenzfehler, die alleine durch Kontrast zwischen der Erstsprache und der Zielsprache verursacht würden (cf. Lado 1957: 59).

Diese Kontrastivhypothese in ihrer starken Version ist beim heutigen Stand der Forschung nicht haltbar (cf. Burt/Dulay 1972), kann aber in ihrer schwachen Version zur nachträglichen Erklärung von Fehlern (und nicht zu ihrer Vorhersage), und unter Hereinnnahme anderer, zum Beispiel intralingualer Ansätze, für die Fehleranalyse durchaus nutzbringend sein (cf. Mayr 1985: 51).

4.2. Identitätshypothese (L1=L2-Hypothese)

Die Identitätshypothese - in ihrer starken Version - postuliert, daß der Erst- und der Zweitspracherwerb isomorph in geregelten Erwerbssequenzen verlaufen, und daß sich die Entwicklungsprozesse beim Zweitspracherwerb nur im System der L2 abspielen (cf. Burt/Dulay: 1982).
Die Fehler, die beim Spracherwerb auftreten, seien daher aus der Struktur der L2 zu erklären (also intralinguale Interferenzen), und die Muttersprache, und somit durch sie verursachte Fehler, also interlinguale Interferenzfehler, spielten eine zu vernachlässigende Rolle (cf. ibid.).
Ebenso wie die starke Version der Kontrastivhypothese ist die Identitätshypothese in ihrer starken Version, die alle Fehler durch intralinguale Prozesse zu erklären versucht, empirisch nicht haltbar, da es empirische Evidenz für durch die L1 verursachte Fehler gibt (cf. Knapp-Potthoff/Knapp 1985: 78).

4.3. Interlanguage-Hypothese

Die Interlanguagehypothese geht davon aus, daß der Lerner ein spezifisches Sprachsystem, nämlich eine "Interlanguage" entwickelt, die Züge von

Ausgangs- und Zielsprache trägt, aber auch von beiden unabhängige Merkmale (cf. de Cillia 1987: 211).
Anders als die Kontrastivhypothese oder die Identitätshypothese, die alle auftretenden Fehlleistungen durch eine Ursache zu erklären versuchen, gibt die Interlanguagehypothese mehrere potentielle Quellen für das Entstehen von Fehlern an, nämlich den Transfer aus der Muttersprache, intralinguale Prozesse, Lernstrategien, Kommunikationsstrategien und ungeeignete Lern- und Übungsmaterialien (cf. Selinker 1972).

5. Empirischer Teil: Untersuchungsanordnung

Im empirischen Teil der Arbeit ist der Versuch unternommen worden, anhand von schriftlich fixiertem, lernersprachlichem Material die theoretischen Erklärungsansätze in die Praxis umzusetzen. Es wurde versucht, die Ursache von Fehlern herauszufinden, also im nachhinein zu erklären, warum bestimmte sprachliche Fehlleistungen auftraten. Dabei soll nochmals betont werden, daß nicht immer die Ursache aller Fehler herausgefunden werden und die Fehlererklärung nur hypothetisch erfolgen kann.
Außerdem ist die vorliegende Analyse nur ein synchroner Querschnitt durch die Lernersprache von SchülerInnen im vierten Lernjahr und keine Longitudinalstudie und erlaubt somit keine weitreichenden Aussagen.

- Ziel der Untersuchung:
Das Ziel der Analyse war es, mit Hilfe der von den Spracherwerbstheorien vorgeschlagenen Erklärungsmöglichkeiten die in den Schularbeiten aufgetretenen Fehler zu erklären.

- Zielgruppe:
Die Zielgruppe stellten zwei Wiener Gymnasialklassen am BRG X, Laaerbergstraße 1, im 4. Französischlernjahr dar.

- Korpus:
Das Korpus besteht aus insgesamt 34 Schularbeiten, bei denen es sich durchwegs um freie Texte handelt. Auch wenn möglicherweise die besondere (Streß-) Situation, in denen Schularbeiten geschrieben werden, eine Auswirkung auf die Anzahl und Art der Fehler haben könnte (cf. Nickel 1989: 289), entschied ich mich dennoch u.a. aus folgenden Gründen für Schularbeiten als Untersuchungsmaterial: Schularbeiten sind schriftlich

fixiertes Material und daher relativ leicht beschaffbar und verfügbar, sie sind standardisiert und legen ein möglichst breites sprachliches Spektrum dar.

- Vorgangsweise:
Da ich Fehler auf ihre Ursache analysieren wollte, entschloß ich mich, sie auch in erster Linie danach zu klassifizieren. Um eine gewisse Übersichtlichkeit zu bewahren, wurden die Fehlerdaten auch nach ihrem Auftreten auf der jeweiligen linguistischen Ebene geordnet. Da jedoch, wie schon im theoretischen Teil erwähnt, die Fehlerzuordnung sowohl in linguistischer Hinsicht als auch hinsichtlich der Ursachen nicht immer eindeutig möglich ist, wurden die Fehlerdaten demjenigen Bereich zugeordnet, der mir am zutreffendsten erschien.
Identifiziert wurde ein Fehler generell als eine Abweichung von der präskriptiven Standardnorm. Es folgt nun die Analyse des Korpus, wobei in jeder Kategorie immer nur ein Fehler als Beispiel angeführt wird. Die Auflistung aller Fehler findet sich in der Diplomarbeit.

6. Analyse des Korpus

6.1. Interlinguale Interferenz

6.1.1. Interlinguale Interferenz mit der Muttersprache (Deutsch)

Folgende Fehler lassen sich recht eindeutig auf die Muttersprache der SchülerInnen, also das Deutsche, zurückführen.

- *Nichtrealisierung der Opposition Adjektiv/Adverb*

Dieser relativ häufige Fehlertyp ist auf den Kontrast zwischen dem Deutschen und dem Französischen zurückzuführen, da im Deutschen Adjektiv und Adverb formell nicht unterschieden werden, im Französischen diese Opposition aber sehr wohl realisiert wird.

* Rose travaillait bon.
frz. Rose travaillait bien.

- *Nichtrealisierung der Opposition Passé composé/Imparfait*

Das Problem bei der Unterscheidung dieser beiden Vergangenheitstempora besteht in der Tatsache, daß im Französischen zwei Systeme erscheinen, während im Deutschen nur eines vorliegt, und daß die Regeln, die die Verwendung dieser Tempora regeln, komplex und schwer einsichtig sind (cf. Klein/Kleineidam 1983: 266f.).

* ... Mais un jour Pierre venait chez Michel
frz. ... Mais un jour Pierre est venu chez Michel

- *Adjectif possessif*

Beim Possessivbegleiter traten nur im Bereich der 3. Person (Sg. und Pl.) Fehlleistungen auf, die durch Interferenz mit der Muttersprache erklärbar sind, da eine divergente Lernstruktur vorliegt.

* Ils demandent à ses parents ... (gemeint: ihre eigenen Eltern)
frz. Ils demandent à leurs parents

- *Tilgung des Artikels*

Auch im Bereich des Artikelsystems bestehen große kontrastive Unterschiede zwischen dem Deutschen und dem Französischen, da das Deutsche, im Gegensatz zum Französischen, weder über einen indefiniten Artikel im Plural noch über einen Teilungsartikel verfügt. Folgender Fehler ist daher auf das Deutsche zurückzuführen.

* Les gens ont travail.
frz. Les gens ont du travail.

- *Präpositionen*

Für den Lerner ist der Bereich der Präpositionen deshalb schwierig, weil das französische und das deutsche Präpositionalsystem durch divergente Lernstrukturen charakterisiert sind. Eine Lösungsstrategie, um eine Wahl zwischen den verschiedenen Elementen zu treffen, ist der Rückgriff auf die Muttersprache, wie folgendes Beispiel zeigt.

*... les gens sur la rue ...
dt. ... die Leute auf der Straße ...
frz. ... les gens dans la rue ...

6.1.1.2. Lexikalische Ebene

Folgender Fehler auf der lexikalischen Ebene ist aufgrund divergenter semantischer Strukturen entstanden und daher auch durch Interferenz aus dem Deutschen erklärbar.

* Je sais que tu as un homme qui t'attend à Paris.
dt. Ich weiß, daß du einen Mann hast, der dich in Paris erwartet.
frz. Je sais que tu as un mari qui t'attend à Paris.

6.1.2. Interferenz mit dem Englischen

6.1.2.2. Morpho-syntaktische Ebene

- *Präpositionen*

Folgende Fehlleistung ist vermutlich durch die Gleichsetzung der englischen Präposition mit der französischen verursacht.

* Elle était amoureuse avec lui.
engl. She was in love with him.
frz. Elle était amoureuse de lui.

6.1.2.3. Syntaktische Ebene

Interferenzen mit dem englischen Teil der Ausgangssprache im Bereich der Satzstellung fanden sich vor allem bei der Stellung der Adverbia, wie folgender Fehler zeigt.

* Le film aussi montre ...
engl. The film also shows ...
frz. Le film montre aussi ...

6.1.2.4. Lexikalische Ebene

Folgende Äußerung enthält ein aus dem Englischen übernommenes Lexem.

* Le film montre des pictures magnifiques.
engl. The film shows lovely pictures.
frz. Le film montre des images magnifiques.

6.2. Intralinguale Interferenz

6.2.1. Regularisierung

Die Tendenz, unregelmäßige Formen zu regularisieren, konnte vor allem im Bereich der Verbmorphologie festgestellt werden.

* Vous disez
* j'ai comprenu

6.2.2. Simplifizierung

* Le petit prince et l'auteur regarder ...
frz. Le petit prince et l'auteur regardent ...

6.2.3. Übergeneralisierung

Folgender Fehler ist durch die Verallgemeinerung einer in der Fremdsprache gelernten Regel verursacht.

* On le doit voir.
frz. On doit le voir.

6.2.4. Verwechslung durch Kontrastmangel in Französisch

Folgende Fehler, die durch Verwechslung von in der Zielsprache ähnlichen Elementen verursacht sind, sind ebenfalls intralingual erklärbar.

* Ce film monte
frz. Ce film montre
* La capuscule arrive et les cosmonautes montrent
frz. La capuscule arrive et les cosmonautes montent

6.3. Inter- und intralinguale Interferenz

Bei folgenden Fehlleistungen ist die Ursachenzuordnung nicht eindeutig. Sie sind wahrscheinlich durch inter- und intralinguale Interferenz verursacht.

6.3.1.1. Artikelsystem

Das französische Artikelsystem unterscheidet sich einerseits stark vom deutschen, andererseits ist es ziemlich kompliziert. Der Fehler ist wahrscheinlich dadurch zustande gekommen, daß der Lerner die Systemteile aufgrund mangelnder Differenzierung vertauscht und irgendein Element des Systems verwendet hat.

* Le touriste donne d'argent.
frz. Le touriste donne de l'argent.

6.3.1.2. Infinitivanschluß

Auch Fehlleistungen im Bereich des Infinitivanschlusses sind inter- und intralingual zu erklären. Einerseits steht der Lerner vor einem Wahlproblem, da der einen Wahlmöglichkeit im Deutschen ("zu") drei Möglichkeiten im Französischen ("à", "de", 0) gegenüberstehen, andererseits haben die Regeln bezüglich des Infintivanschlusses in der L2 nur geringen Anwendungsbereich (cf. Kielhöfer 1975: 118).

* Il y avait beaucoup de choses de faire.
frz. Il y avait beaucoup de choses à faire.

6.4. Performanzfehler

6.4.1. Verbrealisierung

Auch im vierten Lernjahr finden sich noch relativ oft falsche Verbindungen. Die Frage nach dem Grund ist schwer zu beantworten. Meiner Meinung nach reichen weder inter- noch intralinguale Faktoren aus, um diese Fehlleistungen zu erklären. Ich habe diese Fehler daher in die Kategorie "Performanzfehler" eingeordnet, da ich glaube, daß es sich um Flüchtigkeitsfehler handelt.

* Tu est folle ?
frz. Tu es folle ?

6.4.2. Realisierung des Accord

Auch die Nichtrealisierung des Accord bei Adjektiv und participe passé ist wahrscheinlich durch Flüchtigkeit, Nervosität oder Konzentration auf Inhalt oder sprachlich schwierige Elemente zu erklären.

* la culture différent
frz. la culture différente

6.5. Kommunikationsstrategien

Folgender Fehler kann durch den Einsatz einer bestimmten Kommunikationsstrategie erklärt werden. Da die Schülerin das entsprechende lexikalische Element nicht zur Verfügung hatte, verwendet sie stattdessen das geläufige Verb "faire".

* ... un barrage pour faire la neige
frz. ... un barrage pour produire de la neige

6.6. Schwer erklärbare Fehler

Dieser Kategorie ordnete ich Fehler zu, die keine offensichtliche Ursache haben und daher schwer erklärbar sind.

* Je vais lui quitter
frz. je vais le quitter

7. Ergebnisse der Analyse, Statistik

Von insgesamt 432 Fehlern sind rund 45% interlingual, rund 25% intralingual, ca. 9% inter- und intralingual sowie 12,5% Performanzfehler. Die untenstehende Tabelle veranschaulicht die genauen Ergebnisse der Analyse. Was nun die Beantwortung der zentralen Fragestellung der Arbeit betrifft, reichen, wie schon vor der Analyse vermutet, weder die Kontrastiv- noch die Identitätshypothese aus, um alle Fehler zu erklären. Am geeignetsten zur Erklärung von Fehlern scheint mir die Interlanguagehypothese, da sie den umfassendsten Erklärungsansatz bietet, weil sie mehrere potentielle Fehlerquellen annimmt und auch nicht den Anspruch stellt, alle Fehler erklären zu können.
Abschließend möchte ich darauf hinweisen, daß die Ergebnisse der Analyse nicht verallgemeinert werden dürfen, auch weil die Daten im Rahmen des schulisch gesteuerten Zweitspracherwerbs erhoben wurden.

Fehlerursache	Anzahl	Prozentsatz
Interlinguale Interferenz Dt	118	27,3%
Interlinguale Interferenz Engl.	55	12,7%
Interlinguale Interferenz Dt.-Engl.	22	5,1%
Interlinguale Interferenz Ital.	3	0,7%
Intralinguale Interf.	105	24,3%
Inter- und intral. Interferenz	38	8,8%
Performanzfehler	54	12,5%
Kommunikationsstrat.	19	4,4%
Schwer erklärbar	18	4,2%
Summe:	432	100 %

Bibliographie:

Bahns, Jehns (1989): Die Anwendung von Ergebnissen der Zweitsprachenerwerbsforschung auf den Fremdsprachenunterricht: Grenzen und Möglichkeiten. In: Kettemann 1989, 69-83

Bausch, Karl Richard / Kasper Gabriele (1979): Der Zweitspracherwerb: Möglichkeiten und Grenzen der "großen" Hypothesen. In: Linguistische Berichte 64 (1979), 3-35

Cherubim, Dieter (Hrsg.) (1980): Fehlerlinguistik. Beiträge zum Problem der sprachlichen Abweichung, Tübingen: Niemeyer

de Cillia, Rudolf (1987): Audiovisuelle und kommunikative Fremdsprachenmethode. Eine soziolinguistische Studie zum Französischunterricht. Wien: Universität (Phil. Diss.)

Dulay, Heidi / Burt, Marina / Krashen, Steven D. (1982): Language Two. Oxford: Oxford University Press

Edmondson, Willis / House, Juliane (1993): Einführung in die Sprachlehrforschung. Tübingen/Basel: Francke

Felix, Sascha (1980): Second language development. Trends and issues. Tübingen: Narr

Fisiak, Jacek (Hrsg.) (1981): Contrastive lingustics and the language teacher. Oxford: Pergamon Press

Gnutzmann, Claus (1990)(Hrsg.): Kontrastive Linguistik. Frankfurt: Lang (= Forum Angewandte Linguistik Bd. 19)

Hahn, Angela (1982): Fremdsprachenunterricht und Spracherwerb. Linguistische Untersuchungen zum gesteuerten Zweitsprachenerwerb. Passau: Universität (Phil.Diss.)

Heindrichs, Wilfried / Gester, Friedrich-Wilhelm / Kelz Heinrich P. (1980): Sprachlehrforschung. Angewandte Linguistik und Fremdsprachendidaktik, Stuttgart: Kohlhammer

Kettemann, Bernhard / Bierbaumer, Peter / Fill Alwin / Karpf Annemarie (Hrsg.) (1989): Englisch als Zweitsprache. Tübingen: Narr

Kielhöfer, Bernd (1975): Fehlerlinguistik des Fremdsprachenerwerbs. Kronberg: Scriptor Verlag

Klein, Hans-Wilhelm / Kleineidam Hartmut (1983) (Hrsg.): Grammatik des heutigen Französisch. Stuttgart: Klett

Klein, Wolfgang (^{3}1992): Zweitspracherwerb. Frankfurt am Main: Athenäum

Knapp-Potthoff, Annelie / Knapp, Karlfried (1982): Fremdsprachenlernen und -lehren. Stuttgart: Kohlhammer

Köhler, F.H. (1975): Zwischensprachliche Interferenzen. Eine Analyse syntaktischer und semantischer Interferenzfehler des Deutschen im Russischen. Tübingen: Narr

Krainz, Christine (1977): Soziolinguistische, lernpsychologische und didaktische Problematik von Fehleranalysen. Ein Beitrag für den Französischunterricht. Wien: Universität (Phil. Diss.)

Lado, Robert (1957): Linguistics Across the Cultures. Applied Linguistics for Language Teachers. Ann Arbor: University of Michigan Press

Langöcker, Nina (1994): Fehleranalyse im Französischunterricht vor dem Hintergrund der Spracherwerbstheorien. Wien: Universität (Diplomarbeit)

Mayr, Erich (1985): Spracherwerb und Fehleranalyse. Theorie und Praxis am Beispiel des Französischen. Bern etc.: Lang

Nickel, Gerhard (Hrsg.) (1972): Reader zur kontrastiven Linguistik, Frankfurt/Main: Fischer

Richards, Jack C. (Hrsg.) (1974): Error Analysis. Perspectives on Second Language Acquisition, London: Longman

Tesch, Gerd (1978): Linguale Interferenz. Theoretische, terminologische und methodische Grundfragen zu ihrer Erforschung. Tübingen: Narr

Wode, Henning (1988): Einführung in die Psycholinguistik: Theorie, Methoden, Ergebnisse. München: Hueber

Mag. Nina Langöcker
Florian-Geyergasse 2/34/3
1100 Wien

SONIA MARX

EIN BEITRAG ZUR INTERKULTURELLEN KOMMUNIKATION: DER GEBRAUCH ITALIENISCHEN WORTGUTS IN DER DEUTSCHEN PRESSE AM BEISPIEL DER "ZEIT"

1. *Interkulturelle Kommunikation:* mit *gemischten* Sprachgefühlen

Interkulturelle Kommunikation steht heute auf jenem bedeutungsvollen buntschillernden Banner, der im Bereich wissenschaftlicher Forschung und vor allem in der Fremdsprachendidaktik zukunftsträchtig weht. Diese beiden Schlagworte haben in den letzten Jahren einen inflationären Gebrauch erlebt, deutlich abzulesen an den verschiedensten Assoziationssträngen: "Fremdsprache - Muttersprache: Möglichkeiten und Grenzen der Alteritätserfahrung", "Fremdheit der Fremdsprache - ein kulturelles Interpretament", "Zur Überwindung der Fremdheit im Fremdsprachenerwerb", "Zur Dichotomie des Eigenen und des Fremden", "Identität und Alterität", "Wandel der Fremderfahrung", "Möglichkeiten und Grenzen der Fremderfahrung", "Sprachliche und kulturelle Abgrenzungs- und Erschließungsleistungen" u.ä. bis hin zum Gegensatzpaar "Interlingualer bzw. interkultureller Kontakt" und "Interlinguale und interkulturelle Fremdheit" - das Gefieder des bunten Vogels schillert immer verlockender!

Bedenkt man die Beachtung, die die Frage nach dem Image Italiens seit 1990/1992 in der deutschen Presse findet, so dürfte die vorliegende Studie gesellschaftspolitisch nicht irrelevant sein. Daß Kontakte zwischen Sprachen zu kultur- und sprachkontrastiven Betrachtungen anregen und Sprachmischung eines der Hauptmerkmale der deutschen Pressesprache darstellt, sind zudem zwei weitere Aspekte, die durchaus Möglichkeiten und Ansatzpunkte für die Fremdsprachendidaktik bieten.

Um den Gebrauch italienischen Sprachguts in der deutschen Presse auszuloten, ist meine Wahl nicht zufällig auf die "Zeit" gefallen. Als autoritätsvoller überregionaler Informations- und Kulturvermittler bringt sie Artikel zu den Sachbereichen Politik, Wirtschaft, Handel, Kultur sowie das wöchentliche 'Zeitmagazin', wobei in der Themenwahl internationalen

Fragen und Problemen ein gebührender Platz eingeräumt wird. Daß sich die "Zeit" an ein gebildetes, sach- und (fremd)sprachenkundiges Publikum adressiert, ist an ihrem inhaltlichen und stilistischen Niveau erkennbar.

Die Untersuchung, welche Verwendung das Italienische in dieser Wochenzeitung erfährt, steht in enger Verbindung mit der Rezeption des Zeitgeschehens. Die Auswertung meines "Zeit"-Corpus (1990-1995) ergibt neben journalistischen 'evergreens' wie etwa Beiträgen zu Italiens Kunstgeschichte, Reiseimpressionen, kulinarischen Wanderkarten, Berichten über die italienische Kulturszene (Literatur, Musik, Theater, Film), seit 1990/92 auch zahlreiche Artikel, die die hitzigen Debatten in der italienischen Innenpolitik (Wirtschaft, Finanz, Steuerreform, Justiz, Aufdeckung von Korruption, Kriminalitätsbekämpfung) widerspiegeln (Marx 1995).

Die Tatsache, daß die Verfasser der "Zeit"-Artikel nicht anonym sind, sondern daß ihre Namen das sogenannte Produkt herausheben, ist an der stilistischen Handschrift des jeweiligen Autors abzulesen. Ich denke hier an das individuelle Bemühen um stilistische Varianz, semantische Differenzierung und gesteigerte Expressivität durch idiomatischen Sprachgebrauch.

Fremde Wörter aus fremder Umgebung anstelle der Ausdrücke, die man erwartet oder die vielleicht bisher in der Sprache fehlten - das Vorkommen italienischer Ausdrücke läßt verschiedene Verwendungsgründe vermuten. Dazu einen Auszug aus einer "Zeit"-Serie, die 1992 (unter dem Titel "Schule in Europa") Schulsystem und Schulalltag in verschiedenen europäischen Ländern, darunter auch Italien, kritisch beleuchtet:

> Alle Kinder, auch der behinderte Carlo, werden im nächsten Herbst auf die *media*, die Mittelschule, gehen [...] Organisatorisch wirkt das italienische Schulsystem eher wie ein Tuttifrutti-Eis, zusammengemischt wie es gerade kommt. *La scuola*, die Schule, steckt voller Widersprüche [...] In Italien gibt es die *libertà didattica*, das heißt, der Spielraum des einzelnen Lehrers ist für einen deutschen Kultusminister geradezu unvorstellbar groß [...]
>
> Besonders kurios fand ich die fast zwei Dutzend älteren Frauen in Blümchenkleidern, auch ein paar Männer, die vor den Klassenzimmern herumsaßen, plauderten oder in der Ecke rauchten und uns ein unfreundliches "*me dica?*", "Was machen Sie hier?", zuwarfen. Mein Gott, haben die soviele Lehrer hier? "Das sind die *bedelli* [sic], die Schulhausmeister ... die haben den lieben langen Tag nichts zu tun, als über die Sicherheit der Schule zu wachen und Kinder, die austreten müssen, aufs Klo zu führen" [...]

Wer nicht kapiert, bekommt zum Sommeranfang ein *rimandato* in den wackligen Fächern: Die Versetzung ist bis zur Nachprüfung im Herbst ausgesetzt [...]

Die Stimmung während der Abschlußfeier der Klasse 5c der Grundschule Carlo Forlanini ist getragen. "Fratelli d'Italia", die schwungvolle Nationalhymne, singen die Kinder gern, der Gefangenenchor aus Verdis "Nabucco" geht auch noch an, aber das "Ave Maria" fällt etwas dünn aus. Dann liest Matteo den Tagesbefehl aus der Schlacht gegen Österreich-Ungarn Anno 1917 vor, seine Mitschüler stürmen vor wie seinerzeit die ruhmreichen Bersaglieri, die dem Feind eins aufs Haupt gaben. Zum Abschluß singen alle "Sole mio" und fallen sich in die Arme. Maestra Margherita küßt ihre Zöglinge (Nr. 31, 24.07.1992, 35; *Wissen*)

2.1. Italienisches Sprachgut in der "Zeit" - der 'Luftzug-Effekt'

Wie der Prozeß der Übernahme fremden Sprachguts ins Deutsche im Detail erfolgt, bedarf einer differenzierten sprachhistorischen Untersuchung, die sehr langwierig ist (Gusmani 1993). Mein Beitrag kann und will auch keine systematische Klassifizierung bieten (Aspekte wie Häufigkeit und Semantik, bzw. Bedeutungswandel: Bedeutungsverengung und Bedeutungserweiterung, sind demnach ausgeklammert). Er versucht vielmehr die *Funktionen*, die italienisches Sprachgut in der "Zeit" erfüllt, zu beschreiben und die erzielten *Wirkungen* auszuloten. Bereiten nicht wenige deutsche Wörter auch dem gebildeten Leser Schwierigkeiten (man denke an *Lohnsummensteuer, Anrufschranke, Kreiselheuer*) (Braun 1993), so können Fremdwörter erhebliche Hürden für ihn darstellen. Termini wie *agriturismo, extracomunitari*, sind so manchem deutschen Leser nicht ganz ungeläufig, andere hingegen größtenteils unbekannt, z.B. *evasione, condono, redditometro, scala mobile, pizzo, mazzetta, arresto eccellente*.

Daß Fremdwortrezeption differenziert betrachtet werden muß, liegt auf der Hand. Dazu folgende Hypothesen:

[1] Je vertrauter der Sachbereich, desto geringer sind wahrscheinlich die Schwierigkeiten im Umgang mit italienischen Fremdwörtern. Einige signalisieren einen Kulturimport, strahlen eine Kulturkraft aus, auf die der gebildete "Zeit"-Leser positiv reagiert: man denke an den Bereich der Musik (*der Maestro, die Primadonna, der Tenor, die Tarantella, das Finale;* Musikvorgaben wie *pianissimo, fortissimo, dolce*), an kunstgeschichtliche Termini (*Piazza, Comune, Campanile, Palazzo, Castello, Studiolo, Condottiere, Quattrocento*), an gastronomische Spezialitäten (*Pasta,*

Tortelloni, Balsamico-Sauce, Ricottakäse, ricottagefüllte Teigware, Tuttifrutti, Grappa, Cappuccino, vino rosso, vino nobile).

Bezeichnend ist ferner die hohe Frequenz von italienischen Ausdrücken aus dem Bereich der täglichen Kommunikation: hier etwa Personenbezeichnungen (*Signora, Signorina, Mamma, Bambini, Amico*), Titel und Berufsbezeichnungen *(Maestra, Dottore, Dottoressa, Contessa, Commissario, Carabiniere, Poliziotto*), Grußformeln *(Ciao, Arrivederci, Buon giorno, Buona notte*), Ausrufe *(bravo/bravi!, pazienza! basta, mamma mia)*:

basta

(a) Die Italiener sagen Basta zur Korruption - und hoffen auf den neuen Regierungschef Ciampi (Nr. 19, 7.05.1993; *Politik*).

(b) "Für mich ist der Polizist Davide Licata eine Rolle. Ich habe mich total engagiert, das ist mein Job, und damit basta" (Nr. 16, 12.04.1991; *Modernes Leben*).

mamma mia

Als ich mich [...] als Davide Licata auf Videokassette sah, habe ich schrecklich gelitten, *mamma mia*, den harten Typen dort mochte ich nicht ... (Nr. 16, 12.04.1991; *Modernes Leben*).

[2] Geringer sind die Schwierigkeiten im Umgang mit italienischen Fremdwörtern auch, je stärker ihre Satzeinbettung ist, z.B.:

sottogoverno

In all den Momenten, die er [= Alain Elkann] mit dem Schriftsteller [= Alberto Moravia] bis kurz vor dessen Tod im September 1990 verplauderte, stand nicht einmal die Problematik eines Landes zur Debatte, in dem das *sottogoverno* von Mafia und Camorra die Regierungsschwäche der legalen Parteien bis zur drohenden Lähmung verschärft (Nr. 17, 17.04.1992; *Feuilleton*).

trasformismo

... die Tradition des landesüblichen *trasformismo*, das heißt [...] jene Übergangs- und Antiideologie, die es mit der Identität nicht so genau nimmt, aber dem Menschlichen, Allzumenschlichen entspricht (Nr. 7, 8.02.1991; *Politik*).

equo canone

Schuld daran ist das gutgemeinte Mietrecht von 1978, das die Spekulation eindämmen sollte und nichts als Chaos schuf. Der *equo canone* schrieb Einheitsmieten auf dem spottbilligen Niveau der fünfziger Jahre fest, bei fast totalem Kündigungsschutz. Wer also eine Wohnung hat, wo die Miete nicht mehr als ein gutes Abendessen kostet, verschanzt sich darin bis an sein Lebensende (Nr. 13, 22.3.1991; *Modernes Leben*).

scala mobile

(a) ... ein halbes Jahrhundert lang [hat] in Italien die *scala mobile* dafür gesorgt, daß die Inflationsrate gleich wieder in Lohnzuschlägen für die Beschäftigten umgesetzt wurde. Diese "Lohnrolltreppe" aber ist nun gestoppt (Nr. 33, 7.08.1992; *Wirtschaft*).

(b) ... am wichtigsten war [...] die Abschaffung der *scala mobile*, also der automatischen Anpassung der Löhne an die prognostizierte Inflation (Nr. 8, 17.2.1995; *Dossier*).

Illustrieren diese exemplarisch angeführten Beispiele einerseits *w i e* dem "Zeit"-Leser die Rezeption von italienischen Wörtern erleichert werden kann, so belegen sie andererseits das Prinzip, das der Verwendung von Wörtern aus fremden Sprachen zugrunde liegt.

Walter Porzig hatte es vor 45 Jahren als das Bemühen um eine erfrischende Kontrastbildung beschrieben und das Resultat mit einem belebenden *Luftzug-Effekt* verglichen (die "frische Luft", die ein Wort aus seiner Umgebung mitbringt, und "der Gegensatz zwischen diesem Luftzug von außen und der Atmosphäre, in die es hineinkommt", vgl. Porzig 1986 [1950], 122). Das zeitgenössische Sprachgefühl scheint diese Aussage nur zu bestätigen: Th. W. Adorno (1974, 215ff.) sieht im diskreten Gebrauch von Fremdwörtern einen sprachästhetischen Reiz, ein gewisses exotisches Flair, das einem Verebben der deutschen Sprache in ein fernes 'Sprachgeplätscher' entgegenwirkt. Hans Magnus Enzensberger (1962), der sich übrigens auch italienischen Ausschweifungen hingegeben hat, erklärt, fremdes Sprachgut diene dazu, das Interesse und die Wißbegier der Leser zu steigern und einen höheren Grad der Anschaulichkeit und Situationsnähe zu erreichen. Das Mehr an Ausdruckskraft durch den Gebrauch italienischer

Ausdrücke beruht folglich vor allem auf ihrer Wirkung (oder, wie man heute zu sagen pflegt, auf ihren Lock- und Reizwerten), die sie auf den Leser ausüben. Differenzierung des Sprachbewußtseins und Vertiefung des Sprachgefühls bedeuten gleichzeitig Lustgefühl und Motivation:

Don Camillo [hier mit Anspielung auf Guareschis Werk "Don Camillo e Peppone"], *Signora*

"Römer, seid fruchtbar und mehret euch, Römer, macht mehr Kinder!" fleht Camillo Ruini, Kardinal von Rom ... Doch der alte Don Camillo hat schließlich Augen im Kopf, um zu sehen, daß in den Hinterhöfen seiner Diözese keine Kinder mehr schreien ... und die wohlhabenden unter den älteren Signoras statt Enkelchen nur mehr ihren Nerzmantel spazierenführen (Nr. 15, 3.04.1992; *Modernes Leben*).

Bambini

... meine italienische Freundin kondolierte: "Zwei Kinder! Du bist wohl verrückt!" Im Viertel gelten wir nun als "Kinderreiche" und überhaupt als Reiche, denn Bambini sind heute Luxus, "eine teure Option", wie die römische Demographin A. P. sagt, "ein emotionales Konsumgut, ein Statussymbol wie ein schönes Auto" (Nr. 15, 3.04.1992; *Modernes Leben*).

Stilistische Werte (*Produkt*aspekt) stehen in engem Zusammenhang mit Gebrauchsmotiven (*Produktions*aspekt) von italienischem Sprachgut. Die oben angeführten Beispiele zeigen, daß es sich nicht um unbewußten Gebrauch, sondern um ganz bewußten Einsatz von italienischen Ausdrücken handelt. Damit erreicht der Textproduzent (Autor) einen abwechslungsreichen Stil bzw. *Ausdrucksvariation* und erzielt zudem *koloritstiftende Wirkung*. Italienische Wörter werden fast ausschließlich in Zusammenhang mit italienischen Verhältnissen verwendet und stellen geeignete Stilmittel zur Schaffung einer bestimmten Atmosphäre dar. So etwa in den folgenden Beispielen, wo die italienischen Einmischungen und Wortvermengungen in Berichten über Neapel und Palermo offensichtlich der spielerischen Herstellung eines mediterranen Lokalkolorits dienen:

NEAPEL

(a) *bassi*

Eine neapolitanische Besonderheit sind die *bassi* in den Erdgeschoßzonen der Altstadt. Diese circa 25 Quadratmeter großen Räume beherbergen kleine Läden, Lagerräume oder dubiose Lokale. Auch nach Mitternacht erhält der Kunde hier noch Gemüse, Pasta, Zigaretten oder Drogen. Meistens aber dienen die Räume als Wohnungen. Ein Drittel aller *bassi* Neapels werden von fünf Menschen bewohnt. Ohne Bad und Fenster. Gelüftet wird durch die Haustür. Und dennoch: die Obstverkäufer singen, die dicken Mammas lächeln, die vielen Liebespaare umarmen und küssen sich zärtlich, ungerührt ob ihrer kaputten Umwelt (Nr. 8, 17.2.1995; *Reise*).

(b) *Spaccanapoli*

...wo die Straße zum Lebensraum wird: *Spaccanapoli*; "die Spalte Neapels", nach einem Straßenzug der die Gegend durchtrennt. Wo sonst das gebrochene Herz der Stadt suchen ... die überall sich ausbreitende Klappwirtschaft mit Zigaretten, Taschentüchern, Feuerzeugen, dem Neuen Katechismus und Hardcorepornos (Nr. 21, 21.05.1993; *Reise*).

(c) *faticare*

Faticare - sich abmühen, abrackern müsse er sich den ganzen Tag, stöhnt Gianni, *faticare*, so heißt das hier in Neapel, nicht *lavorare* - arbeiten, wie im übrigen Italien (Nr. 8, 17.2.1995; *Reise*).

(d) *Rosticceria, Maestro, Minestrone-Teller, amico, Pizzen alla napoletana*

Geduldig hört der Kellner einer verräucherten Rosticceria seinem wirr bramarbasierenden Kunden zu, ein schlotterndes Gespenst, das er *"Maestro"* tituliert. Und der Schwarze, der seit einer Viertelstunde den letzten Löffel Suppe aus dem Minestrone-Teller kratzt, darf sich als sein amico fühlen. Vor ihm in der Vitrine schwitzen Pizzen *alla napoletana* ihr Öl aus (Nr. 13, 22.03.1991; *Modernes Leben*).

SIZILIEN, PALERMO

(a) *sicilianità*

Palermo, Kapitale und Kulissenstadt, zerrissen zwischen Reichtum und Armut, zwischen Extremen, fremden Ideen und Kulturen, zwischen unbewältigter Tradition und Gegenwart. Stadt der Komplizenschaft und der geheimen Übereinkünfte, der Andeutungen und undurchschaubaren Intrigen, Brennspiegel der *sicilianità*, eines zähen Eigensinns (Nr. 12, 15.3.1991; *Reise).*

(b) *pasta reale, buccellati, cannoli siciliani, Ricottakäse*

Vielfarbig leuchten in Vitrinen die *pasta reale*, Früchte aus Zucker, *buccellati*, Feigengebäck, oder *canoni* [sic!] *siciliani*, mit Ricottakäse zum Bersten gefüllte Zucker-Geschütze (Nr. 12, 15.3.1991; *Reise*).

(c) *Chissà, spettacolo*

Wie groß jedenfalls der Appetit der Mafia auf Subventionsgelder ist, zeigt sich am [...] Monumentalbau des Teatro Massimo an der Piazza Verdi, der seit Jahren renoviert und doch nie fertig wird. *Chissà*, wer weiß warum. Der Pförtner im Politeama, wohin das *spettacolo* inzwischen ausgelagert ist, lächelt listig ... (Nr. 12, 15.3.1991; *Reise*).

(d) *ZEN, Zona Espansione Nord*

Der schlimmste Auswuchs der wild wuchernden Stadt heißt ZEN, Zona Espansione Nord, ein palermisches Beirut, für dessen Bewohner die Zukunft in strom- und wasserlosen Sackgassen endet (Nr. 12, 15.3.1991; *Reise*).

(e) *Carabinieri, scippatori*

Die Carabinieri hatten mich gewarnt: Blitzschnell tauche das Moped von hinten auf, greife einer der beiden Jugendlichen nach der Tasche über meiner Schulter. Der Raub mißlingt [...] Doch der Schreck sitzt. Die *scippatori*, zwei von Tausenden Minderjährigen, die sich in Palermo mit Handtaschendiebstahl, Prostitution oder als Drogenkuriere durchschlagen, sind so fassungslos wie ich (Nr. 12, 15.3.1991; *Reise*).

2.2. Wortbildung und Kreativität

Auf die *sprachschöpferische* Leistung der Sprache in der Presse und ihre Bedeutung für die deutsche Gegenwartssprache hat schon Hugo Moser in den frühen sechziger Jahren hingewiesen. Sprachmischung - unter dem Aspekt der *Wortbildung* betrachtet - bietet höchst interessante Funde zu den Themen *Sprachökonomie* und *Kreativität*. Auffallend hoch ist die Zahl von Zusammensetzungen (meist Substantivkomposita), die aus zweierlei Gründen bedeutsam werden. Zum einen drücken sie das Bestreben des Verfassers aus, sich möglichst knapp und präzise auszudrücken, zum anderen stellen die Wortvermengungen oft einen schöpferischen *melting pot of languages* dar. Durch das Zeitgeschehen bedingt sind Neologismen sowie 'Ad-hoc-Komposita' mit *Mafia* besonders zahlreich und bieten u.a. Belege für verschiedene Wortbildungsmodelle z.B. *Mafia-Opfer General Dalla Chiesa, Mafia-Jäger G. Falcone, Mafia-Milieu, Mafia-Boss, Antimafia-Bürgerbewegung, Anti-Mafia-Umfragen, Stadtmafioso, Nichtmafioso.*

Von der Perspektive der Textkomposition aus gesehen, d.h. von der Beziehung zwischen Wortschatz und Text, ergeben sich weitere Ansatzpunkte. Wortneubildungen werden vielfach durch inhaltliche Verflechtungen im Text verständlich. Im folgenden Beispiel nützt der Autor u.a. die Polysemie von *Mezzogiorno* (Nachname des Schauspielers V. Mezzogiorno, der in der populären Fernsehserie "La Piovra" bzw. "Allein gegen die Mafia" den Ordnungshüter Davide Licata spielt, gleichzeitig aber auch Synonym für Süditalien, Schauplatz des Filmes), um die Ausdruckskraft des Textes zu steigern:

Vittorio Mezzogiorno, sorriso di Mezzogiorno, [sonniges] Mezzogiorno-Lachen

In Italien und Frankreich ist der 45jährige Schauspieler Vittorio Mezzogiorno gefragt, in Deutschland ist er nur wenigen bekannt. Die Italiener lieben sein breites jugendhaftes Grinsen, das *sorriso di Mezzogiorno*, ansonsten ist er ihnen für einen gebürtigen Neapolitaner viel zu unterkühlt, ein ganz unitalienischer Eisblock [...] Der schroffe Davide Licata mit dem sonnigen Mezzogiorno-Lachen wird, allein gegen die Mafia, mindestens noch in Folge 6, 7, 8 gebraucht (Nr. 16, 12.4.1991; *Modernes Leben*).

2.3. Euphemismus oder 'l'uso di parole di buon auspicio'

Die stilistischen Leistungen italienischen Wortguts werden weiters genutzt, um eine *Distanz* zwischen dem Gesagten und dem Sagenden zu erzielen. Dieses Sprachmittel der Verhüllung ist natürlich in der deutschen Sprache ganz unabhängig von fremden Einflüssen bekannt. *Raumpflegerin* z.B. vermittelt mehr Sozialprestige als *Putzfrau* oder *Bedienerin*, genauso wie im Italienischen *collaboratrice domestica* als offizielle Berufsbezeichnung den diskriminierenden Ausdrücken *cameriera* oder *donna delle pulizie* vorgezogen wird. Italienische Ausdrücke wie etwa *cupola, favori, Cosa Nostra* eignen sich besonders gut, unangenehm empfundene Dinge oder Sachverhalte zu umschreiben:

cupola

Wer der Mafia den Kopf abschlagen und die große *cupola*, die geheime Zentralkuppel des mächtigen Verbrechersyndikats treffen will, muß gewaltige und gut organisierte Kräfte darauf ansetzen (Nr. 47, 15.11.1991; *Wirtschaft*).

favori

Doch den Unrechtsbrecher in Palermo gibt es von Tag zu Tag mehr: aufrechte Bürger, die das System der *favori*, der "Gefälligkeiten" nicht akzeptieren (Nr. 34, 14.08.1992; *Modernes Leben*).

Cosa Nostra

(a) Was man gemeinhin Mafia nennt, heißt in Wirklichkeit *Cosa Nostra*. Es gibt in Sizilien wahrscheinlich mehr als 5000 Ehrenmänner (Nr. 24, 5.05.1992; *Dossier*).

(b) Die Cosa Nostra nimmt nicht jeden auf [...] In der Anfangsphase sind die Zugehörigkeit zu einem Mafia-Milieu, sind verwandtschaftliche Beziehungen mit Ehrenmännern von großem Vorteil (Nr. 24, 5.05.1992; *Dossier*).

(c) Ehe die Mafia Giovanni Falcone ermordete, hat der sizilianische Richter sein intimes Wissen über die Cosa Nostra als Buch veröffentlicht. Als prognostizierte er sein eigenes Verhängnis, beschreibt er den Kult des Todes, den Sittenkodex der Ehrenwerten der Gesellschaft und die Lethargie des Staates (Nr. 24, 5.05.1992; *Dossier*).

2.4. Der pädagogische Aspekt oder die Sprache der Übersetzung

Der Einsatz italienischer Wörter kann (insbesondere, wenn es sich um Fachtermini handelt) auch überdurchschnittlich gebildeten "Zeit"-Lesern Schwierigkeiten bereiten. Es ist ferner nicht auszuschließen, daß es sich zum Teil um italienische Ausdrücke handelt, die in dieser Wochenzeitung gleichsam ein 'Einfallstor' in den deutschen Sprachraum gefunden haben (was allerdings noch nicht ihre Durchsetzungsfähigkeit und Durchschlagskraft garantiert), z.B. *governissimo, consociativismo*:

governissimo

Mancher träumt von einem *governissimo*, einer Art Allparteien-Notstandskoalition, aber die Exkommunisten winken schon ab (Nr. 16, 10.04.1992; *Politik*).

consociativismo

Bis zum Zusammenbruch der ersten Republik wurde Italien von einer "hinkenden Bipolarität" beherrscht; die Kommunisten bekamen als Entschädigung für die Daueropposition den kleinen Finger der öffentlichen Hand, waren in das klientelare Privilegiensystem eingebunden, den sogenannten *consociativismo*, zu deutsch Filz. Die Kommunisten blieben moderat und betrieben Selbstbedienung im Namen der sozialen Solidarität. Die Neofaschisten blieben als Sozialbewegung (MSI) zwar vom "Verfassungsbogen" ausgeschlossen. Aber die Democrazia Cristiana war immer geöffnet für neofaschistische Politiker wie auch für Statthalter der Mafia. Dieser *consociativismo* wurde von Bettino Craxi ohne Scham und Augenmaß radikalisiert, bis er sich durch Insuffizienz selbst auffraß. Ihm entsprang der Siegeszug der Lega Nord, die das Parteimonopol zerbrach und den Richtern der Mani Pulite den nötigen Freiraum schaffte (Nr. 18, 17.2. 1995; *Dossier*).

Die Schreibweise italienischer Sprachzeichen in der "Zeit" dürfte vielfach für ihren Einbürgerungsgrad aufschlußreich sein. Ist er gering, so stehen sie entweder in Kursivdruck, in Anführungszeichen oder in Klammern, damit sie dem Leser leichter ins Auge fallen können.

In vielen Fällen bleibt es nicht nur bei einer dieser Formen graphischer Hervorhebung, sondern der italienische Ausdruck wird - wie an vielen zitierten Beispielen ersichtlich - übersetzt, um die Überwindung von Verständnisschwierigkeiten zu gewährleisten.

Am Angebot in der Wiedergabe von bestimmten, meist zeitbedingten Schlüsselbegriffen auf Deutsch tritt die *Vielfalt der Übersetzung* deutlich zu Tage. Sei es nun eine *wörtliche* Übersetzung, die Wahl eines im Deutschen *äquivalenten* Ausdrucks, eine *Umschreibung* oder eine *Erklärung*, überall kommt eine Menge von geschichtlichen und gesellschaftlichen Verhältnissen ins Spiel. Man denke etwa an die Übertragung von *evasione*, wörtlich 'Ausweichen', in den deutschen Belegen mit *Steuerhinterziehung, Steuerbetrug* wiedergegeben: hier schlägt sich z. B. die unterschiedliche Stellungnahme zu einer bestimmten Einrichtung (implizit auch zu einem bestimmten Wertbegriff) sprachlich nieder. Aufschlußreiche ist ferner das brisante, grenzübergreifende Phänomen *Tangentopoli* mit nachwirkenden Folgen auf politischer und moralischer Ebene, das sowohl in der italienischen als auch in der deutschen Pressesprache einen reichhaltigen Niederschlag erfuhr. *Tangentopoli,* in der "Zeit" zunächst spezifisch auf Mailand bezogen und wörtlich wiedergegeben als 'Stadt der Schmiergelder', wurde später mit seiner Bedeutungserweiterung rezipiert im Sinne von 'Aufdeckung der Korruption bei der Vergabe von Staatsaufträgen'. Interessant sind hier die Parallelen zu seinem Bedeutungswandel im Italienischen (Fiocchi 1994).

Die Justizaktion *Mani Pulite*, die seit 1992 zur Aufdeckung von 'Tangentopoli' in die Wege geleitet wurde, finden wir in einigen Beiträgen umschrieben als 'Kampf gegen Filz und Betrug', 'Enthüllungs- und Säuberungswelle' oder erklärt:

Mani pulite

Mani pulite, saubere Hände, heißt das Kennwort des größten Korruptionsskandals des Nachkriegsitaliens (Nr. 42, 9.10.1992; *Modernes Leben*).

Das zweite grenzübergreifende Phänomen, *die Mafia*, bietet ein üppiges Wortfeld. Dazu einige Beispiele - ein *mafioso*, gelegentlich auch *uomo d'onore* [..."nicht verboten sei es jedoch, wenn ein 'Ehrenmann', *(Uomo d'onore*), wie sich ein Mafioso bezeichnet, irgendwann selbst Politiker wird", Nr. 23, 4.6.1993; *Politisches Buch*], wird bei entsprechendem Prestige- und Machtgewinn *pezzo da novanta* genannt. Das deutsche Äquivalent ist folgendem Textauszug zu entnehmen:

pezzi da novanta

Entweder die Mafiagrößen sind untereinander in Streit geraten, oder es gibt neue Gruppen, die die alten Garden auf ihrem eigenen Gebiet herausfordern. Und beides bedeutet Krieg, totalen Krieg.
Nitto hebt die Schultern: "Ich verstehe nichts von diesen internen Dingen, der *pezzi da novanta*" (ein Ausdruck, der in etwa, jedoch höchst ehrerbietig, unseren "Großkopferten" entspricht), "mir geht es darum, hier ungestört arbeiten zu können" (Zeit, Nr. 12, 17.3.1995; *Sektionsangabe fehlt*).

Die untersten Handlanger der Mafia sind die sogenannten *campieri* und *piciotti*, zwei Bezeichnungen, die wie folgt umschrieben werden:

campieri

Als lange vor ihm [= dem Mafia Boß Stefano Bontate] die ländlichen Mafiosi die alten Latifundisten durch *campieri* - bezahlte Überwacher der Ländereien der alten Großgrundbesitzer - ersetzten, hatte die Bevölkerung die Beseitigung einer Klasse von unproduktiven Schmarotzern wohlwollend aufgenommen (Nr. 24, 5.05.1992; *Dossier*).

picciotti

... einige Kaufleute [hatten] den Mut, ihre polizeilichen Aussagen vor den Angeklagten Mafiosi und vor den Fernsehkameras zu bestätigen. "Der da kam zu mir und wollte dreißig Millionen *pizzo* (Abgabe) für die *picciotti* (Laufburschen, Fußsoldaten der Mafia)", rief Renault-Händler F.S. (Nr. 47, 15.11.1991; *Wirtschaft*).

Das Beispiel *pentito* läßt besonders gut erkennen, wie vielfältig die Möglichkeiten der Auslegung und Wiedergabe im Deutschen sind: 'ein Mafia-Aussteiger', 'Mafia-Abtrünniger' bzw. "einer, der der Mafia abschwört und mit den Ermittlern zusammenarbeitet" (Nr. 18, 30.04.1993; *Zeitmagazin*), "ein Reuiger" (Nr. 20, 14.05.1993; *Modernes Leben*), "ein Reumütiger" (Nr. 12, 17.3.1995; Sektionsangabe fehlt).
Ein weiterer traditionsgeprägter Begriff ist *omertà*. Dieser süditalienische Ausdruck umfaßt laut Zingarelli (1990: 1272) zwei Bedeutungsaspekte: im engen Sinn bedeutet *omertà* "solidale intesa che vincola i membri della malavita alla protezione vicendevole, tacendo o mascherando ogni indizio o prova utile per l'individuazione del o dei colpevoli di uno o più reati". Im weiteren Sinne ist *omertà* nicht unbedingt an mafiose Seilschaften gebunden und Grund für viele alltägliche Familientragödien: "intesa tacita o formale

fra membri di uno stesso gruppo o ceto sociale, diretta alla conservazione e alla tutela di precisi interessi, anche contro la legge". Auf Deutsch wird *omertà* umschrieben - 'das lange Schweigen' oder, wie im folgenden Beispiel, 'die Schweigepflicht':

omertà

Das ist schon seit Jahren spürbar. Es ist ein Haß auf die Mafia und auf den Staat, der damit nicht fertig wird, weil er bis in die obersten Spitzen mafiaverseucht ist. In Palermo ist es ja nicht mehr nur die Mafia, es ist ein Gangstertum, wie es in den schlimmsten Tagen von Chicago in den dreißiger Jahren herrschte.
Man merkt jetzt einen Widerstand dagegen in der italienischen Jugend, das ist neu. Langsam haben sie den Mut, die *omertà*, die Schweigepflicht zu durchstoßen (Nr. 32, 31.07.1992; Sektionsangabe fehlt).

M. Wandruszkas Betrachtungen, daß zwischen dem Variantenreichtum von Sprachen fast nie eine 'Eins-zu-eins-Beziehung' besteht, bestätigt auch das Beispiel *tangente*. Hier zeigt sich, daß *bustarella, tangente, mazzetta, pizzo* keineswegs immer mit dem gleichen Wort wiedergegeben werden, sondern mit *Spende, Schmiergeld, Bestechungsgeld, Schutzgeld, Abgabe.*

3. Ausblick

Die hier kurz erläuterten Funktionen, die italienisches Sprachgut in der "Zeit" erfüllt, überschneiden sich natürlich vielfach und steigern die Ausdruckskraft des deutschen Zeitungstextes.

Die Gewalt einer Sprache ist nach Goethe nicht, daß sie das Fremde abweist, sondern daß sie es verschlingt. Ob die exemplarisch zitierten Beispiele die Macht der deutschen Sprache beweisen oder ob sie eher Anzeichen für jene Entwicklung sind, die U. Eco als *Babele europea delle lingue* bezeichnet, mag dahingestellt bleiben. 'Die Sprachen Europas im Gespräch miteinander' hat der italienische Semiotiker mit Zukunftsblick sprachlich skizziert und zwar in einer provokatorischen Frage, die gleichzeitig Titel eines seiner im Espresso erschienenen Artikel ist: *"Do you parle mit me?"* - interkulturelle Kommunikation auf dem Prüfstand.

Bibliographie

Adorno, Theodor W. (1974): Wörter aus der Fremde. In: ders., Noten zur Literatur II, Frankfurt a. M.: Suhrkamp, 215-232

Althaus, Hans P. / Henne, Helmut / Wiegand, Herbert E. (Hrsg.) (1980): Lexikon der germanistischen Linguistik, Studienausgabe in vier Bänden, Tübingen: Niemeyer

Braun, Peter (1993): Tendenzen in der deutschen Gegenwartssprache. Sprachvarietäten, 3., erw. Aufl., Stuttgart etc.: Kohlhammer

Enzensberger, Heinz Magnus (1962): Einzelheiten, Frankfurt a. M.: Suhrkamp

Fiocchi, Adelaide (1994): L'universo lessicale di "Tangentopoli". In: Moderne Sprachen 1 (1994), 47-52

Gusmani, Roberto (1993): Saggi sull'interferenza linguistica, Firenze: Le Lettere

Marx, Sonia (1995): "Das Land, wo die Mimosen blühen". Elementi italiani nella stampa tedesca contemporanea. In: Plurilinguismo 2 (1995), 65-84

Merten, Stephan (1994): Wo Sprach- und Kulturwissenschaften einander berühren: Altes und Neues zu einer fruchtbaren Verbindung. In: Wirkendes Wort 3 (1994), 536-553

Oksaar, Els (Hrsg.) (1984): Spracherwerb - Sprachkontakt - Sprachkonflikt, Berlin etc.: de Gruyter

Porzig, Walter (8 1986 [1950]): Das Wunder der Sprache. Probleme, Methoden und Ergebnisse der Sprachwissenschaft. Tübingen: Francke

Straßner, Erich (1980): Sprache in Massenmedien. In: Althaus/ Henne/ Wiegand (Hrsg.) (1980), II, 328-337

Wandruszka, Mario (1990): Die europäische Sprachengemeinschaft, Tübingen: Francke

Zingarelli (11 1990) - Il Nuovo Zingarelli, Bologna: Zanichelli

Zukunftsforum V, Sprachen Lernen - Menschen Verstehen: Eine Herausforderung (1994): hg. v. Bundesministerium für Unterricht und Kunst, Abteilung I/11, Wien

Sonia Marx
Università di Udine
Dipartimento di Lingue e Letterature
Germaniche e Romanze
Via Mantica 8
I-33100 Udine

ANGELIKA PAROVSKY

INTERKULTURELLES SEHEN UND SICHTBAR MACHEN - BILD UND SPIEL IN DEUTSCH ALS FREMDSPRACHE

1. Wie spannend ist Dialogisieren in einem DaF-Kurs?

In den euphorischen Aufbruchsjahren der kommunikativen Methode war man fest davon überzeugt, daß es mit dem "trockenen" Sprachlehren und -lernen endgültig vorbei sei, denn Kommunikation könne nur spannend sein. Danach ging man ans Werk, "Notionen", "Intentionen", "Situationen" so gründlich aus dem Handlungszusammenhang herauszuschälen, daß von den sozialen und atmosphärischen Bezügen, vor allem von den handelnden Personen nicht mehr viel übrigblieb, jedenfalls nicht genug, um tatsächlich kommunikative Bedürfnisse bei den LernerInnen zu wecken. Die Aufforderung einer Lehrperson zur Kommunikation, z. B. als Herr Gröner, der eine Autopanne hat und in zwei Stunden bei einer Konferenz in Düsseldorf sein muß, in der Autowerkstatt den Meister zu drängen, (Deutsch aktiv Neu, Lehrbuch 1A: 69, A 7: Ich brauche sofort Hilfe! Ü 11: "Hören Sie das Gespräch. Machen Sie dann aus den Sprechblasen einen Dialog.") - "Sie, Herr Kim, spielen den Meister und Sie, Fatima, den Kunden, Herrn Gröner!" - kann genauso wenig mit der Realität der LernerInnen zu tun haben, genauso langweilig oder stressend sein wie das Deklinieren der Adjektive. Wortschatz- und Grammatikvermittlung an muttersprachliche Vorerfahrungen mit bestimmten Situationen und Sprachhandlungen anzubinden, erschien sinnvoll, erwies sich aber im interkulturellen Kontext doch als höchst problematisch, wenn nicht trügerisch: Bald mußten MethodikerInnen erkennen, daß auf ein universelles Verständnis bestimmter Situationen und auf deren allen Kulturen analoge Versprachlichung nicht zu bauen ist.

2. Sprechhandeln

AusländerInnen im Land der Zielsprache begreifen schnell, daß Körpersprache notfalls mangelnde Sprachkenntnisse ersetzen kann. Sie erleben am eigenen Leib, daß Sprache mit Handeln untrennbar verbunden ist. Warum sollten wir DaF-Lehrende SprachlernerInnen dieses Erlebnis in unserem Unterricht vorenthalten? AusländerInnen merken auch sehr bald Kommunikationsstörungen; daß diese aufgrund einer in der Zielsprache als unharmonisch oder unangepaßt empfundenen Verbindung von körpersprachlichen und sprachlichen Äußerungen entstehen können, ist nicht so einfach zu durchschauen, zumal der Fremdsprachenlerner die Sozialisierungsmuster seiner Ausgangskultur korrekt anwendet und nach muttersprachlichen Normen regelhaft handelt.

Nachdem wir uns so lange vorrangig mit den Sprechakten beschäftigt haben, ist es an der Zeit, die Kontextualisierung, die Charakterisierung der Helden, die Dramatisierung, auch im Sinne der dramatischen Übertreibung als wesentliche Faktoren zum Aufbau der Kommunikationsfähigkeit zu erkennen. Nur durch eine stärkere Wahrnehmungsschulung, eine Schärfung der Sinne gibt es ein Entrinnen aus dem Reich der Pseudo-Kommunikation, aus dem Reich der Un-Sinne, wie sich ein DaF-Kurs bis dato ausnimmt. Die Sprache der Interaktionen muß erlebt werden, muß gestaltet werden, Gestalt annehmen.

Um den Umbruch im Kursraum in bezug auf interaktionales Sprechen zu signalisieren, möchte ich den so überbeanspruchten und unscharfen Lieblingsbegriff der DaF-Methodik der letzten zwei Jahrzehnte "Kommunikative Kompetenz" in der Folge meiner Ausführungen nicht verwenden, statt dessen für meinen Ausschnitt der Sprachbetrachtung den Begriff vom Sprechhandeln einführen. Indem Sprechen als eine Form menschlichen Handelns verstanden wird, kann das übergeordnete Lernziel in einem handlungsorientierten DaF-Kurs nicht lauten, Sprechfertigkeit, sondern Handlungsfähigkeit in der Zielsprache zu vermitteln.

> Streng genommen gibt es die Sprechtätigkeit als solche gar nicht. Es gibt nur ein S y s t e m von Sprechhandlungen, die zu irgendeiner Tätigkeit gehören, ... Mit dem Sprechen allein kann der Mensch nichts anfangen: Es ist nicht Selbstzweck, sondern Mittel und Werkzeug, auch wenn es bei verschiedenen Arten von Tätigkeiten verschieden verwendet werden kann. (Leont'ev, 1971: 31)

SPRECH-HANDELN = (ENT-) SPRECHEND HANDELN, d. h. sprechend entsprechend handeln, also dem soziokulturellen Rahmen der Zielsprache und dem Interaktionspartner gemäß seine Intentionen in nonverbal - verbal angemessener Verbindung zum Ausdruck zu bringen.

Es geht in einer multikulturellen Lernergruppe darum, die Fähigkeit zur Kommunikation zu erhöhen, indem der Kontextualisierung viel mehr Aufmerksamkeit als bisher geschenkt wird. Die folgenden Leitfragen zu den Rollen, dem Ort, Zeitpunkt, Inhalt und Zweck der Kommunikation bedürfen einer je nach Lernergruppe und ihrer soziokulturellen Vorerfahrung mit der Zielsprache unterschiedlich langen Erörterung:

*WER ? MIT WEM ?
*WO?
*WANN ?
*WAS?
*WOZU ?

Sprechhandeln läßt sich definieren als untrennbare Verbindung von Sprache und nonverbalen Zeichen (Gestik, Mimik, Motorik) zur unmißverständlichen Aktion bzw. Reaktion in einer bestimmten Sprache - in unserem Fall der deutschen Sprache. Handeln, indem man spricht, bzw. sprechen, indem man handelt, bedeutet auch, sich selbst Raum zu nehmen und seinem Gegenüber Raum zu geben. Ein DaF-Unterricht, dessen Lernziel es u.a. ist, in einem deutschsprachigen Umfeld sprachlich zu handeln und auf Handlungen zu reagieren, muß diese unmittelbare Verquickung von Körpersprache und Sprache, den Umgang mit Raum - Distanz und Nähe - sichtbar und erfahrbar machen. Die LernerInnen müssen die Möglichkeit haben, die deutsche Sprache dimensioniert handelnd auszuprobieren. Menschen lernen in einer natürlichen Spracherwerbssituation, Worte begleitet von Bewegungen zu *setzen*, um sich dadurch durch-zu-setzen, um sich ihren Platz in der Gesellschaft zu schaffen. Warum sollte man im Sprachunterricht ausschließlich den Sprechapparat nutzen, wenn es darum geht, mit Worten in Aktion zu *treten* oder einer Aktion zu *begegnen.* Warum *tritt* und *begegnet* man nicht, warum klebt man am Stuhl fest und *spricht* Handlungen mit abgeschnürter, verklemmter Stimme anstatt sprechend zu handeln, indem man der Handlung angemessenen Raum und gemäße Haltung einnimmt?! "Der Ton macht die Musik", heißt ein altes Sprichwort. Und woher kommt der Ton? Wie findet ein DaF-Lerner in der deutschen Sprache den richtigen Ton, d.i. den der Notion, Intention, Situation, aber vor allem den ihm selbst und dem Gegenüber entsprechenden Ton? In Abwandlung des Sprichwortes und als Motto meiner methodisch-didaktischen Ausführungen zum Thema Sprechhandeln möchte ich sagen: DIE HALTUNG MACHT DEN TON. Nur aus der richtigen Körperhaltung heraus kommt der richtige Ton. Der Vergleich mit einem Musikinstrument ist durchaus angebracht, denn auch da ist dessen Position zum Spieler und im Raum von entscheidender Bedeutung. Um wieder zum Sprechhandeln im DaF-Unterricht zurückzukehren: Man kann unmöglich z.B. jemanden freudig willkommen heißen, wenn man neben ihm sitzt und schon seit Stunden gemeinsam diverse Aufgabenstellungen in DaF gelöst hat. So viel Vorstellungskraft mutet man etwa im Stegreifspiel des Gegenwartstheaters einem Schauspieler nicht zu. Viola Spolin, eine Hauptvertreterin des "nonscripted theatre" und die Theaterpädagogin schlechthin in den Vereinigten Staaten, meint dazu in ihrem Buch "Improvisationstechniken für Pädagogik, Therapie und Theater": "Um auf der Bühne eine Realität zu schaffen, muß der Künstler immer wissen, wo er ist." (1993: 29) und "Der Schauspieler lernt z.B. beim Improvisationstheater, wo es keine oder nur wenige Requisiten, Kostüme und Bühnendekoration gibt, daß eine Bühnenrealität Raum, Struktur, Tiefe und Substanz - mit anderen Worten: physische Realität - haben muß." (1993: 31) Die Arbeit von Theaterpädagogen als Vorbild für Anleitungen zum Sprechhandeln in der Fremdsprachenpraxis zu nehmen, ist durchaus angebracht. Als weitere Quelle für das Fremdsprachenlehren zum Zweck der direkten Begegnung mit ZielsprachensprecherInnen bieten sich Praktiken aus dem Kommunikationstraining der Sozialpädagogik an, die auch Angst und Minderwertigkeitsgefühle, in der Fremdsprachenpraxis oft unterschätzte Sprechhemmungen, abbauen helfen.

3. Interkulturelle Kompetenz durch Wahrnehmungsschulung und szenisches Spiel

In der einschlägigen neueren Fachliteratur zur Fremdsprachenmethodik werden zusätzlich zur kommunikativen Kompetenz andere, den Kommunikationsbegriff detaillierende Kompetenzforderungen gestellt: Etwa die Forderung nach (inter)kultureller Kompetenz, die mit "Sich und andere besser verstehen" definiert wird[1]; sie könnte eingelöst werden, indem in der

---

[1] Weimann/Hosch 1993 stellen unter dem Titel "Kulturverstehen im Deutschunterricht" ein Projekt zur Lehrerfortbildung vor, das am Deutschen Institut für Fernstudien an der

zukünftigen Fremdsprachenlehre der Kontextualisierung über Wahrnehmungsschulung mehr Bedeutung zugemessen wird. Viel mehr als bisher sollen die sozialen Rollen der InteraktionspartnerInnen, äußere Umstände und Kommunikationsabsichten in ihrer Bedeutung für die Interaktion in der Zielsprache erkannt werden.

Fremdsprachenlehrende müssen sich dessen bewußt sein, daß die Kommunikation in einem DaF-Kurs - abgesehen von Differenzen in der Verkörperung und Versprachlichung der Sprechakte - kulturell unterschiedlichen Wahrnehmungen der Interaktionspartner, aber auch von Raum und Zeit unterliegt. Ich möchte aus der Vielzahl von Variablen, die unsere Wahrnehmung bestimmen, nur die wichtigsten herausgreifen, um die vielen Einflußfaktoren auf menschliche Kommunikation ins Bewußtsein zu rufen: Wahrnehmung ist geprägt von der Körperlichkeit, dem Geschlecht, den Neigungen und Eignungen, der Bildung, dem Alter, dem persönlichen Schicksal, der familiären, kulturellen und geographischen Herkunft bzw. Umgebung eines Individuums, sie ist beeinflußt von der Zeit, in der wir handeln und leben, in unserem Jahrhundert natürlich auch ganz entscheidend durch die Medien.

Aus diesen Erkenntnissen ergibt sich für die Lehrpraxis, deren Ziel die Befähigung zu einem Sprechhandeln sein soll, das Interkulturalität nicht nur thematisiert, sondern eine tatsächliche Begegnung der Kulturen darstellt, die Forderung nach einem Angebot von Orientierungshilfen. Ein DaF-Kurs mit der Zielrichtung einer Erfahrung, die über das Erkennen von und Lernen an kulturellen Unterschieden hinausgeht, sollte Lernenden folgende kulturelle Unterschiede, aber auch Gemeinsamkeiten bewußt machen:

- in sozialen Rollen und Begegnungen (z.B. Respektbezeugungen gegenüber dem anderen Geschlecht, Ranghöheren, -älteren)

- im Umgang mit Raum - Distanz, Nähe und Kontakt (z.B. Blickkontakt, Handgruß, Umarmungen), Motorik, Gestik und Mimik

---

Universität Tübingen (DIFF) in erster Linie für Deutschlehrende im Ausland entwickelt wird. In ihrem Artikel präsentieren sie ein Schema, in dem sie 3 didaktische Konzepte gegeneinanderhalten: Kognitiver Ansatz - inhaltliche Vermittlung eines Landesbildes, Kommunikativer Ansatz - Alltagskultur/Gesprächsthemen, Interkultureller Ansatz/ kulturbezogenes Lernen - Fremd-/Kulturverstehen (515)

- im Umgang mit Zeit - Dauer, Zeitpunkt, Zeiteinhaltung, Zeiteinteilung, Quantifizierung

- im Empfinden von Tabuthemen, in der Begrifflichkeit von "Ehre" und "Schande"

Zusätzlich zu dem Training für reale Begegnungssituationen in einem deutschsprachigen Umfeld bewirkt ein auf Bild und Spiel gestützter DaF-Kurs eine stärkere Konsolidierung der multikulturellen Lernergruppe sowie die Vertiefung der Eigenwahrnehmung in ihrer kulturellen Gebundenheit und deren Relativierung.

4. Räumliche Bedingungen

Die kommunikative Methode propagierte die U-Form als bestmögliche Sitzordnung im Kursraum, weil sie kommunikationsfördernd sei; eine unhaltbare Meinung: zum Sprechhandeln ist sie denkbar ungeeignet. Der Tisch als Schild, hinter dem der Lernende sich verschanzt und merkwürdig isoliert und gleichzeitig beobachtet vor sich hin schreibt, liest, spricht und der Lehrperson oder Kassette zuhört, verhindert weitgehend jede körperliche Aktion, jede natürliche Kommunikationsbewegung. Der Lehrerbefehl: "Spielen Sie den folgenden Dialog! Drehen Sie sich zu Ihrem Nachbarn und sprechen Sie miteinander!" ist eine Aufforderung zu einer mehr als ungewöhnlichen Kommunikationsbegegnung. Die für diese Art von Kommunikation erforderliche "persönliche Distanz ist gegeben, wenn die obere oder untere Gesichtshälfte klar gesehen wird, wenn bestimmte äußere Merkmale des Menschen deutlich unterschieden werden können (Augen, Nase, Augenbrauen), nicht aber die Poren, die Gefäße und die Sklera."
(Leont'ev 1984: 178)

Mit dem Ellbogen - an - Ellbogen - Sitzenden kann sich nicht so leicht Kommunikation ergeben: die *Sitzordnung* ist einfach vom Aktionsradius her zu einengend, zu unbequem. Man muß Oberkörper und Hals unnatürlich verdrehen, nicht nur dem Gesprächspartner zu, sondern von ihm Abstand nehmend, um sich nicht gegenseitig den Atem ins Gesicht zu blasen und auch sonst nicht in der Phase der Gesprächseröffnung zu viel von sich preiszugeben.

In diesem beengten Nebeneinandersitzen im Kursraum - entlang den Wänden *aufgefädelt,* vom freien Raum in der Mitte *ausgesperrt* - ließe sich höchstens die Sprechsituation "Im Flugzeug" oder "Im Wartezimmer" inszenieren, und da weiß man aus eigener Erfahrung, daß sich meist keine ergiebigen Gespräche mit dem Fremden nebenan entwickeln - auch wenn man eine gemeinsame Sprache spricht.

> Warum wird auf den "offenen Raum" so großer Wert gelegt? Unmittelbar einleuchtend ist es zunächst einmal, daß man viel Platz braucht, wenn sich Menschen in einem Raum frei bewegen sollen. Außerdem ist es wichtig, daß man sehen kann, mit wem man spricht, daß man zu ihm hin- und von ihm weggehen kann, daß man ihn berühren und von ihm berührt werden kann. (Maley/Duff 1985: 26/27)

Es gilt natürlich eine anfängliche Hemmung zu überwinden, wenn der Tisch, an den man sich *anhalten* konnte, plötzlich nicht mehr da ist. Hiermit wird einem das letzte Stück vom gewohnten Schülerdasein entzogen, aber mit etwas Geduld füreinander wird die zu erlernende Sprache endlich lebendig, sie wird getragen, bekommt durch die natürliche Körperhaltung die richtige Klangqualität und Modulation: Erst in Verbindung mit Bewegung wird der Reichtum an Ausdrucksmöglichkeiten einer Sprache bewußt.

Führen wir uns einmal vor Augen, wann eigentlich normalerweise Menschen in einem Raum an in U-Form angeordneten Tischen sitzen: Bei Konferenzen, bei Besprechungen, Vorstandssitzungen und Seminaren, alles Situationen, in denen Menschen vom Vollbesitz ihrer Sprache Gebrauch machen. Wenn wir in einem DaF-Kurs an der Kommunikation in U-Form festhalten, zwingen wir unseren LernerInnen eine Orientierung an nahezu unerreichbaren Vorbildern auf.

5. Rollenspiel versus Rollenspiel in DaF

Mit Nachdruck soll hier eine Abgrenzung von den in DaF-Lehrwerken als Rollenspiel bezeichneten Übungsformen vorgenommen werden. Manfred Schewe setzt sich in seiner Doktorarbeit "Fremdsprache inszenieren" (1993) kritisch und sehr gründlich mit dem bisherigen Verständnis von "Rollenspiel", "Sketch", "Pantomime", "(Nach)spielen von Dialogen", "Dramatisieren von Prosatexten" in der DaF-Methodik und Didaktik und ihrem Niederschlag in den gängigen DaF-Lehrwerken auseinander.

Wenn Lerner eine Rolle entwickeln sollen, müßten nach Schewe a) die Handlungsabsichten der fiktiven Figuren b) ihr jeweiliger Status und c) ihre Haltungen zu einem Sachverhalt bzw. zu anderen Personen geklärt werden.

> Diese Grundvoraussetzungen für die Entwicklung einer Rolle werden in den Übungsanweisungen unserer Lehrbücher kaum erfüllt, so daß es nicht wunder nimmt, wenn etliche Rollenspiele 'verflachen.' ... deshalb ist es sinnvoller, anstatt von Rollenspielen, von *unvorbereiteten* szenischen Improvisationen zu sprechen als Sammelbegriff für die Inszenierungsformen, die bisher im Fremdsprachenunterricht praktiziert wurden. (Schewe 1993: 161)

Als Inspirations- und Bezugsquelle für Rollenspiele nach dem Verständnis der Sozial- und Theaterpädagogik kann das Stegreifspiel nach J. L. Moreno im Fremdsprachenunterricht dienen, das er in seiner Wiener Zeit entwickelt und später ab 1925 in den USA für therapeutische Zwecke unter der Bezeichnung "Psychodrama" eingesetzt bzw. weiterentwickelt hat, darunter sehr interessante und für den interkulturellen Lernprozeß sehr wertvolle Techniken wie Doppeln, Spiegeln, Rollentausch, Rollenprobe, der "leere Stuhl" oder die "lebende Zeitung" (1973). Sein Ausspruch "Wir spielen das Leben" kann als Motto für die Einbeziehung von Theaterformen in den Fremdsprachenunterricht gelten. Außerdem sind als Quellen zu nennen: Augusto Boals "Theater der Unterdrückten - Übungen und Spiele für Schauspieler und Nicht-Schauspieler" (1989), das besonders viele Anregungen für die Aufwärm- bzw. Sensibilisierungsphasen im Spiel enthält, und das Playback-Theater von Jonathan Fox, USA, (1994), beides Fortsetzungen von Morenos Arbeitsweisen im gegenwärtigen Stegreiftheater, aber auch in der Pädagogik und Therapie. Augusto Boal und Jonathan Fox geht es um die Aufhebung der Trennung von Publikum und (Schau-)Spielern. Im Playback-Theater werden von den Gruppenteilnehmern persönliche Erlebnisse, etwa Alltagsereignisse, aber auch Träume, Wünsche, Gefühle den anderen zunächst einmal erzählt und danach von diesen oder auch einer professionellen Playback-Gruppe vorgespielt. Die Techniken des Playbacktheaters erscheinen mir gerade im interkulturellen Kontext sehr wertvoll, denn so kann kultureller Perspektivenwechsel entstehen, der Blick des einen wird im Spiel des anderen widergespiegelt. Vertrautes wird fremd, Fremdes wird vertraut - die eigene Sichtweise relativiert.

Morenos Techniken im Fremdsprachenunterricht in Deutschland wenden etwa Marie und Bernard Dufeu in ihrer Pédagogie relationnelle bzw. Psychodramaturgie linguistique (1992) sowie Daniel Feldhendler in der Dramaturgie relationnelle (1987) für Französischkurse und Lehrerfortbildung an. In DaF arbeitet Mechthild Gerdes u. a. mit Techniken aus dem Psychodrama und nimmt damit eine Wegbereiterrolle ein (1993).

6. Aus der Spielpraxis : Interkulturelle Rollenspiele

Zunächst einmal muß betont werden, daß die Interaktionsfähigkeit langsam aufgebaut werden muß, daß das Rollenspiel sozusagen am Ende einer langen Übungsreihe steht. Es gibt viele verschiedene Übungen zum Aufbau der Interaktionsfähigkeit und als Vorbereitung auf Rollenspiele, die von interkultureller Relevanz sind.
Sie haben zwei Funktionen:

A - GRUPPENKONSOLIDIERUNG UND -ORGANISATION
Sie bewirken Angstabbau, dienen dem Einander-Vorstellen, dem Kennenlernen, der gegenseitigen Akzeptierung; sie können wort- oder bildgesteuert sein.

B - SENSIBILISIERUNG
Sie verbessern die Wahrnehmungs- und Kommunikationsfähigkeit und umfassen nonverbale Techniken (Schulung von Körpersprache, Gestik, Mimik), aber auch Stimmarbeit (Befreiung der Stimme: Tonhöhe, Lautstärke, Tempo, Emphase, etc.).

Der Hauptakzent sollte - während der Vorbereitungsphasen auf komplexeres Spiel im interkulturellen Kontext - auf der Begegnung mit dem anderen liegen, durchaus im Sinne von Morenos Konzept des Rollenspiels. Ziel all der Sensibilisierungsübungen ist es, ein differenziertes Gefühl für körpersprachliche, parasprachliche und sprachliche Realisierungen der Kontaktaufnahmen bzw. -beendigungen, insbesonders unterschiedliche Grußformen, small-talk, Komplimente etc. zu entwickeln.

Ohne falsches Pathos kann man sagen, daß unser ganzes Leben eine Abfolge von Begegnungen und Trennungen ist. Die Rituale zur Bewältigung von Kontaktaufnahme und Kontaktbeendigung werden kulturell durchaus unterschiedlich gestaltet.

> Für Fremdsprachenlerner stellen die Eröffnung und Beendigung von Gesprächen oft eine erhöhte Schwierigkeit dar. Zwar sind die betreffenden elementaren Routineformeln, da bereits in den ersten Lektionen eingeführt, in der Regel bekannt, doch schließt das Mängel bei der Abstimmung auf die Partnerrelation und bei der Ein-

bettung in den jeweiligen Kommunikationszusammenhang nicht aus. (Lüger 1992: 120)

Ähnliches stellt auch Carola Otterstedt in bezug auf Kommunikationseröffnungen und Begegnungen im DaF-Kursraum fest:

> Im derzeitigen Fremdsprachenunterricht wird das interaktionale Gruß-Verhalten in der Regel nur gering gefördert. Im Bereich der Kontaktaufnahme bzw. -unterbrechung beschränkt sich die Interaktion im Unterricht mitunter auf eine kurze Grußformel als Zeichen des Unterrichtbeginns bzw. -endes. Dieser Gruß zwischen Lehrer und Lernenden orientiert sich, in Abhängigkeit des persönlichen Engagements des Lehrers, unter Umständen allein auf einigen wenigen stereotypen Grußformeln, wie beispielsweise Guten Morgen!, Guten Tag!, Auf Wiedersehen! Der Fremdsprachenlernende wird somit nur ungenügend in den Kommunikationsprozeß während des Unterrichts miteinbezogen. Eine eingeschränkte Grußkommunikation im Fremdsprachenunterricht und ein ausschließliches Einüben von stereotypen Grußformen kann eine Integration in den fremdkulturellen Alltag erschweren. (Otterstedt 1993: 263/264)

Das Warming-up für größere Inszenierungsvorhaben könnte bild- oder wortgesteuert folgendermaßen aussehen:

Zunächst ziehen die KursteilnehmerInnen im Zufallsverfahren Kärtchen mit Bildern oder mit Regieanweisungen und Mini-Dialogen. Durch Herumgehen und Sich-Austauschen über z.B. Porträts von Menschen, die aufgrund von Kriterien, die die Kursteilnehmer selbst herausfinden bzw. bestimmen können, zusammenpassen, oder lesendes Vergleichen finden sich Paare zusammen. Wichtig ist, daß nicht der Kursleiter, sondern der Zufall die Paare zusammenbringt und daß Bewegung, aktives Suchen und Finden, Gruppendynamik im Spiel ist.

Nachdem die Paare auf diese Weise zusammengepuzzelt wurden, beginnt die Phase, in der Wahrnehmung und Kommunikation geübt werden. In dieser zweiten Phase sollen die Paare als erstes nach den Vorgaben aus der ersten Phase eine Begrüßung darstellen. Nach einer der wichtigsten Techniken aus der Theaterarbeit von Augusto Boal würde das folgendermaßen vor sich gehen: Je ein Paar soll eine "Statue"[2], ein Standbild in der ihnen angemessen erscheinenden, in der Bewegung eingefrorenen Körperhaltung den anderen KursteilnehmerInnen vorzeigen. In einem zweiten

---

2 Eine Statue ist gleichsam ein Schnappschuß im entscheidenden Moment der Interaktion (vgl. Boal 1989: 214).

Schritt wird die Erstarrung gelöst, Bewegung kommt hinzu, die Szene wird pantomimisch vorgespielt. Wieder sind die Zuschauer, die KollegInnen aufgerufen, sich ein Bild von der Interaktion zu machen: Wer mit wem? Wo? Wann? Was? Wozu?, Personen und Situationen zu erraten, bei der Spielwiederholung dann auch die passende Sprache "einzudoppeln", also das Gesehene mit Sprache zu versehen. Schließlich spielen die Partner in einem dritten Schritt die Mini-Szene mit Worten belegt vor. Durch diese 3 Schritte, diese allmähliche Annäherung an die ritualisierte Sprache - in dem Fall die der Kontaktaufnahme -, läßt sich Interaktionsfähigkeit in der deutschen Sprachwelt - je nach Region, je nach soziokulturellem Hintergrund unterschiedlich gestaltet - erreichen. So entsteht die Bereitschaft zu größeren Vorhaben, wie sie Rollenspiele erfordern.

Interkulturelle Rollenspiele sollen Wahrnehmungen und Erfahrungen aus der Auseinandersetzung mit zwei Sprachwelten widerspiegeln. Die betroffenen Deutschlernenden seien eingeladen, vor dem Hintergrund ihrer muttersprachlichen Kultur ihre kritischen Beobachtungen zur deutschsprachigen Gegenwartsgesellschaft in Szenen zu verpacken mit dem Auftrag an andere KursteilnehmerInnen, diese zu spielen. Die Fragen zu dem Arbeitsauftrag, Rollenspiele zu entwerfen, die kulturell befremdende Situationen zum Thema haben, können lauten: "Bei welchen Gelegenheiten merken Sie, daß Ihre Muttersprachenkultur ganz andere Maßstäbe setzt, andere Verhaltensweisen verlangt? Wann fühlen Sie sich in Ihrem deutschen Umfeld so richtig fremd?"

In diesen interkulturellen Rollenspielen können DaF-Lernende ihre nicht erfüllten Erwartungen an das Zielsprachenland thematisieren, Enttäuschungen in einem deutschsprachigen Umfeld loswerden und ihre Kultur davon positiv abheben. Meinen Erfahrungen nach erweist es sich als wertvolle Grundlage für die interkulturelle Diskussion, die mit Spielanweisungen versehenen Szenen nicht nur *auf deutsche bzw. österreichische Art*, sondern auch in der Herkunftskultur der AufgabenstellerInnen zu spielen, natürlich *deutsch synchronisiert*. Auf diese Art und Weise kommt sowohl in der Vorbereitungsphase als auch in der Nachbesprechung ein echter, da motivierter interkultureller Dialog zwischen DarstellerInnen und AufgabenstellerInnen zustande.

Eines der interkulturellen Rollenspiele, das am Seminar für deutsche Literatur und Sprache der Universität Hannover im Rahmen meiner Veranstaltungsreihe "Interkulturelle Kommunikation und Landeskunde"

1994/95 entstanden ist, hatte eine Begrüßung zum Thema. Die von griechischen Germanistikstudierenden an ihre deutschen KollegInnen gestellte Regieanweisung soll als Beispiel für viele andere Inszenierungsmöglichkeiten im interkulturellen Kontext stehen:

ZWEI JUGENDFREUNDE IN DEUTSCHLAND

1.
Ihr seid zwei Jugendfreunde, die sich nach 20 Jahren zufällig wiedertreffen. Ihr begrüßt euch überrascht, aber nicht sonderlich erfreut per Handschlag, fragt, was ihr so gemacht habt, ihr redet beide abwechselnd von euren Erfolgen (Beruf, Familie), hört euch aber nicht gegenseitig zu. Zum Abschied bleibt es bei dem obligatorischen "Wir müssen mal ein Bier miteinander trinken".

2.
IN GRIECHENLAND

Zwei Jugendfreunde treffen sich nach 20 Jahren zufällig auf der Straße wieder.

Schon während des Spiels zeigte sich, daß die DarstellerInnen offenbar genauso wie die SpielleiterInnen manches loswerden wollten, was sie an der deutschen Gesellschaft stört. Dieses Phänomen der "dramatischen" Übertreibung ist im Sinne von Morenos Katharsistheorie zu sehen: In dem Fall wurden alle möglichen Stereotypen im interkulturellen Kontext ausgelebt.

Eine Nachbesprechung des Spiels ist natürlich unbedingt notwendig. Dort wird die Überzeichnung im Spiel reflektiert; Reflexionen, die durch verschiedene *kulturelle Brillen* gebrochen erscheinen und immer wieder relativiert werden. Es geht in diesen interkulturellen Rollenspielen ja nicht nur um ein Ansprechen von kulturellen Unterschieden wie normalerweise üblich, sondern um ein Erfahren des Anders-Seins bzw. Anders-Handelns. Die Gefahr einer Versteinerung von Stereotypen, wie sie im interkulturellen Dialog auftreten kann, ist auf diese Art gebannt, denn es tritt durch die Darstellung auch eine Individualisierung von kulturellen Phänomenen ein.

Die ZuschauerInnen und SpielerInnen sind sich auch der Surplus-Realität im Spiel bewußt.

Das Rollenspiel und andere szenische Techniken ermöglichen daher eine wirkliche Auseinandersetzung mit kulturellen Erscheinungsformen und können dazu beitragen, allzu vergröbernde Klischees aufzuweichen, differenziertere Sichtweisen aufzubauen.

Die AufgabenstellerInnen werden außerdem in erster Linie nicht als RepräsentantInnen je einer Kultur gesehen, sondern als bestimmte Individuen, die durch den gemeinsamen Sprachkurs bzw. die den Rollenspielen vorausgehenden Aufwärmübungen vertraut sind. Dauer und Intensität des Kontakts, aber auch sozioökonomische Homogenität einer Gruppe sind nach Uta M. Quasthoff entscheidend im Abbau von Stereotypen.

Abschließend sei noch die Funktion des Kursraumes als Schon- und Proberaum erwähnt. Hier kann Sprechhandeln im interkulturellen Kontext in einer vertrauensvollen Atmosphäre geübt werden. Hier können Themen angesprochen und verarbeitet werden, mit denen in der rauhen Wirklichkeit, im Alltagsleben ein Ausländer, ein Fremder konfrontiert ist. Uta M. Quasthoffs Ausführungen folgend lassen sich Stereotype weder vermeiden, noch sind sie zu verurteilen. Sie haben ganz im Gegenteil in ihrer kognitiven, affektiven und sozialen Funktion ihre Berechtigung. Ausländer brauchen einerseits die Kenntnis der Stereotype des Zielsprachenlandes und andererseits müssen sie Bescheid wissen, welche Stereotype über ihre Heimatländer dort herrschen (Quasthoff 1988, 40ff).

Durch Bildmaterial angeregte Beobachtung bzw. Auslegung der fremdsprachlichen Umwelt und durch szenisches Spiel können die Vorstellungen vom Sprechhandeln in der "Postmoderne" der DaF-Lehre erreicht werden. Sehen und Selbst-Erleben erwirken eine Sensibilisierung für den jeweils spezifischen soziokulturellen Rahmen und die Kommunikationspartner in der Zielsprache.

Bibliographie

Boal, Augusto (1989): Theater der Unterdrückten - Übungen und Spiele für Schauspieler und Nicht-Schauspieler. Frankfurt/Main: Suhrkamp

Dufeu, Bernard (1992): Sur les Chemins d'une Pédagogie de l'Etre. Frankfurt/Main: Editions "Psychodramaturgie"

Feldhendler, Daniel (1987): Psychodrama und Theater der Unterdrückten. Frankfurt/Main: Puppen und Masken

Fox, Jonathan (1994): Acts of Service - Spontaneity, Commitment, Tradition in the Nonscripted Theatre. New Paltz, N.Y.: Tusitala Publ.

Gerdes, Mechthild (1993): ... Immer wieder Theater! Wir spielen das Leben. In: ÖDaF-Mitteilungen 2 (1993), 45-50

Gerighausen, Josef / Seel, Peter C. (Hrsg.) (1988): Wie verstehen wir Fremdes? München: iudicium / Goethe-Institut

Leont'ev, Alexei A. (1971): Sprache - Sprechen - Sprechtätigkeit. Stuttgart: Kohlhammer

Leont'ev, Alexei A. / Leont'ev, A. N. / Judin, E. G. (1984): Grundfragen einer Theorie der sprachlichen Tätigkeit. Stuttgart: Kohlhammer

Leutz, Grete (1986): Psychodrama - Theorie und Praxis - Das klassische Psychodrama nach J. L. Moreno. Berlin/Heidelberg/New York/London/Paris/Tokyo: Springer (1. korr. Nachdruck)

Lüger, Heinz-Helmut (1992): Sprachliche Routinen und Rituale. Frankfurt/M.: Lang

Maley, Alan / Duff, Alan (1985): Szenisches Spiel und freies Sprechen im Fremdsprachenunterricht: Grundlagen und Modelle für die Unterrichtspraxis. München: Hueber

Moreno, Jakob Levy (1959): Gruppenpsychotherapie und Psychodrama. Stuttgart: Thieme

Moreno, Jakob Levy (1967): Die Grundlagen der Soziometrie. Köln: Westdeutscher Verlag

Moreno, Jakob Levy (1973): The theater of spontaneity. New York: Beacon House

Otterstedt, Carola (1993): Abschied im Alltag: Grußformen und Abschiedsgestaltung im interkulturellen Vergleich. München: iudicium

Quasthoff, Uta M. (1988): Ethnozentrische Verarbeitung von Informationen: Zur Ambivalenz der Funktion von Stereotypen in der interkulturellen Kommunikation. In: Gerighausen/Seel (Hrsg.) 1988, 37-62

Schewe, Manfred (1993): Fremdsprache inszenieren - Zur Fundierung einer dramapädagogischen Lehr- und Lernpraxis. Oldenburg: Zentrum für pädagogische Berufspraxis - Carl von Ossietzky Universität Oldenburg

Schützenberger, Anne (1976): Einführung in das Rollenspiel: Anwendungen in Sozialarbeit, Wirtschaft, Erziehung u. Psychotherapie. Unter Mitarb. von Jean-Pierre Arfeuil. Stuttgart: Klett

Spolin, Viola (⁴1993): Improvisationstechniken für Pädagogik, Therapie und Theater. Paderborn: Junfermann

Vopel, Klaus W. (1992): Handbuch für Gruppenleiter/innen: zur Theorie und Praxis der Interaktionsspiele. Hamburg : iskopress

Vopel, Klaus W. (1992): Interaktionsspiele, Teil 1 - 6. Salzhausen: iskopress

Watzlawick, Paul u.a. (1990): Menschliche Kommunikation - Formen, Störungen, Paradoxien. Bern etc.: Huber

Weimann, Gunther / Hosch, Wolfram (1993): Kulturverstehen im Deutschunterricht. In: Info DaF 20 (1993) 5, 514-523

Mag. Angelika Parovsky
Vorstudienlehrgang der Wiener
Universitäten / Universität Hannover
Laudongasse 28 / 8
A - 1080 Wien

BERNHARD PÖLL

SYNTAGMATISCHES WORTSCHATZLERNEN: ÜBERLEGUNGEN ZU KOLLOKATIONEN IN LEHRBÜCHERN UND (LERNER-) WÖRTERBÜCHERN DES PORTUGIESISCHEN

1. Theoretisches zum Kollokationsbegriff

Mit seinen Arbeiten zum Kollokationsbegriff hat Franz Josef Hausmann in den 70er und 80er Jahren einen der für die deskriptive Linguistik schwierigsten Themenbereiche in die romanistische Diskussion eingeführt. Dabei hat er eigentlich nichts anderes getan, als einen Terminus der britischen kontextualistischen Schule (Firth u. a.) *collocation* - mit einem in der Romanistik altbekannten Inhalt zu füllen, nämlich dem Konzept der *groupements usuels* oder *séries phraséologiques* von Charles Bally. Während *collocation* bei Firth und seinen Schülern eine der Basiskategorien zur Beschreibung von lexikalischen Relationen auf der syntagmatischen Ebene ist und vielfach gleich-bedeutend mit lexikalischer Kookkurrenz jeglicher Art verwendet wurde, interessierte sich der Saussure-Schüler Bally in seinem "Traité de Stylistique française" (1909) für den *Einheits*charakter solcher Gruppen wie *désirer ardemment; chaleur suffocante; recueillement profond; prendre des renseignements; remporter la victoire* etc., die er wie folgt charakterisiert: "(...) les éléments du groupe conservent leur autonomie, tout en laissant voir une affinité évidente qui les rapproche, de sorte que l'ensemble présente des contours arrêtés et donne l'impression du 'déjà vu'." (Bally 1930: 70) Den Grund für die eine oder andere spezifische Kombination sieht Bally im "usage", der den Ausschluß von bzw. die Präferenz für eine bestimmte Versprachlichung eines Sachverhalts begründet.

Mit Ballys Definition ist der Begriff der Kollokation intuitiv recht gut umrissen, und Intuition ist es auch, die den Muttersprachler dazu befähigt, vorherzusagen, welches Nomen in Objekt- oder Subjektstellung mit einem bestimmten Verb bevorzugt auftritt, welches Adjektiv das gängige Epitheton für ein Substantiv ist usw. Damit ist das definitorische Potential aber auch schon erschöpft, und Unschärfen sind vor allem im Grenzbereich evident. Das Problem läßt sich sehr einfach in folgende Frage kleiden: Wo hört die freie Wortverbindung vom Typ *die Rose blüht/ein freundlicher Nachbar/Kaffee trinken* usw. auf und wo beginnt die Kollokation, die dadurch gekennzeichnet ist, daß ihre Komponenten nicht nur nach dem Belieben des Sprechers/Schreibers zusammengestellt werden können?

Eine Möglichkeit, dieser Frage auf den Grund zu gehen, ist die Untersuchung der semantischen Beziehungen zwischen den beteiligten Partnerwörtern. Ich möchte zu diesem Zweck drei Kategorien zur Diskussion stellen und sie mit Beispielen aus mehreren Sprachen - jedoch zunächst unter Beibehaltung der innereinzelsprachlichen Perspektive - illustrieren:

I. Verbindungen mit sachbedingten Restriktionen:
Hierzu zähle ich Verbindungen wie *Schulter/zucken* oder *Hund/bellen*: Sie sind eigentlich außersprachlich bedingt; der Eindruck, daß es sich um Verbindungen handelt, die Beschränkungen unterliegen, resultiert im ersten Fall aus der geringen Anzahl an Tätigkeiten, die mit *Schulter* in Zusammenhang stehen, im zweiten Fall aus der Realisierung eines ganz spezifischen Benennungsbedarfs, der natürlich eine starke Einschränkung der semantischen Valenz (hier von *bellen*) zur Folge hat (vgl. Aisenstadt 1981: 58).

II. Aus dem Sprach*system* erklärbare, semantisch reguläre Verbindungen:
In diese Gruppe gehören Verbindungen, bei denen systemhafte semantische Beschränkungen bestehen: so kann man etwa im Französischen das Verb *allumer* (in übertragener Bedeutung) nur mit Geräten verwendet werden, bei denen ein optischer Reiz im Spiel ist (Licht, Fernseher). Ein anderes Beispiel, ebenfalls mit der Transparenz einer Metapher erklärbar, ist die unterschiedliche Kombinierbarkeit von *apogée* und *sommet*, die in vielen Kontexten nahezu perfekte Synonyme sind: *il est à l'apogée/au sommet de sa gloire vs. à cette époque, le roman français connut son apogée/*connut son sommet.* Nicht immer sind diese semantischen Beschränkungen so leicht zu beschreiben (z. B. *la maladie s'aggrave* vs. *les objections se renforcent*). So entsteht eine gewisse Unschärfe gegenüber

III. Verbindungen, die "arbiträren" Beschränkungen unterliegen:
Mit dieser dritten Klasse kann man Beschränkungen gerecht werden, die mit Semantik allein nicht hinreichend bzw. überhaupt nicht beschrieben werden können. Nur mit der Willkür der Gebrauchsnorm kann man erklären, warum

man z. B. im Englischen nicht **weak progress* (*slow, poor progress*) oder **weak cigarettes* (*mild cigarettes*), sehr wohl aber *weak tea* sagen kann (umsomehr als im zweiten Beispiel der gegenteilige Sachverhalt mit demselben Adjektiv zum Ausdruck gebracht werden kann: *strong tea/strong cigarettes*.) Ein Beispiel aus dem Portugiesischen: Obwohl *chamar* und *despertar* in übertragener Bedeutung "erregen, erwecken" bedeuten, kommt mit dem Kollokationspartner *interesse* nur zweiteres in Frage (*despertar interesse* vs. **chamar interesse*), während umgekehrt das semantisch sehr ähnliche *atenção* beide als Partner zuläßt: *chamar/despertar atenção.*

Sprachdidaktisch relevant für den L2-Unterricht erscheinen im Lichte dieser Kategorisierung vor allem die Kombinationen der Gruppe 3, wo erworbenes Regelwissen für erfolgreiche Sprachproduktion nicht ausreicht. Betrachtet man aber diese Kategorien im Sprachvergleich, zeigt sich, daß auch die Gruppe 2, d. h. jene Verbindungen, die "nur" aufgrund der Semantik Beschränkungen unterliegen, sowie in manchen Fällen sogar die Vertreter der Gruppe 1 von Bedeutung sind. Einige Beispiele sollen zeigen, inwieweit durch den Sprachvergleich erst eine Ebene von Beschränkungen aufgedeckt wird, die für den Fremdspracherwerb besondere Schwierigkeiten mit sich bringt:

- pt. *acender*/frz. *allumer* vs. it. *accendere*: Das Portugiesische und das Französische gehen hier gemeinsam in ihren semantischen Beschränkungen: *acender a luz, a televisão/allumer la lumière, la télévision*; im Italienischen hingegen ist das Verb *accendere* nicht in der Weise beschränkt, sondern gleicht in seiner kollokativen Reichweite mehr dem deutschen *einschalten*: *accendere la radio, il motore dell'automobile* etc.
- engl. *to cut a tunnel* ist aus innereinzelsprachlicher Sicht völlig unauffällig; erst im Vergleich mit dt. *einen Tunnel graben*, frz. *creuser un tunnel* etc. entdeckt man fehlerträchtige "Anomalien". Ebenso: die schon klassisch zu nennenden Beispiele frz. *composer le numéro*/sp. *marcar el número*/dt. *die Nummer wählen* etc.
- Die sprachliche Abbildung eines Sachverhalts kann in ihrer Ausdifferenzierung von Sprache zu Sprache variieren: dt. *der Hund, der Fuchs bellt* vs. port. *o cão ladra/late; a raposa regouga;* dt. *Schuhe anziehen, Mantel anziehen* vs. port. *calçar sapatos, vestir um casaco* usw.

2. Kollokationen als fremdsprachendidaktisches Problem

Im Rahmen einer Klassifizierung nach der Funktion für die Kompetenz des L2-Lerners gehören Kollokationen - als "Halbfertigprodukte" der Sprache (Hausmann 1984: 398) - zu jenen konventionalisierten Ausdrucksmitteln, die in erster Linie die sprachliche Kompetenz betreffen. Erfahrungen aus der Praxis, die jeder Fremdsprachenlehrer leicht nachvollziehen kann, zeigen, daß es sich hier um einen sprachdidaktisch besonders schwierigen Bereich handelt, in dem sich das mit linguistischen Kriterien faßbare Abweichungsgeschehen in seiner vollen Bandbreite manifestieren kann. Vor allem die vier Ab-weichungstypen Interferenz, Übergeneraliserung, Kontamination und bewußte Vermeidung (auf deren Betrachtung im Detail hier verzichtet werden muß) kristallisieren sich aus den vorliegenden Arbeiten zu diesem Gebiet (z. B. Dechert/Lennon 1989, Hussein 1990) heraus.

Die Begründung für die Fehleranfälligkeit hängt eng mit den gerade auf diesem Gebiet relevanten unterschiedlichen Mechanismen des Erst- und Zweitspracherwerbs zusammen und ist, soweit der erwachsene L2-Lerner betroffen ist, introspektiv leicht nachvollziehbar. Während im kindlichen Erstspracherwerb Input zunächst einmal unanalysiert in Bezug auf die Bedeutung einzelner Komponenten und mit dem Fokus des Interesses auf dem Erfassen der Ausdrucksabsicht erfolgt, ist der L2-Lerner bestrebt, Einzelbe-deutungen zu synthetisieren, um die Bedeutung einer komplexen Äußerung zu erschließen. Sobald die Gesamtbedeutung erschlossen ist, wird die zunächst der Decodierung der einzelnen Komponenten geschenkte Aufmerksamkeit auf den Inhalt umgelenkt; der Input bleibt weitestgehend wirkungslos, mag er auch noch so massiv sein (vgl. Möhle 1985: 626 ff.).

Was den fremdsprachlichen Output betrifft, ist vor allem von Bedeutung, daß - im Unterschied zum Kleinkind - der (erwachsene) L2-Lerner kognitiv reif ist und über ein voll ausgeprägtes Begriffssystem verfügt (vgl. Edmondson/House 1993: 140), das ihn dazu verleitet, einfache Äquivalente für die ihm vertrauten Begriffe/Bezeichnungen zu suchen und sie nach bekannten und produktiven Mustern zu kombinieren. Nicht zuletzt ist ihm dieses Prinzip (in umgekehrter Reihenfolge!) vom Vokabellernen her vertraut. Die Muttersprache und die in ihr versprachlichten Konzepte kommen vor allem dort zum Tragen, wo der Zugriff auf fremdsprachliche Bausteine verzögert oder gar nicht vorhanden ist, wenn schon nicht als direkter Lieferant, so doch auf jeden Fall als Anhaltspunkt für die Suche (vgl. Portmann 1991: 365): daß dabei in ihrer Akzeptabilität eingeschränkte zielsprachliche Äußerungen entstehen (können), ist vorherzusehen, auch wenn die so produzierten Äußerungen nicht agrammatisch sein müssen. Was bedeuten nun diese Erkenntnisse für die Praxis? Der Aufbau einer "aktiven Rezeptionshaltung", die dazu führen soll, "der konstruierenden Sicht des Bezeichnen-Wollens die Bereitschaft zu echter Rezeption, zu aktivem In-Sich-Aufnehmen von Sprachmitteln an die Seite zu stellen" (Möhle 1985: 632), ist durch besondere Formen der Wortschatzarbeit mit authentischen Texten vielleicht erreichbar,[1] sicherlich aber nur dann, wenn auch Lehr- und Hilfsmaterialen sowie selbstverständlich die Sprachlehrer diesen Zielen Rechnung tragen. Dies gilt im übrigen nicht nur für Kollokationen, sondern für den gesamten Bereich konventionalisierter Rede.

3. Kollokationen in Lehrbüchern und (Lerner-) Wörterbüchern

3.1. Kollokationen in Lehrbüchern[2]

Die Berücksichtigung bzw. Vernachlässigung von Kollokationen in Lehrbüchern muß auf zwei Ebenen untersucht werden: Unter quantitativen Gesichtspunkten geht es darum zu überprüfen, ob Lehrbücher in genügendem Ausmaß *Kollokationsfelder* bei der Behandlung von themenspezifischem Vokabular abdecken, d. h. inwieweit auf die üblicherweise für bestimmte Alltagssituationen oder - moderner formuliert - Wissensframes einschlägigen Kollokationen (vgl. Kohn 1992: 380) eingegangen wird. Die dazu komplementäre qualitative Perspektive bezieht sich auf die Art der Darstellung. Dabei geht es nicht nur um die Opposition Darstellung in Form von Einzelwortäquivalenzen vs. Darstellung als syntagmatische Einheit in Vokabelverzeichnissen oder Wortlisten, sondern auch um die lerntechnische Komponente der Wiederholung und Übung, die die Grundlage für eine effiziente Wortschatzarbeit bilden muß.

Im Unterschied zu Hausmann (1984: 400) gehe ich nicht grundsätzlich davon aus, daß Kollokationen erst in einer späteren Phase des Fremdsprachenunterrichts relevant werden und zu Beginn mit dem Lernen von völlig

---

[1] Zu unterrichtsrelevanten Vorschlägen vgl. z. B. Bahns 1993, 33 -35.

[2] Bei der Analyse habe ich mich auf drei gängige Lehrbücher jüngsten Datums beschränkt. Als Kontrast wurde ein Vertreter einer älteren Lehrbuchgeneration hinzugezogen. - Für einen Überblick über die wichtigsten noch gebräuchlichen Lehrbücher s. Pereira-Müller 1992, 127.

frei kombinierbaren Wörtern ein Auskommen zu finden ist, sondern daß sie sehr wohl im Anfängerunterricht Platz haben müssen. Diese Ansicht stützt sich auf vom Sprachenpaar Deutsch/Portugiesisch ausgehende Beobachtungen, daß grundsätzliche und folglich für die Anfangsphase relevante begriffliche Konzepte im Portugiesischen anders versprachlicht werden. Dazu einige sprechende Beispiele, die natürlich eine empirische Absicherung nicht ersetzen können:
dt. eine Frage *stellen* - frz. *poser* une question vs. pt. *fazer* uma pergunta; dt. einen Spaziergang *machen* - frz. *faire* une promenade vs. pt. *dar* (auch *fazer*) um passeio; dt. Portugiesisch *lernen* - frz. *apprendre* le portugais vs. pt. *estudar/aprender* português; dt. das Licht/den Plattenspieler *einschalten* vs. pt. *acender* a luz/*ligar* o gira-discos ; dt. Flöte *spielen*/Fußball spielen - frz. *jouer* de la flûte/*jouer* au foot - vs. pt. *tocar* flauta/*jogar* futebol usw.
Was für das Sprachenpaar Deutsch/Französisch wahrscheinlich zutreffend ist, muß also für Deutsch/Portugiesisch relativiert werden: Die Lerneinheit sollte schon viel früher die Kollokation sein. Selbst wenn der zu erlernende Wortschatz aber nicht in seiner Verbindbarkeit eingeschränkt ist und auch mit den aus der Muttersprache bekannten Prinzipien in der Fremdsprache systematisch kombiniert werden kann, in unserem Sinne also keine Kollokationen vorliegen, scheint es sinnvoll, den syntagmatischen Einheiten beim Wortschatzlernen den Vorzug einzuräumen. Wörter werden so in den "'natürlichen Einheiten' ihres kognitiven und kommunikativen Gebrauchs" (Scherfer 1989: 194) gelernt, und eine solche Vorgangsweise ist dazu geeignet, jene aktive Rezeptionshaltung zu unterstützen, deren Ausbau Möhle (1985) fordert. Unter diesen Gesichtspunkten ist es in den folgenden Analysen angebracht, einen sehr weiten Kollokationsbegriff zu vertreten, d. h auch die Verbindungen möglicher (bzw. wahrscheinlicher) Partnerwörter mitzuberücksichtigen. Das bringt zwar wieder eine sicher kritisierenswerte Ausdehnung des Kollokationsbegriffs mit sich, scheint uns aber, zumindest unter spachdidaktisch-praktischen Vorzeichen, solange vertretbar, als keine wirklich scharfe Definition vorliegt. (Im übrigen operieren auch die Kritiker einer solchen Begriffsausweitung nur mit einem intuitiv geprägten Kollokationsbegriff, z. B. Bahns 1993).

3.1.1. Georg Rudolf Lind ([7]1982 [1965]): Weltsprache Portugiesisch. München: Hueber

Das im Jahre 1965 erstmals erschienene Lehrbuch genoß lange Zeit hindurch eine Monopolstellung. Zur Zeit seiner Konzeption und Realisierung war "kommunikative Lernziele" noch ein Fremdwort; schon ein kurzer Blick auf den Aufbau und die Struktur der einzelnen Lektionen verrät, daß es stark der Grammatik-Übersetzungsmethode verpflichtet ist: Vor der ersten Lektion wird auf 38 (!) Seiten in das portugiesische Alphabet, die Phonetik, die Orthographie, das Zählen usw. eingeführt. Auf jeden Lektionstext folgen dann das Textverständnis überprüfende Fragen, die auch als Sprechanreiz gedacht sein sollen ("Conversação"). Fixbestandteil jeder der insgesamt 25 Lektionen sind Einsetz- und Abwandlungsübungen, durch die die grammatischen Strukturen geübt werden sollen, sowie ein Übersetzungsteil, der bis zu 3/4 der gesamten Übungen ausmachen kann (z. B. Lektion 19).

Die grundsätzlichen Einwände gegen die kurz skizzierte und aus heutiger Sicht antiquierte Konzeption des Buches stehen in unserem Zusammenhang nicht zur Diskussion; allerdings muß sich ein noch immer im Handel befindliches Lehrbuch an modernen sprachdidaktischen Erfordernissen messen lassen. Wie müßte nun die Betonung des syntagmatischen Wortschatzlernens in einem solchen Rahmen aussehen? Der generell wichtigste Punkt ist die kontextualisierte Präsentation des Vokabulars. Dabei erweist sich Weltsprache Portugiesisch (WP) als sehr willkürlich: Während manche, offensichtlich vom Autor als besonders wichtig erachtete Kollokationen - z. B. *impor respeito* (L. 9), *entabular uma conversa* (L. 10), *estimular o interesse* (L. 6) - als solche im Vokabelteil präsentiert werden, wird oft nach dem alten Prinzip der 1:1- Äquivalenz von Einzelwörtern vorgegangen: *trânsito* - Verkehr, *intenso* - belebt (L. 9); *luta* - Kampf, *tremendo* - gewaltig, fürchterlich (L. 8); *campainha* - Glocke, *tocar* - schellen, spielen, berühren (!) (L.3); *ensinar* - unterrichten, zeigen/*caminho* - ø (kam schon vorher vor) (L. 19) usw.

Ein weiterer Punkt ist das konsequente Training des zu erwerbenden Vokabulars in Übungen. Das ist der große Schwachpunkt dieses Lehrbuchs: hinter dem offensichtlichen Hauptziel der Übungen, nämlich die Lektionsgrammatik zu üben, bleibt das Lektionsvokabular völlig auf der Strecke, sodaß der Lerner hier fast immer mit demselben Basisvokabular und natürlich mit denselben Kollokationen auskommen kann. Ein diesbezügliches Extrembeispiel ist L. 14, wo das Vokabular zum Thema "krank sein" vermittelt werden soll. Von den dort gebotenen Kollokationen *tomar um comprimido/tomar o pulso/tirar a temperatura/passar;aviar uma receita/obturar um dente* kommt nicht eine in den Lektionsübungen vor! Mängel sind auch was den quantitativen Aspekt betrifft, festzustellen. Hierzu nur zwei Beispiele: Während in L. 9 intensivst auf die Tierlaute eingegangen wird (vom Muhen [*mugir*] der Kuh bis zum Schwatzen [*palrar*] der Elster) wird in L. 15 im Zusammenhang mit Bekleidungswortschatz nicht auf die im Portugiesischen von anderen Sprachen stark abweichende Versprachlichung des ANZIEHENs eingegangen (z. B. *vestir um casaco/ calçar sapatos, luvas/pôr um chapéu* vs. dt. *anziehen/an-ziehen/aufsetzen* vs. frz. *mettre/mettre/mettre*). Auch wenn der Autor noch nicht von den Ergebnissen des (erst in den 80er Jahren veröffentlichten) "Português Fundamental" profitieren konnte, wäre ein intuitives Kürzen bzw. Ergänzen wohl möglich gewesen.

3.1.2. Glória J. Soares de Oliveira Frank (1991): Português com Prazer. Wiesbaden: Reichert

Português com Prazer zählt zu jenen Lehrbüchern, die in jüngster Zeit dazu beigetragen haben, die "desolate Lage im Bereich der portugiesischen Lehrwerke" (Scotti-Rosin 1989, 338) zum Positiven hin zu verändern. In 20 Lektionen sollen vermittels der Darstellung "konkrete(r) Alltagssituationen, in die der Lernende als Beteiligter unmittelbar einbezogen wird" ('Vorwort', S. I) grundlegende Sprechfertigkeiten vermittelt werden. Von WP, das die gesamte portugiesische Grundgrammatik in einem Band darstellt, unterscheidet es sich in der Beschränkung auf eine Minimalgrammatik (ein 2. Band für Fortgeschrittene ist 1993 erschienen).

Die einleitend geforderte wiederholte Präsentation von Vokabular/Kollokationen im Übungs- und Grammatikteil, die zusammen mit dem Textteil je eine Lektion bilden, wird konsequent durchgehalten. Im Vokabelteil erscheinen Kollokationen in der Regel als Einheiten, Abweichungen von diesem Prinzip sind aber in keiner Weise systematisch, wie z. B. in L. 7, wo *tomar um café*, *chamar um táxi* und *pedir a conta* als solche präsentiert werden, die im Lektionstext bzw. den Übungen ebenfalls vorkommenden *aceitar um convite/uma sugestão, pedir uma explicação* werden jedoch aufgesplittert. Eine Stichprobe in L. 8 zeigt, daß auf die bei WP vernachlässigte Unterscheidung zwischen *vestir/calçar/pôr* intensiv (im Text-, Grammatik-/Übungs- und Vokabelteil) eingegangen wird.

Abgesehen von kleinen Inkonsistenzen wird der im gesamten sehr positive Eindruck was die Behandlung der Syntagmatik betrifft, nur in einem Bereich gemindert. Der Rückgriff auf 1:1-Äquivalenzen im Bereich der Verben *acender* und *ligar* - beide werden ohne Berücksichtigung der kollokativen Reichweite (*acender* - nur wenn optischer Reiz im Spiel, primär mit Licht; *ligar* - volläquivalent mit dem dt. *einschalten*) als "einschalten" übersetzt (L. 10), bleibt allerdings der einzige schwarze Fleck.

3.1.3. Natália Dourado von Rahden / Teresa Di Fonzo-Weil (1989): Vamos lá. Grundkurs Portugiesisch. Ismaning: Hueber

Obwohl Vamos lá aus dem gleichen Verlag stammt wie WP und die beiden Bücher bei oberflächlicher Betrachtung nur 7 Jahre trennen, ist der Generationensprung deutlich bemerkbar und wird im Vorwort auch noch programmatisch unterstrichen, wo es heißt, Vamos lá vermittle nach dem "neuesten Stand der Fremdsprachendidaktik Grundkenntnisse der portugiesischen Sprache" (Vorwort, S. 3). Dort werden auch Tips für das Lernen und die Benützung des Buches gegeben; zum Wortschatzlernen heißt es etwa: "(...) es gibt viele Möglichkeiten der Wortschatzarbeit. Eine der wirksamsten ist es zweifellos, sich nicht isolierte Vokabeln sondern Satzzusammenhänge einzuprägen." (S. 3). Diesem Ratschlag entsprechend ist auch der Vokabelteil des 11 Lektionen umfassenden Lehrbuchs gestaltet. Bevor einzelne Wörter erklärt bzw. übersetzt werden, geben die Autorinnen immer den genauen Kontext des Vorkommens an,

z. B. L. 8: *escolha o programa* - suchen Sie sich das Programm aus
inf. *escolher*
L. 7: *ela faz limpezas* - sie ist Putzfrau
a limpeza - Reinigung

Auf diese Weise wird nicht nur das Lernen kommunikativer Bausteine gefördert, sondern es können auch - wie im letzten Beispiel - unterschiedliche Versprachlichungsstrategien (dt. Kompositum - pt. Verbalphrase) bewußt gemacht werden.

Die in reichlicher Zahl vorhandenen Übungen jeder Lektion fordern zur Reproduktion des Lektionsvokabulars auf. - Die Kollokationsfelder der einzelnen Themenbereiche sind einigermaßen gut abgedeckt (vgl. z. B. L. 4 Themen "Urlaub/Hotel/Telefonieren"); die Stichprobe mit den Bekleidungsverben ist allerdings nicht möglich, da das entsprechende Thema im Lehrbuch leider nicht vorkommt!

3.1.4. Isabel Coimbra Leite / Olga Mata Coimbra (1989): Português sem fronteiras. Lisboa: Lidel

Bei PSF handelt es sich im Unterschied zu den bisher untersuchten Lehrbüchern um ein nicht nur auf deutschsprachige Lerner ausgerichtetes Werk. 20 Lektionen führen im hier zur Diskussion stehenden 1. Band über Alltagsdialoge und kürzere Lesetexte in die grundlegenden Strukturen der portugiesischen Sprache ein und sind wie die beiden vorhergehenden dem Globalziel der Kommunikationsfähigkeit verpflichtet.

Die Lektionen sind reichlich mit Übungen ausgestattet, z. T. auch mit solchen, die spezifisch die Syntagmatik des Vokabulars betonen (z. B. L.10: Übung mit verschiedenen Verben bzw. Objektteilen zum richtigen Kombinieren; Einsetzübungen mit Auswahlmöglichkeit aus semantisch ähnlichen Begriffen). Besonders gelungen scheint die Darstellung von sachspezifischen Kollokationsfeldern, so z. B. in L. 12 zum Thema "Geld".

Manchmal problematisch ist dagegen die Präsentation im Vokabelteil, wo drei Rubriken bestehen: Substantivos/Adjectivos; Expressões; Verbos. Kollokationen, die nicht das Privileg geniessen, als expressão (das sind zugegebenermaßen sehr viele!) eingestuft zu sein, werden auf diese Weise getrennt: in L. 6 z. B. *ligar* und *aparelhagem*, in L. 9 *cacho* und *bananas*. Die abschließende Stichprobe *vestir* vs. *calçar* ist auch hier nicht möglich; in der entsprechenden Lektion kommt nur *vestir* bzw. *vestir-se* vor.

3.2. Kollokationen in (Lerner-)Wörterbüchern

Während Kollokationen in Lehrbüchern eher die Input-Seite betreffen, wird die Nachfrage nach Kollokationen in Wörterbüchern in erster Linie beim fremdsprachigen Output, primär bei der schriftlichen Textproduktion oder beim Übersetzen in die Fremdsprache aktuell. Wie Untersuchungen gezeigt haben, steht die Suche nach lexikalischen Umgebungen in der Gesamthäufigkeit der Wörterbuchkonsultationen von L2-Lernern nach Bedeutung und grammatikalischen Fragestellungen an dritter Stelle (vgl. Bergenholtz/Mugdan 1984, 48; die dort referierten Untersuchungen beziehen sich auf englische Deutschlerner und französische Englischlerner).

Da bis dato kein wirkliches Lernerwörterbuch für das Portugiesische vorliegt, d. h. daß es nicht so wie für andere europäische Kultursprachen ein speziell auf die Bedürfnisse von Fremdsprachenlernern zugeschnittenes Wörterbuch gibt,[3] untersuchen wir im folgenden drei neuere einsprachige Wörterbücher und werfen einen Blick in zwei der gängigen bilingualen Wörterbücher, auf die man beim Portugiesisch-Lernen zurückgreifen kann (muß).

Die zentrale Frage, die sich in diesem Zusammenhang stellt, ist jene nach der Position der Kollokationen im Wörterbuch: Wo sucht der Benutzer die Kollokation und wo sollte sie folglich verzeichnet sein?
Praktische Überlegungen für die Textproduktion führen zur Annahme, daß man sich für den Fremdsprachenlerner eine Kollokation als ein zweigeteiltes Ganzes vorstellen muß[4]: eine semantisch autonome *Basis*, die in der Regel keine größeren Übersetzungs- oder Äquivalenzprobleme schafft, verbindet sich mit einer unterschiedlich großen Zahl von *Kollokatoren*, die die Basis näher determinieren. Es handelt sich um eine gerichtete Beziehung: Ausgehend von der weniger problematischen Basis, die wahrscheinlich auch eher bekannt ist, sucht der Lerner die Kollokatoren. Bezogen auf die Strukturschemata, in denen Kollokationen auftreten, sind bei N + Adj., N + V, V + N und N - Präp.- N- Kollokationen die Substantive (bei letzteren das zweite), bei V + Adv. - Kollokationen die Verben und bei Adj. + Adv. die Adjektive als Basen anzusetzen (vgl. Hausmann 1984, 401).

Für die lexikographische Erfassung bedeutet dies also, daß die Kollokationen im Eintrag der Basis erfaßt sein sollten. Unter der besonderen Berücksichtigung der Benutzerperspektive *fremdsprachliche Textproduktion (bzw. Hinübersetzung)* resultiert für die zweisprachige Lexikographie daraus die Forderung nach einer Erfassung im Artikel des ausgangsprachlichen Äquivalents der zielsprachlichen Basis. Im fremdsprachigen Teil des

---

[3] Der zugegeben diffuse Begriff des Lernerwörterbuchs bedarf einer Präzisierung: will ein Wörterbuch diese Bezeichnung wirklich verdienen (und sie nicht nur als Werbeargument mißbrauchen), gehören zu den metalexikographischen Prämissen insbesondere Überlegungen zur Adressatengruppe und zur (zu den) Benützersituation(en). Davon abhängig ist dann auch der Umfang in Makro- und Mikrostruktur. Ein Lernerwörterbuch kann ein (reduziertes) allgemeinsprachliches oder auch ein Spezialwörterbuch sein (Paradigmatik, Syntagmatik, Aussprache etc.). Vgl. dazu Zöfgen 1994, 16.

[4] Diese Annahme hat z. T. auch für den Muttersprachler psycholinguistische Realität; aus Fehlern läßt sich ersehen, daß zumindest bei selteneren Kollokationen ebenfalls von den Basen aus die Verträglichkeit von potentiellen Kollokatoren überprüft wird.

Wörterbuchs, der primär dem Herübersetzen bzw. dem Textverständnis dient, sind sie weniger wichtig, da sie beim Dekodieren in aller Regel keine Probleme bereiten[5].

Der Realisierung dieses Ideals stehen Ökonomiegründe entgegen, da der Kollokator zur Definition der Basis nicht notwendig ist, umgekehrt aber sehr wohl die Basis zur Definition des Kollokators. Tendenziell muß man also davon ausgehen, daß die Erfassung beim Kollokator erfolgt, wo sie aus der Perspektive des Textproduzenten "totes Kapital" (Zöfgen 1994: 166) sind.

Wie bei den Lehrbüchern geht es aber auch bei den Wörterbüchern nicht nur um die Modalitäten der Erfassung und Präsentation sondern auch um den quantitativen Aspekt. Die zu fordernde Exhaustivität ist dabei natürlich immer in Bezug zu setzen zur jeweiligen Wörterbuchkonzeption und der ursprünglichen Zielgruppe.

Um eine Vergleichbarkeit der Ergebnisse zu gewährleisten werden zunächst in allen Wörterbüchern die Kollokationen der zwei Basen *atenção* (in der Bedeutung "Gerichtetheit der Gedanken auf etwas") und *interesse* ("geistige Anteilnahme, Neigung, Aufmerksamkeit") untersucht. Dabei soll es nicht um eine allzu leicht gemachte Wörterbuchkritik gehen, die in polemischer Weise darauf abzielt, Lücken aufzudecken. Vielmehr werden zwei Stichproben gezogen, die sich aufgrund ihrer semantischen Ähnlichkeit für einen Vergleich eignen. Die über die Wörterbücher ermittelbaren Partnerwörter lassen sich gut mit jenen vergleichen, die aus einem größeren Textkorpus gewonnen wurden.

3.2.1. Einsprachige Wörterbücher

Zu den jüngsten Produkten der einsprachigen portugiesischen Lexikographie zählen das "Dicionário do Português Básico" von Mário Vilela (Vilela 1991) und das brasilianische "Dicionário Contemporâneo de Português" (Biderman 1992). Beide kommen als Wörterbücher für fremdsprachige Lerner des Portugiesischen in Frage.

---

5 Dies gilt natürlich nur, wenn das zweisprachige Wörterbücher ausschließlich für eine Sprachgruppe konzipiert ist. Soll es für beide Sprachgemeinschaften von Nutzen sein, müssen die Kollokationen in beiden Teilen verzeichnet sein.

Vilela 1991 basiert auf dem Português Fundamental und hat daher nur etwa 5000 Einträge (2217 aus dem P. F., der Rest wurde nach Disponibilitätskriterien hinzugefügt bzw. stellt Ableitungen dar); es ist in Portugal als Schulwörterbuch im Grundschulbereich verbreitet. Biderman 1992 ist in der Größe in etwa mit den französischen Wörterbüchern vom Typ *DFC* oder *DFV* vergleichbar und richtet sich an brasilianische Schüler des "ensino secundário". Die Autorin bezeichnet ihr Wörterbuch explizit als ein "dicionário contextualizado" (Vorwort, S. 6) - was gewisse Erwartungen weckt. Beim sog. "Aurélio", dessen 2., erweiterte Auflage 1986 erschienen ist, handelt es sich schließlich um ein exhaustives L1-Wörterbuch (mit beinahe Thesaurus-Anspruch, jedoch in einem Band), das ebenfalls fremdsprachigen Lernern empfohlen wird.

atenção [ɑtẽsɑ̃w̃] n. f.
(pessoa) **prestar atenção a** pessoa, coisa: (1) *—Pedro, presta atenção ao que estás a fazer!* ◆ (2) *O professor ouviu com muita atenção as queixas do rapaz.* ◆ (3) *Ela é o alvo das atenções dos rapazes da turma.* ◆ (4) *—Sempre recebi dele imensas atenções.* ◆ (5) *—Atenção! Não deixes cair a travessa...* ◆ **em atenção a**: (6) *—Interessei-me pelo caso em atenção aos teus pais.*

G. 1. *Atenção* é um nome não-contável, que se usa mais no singular do que no plural, ATENÇÕES [ɑtẽsõjʃ].

G. 2. *Atenção!* é uma interjeição (frase 5).

S. *Atenção* é a CONCENTRAÇÃO MENTAL SOBRE UM DETERMINADO OBJECTO, O QUE SE FAZ OU DIZ. *Prestar atenção* (frase 1) e *ouvir com atenção* (frase 2) é ESTAR ATENTO. O contr. é DESATENÇÃO, DISTRACÇÃO. ◆ No plural, frases 3 e 4, significa SIMPATIA, DELICADEZA, FAVORES, CORTESIA (ling. cuidada). ◆ Na frase 5, a interjeição usa-se para CHAMAR A ATENÇÃO A ALGUÉM. ◆ *Em atenção a* (frase 6) é sin. de POR CONSIDERAÇÃO PARA COM.

VOC. **Atencioso** (adj.): O Jorge é cheio de atenções para com a avó. → *O Jorge é muito atencioso para com a avó.*

interesse [ĩtərésə] n. m.
(1) *—Não sei que interesse tem ele naquele negócio.* • (2) *Os interesses da comunidade devem ser salvaguardados.* • (3) *Têm revelado imenso interesse pelo aluno.* • (4) *É um filme sem interesse.*

S. *Interesse* significa O QUE É ÚTIL, VANTAJOSO PARA ALGUÉM. É sin. de LUCRO, GANHO, VANTAGEM, PROVEITO, BENEFÍCIO (frase 1). Na frase 2, quer dizer AQUILO QUE CONVÉM, OS VALORES. Na frase 3, é sin. de ZELO, PREOCUPAÇÃO, SIMPATIA, EMPENHO, ATENÇÃO, SOLICITUDE. Na frase 4, quer dizer CURIOSIDADE, QUALIDADE DO QUE É INTERESSANTE, IMPORTÂNCIA.

VOC. **Desinteresse** (n. m.): Manifesta grande falta de interesse pelos estudos dos filhos. → *Manifesta grande desinteresse pelos estudos dos filhos.* ◆ **Interesseiro** (adj.): —Não gosto dele. É um rapaz que age por interesse. → *—Nao gosto dele. É um rapaz interesseiro.*

Vilela 1991, 72 u. 469

interesse s.m. in-te-res-se [ê]. 1. Atenção, desejo ou vontade de conhecer, amar, etc. *O professor despertou o* interesse *dos alunos para participarem da aula. Sr. Ernesto tem* interesse *em arqueologia.* 2. Proveito que se tira de alguma coisa. *Sempre agiu por* interesse *próprio, por isso é um mau chefe.* // pl: interesses/ adj: interesseiro/ v: interessar.

atenção s.f. a-ten-ção. 1. Capacidade de concentrar a atividade mental em um determinado objeto. *O aluno dedica muita* atenção *às aulas. Preste* atenção *ao que eu vou dizer!* 2. Demonstração de cortesia, amabilidade, gentileza. *O dono da casa dedicou toda a* atenção *à visita.* // pl: atenções/ adj: atencioso/ v. (2): atender/ ant: desatenção/ cf: atenção (interj.)

Biderman 1992, 115 u. 551

atenção. [Do lat. *attentione.*] *S. f.* **1.** Aplicação cuidadosa da mente a alguma coisa; concentração, reflexão, aplicação: *Dedica atenção a tudo quanto faz.* **2.** Reparo, caso, tento: *Não dê atenção demasiada à criança.* **3.** Ato ou palavra(s) que demonstra(m) consideração, amabilidade, urbanidade, cortesia ou devoção a ou para com alguém: *É todo atenção para com os amigos.* [M. us. no pl., nesta acepç.] • *Interj.* **4.** Serve para advertir, recomendar cuidado, impor silêncio, etc.; pare, cuidado, olhe: *Atenção! Não atravesse a linha, que o trem se aproxima.* **6.** *Mil.* Voz de advertência [q.v.] que põe o soldado de sobreaviso para a ordem que virá depois. ♦ **Em atenção a.** Por consideração a.

interesse (ê). [Do v. lat. *interesse,* 'estar entre, no meio; participar', substantivado.] *S. m.* **1.** Lucro material ou pecuniário; ganho. **2.** Parte ou participação que alguém tem nalguma coisa: *Qual o seu interesse na firma?* **3.** Vantagem, proveito; benefício: *Só age em seu próprio interesse.* **4.** Aquilo que convém, que importa, seja em que domínio for. **5.** Sentimento de cobiça; avidez. **6.** Procura de vantagem pessoal, de proveito. **7.** Sentimento de zelo, simpatia, preocupação ou curiosidade por alguém ou alguma coisa: *Demonstra interesse pela menina; Tem interesse por assuntos científicos.* **8.** Empenho: *Não tenho interesse na resolução do caso.* **9.** Curiosidade: *O assunto da peça não despertou o menor interesse.* **10.** Qualidade de interessante (2): *história cheia de interesse.* **11.** Relação de reciprocidade entre um indivíduo e um objeto que corresponde a uma determinada necessidade daquele. **12.** V. *juro* (1). **13.** *Jur.* Pretensão que se baseia ou pode basear-se em direito. [Pl.: *interesses* (ê) Cf. *interesse* e *interesses,* do v. *interessar.* É corrente a pronúncia *interesse* (com e aberto).]

Aurélio, 191 u. 957

Für die oben genannten Bedeutungen bietet Biderman bei *atenção* 2 V+N-Kollokationen (*dedicar ~ a, prestar ~ a*), ebenso *Aurélio* (dar ~ a, dedicar ~ a); Vilela nur eine (*prestar ~ a*). Vor allem das sehr geläufige *chamar a ~ para* und *dar ~ a* hätten unbedingt berücksichtigt werden sollen. Andere Kollokationsmuster fehlen völlig; als N+V-Kollokationen wäre u. a. zu ergänzen: *a ~ vira-se (para), fixa-se (em), centra-se (em)* etc. Als qualifizierende Adjektive kommen z. B. *profundo* oder *redobrado* in Frage.

Ähnlich die Situation beim Lemma *interesse*: Für die uns interessierende Bedeutung finden sich bei Biderman *despertar ~* und *ter ~ em*, im *Aurélio ter ~ em* (*por*), *despertar ~* und *demonstrar ~*, bei Vilela nur *revelar ~*. Für L2-Lerner wären als Epitheta z. B. *sério, desperto, vivo* oder auch *afim* (*interesses afins*) nützlich gewesen. Neben dem Fehlen der ergänzenswerten anderen V+N-Kollokationen (z. B. *suscitar ~, alimentar ~, inspirar ~, prender ~*), ist auch hier die mangelnde Berücksichtigung des Typs N+V (z. B. *~ surge, vai para, concentra-se em torno de* etc.) zu kritisieren.

Ein Blick in die Einträge der potentiellen Kollokatoren ergibt, daß auch hier nicht allzu viele Kollokationen erfaßt sind. So kommt *atenção* bei Vilela nur in den Artikeln *prestar*, *exigir* und bei *fixar-se* im Hinweis auf die Valenz vor, *interesse* unter dem Eintrag *despertar*. In Biderman erscheint *atenção* nur unter *dedicar* und *prestar*; *interesse* kommt unter keinem der potentiellen Kollokatoren vor. Dafür tauchen dort natürlich Verbindungen mit anderen Basen auf: *estimular → apetite*; *despertar → apetite, suspeita, reminescências*; *prestar → serviços, cuidados*; *suscitar → suspeita, risos* usf. Die Vermutung, daß Kollokationen eher beim Kollokator erfaßt sind, bestätigt sich also.[6]

3.2.2. Zweisprachige Wörterbücher

Aus Raumgründen kann auf die Behandlung in den zweisprachigen Wörterbüchern nur kurz eingegegangen werden: Die auffallendste Beobachtung ist hier, daß die Zahl der unter den Basen erfaßten Kollokationen von Artikel zu Artikel beträchtlich schwanken kann. Während sowohl die Wörterbücher von Langenscheidt als auch jene von Porto Editora unter *atenção* die wichtigsten V+N-Kollokationen erfassen, muß der Benützer bei *interesse* die Kollokatoren eigens nachschlagen, was zu u. U. äußerst problematischen Ergebnissen führt: Wer beispielsweise *Interesse wecken* ins Portugiesische übersetzen möchte, findet unter wecken sowohl in Beau 1969 als auch in PE 1986 folgende Informationen: "acordar, despertar; a. fig. chamar"[7]. Die normale Reaktion angesichts dieses Wörterbucheintrags wäre, zu *chamar* zu greifen, was aber - wie wir gesehen haben - trotz semantischer Kompatibilität mit *interesse* keine akzeptable Kollokation ergibt: **chamar interesse*.

4. Zusammenfassende Überlegungen

Die hier angestellten Überlegungen und die Analysen der Lehr- und Wörterbücher lassen sich wie folgt zusammenfassen:

• Die portugiesischen Lehrbücher der neuesten Generation tragen der besonderen Bedeutung von Kollokationen (als ein Aspekt konventionalisierter Rede) im Fremdsprachenunterricht in erstaunlich hohem Ausmaß Rechnung. Abgesehen von kleinen Detailschwächen sind Kollokationen bzw. syntagmatische Einheiten sowohl quantitativ als auch qualitativ gut

---

[6] Die Beispiele sind aus Biderman und Aurélio; bei Vilela ist dieser Test nicht möglich, weil viele Kollokatoren nicht im Wörterbuch verzeichnet sind.

[7] Daraus können auch auf die Filiation der Wörterbücher Rückschlüsse gezogen werden.

erfaßt und entsprechen modernen didaktischen und lerntechnischen Anforderungen an ein Lehrbuch.

• Trist ist hingegen die Situation der Wörterbücher: Da bislang kein speziell für nicht muttersprachliche Lerner des Portugiesischen konzipiertes Wörterbuch vorliegt, muß entweder auf L1-Wörterbücher oder zweisprachige Wörterbücher zurückgegriffen werden. Im einsprachigen Bereich liegen neben dem *Aurélio* zwei neuere Wörterbücher vor, die diese Rolle übernehmen können. Im Vergleich zu dem auch oft empfohlenen "Dicionário da Língua Portuguesa" (Costa/Sampaio e Melo [6]1990) bieten sie alle konsequent für jedes Lemma Beispiele. Allerdings werden damit in vielen Fällen nicht die charakteristischen Umgebungen der Einträge abgedeckt. Die Analyse zweier Artikel - *atenção* und *interesse* - hat ergeben, daß viele charakteristische und häufige Kollokationen nicht angegeben werden.
Für die zweisprachigen Wörterbücher ist festzuhalten, daß die Erfassung von Kollokationen sich von Artikel zu Artikel unterscheiden kann: ausgehend vom Deutschen waren in den beiden untersuchten Wörterbüchern für *atenção* die wichtigsten V+N-Kollokationen zu ermitteln; bei dem durch ausgeprägte Polysemie gekennzeichneten *interesse* beschränkten sich beide auf Verbindungen für nur eine der Bedeutungen. Generell sind die anderen Kollokationsmuster unterrepräsentiert: N+V und N+Adj./ N+Präp.+N - dies gilt sowohl für die ein- als auch für die zweisprachigen Wörterbücher.

Auch wenn mit der Analyse zweier Kollokationsbasen (einschließlich der Artikel der potientiellen Kollokatoren) natürlich keine unbegrenzt ausdehnbaren Generalisierungen vorgenommen werden dürfen, ist augenfällig, daß im Bereich der lexikographischen Erfassung von portugiesischen Kollokationen ein Desideratum vorliegt. Ein Endziel, dessen Erreichung dieses Desiderat am sinnvollsten schließen kann, wäre die Erarbeitung eines exhaustiven L2-Wörterbuchs (i. e. ein reduziertes allgemeinsprachliches L1-Wörterbuch; zur Terminologie vgl. Zöfgen 1994). Daran könnte auch der ernsthafte Anspruch geknüpft sein, mehr als nur Nachschlagewerk zu sein, dessen Benutzung viel-leicht punktuell und eher zufällig zum Lernen und Behalten von Wortschatz beiträgt.

Ein realistischeres Zwischenziel ist sicher ein Wörterbuch portugiesischer Kollokationen, das ein essentielles Hilfsmittel bei der fremdsprachlichen Textproduktion des (fortgeschrittenen) Lerners darstellt, aber selbst dem (nicht-muttersprachlichen) Lehrer von Nutzen sein kann, nämlich dann, wenn seine Korrekturkompetenz überfordert ist (vgl. Bahns 1989: 505). Die

Nützlichkeit für den L2-Lerner steht außer Zweifel; jene für den Lehrer wird jeder eingestehen, der Fortgeschrittene in einer Fremdsprache unterrichtet.

Bibliographie

Aisenstadt, Ester (1981): Restricted collocations in English lexicology and lexicography. In: ITL (= Institut voor Toegepaste Linguistics: review of applied linguistics) 53, 53-61

Anschütz, Susanne R. (Hrsg.) (1992): Texte, Sätze, Wörter und Moneme. Festschrift für Klaus Heger zum 65. Geburtstag. Heidelberg: Orientverlag

Bahns, Jens (1989): Kollokationen als Korrekturproblem im Englischunterricht. In: Die Neueren Sprachen 88 (1989) 5, 497-514

Bahns, Jens (1993): Kollokation kontra Kontext. Wider ein zu weites Verständnis des Kollokationsbegriffs. In: Praxis des neusprachlichen Unterrichts 40 (1993) 1, 30-37

Bausch, Karl-Richard / Christ, Herbert / Hüllen, Werner / Krumm, Hans-Jürgen (Hrsg.) (1989): Handbuch Fremdsprachenunterricht. Tübingen: Francke
Beau, Albin Eduard (1969): Langenscheidts Taschenwörterbuch der portugiesischen und deutschen Sprache. Deutsch-Portugiesisch. Berlin

Bergenholtz, Henning / Mugdan, Joachim (1984): Grammatik im Wörterbuch: Von *ja* bis *Jux*. In: Germanistische Linguistik (1984) 3-6, 47-102

Biderman, Maria Tereza Camargo (1992): Dicionário Contemporâneo de Português. Petrópolis: Vozes

Brederode, T. v. (1980): Towards a Theory of Collocations. In: Zonneveld/ Weerman (Hrsg.) 1980, 254-263

Costa Almeida, J. /Sampaio e Melo, A. (^{6}1990): Dicionário da Língua Portuguesa. Porto

Dechert, Hans W. / Lennon, Paul (1989): Collocational blends of advanced second language learners: a preliminary analysis. In: Oleksy (Hrsg.) 1989, 131-168

Dicionário de Alemão-Português (1986). Porto: Porto Editora

Dicionário de Português-Alemão (1983). Porto: Porto Editora

Edmondson, Willis / House, Juliane (1993): Einführung in die Sprachlehrforschung. Tübingen/Basel: Francke (UTB 1697)

Ettinger, Stefan (1987): Einige "apontamentos" zur modernen zweisprachigen Lexikographie Deutsch-Portugiesisch und Portugiesisch-Deutsch. In: Vox Romanica 46 (1987), 180-247

Ferreira, Aurélio Buarque de Holanda (²1986): Novo Dicionário da língua portuguesa. Rio: Nova Fronteira (=Aurélio)

Firth, John R. (1957): Modes of Meaning. In: Papers in Linguistics 1934-1951. London: Oxford Univ. Press, 190-215

Frank, Glória J. Soares de Oliveira (1991): Português com Prazer. Wiesbaden: Reichert

Hausmann, Franz Josef (1984): Wortschatzlernen ist Kollokationslernen. Zum Lehren und Lernen französischer Wortverbindungen. In: Praxis des neusprachlichen Unterrichts 31 (1984) 4, 395-406

Hussein, Riyad Fayez (1990): Collocations: The Missing Link in Vocabulary Acquisition amongst EFL Learners. In: Papers and Studies in Contrastive Linguistics 26 (1990), 123-136

Irmen, Friedrich (1982): Langenscheidts Taschenwörterbuch der portugiesischen und deutschen Sprache. Portugiesisch-Deutsch. Berlin etc.: Langenscheidt

Kohn, Kurt (1992): Bemerkungen zur Kollokationsproblematik. In: Anschütz (Hrsg.) 1992, 369-387

Leite, Isabel Coimbra / Coimbra, Olga Mata (1989): Português sem fronteiras. Lisboa: Lidel

Lind, Georg Rudolf (⁷1982): Weltsprache Portugiesisch. München: Hueber

Möhle, Dorothea (1985): Die Bedeutung von Gebrauchsnormen für die Förderung der fremdsprachlichen Ausdrucksfähigkeit fortgeschrittener Lerner des Französischen. In: Die Neueren Sprachen 84 (1985) 6, 622-635

Oleksy, Wieslaw (Hrsg.) (1989): Contrastive Pragmatics. Amsterdam: Benjamins

Pereira-Müller, Margarida M. (1992): Manuais de Português como língua estrangeira. In: Lebende Sprachen 37 (1992) 3, 126-127

Portmann, Paul R. (1991): Schreiben und Lernen. Grundlagen der fremdsprachlichen Schreibdidaktik. Tübingen: Niemeyer (RGL 122)

von Rahden, Natália Dourado / Di Fonzo-Weil, Teresa (1989): Vamos lá. Grundkurs Portugiesisch. Ismaning: Hueber

Scherfer, Peter (1985): Lexikalisches Lernen im Fremdsprachenunterricht. In: Schwarze/ Wunderlich (Hrsg.) 1985, 412-440

Scherfer, Peter (1989): Arbeits- und Übungsformen: Wortschatzübungen. In: Bausch u.a. (Hrsg.) 1989, 193-195

Schwarze, Christoph / Wunderlich, Dieter (Hrsg.) (1985): Handbuch der Lexikologie. Königsstein: Athenäum

Scotti-Rosin, Michael (1989): Die an den Schulen unterrichteten Sprachen: Portugiesisch. In: Bausch u.a. (Hrsg.) 1989, 334-338

Vilela, Mário (1990, [3]1991): Dicionário do Português Básico. Porto: Ed. Asa

Zimmermann, Malgorzata (1981): Zum Begriff der Kollokation in der Sprachwissenschaft und Glottodidaktik. In: Glottodidactica: An International Journal of Applied Linguistics 14 (1981), 61-68

Zonneveld, W. / Weerman, F. (Hrsg.) (1980): Linguistics in the Netherlands 1977-1979. Dordrecht: Foris

Zöfgen, Ekkehard (1994): Lernerwörterbücher in Theorie und Praxis. Ein Beitrag zur Metalexikographie mit besonderer Berücksichtigung des Französischen. Tübingen: Niemeyer (Lexicographica Series Maior 59)

Dr. Bernhard Pöll
Institut für Romanistik
Universität Salzburg
Akademiestraße 24
A-5020 Salzburg
e-mail: Bernhard.Poell@sbg.ac.at

DORIS WILDMANN

DIE FUNKTION VON HÖRTEXTEN IM GESTEUERTEN FREMDSPRACHERWERB VON ERWACHSENEN

Dieser Artikel basiert auf meiner gleichnamigen Diplomarbeit, in der ich die Frage nach der Funktion von Hörtexten (HT) im Fremdsprachenunterricht (FU) mit Erwachsenen auf der Basis der Ergebnisse der generativen und kognitiven Linguistik und der Zweitspracherwerbsforschung zu beantworten versuche. Hörtexte stellen neben Lesetexten und dem "teacher talk" die primäre Quelle sprachlichen Inputs im Fremdsprachenunterricht dar. Daher ist primär die Frage, welche Rolle der Input im Zweitspracherwerb spielt, zu beantworten. Anschließend möchte ich näher darauf eingehen, welche Informationen *ausschließlich* in oralem Input, also HT, enthalten sind. Daraus lassen sich in der Folge Kriterien, die HT erfüllen müssen, um ihrer Funktion gerecht zu werden, ableiten. Abschließend gehe ich kurz auf grundlegende Ergebnisse der Lehrbuchanalyse meiner Diplomarbeit ein.

1. Kognitiver Hintergrund des Spracherwerbs

Die Funktion des Inputs kann nur eingeschätzt werden, wenn wir über eine Theorie verfügen, die erklärt, wie dieser Input kognitiv verarbeitet wird. Die generative Linguistik versucht diese Frage für die Muttersprache (L1) bzw. den Erstspracherwerb zu beantworten. Zusammenfassend stellt sich die Grundidee der generativen Linguistik wie folgt dar: Chomsky (1982: 107) geht davon aus, daß die menschliche Kognition ("the human mind") modular aufgebaut ist, d.h. daß im Gehirn verschiedene voneinander unabhängige Wissenssysteme repräsentiert sind, die in spezifischer Weise miteinander interagieren, und daß es kein unabhängiges Wissenssystem gibt, das Sprache in seiner Gesamtheit umfaßt. Die Forschungsergebnisse deuten darauf hin, daß vor allem zwei Bereichen unseres sprachlichen Wissens ein eigenständiges, d.h. in sich geschlossenes System kognitiver Strukturen entspricht: der Syntax und der Phonologie, die unter der Bezeichnung "Grammatik" oder "formale Kompetenz" zusammengefaßt werden (vgl. Fanselow/Felix 1987a: 66). Alle übrigen Aspekte sprachlichen Wissens ergeben sich aus dem Zusammenspiel dieser formalen Kompetenz mit anderen kognitiven Struktursystemen, die sich auch auf nicht-sprachliches Wissen erstrecken, also nicht-sprachspezifisch sind (vgl. Chomsky in Piatelli-Palmarini 1980: 138).

Chomsky bezeichnet das Modul der formalen Kompetenz als "Language Acquisition Device" (LAD), "Language faculty" oder metaphorisch als "Sprachorgan" (vgl. Piattelli-Palmarini 1980: 76). Dieses autonome kognitive System besitzt eine reiche interne Struktur, die die Klasse der natürlichen Sprachen einschränkt. Diese Struktur, die als Universalgrammatik (UG) bezeichnet wird, ist Teil der biologischen Ausstattung des Menschen. Die UG charakterisiert also die kognitive Struktur, die das Kind von Natur aus mitbringt, um den Spracherwerb zu bewältigen. Auf diesen Ausgangszustand "initial state" treffen die Daten der sprachlichen Erfahrung (Input), und es entwickelt sich jener kognitive Endzustand "final state", der durch die vollständige Sprachkompetenz[1] der Sprecher gekennzeichnet ist (vgl. Fanselow/Felix 1987a: 127). Das heißt, daß wir Menschen im Gegensatz zu allen anderen Lebewesen über ein autonomes kognitives System verfügen, das uns befähigt, durch den Kontakt mit sprachlicher Umgebung unsere Muttersprache zu erwerben, wobei der Vorgang des Spracherwerbs ein genetisch determinierter Entwicklungsprozeß ist. So wie ein Kind "automatisch" gehen lernt, ist auch das Entwickeln der Muttersprache nicht etwas, das es *tut*, sondern etwas, das es *tun muß*[2] (vgl. White 1989: 2).

---

[1] Eine Sprache beherrschen heißt in diesem Zusammenhang, in der Lage zu sein, korrekte Äußerungen zu produzieren und Äußerungen danach zu beurteilen, ob sie korrekt sind. Jedes Individuum entwickelt seine ganz persönliche Grammatik, die im Detail sehr wohl von den Normen der Sprachgemeinschaft abweichen kann (vgl. Chomsky 1988: 36).

[2] Daß bei jedem Menschen ein grammatisches Potential im Gehirn vorhanden ist, das sich beim geringsten Anreiz aktiviert, zeigen Beschreibungen von gehörlosen Kindern, die sich, wenn sie isoliert von Gebärdensprache (die eine voll entwickelte Grammatik und Syntax besitzt) aufwachsen, zwangsweise mit "hausgemachten Gebärden" unterhalten. Sobald sie mit einer voll grammatikalisierten Gebärdensprache in Berührung kommen, tritt eine massive Änderung ein. Das latente grammatikalische Potential im Gehirn wird aktiviert, und es findet ein sehr schneller Übergang von einem gestischen System zu einer Sprache statt (vgl. Sacks 1992: 77f).

Merkmale des postpubertären Zweitspracherwerbs (Interferenz, Akzent, Fossilisierung usw.) werfen die Frage auf, ob in diesem Lebensabschnitt das LAD für den Spracherwerb noch zur Verfügung steht. Lenneberg (1972) geht davon aus, daß auch für den Spracherwerb das Prinzip der "kritischen Periode" gilt.[3] Er nimmt an, daß nach dem Abschluß der Lateralisierung des Gehirns im Hinblick auf sprachliche Funktionen (Pubertät) Sprachenlernen nur noch auf völlig andere Weise erfolgen kann als bei Kindern. Arbeiten von Flynn (1987), White (1989) und Archibald (1993) legen jedoch die Annahme nahe, daß Mechanismen der UG auch im postpubertären L2-Erwerb zur Verfügung stehen. Auch das Phänomen, daß die Interlanguage von Erwachsenen systematische Fehler aufweist, die typisch für den L1-Erwerb sind, läßt sich mit der Annahme, daß die LAD den Erwachsenen nicht mehr zugänglich ist, nicht vereinbaren.[4] Eine unumstrittene Beantwortung der Frage, in welchem Ausmaß die LAD Erwachsenen noch zugänglich ist, erscheint beim derzeitigen Forschungsstand nicht möglich jedoch zeigt Flynn (1989: 42), daß

> the essential language faculty involved in L1 acquisition might also be involved in L2 acquisition. Abstract principles of structural organization that caracterize the L1 acquisition process similarly constrain the L2 acquisition process.

2. Zweitspracherwerbstheorie nach Felix

Wie schon gezeigt, besitzen Kinder, um den Spracherwerb zu meistern, ein autonomes kognitives System LAD, das auch Erwachsenen noch zur Verfügung steht. Das heißt, daß auch Erwachsene noch über sprachspezifi-

---

3 Die Biologie und Psychologie kennt seit langem das Phänomen, daß Lebewesen einige ihrer Verhaltensweisen nur während eines bestimmten Zeitraumes erwerben oder verändern können. Bestimmte Verhaltenspotentiale sind nicht über die gesamte Lebensspanne hinweg erlernbar, sondern entwickeln sich während einer mehr oder minder fest umrissenen Periode, die üblicherweise als "kritische Periode" bezeichnet wird (vgl. Felix 1982: 227).

4 Empirische Daten zeigen, daß Spracherwerb systematisch erfolgt. Eine Sprache wird nicht als Ganzes auf einen Schlag gemeistert, sondern in kleinen Schritten. Diese Schritte, die "diskrete Stadien" genannt werden, reihen sich nicht variabel aneinander, sondern scheinen über verschiedene Sprecher und Sprachen hinweg vergleichbar (vgl. Wode 1988: 81). Die Entwicklungsstadien sind charakterisiert durch die ihnen zugeordneten entwicklungsspezifischen Lernerstrukturen, einschließlich der aus der Sicht der Erwachsenen ungrammatischen Strukturen, die wichtige Schritte hin zum Erwerb der Muttersprache darstellen.

sche Verarbeitungsmechanismen verfügen, die Felix als **"LS-system"** (Language specific) bezeichnet. Dieses LS-System entspricht dem Chomskyschen Konzept der UG. Es zeichnet sich dadurch aus, daß die von ihm initiierten mentalen Prozesse in der Regel dem Bewußtsein nicht zugänglich sind (vgl. Felix 1982: 297; Felix 1987: 154).

Mit dem Einsetzen der Pubertät entwickelt sich jedoch ein zweites autonomes System, das abstrakt-formale Operationen durchzuführen imstande ist, das **"PS-system"** (Problem solving).[5] Die formalen Operationen, die mit Hilfe dieses Systems vollzogen werden, sind der Reflexion zugänglich und lassen sich bewußt machen. Es wird von Erwachsenen bei allen Formen von Problemlösung herangezogen, z.B. auch für das Lösen grammatischer Aufgaben[6] (vgl. Fanselow/Felix 1987a: 154; Felix 1982: 294). Da es sich um bewußte Überlegungen handelt, erfordert der Zugriff auf dieses System ein Mindestmaß an Zeit zum Nachdenken und Ausprobieren verschiedener Lösungsstrategien. Diese Zeit steht uns jedoch in der spontanen mündlichen Kommunikation nicht zur Verfügung. In dieser Situation ist der Zugriff auf das PS-System nicht möglich, und es treten daher die aus dem L1 bekannten ungrammatischen Strukturen auf. Wissen *über* die Sprache, d.h. Wissen aus dem PS-System führt offensichtlich nicht zu dem - in der realen Kommunikationssituation erforderlichen - Wissen *der* Sprache, d.h. zu unbewußtem Wissen aus dem LS-System. Beim postpubertären Spracherwerb greifen demnach allgemein-kognitive Fähigkeiten und sprachspezifische Verarbeitungsmechanismen ineinander, wobei eine Studie von Felix/Weigl (1991) zeigt, daß die Unterdrückung des LS-Systems zu extrem schlechten Ergebnissen im Fremdsprachenunterricht führt. "Consequently, we may assume that adults typically fail to achieve

---

[5] Erwachsene haben im Unterschied zu Kindern per definitionem ihre kognitive Entwicklung bereits abgeschlossen. Sie haben nach der Theorie zur kognitiven Entwicklung von Piaget das formal-operative Stadium erreicht und sind daher in der Lage, Probleme, mit denen sie konfrontiert werden, zu analysieren und Hypothesen darüber zu entwickeln, was sein *könnte*. Diese Hypothesen sind vielfältig und komplex, da alle Eventualitäten miteinbezogen werden können. Darüber hinaus können die aufgestellten Hypothesen durch das Prinzip der Logik überprüft werden. Der Einstieg in das abstrakte Denken, das auch die Voraussetzung für den Umgang mit Grammatik darstellt, ist also vollzogen (vgl. Rollett 1991: 38f).

[6] So ist es denkbar, nicht französisch sprechenden Personen die Aufgabe zu stellen, französische Sätze vom présent ins imparfait zu transponieren, nachdem man ihnen die entsprechende Regel vorgegeben hat. Mithilfe des PS-Systems können sie diese Aufgabe lösen. Die Problemstellung unterscheidet sich nicht von solchen, bei denen etwa Zahlenreihen nach vorgegebenen Kriterien zu ordnen sind (vgl. Felix 1982: 286).

full native-speaker competence because they partially use the 'wrong' system" (Felix 1987: 162).

3. Der Stellenwert des HT in der didaktischen Umsetzung

Die Erkenntnisse der generativen Linguistik und der Zweitspracherwerbsforschung legen eine Neuorientierung des Fremdsprachenunterrichts nahe. Sie zeigen deutlich, daß das Erlernen einer Sprache nicht nach denselben Gesetzmäßigkeiten abläuft wie das Erlernen anderer Fertigkeiten, die abstrakt formales Denken voraussetzen (z.B. das Lösen mathematischer Probleme, philosophische Überlegungen, ...). Eine grundlegende Neuerung der Auffassung von Sprachenlernen zeichnet sich in dem Konzept "Fremdsprachenwachstum" von Buttaroni/Knapp (1988) ab, das sich einerseits auf die generative Sprachtheorie und andererseits auf empirische Ergebnisse der Erstsprach- und Zweitspracherwerbsforschung beruft. Die Autoren sehen die Aufgabe des Fremdsprachenunterrichts nicht mehr darin, "Lernen durch Lehren auszulösen" (vgl. Christ/Hüllen 1989: 5), sondern "Spracherwerb" bzw. "Sprachwachstum" zu ermöglichen, indem das Sprachorgan (LAD) angesprochen wird.

3.1. Komplexer Input als Voraussetzung für Spracherwerb

Ausgehend von der Beobachtung, daß Kinder beim L1-Erwerb ihre Grammatik schrittweise erwerben, indem sie aus dem Input die Merkmale der L1 herausfiltern und so die Grammatik jeweils neu strukturieren, stellt sich die Frage, wie L2-Lernende vom "stage *i*", wobei *i* die momentane Kompetenz repräsentiert, zu *i* + *1* gelangen. In der "input-hypothesis" faßt Krashen (1982: 21) zusammen:

> A necessary (but not sufficient) condition to move from stage *i* to stage *i* + *1* is that the acquirer understand input that contains *i* + *1*, where "understand" means that the acquirer is focussed on the meaning and not the form of the message.

Auch Buttaroni/Knapp (1988: 105) vertreten die Auffassung, daß Wahrnehmen und Verstehen die wichtigsten Quellen des Spracherwerbs sind; vgl. dazu auch Fritz/Knapp (1992: 113):

> Leute, die Fremdsprachen unterrichten, sollen wissen, daß bereits beim Verstehen die wesentlichen Prozesse des Erwerbs passieren. Sie sollten sich über die äußerst wichtige Rolle des Hörverstehens, [...], im klaren sein."

Zwei Faktoren ermöglichen Spracherwerb: *komplexer Input*, der i + 1 beinhaltet, und das *Verstehen* des Inputs. Es wird versucht, im Unterricht gezielt das LS-System anzusprechen, damit die wahrgenommenen sprachlichen Elemente "in ein Netz von Verbindungsregeln und -beschränkungen geordnet [werden]" (Buttaroni/Knapp 1988: 27). Strukturerwerb ist dieser Auffassung nach ein Resultat des Verstehensprozesses und nicht, wie im traditionellen Fremdsprachenunterricht, das Verstehen ein Resultat der Grammatikkenntnisse.

Auch der Tatsache, daß Erwachsene ihr PS-Modul nicht "abschalten" können (und wollen) und nach Grammatikübungen und -erklärungen verlangen, wird natürlich Rechnung getragen. Im Unterricht sollen Phasen, in denen die Beziehung zwischen Inhalt und sprachlicher Form im Mittelpunkt steht, nicht fehlen. Buttaroni/Knapp (1988: 24ff) schlagen dafür den Typ der "analytischen Übungen" vor, wobei aus einem Hörtext ein bestimmtes sprachliches Element (morphosyntaktischer, lexikalischer, phonetischer oder pragmatischer Art) nach dem Prinzip "Suche ...X..." herausgesucht werden soll.

> Die analytischen Aktivitäten sind [...] der Versuch, etwas gezielter als durch die bloße Konfrontation mit Texten bestimmte Aspekte der Sprachfähigkeit zu aktivieren, in der Hoffnung, daß sich dadurch fundamentalere Prozesse in Gang setzen. (Fritz/Knapp 1992: 120)

3.2. Kompetenzerwerb mit Hilfe des Hörtextes

Phonologie:
Beim Erwerb seiner Muttersprache wählt jeder Mensch aus den universell möglichen distinktiven Schallunterschieden diejenigen aus, die in seiner L1 Phonemcharakter besitzen. Die, die nicht bedeutungsdifferenzierend wirken, nehmen wir als Laut einer Kategorie wahr.[7] Stimmen die Phoneminventare der L1 und L2 nicht überein, so muß der Lerner die ihm unbekannten Phoneme der L2 aus dem Input filtern. Darüber hinaus ist es notwendig, eine

---

[7] Sprecher deutscher Muttersprache ordnen z.B. /ɛ/ und /e/ einer Kategorie zu, während Sprecher des Französischen sie als zwei verschiedene Laute wahrnehmen (vgl. Bünting 1984: 87f; Pötters/Alsdorf-Bolée 1983: 51).

Intuition für die Wort- und Phrasengruppengrenzen, Silbenaufbau und andere Merkmale der phonologischen Komponente zu entwickeln. Bei diesen phonologischen Regeln handelt es sich (fast) ausschließlich um unbewußtes Wissen, das im traditionellen Unterricht kaum explizit vermittelt wird. Zum Erwerben dieser Bereiche sprachlicher Kompetenz benötigen Lernende notwendigerweise oralen Input, der sich durch natürliche Sprechgeschwindigkeit und Intonation auszeichnet, da die dafür notwendigen Informationen in schriftlichem Input fehlen.

> Was während des wiederholten Hörens an phonologischer Rekonstruktionsarbeit geleistet wird, ist zwar dem Bewußtsein kaum zugänglich, hat aber für die vielen zukünftigen Hör- und Sprechaktivitäten enorme Bedeutung. (Buttaroni/Knapp 1988: 17f)

Morphologie und Syntax:
In diesem Bereich liegen sehr starke Argumente für die Verwendung natürlich-komplexen Materials im Fremdsprachenunterricht. Die Lernenden müssen die Gelegenheit erhalten, ihre jeweilige, noch unvollständige, mental repräsentierte Grammatik neu zu strukturieren. Dazu benötigen sie Input, der "i + 1" beinhaltet. Es ist nicht möglich zu sagen, welche Strukturen ein Text im Detail enthalten muß, um aus ihm die Regeln und Prinzipien der Zielsprache zu dekomponieren. Es läßt sich jedoch am Beispiel des Deutschen zeigen, daß systematisch vereinfachter Input den Spracherwerb behindert. Im Deutschen gibt es zwei Möglichkeiten für die Verbstellung: die Zweitposition und die Finalposition. Wird ein Lerner, dessen L1 systematisch das Verb rechts vom Subjekt setzt, im Anfangsunterricht mit vereinfachtem Input, d.h. mit einfachen Hauptsätzen (des Typs: Ich heiße X. Ich komme aus Y....) konfrontiert, so schließt er daraus, daß sich das Deutsche in Bezug auf die Konstruktion der Verbalphrase wie seine L1 verhält. Daraus läßt sich der Schluß ziehen, daß strukturell vereinfachter Input, der einer von außen festgelegten Progression folgt, den Spracherwerb behindert, da er den Lernenden unbedingt notwendige Daten vorenthält (vgl. Knapp 1995: 30f).

Semantik:
Eine Aufgabe beim Erwerb des semantischen Wissens besteht darin, dem Symbolträger (Schallwelle, geschriebenes Wort) den Bedeutungsgehalt zuzuordnen. Darüber hinaus haben wir im mentalen Lexikon, in dem das semantische Wissen gespeichert ist, zu jedem Wort phonologische, syntaktische und morphologische Informationen gespeichert, die uns großteils nicht bewußt sind. So kann man annehmen, daß jedem Verb ein

Lexikoneintrag zugeordnet ist, der u.a. auch die syntaktische Struktur spezifiziert, in der das betreffende Verb auftreten kann (vgl. Fanselow/Felix 1987b: 36). Im L1-Erwerb erschließen Kinder sehr schnell die Bedeutung einer großen Zahl von Wörtern durch deren Einbettung in einen verständlichen Kontext, indem sie diesen ihren Platz im universellen konzeptuellen Gerüst zuweisen, nicht aber, wenn ein Wort ohne sprachliches Umfeld, nur durch eine Definition, dem Kind erklärt wird (vgl. Miller 1993: 284ff). Dieses grundlegende sprachliche, großteils unbewußte Wissen wird im Fremdsprachenunterricht kaum explizit gelehrt, d.h. die Lernenden müssen es unbewußt aus dem Input erschließen. Sowohl für den Bedeutungserwerb, als auch für den Erwerb der dazugehörigen morphologischen und syntaktischen Informationen, reicht es nicht aus, ein Wort einmal wahrzunehmen. Es muß immer wieder in verschiedener sprachlicher Umgebung im Input auftreten.

Pragmatik:
Im Bereich der Pragmatik verfügen wir in der L1 über Wissen in Form von Schemata und Scripts, wodurch wir in einer Kommunikationssituation ganz bestimmte Sprechakte, Register, Argumentationsstrukturen usw. von unseren Kommunikationspartern erwarten. Diese unterliegen dem kulturspezifischen Konventionssystem. Somit müssen sich L2-Lerner neben sprachlichem Wissen im engen Sinn auch die Schemata und Scripts der L2-Kultur aneignen. Studien mit Studenten (Kasper 1979; Edmondson 1982) zeigen deutlich, daß auch sehr fortgeschrittene Lerner in strukturell und thematisch "einfachen" Alltagssituationen im Bereich der Pragmatik starke Defizite aufweisen. Diese sind insofern gravierend, als pragmatisch unangemessenes Sprachverhalten (z.B. Fehler bei der Realisierung respondierender Akte, Fehler in Dialogeröffnungssequenzen) vom Hörer häufig zum Anlaß genommen wird, Vorbehalte gegen den Sprecher zu entwickeln, die sich belastend auf den weiteren Interaktionsverlauf auswirken. Es werden Kommunikationsbarrieren aufgebaut.[8] L2-Lerner

---

[8] Gumperz u.a. zeigen in ihren Videoaufnahmen authentischer Kommunikationssituationen deutlich, wie nachteilig sich pragmatische Verstöße für den L2-Sprecher auswirken können (vgl. Gumperz 1981).

Beispiel: Ein Inder, der sehr gut Englisch spricht, wird im Rahmen eines Bewerbungsgespräches gefragt, welche Aufgabenbereiche er an seinem letzten Arbeitsplatz über hatte. Gemäß seines pragmatischen Wissens aus der L1 beginnt er mit dem unwichtigsten, um am Ende den wichtigsten zu nennen. Die englischen Interviewpartnerinnen hören sich seine Antwort jedoch gar nicht bis zu Ende an. Sie erwarteten gemäß ihres pragmatischen Wissens den wichtigsten Aufgabenbereich zu Beginn seiner Anwort. Da diese Erwartung

verletzen nicht nur, wie man annehmen könnte, pragmatische Regeln, die von jenen ihrer L1 abweichen, sondern auch solche, die sie in ihrer L1 zur Verfügung haben. Es findet also kein automatischer Transfer von pragmatischem L1-Wissen in die L2 statt (vgl. Kasper 1979: 375f). Die rezeptive und produktive kommunikative Kompetenz der Studenten war stark defizitär (vgl. Kasper 1979: 378), was darauf schließen läßt, daß dieser Bereich sprachlichen Wissens im traditionellen Fremdsprachenunterricht stark vernachlässigt wird.

Schulung der Performanz (Hörverstehen):
Untersuchungen (Rubin 1990; O'Malley/Chamot/Küpper 1988) zum Hörverstehen im L2-Erwerb zeigen, daß Wissen aus den im vorangehenden Kapitel aufgezeigten Bereichen allein für das Verstehen nicht ausreicht. Die Lernenden benötigen darüber hinaus spezielle Hörstrategien, durch deren Anwendung sie dieses sprachliche Wissen, aber auch das allgemeine Weltwissen, in den Verstehensprozeß einbringen können. Sehr positiv für den Fremdsprachenunterricht ist die Tatsache, daß diese Strategien den Lernenden vermittelt werden können. Je öfter die Lernenden Gelegenheit zum Training des Hörverstehens bekommen, um so mehr verstehen sie, da sie einerseits viel phonologisches Wissen erwerben, und andererseits ihre persönlichen Hörstrategien entwickeln können (vgl. Rubin 1990). Diese beiden Fertigkeiten können außerhalb der Höraktivitäten im Fremdsprachenunterricht nicht aufgebaut werden. Rubin (1990) zeigt in ihrer Studie auch, daß sich die Anwendung von Hörstrategien bei einfachen kurzen Hörtexten kaum auswirkt, diese können auch Lernende verstehen, die keine Strategien entwickelt haben. Bei komplexen, schwierigen Texten zeigen sich jedoch große Differenzen im Verstehen zwischen den Lernergruppen. Lernergruppen, die oft mit Hörtexten arbeiten und über Hörstrategien explizit im Fremdsprachenunterricht sprechen, schneiden deutlich besser ab als Gruppen, die wenig Kontakt mit Hörtexten haben. Es zeigt sich auch, daß Lerner selbständig (ohne expliziten Hinweis) Hörstrategien entwickeln, sobald sie mit Hörtexten konfrontiert werden.

3.3. Folgen für den Hörtext

Die Tatsache, daß Lernende beim Erwerb ihrer Sprachkompetenz in hohem Maße die für sie wichtigen Informationen aus dem Input filtern, zieht

---

enttäuscht wird, ist die Interaktion ab diesem Moment gestört. Dem Mann wird keine Möglichkeit mehr gegeben, seine Fähigkeiten für die vakante Stelle offenzulegen.

grundlegende Forderungen über die Beschaffenheit des Input nach sich. Es hat sich gezeigt, daß zwei Bereiche der Sprachkompetenz (Phonologie/Phonetik und Pragmatik) *ausschließlich* auf der Basis von oralem Input (HT) erworben werden können, während semantisches und morphologisch-syntaktisches Wissen auch aus Lesetexten erschlossen werden kann. Um den Lernenden die Möglichkeit zu geben, mit den phonologischen Charakteristika der gesprochenen Sprache schrittweise vertraut zu werden, müssen sich die HT *von Anfang an* durch eine natürliche Sprechgeschwindigkeit und Intonation auszeichnen. Für den Bereich der Morphologie und Syntax habe ich schon darauf hingewiesen, daß wir nicht sagen können, welche Strukturen der Input zu einem bestimmten Zeitpunkt enthalten muß bzw. *nicht* enthalten muß. Die "Reinigung" von Texten von "komplizierten" Strukturen, die die Lernenden noch nicht explizit über das PS-System gelernt haben, führt jedoch dazu, daß wir ihnen wichtige Informationen vorenthalten und sie über weite Strecken in Bezug auf die Struktur der L2 in die Irre führen. Da auch der Erwerb semantischen Wissens mit morphologisch-syntaktischen Informationen gekoppelt ist, gilt dies auch für diesen Bereich. Darüber hinaus hat sich gezeigt, daß für den Aufbau des mentalen Lexikons ein Wort immer wieder in unterschiedlicher sprachlicher Umgebung auftreten muß. Konstruierte Texte mit standardisierten Inhalten und Verhaltensmustern bergen die Gefahr, wichtige pragmatische Informationen zu vernachlässigen.

Für den HT läßt sich daraus die Forderung ableiten, daß er die sprachliche Realität von native speakers in allen Bereichen widerspiegeln muß. Buttaroni/ Knapp (1988: 13) meinen: "Es gilt, den Lernenden möglichst viel Gelegenheit zu geben, Sprache wahrzunehmen, die alle Charakteristika einer natürlichen gesprochenen Sprache bewahrt." HT sollen *nicht vereinfacht*, sondern inhaltlich und sprachlich komplex, voll emotionaler Färbung und natürlicher Sprechgeschwindigkeit sein. Gegen die bewußte Konstruktion von Texten (nach welchen Gesichtspunkten auch immer) spricht auch die Tatsache, daß es sich bei großen Teilen des sprachlichen Wissens um unbewußtes Wissen handelt, das daher in konstruierte Texte nicht bewußt einfließen kann. Die Studien zur Schulung des Hörverstehens (Rubin 1990; O'Malley/Chamot/Küpper 1988) zeigen, daß das Entwickeln von Hörstrategien, die zum Verstehen notwendig sind, den oftmaligen Kontakt mit anspruchsvollen längeren HT voraussetzt.

4. Lehrbuchanalyse

Ich möchte nicht im Detail auf die Analyse der ersten Bände der drei Französischlehrwerke "A bientôt Neu", "Espaces" und "Libre Echange" eingehen, sondern nur auf diejenigen Analyseansätze und Ergebnisse, die mir für die Beurteilung unterschiedlicher Lehrbücher und deren HT relevant erscheinen.

Es hat sich gezeigt, daß sich die AutorInnen im Lehrerhandbuch nur unzureichend zu dem ihrem Lehrbuch zugrunde liegenden Spracherwerbskonzept äußern. Der Unterrichtende muß es indirekt aus dem Lehrerhandbuch erschließen. Anhaltspunkte bilden Aussagen über die Rolle des autonomen Verstehensprozesses (LS-System) und des Grammatiklernens (PS-System) im Unterricht. Auch das (Nicht-)Vorhandensein von unbekannten Strukturen und Vokabeln (i + 1) in HT gibt darüber Auskunft. Vermeiden Autoren dies, so deutet das auf eine Konzeption hin, die von der Lernbarkeit von Sprachen über das PS-System ausgeht. Für diese Konzeption spricht auch die Forderung, daß Lerner die im Lehrbuch enthaltenen HT 100%ig (strukturell und lexikalisch) erschließen sollen.

Die Handbücher enthalten keinerlei Informationen zur Authentizität und Entstehungsgeschichte der HT. Die verwendeten Begriffe "authentisch" bzw. "quasi-authentisch" werden nicht näher definiert. Ein Kriterium, das bei ungeplanten dialogischen Texten zur Beurteilung der Authentizität herangezogen werden kann, ist das Vorhandensein von typischen Charakteristika der Instabilität der Performanz (Satzwiederholungen, Neustrukturierung von Äußerungen, unvollständige Sätze usw.). Darüber hinaus hat sich naturgemäß ein enger Zusammenhang zwischen der Spracherwerbskonzeption und der Authentizität der HT gezeigt. Ein HT, der keine unbekannten Strukturen enthält, kann nicht mehr authentisch sein.[9] Auch die Länge und Anzahl der HT weist einen Zusammenhang mit der Spracherwerbskonzeption auf. Je mehr Berücksichtigung das LS-System findet, um so länger sind die HT. Enthält ein Lehrbuch viele kurze HT, ist dies ein Hinweis dafür, daß vor allem das PS-System angesprochen werden soll.

Auch die Textsorte spielt für die Beurteilung der HT eine Rolle. Durch "Espaces", ein Lehrwerk, das dem Schreiben und Lesen wieder mehr Raum

---

[9] Es ist nicht vorstellbar, daß native speakers im spontanen Gespräch in der Lage sind, bewußt ihnen "verbotene" Strukturen zu vermeiden.

geben will, ziehen sich 12 HT zur Schulung des Hörverstehens und Vermittlung pragmatischen Wissens, die eine zusammenhängende Geschichte erzählen, die eindeutig der Textsorte "Comic" zuzuordnen sind. Selbst wenn man davon ausgeht, daß es sich dabei um ein authentisches Comic handelt, das frei von didaktischen Überlegungen produziert wurde, ist es ein *Lesetext*. Lesetexte unterliegen aber in der Produktion anderen Gesetzmäßigkeiten als mündliche Kommunikation. Die im Comic enthaltenen Dialoge weisen somit die Charakteristika der schriftlichen Kommunikation auf und sind nur im Rahmen des Gesamttextes authentisch. Sie sind Teil eines authentischen Lesetextes, geben jedoch sicher kein reales Gespräch unter native speakers wieder und können daher ihrer Funktion, pragmatisches Wissen zu vermitteln, nicht gerecht werden.

Bibliographie

Alatis, James (1990): Linguistics, language teaching and language acquisition: The interdependence of theory, practice and research. Washington: Georgetown Univ. Pr.

Bausch, Karl-Richard / Christ, Herbert / Hüllen, Werner / Krumm, Hans-Jürgen (Hrsg.) (1989): Handbuch Fremdsprachenunterricht. Tübingen: Francke

Bünting, Karl-Dieter (1984): Einführung in die Linguistik. Königstein: Athenäum

Buttaroni, Susanna / Knapp, Alfred (1988): Fremdsprachenwachstum. Anleitungen und sprachpsychologischer Hintergrund für Unterrichtende. Wien: Verband Wiener Volksbildung

Chomsky, Noam (1982): The generative enterprise: A discussion with Riny Huybregts and Henk van Riemsdijk. Dordrecht: Foris

Chomsky, Noam (1986): Knowledge of Language. Its Nature, Origin and Use. New York: Praeger

Chomsky, Noam (1988): Language and Problems of Knowledge. Cambridge/Massachusetts: MIT-Press

Christ, Herbert / Hüllen, Werner (1989): Fremdsprachendidaktik. In: Bausch u.a. (Hrsg.) 1989, 1-7

Edmondson, Willis (1982): A Communication Course for German Teachers Of Englisch (=Manuskripte zur Sprachlehrforschung Nr. 19). Bochum: Bockmeyer

Fanselow, Gisbert / Felix, Sascha (1987a): Sprachtheorie. Eine Einführung in die Generative Grammatik. Band 1. Grundlagen und Zielsetzungen. Tübingen: Francke

Fanselow, Gisbert / Felix, Sascha (1987b): Sprachtheorie. Eine Einführung in die Generative Grammatik. Band 2. Die Rektions- und Bindungstheorie. Tübingen: Francke

Felix, Sascha (1982): Psycholinguistische Aspekte des Zweitspracherwerbs. Tübingen: Narr

Felix, Sascha / Weigl, Wilfried (1991): Universal Grammar in the classroom: the effects of formal instruction on second language acquisition. In: Second Language Research 7 (1991) 2, 162-181

Flynn, Suzanne (1987): A Parameter-Setting Model of L2-Acquisition. Experimental Studies in Anaphora. Dodrecht: Reidel

Fritz, Thomas (1992): Sprachlernmodule im Wettstreit. Nachlese zu den Vorträgen von Sascha Felix, Wien April 1992. In: ÖDaF Mitteilungen 2 (1992), 47-54

Fritz, Thomas / Knapp, Alfred (1992): Fremdsprachengewächs: Gutartig? Bösartig? Eigenartig? Ein Gespräch. In: Schmölz (Hrsg.) 1992, 111-122

Gumperz, John (1981): Mosaic: Crosstalk. A study of cross-cultural communication; background material and notes to accompany the B.B.C. film by John Gumperz; T.C. Jupp; Cecilia Roberts. Reprinted (with corr.) Southhall: ILT / The National Centre for Industrial Training etc.

Kasper, Gabriele (1979): Pragmatische Defizite im Englischen deutscher Lerner. In: Linguistik und Didaktik 10 (1979) 4, 370-379

Knapp, Alfred (1995): Der kognitiv-mentalistische Ansatz. In: ÖDaF-Mitteilungen (1995) 1, 24-38

Krashen, Steven (1981): Second language acquisition and second language learning. Oxford: Pergamon

Lenneberg, Eric H. (1972): Biologische Grundlagen der Sprache. Frankfurt a. M.: Suhrkamp

Miller, Georg (1993): Wörter: Streifzüge durch die Psycholinguistik. Heidelberg etc.: Spektrum

O'Malley, J. Michael / Uhl Chamot, Anna / Küpper, Lisa: Listening comprehension strategies in second language acquisition. In: Applied Linguistics 10 (1989) 4, 418-437

Piatelli-Palmarini, Massimo (Hrsg.) (1980): Language and Learning. The debate between Jean Piaget and Noam Chomsky. London: Routledge & Keganpaul

Pötters, Wilhelm / Alsdorf-Bolée, Annegret (1983): Sprachwissenschaftlicher Grundkurs für Studienanfänger Französisch. Tübingen: Narr

Rollett, Brigitte (1991): Einführung in die Pädagogische Psychologie und ihre entwicklungspsychologischen Grundlagen. Wien: WUV

Rubin, Joan (1990): Improving foreign language listening comprehension. In: Alatis (Hrsg.) 1990, 307-316

Sacks, Oliver (1992): Stumme Stimmen. Reise in die Welt der Gehörlosen. Hamburg: Rowohlt

Schmölz, Irene (Hrsg.) (1992): Lust auf Sprache. Reflexionen zu Theorie und Praxis des Fremdsprachenunterrichts. Wien: Promedia

White, Lydia (1989): Universal Grammar and Second Language Acquisition. Amsterdam/Philadelphia: Benjamins

Wildmann, Doris (1993): Die Funktion von Hörtexten im gesteuerten Fremdspracherwerb von Erwachsenen. Eine Analyse von Französischlehrbüchern. Wien: Universität (Diplomarbeit)

Wode, Henning (1988): Einführung in die Psycholinguistik. Theorien, Methoden, Ergebnisse. Ismaning: Hueber

Mag. Doris Wildmann
Hasnerstraße 27/2/39
1160 Wien

SPRACHE IM KONTEXT

Herausgegeben von Martin Stegu und Ruth Wodak

Band 1 Martin Stegu/Rudolf de Cillia (Hrsg.): Fremdsprachendidaktik und Übersetzungswissenschaft. Beiträge zum VERBAL-Workshop 1994. 1997.

Band 2 Eva Vetter: Nicht mehr Bretonisch? Sprachkonflikt in der ländlichen Bretagne. 1997.

Daniela Caspari

Kreativität im Umgang mit literarischen Texten im Fremdsprachenunterricht

Theoretische Studien und unterrichtspraktische Erfahrungen

Frankfurt/M., Berlin, Bern, New York, Paris, Wien, 1994. 382 S., 48 Tab.
Europäische Hochschulschriften: Reihe 11, Pädagogik. Bd. 611
ISBN 3-631-47828-3 br. DM 95.--*

In dieser Studie wird die Notwendigkeit eines leser- und kreativitätsorientierten fremdsprachlichen Literaturunterrichts begründet. Die Verfasserin sichtet und systematisiert verschiedene Vorschläge zur methodischen Umsetzung eines kreativen Umgangs mit literarischen Texten und analysiert ihre jeweils spezifische Leistung für den schulischen Fremdsprachenunterricht. In einer Umfrage wurden die Erfahrungen und Meinungen von Französischlehrer/innen zum Einsatz kreativer Verfahren im Literaturunterricht der Sekundarstufe II erhoben. Diese Ergebnisse werden vorgestellt und auf dem Hintergrund der aktuellen fachdidaktischen Diskussion erläutert.

Aus dem Inhalt: Ergebnisse einer Umfrage zum Einsatz kreativer Verfahren · Theoretische Grundlagen I: Kreativität und Schule · Theoretische Grundlagen II: Leseforschung und Rezeptionstheorie · Kreativität im fremdsprachlichen Literaturunterricht: Didaktische Vorüberlegungen, Konzepte und Verfahren · Diskussion der Untersuchungsergebnisse